教育部金融学核心课程规划教材

金融经济学

Financial Economics

■ 熊和平　编著

WUHAN UNIVERSITY PRESS
武汉大学出版社

图书在版编目(CIP)数据

金融经济学/熊和平编著. -- 武汉 : 武汉大学出版社,2024.12.
教育部金融学核心课程规划教材. -- ISBN 978-7-307-24579-2
Ⅰ. F830
中国国家版本馆 CIP 数据核字第 2024VS4653 号

责任编辑:范绪泉　　责任校对:鄢春梅　　版式设计:马　佳

出版发行:**武汉大学出版社**　(430072　武昌　珞珈山)
(电子邮箱:cbs22@ whu.edu.cn 网址:www.wdp.com.cn)
印刷:湖北金港彩印有限公司
开本:787×1092　1/16　印张:21.5　字数:494 千字　插页:1
版次:2024 年 12 月第 1 版　2024 年 12 月第 1 次印刷
ISBN 978-7-307-24579-2　定价:68.00 元

前　言

金融经济学是一门基础性理论课程，旨在利用经济学的一般原理和方法研究金融问题，包括如何利用金融市场来实现资源的合理配置。金融经济学关心的核心问题包括：金融市场上金融资产的价格如何确定？资本和风险在各投资者之间或各经济体之间如何配置？单个经济人(individual agents)如何依据其风险承担能力来进行投资和储蓄决策？一般认为，如果金融市场运行良好，风险和资本将配置到那些风险收益状况最好的项目上去。同时，金融理论对政策分析也是有用的，正确的理论指导下的金融政策将促使实体经济健康快速发展。金融经济学起源于一般均衡理论、宏观经济学、微观经济理论等。传统的一般均衡理论描述了一般均衡配置的性质、均衡的存在性和均衡的效率；而宏观经济学则关注经济活动加总的时间序列和动态性质；微观经济理论讨论作为经济人的消费者和厂商的经济行为。微观经济学通常将金融问题纳入自身体系，实际上，国外传统的微观经济学教材如范里安(Varian)的《微观经济分析》、马斯·科内尔(Maccolell)等的《微观经济学》均花大量的篇幅介绍金融理论中的“不确定条件下的选择”“风险厌恶”，甚至包括“资本资产定价模型CAPM”等。

大约从2007年开始，我们给金融工程和金融学的本科生开设金融经济学课程，正好赶上王江老师的教材出版，从那时开始我们一直沿用他的教材至今。因此，在编写这本教材时在很大程度上受王江老师这本教材的影响，也大量参考了该教材。当然，错误的地方是由于自己理解不够透彻所致。其实，早在这之前，我们就给高级研究中心的同学开设过这门课，用的是黄奇辅等的经典教材 *Foundations for Financial Economics*。接触金融理论则是从1994年邹恒甫老师创立的武汉大学高级研究中心开始的，感谢先生将当时最先进的经济学知识带入我们的视野。在金融学方面，从1994年到1996年在高研中心，先生为我们请来了李楚霖教授讲授科普兰、韦斯顿和夏斯里特的 *Financial Theory and Corporate Policy*，陈志武教授讲授他自己的手稿 *Asset Pricing*，周忠全教授讲授手稿 *Financial Theory*，林晓东(Sheldon Lin)教授讲授他的 *Derivative Securities*，此后 Gollier 教授连续几年每年都来讲授他的 *The Economics of Risk and Time*。在平常的课堂上则主要学习的是 *Foundations for Financial Economics* 和默顿的 *Continuous-Time Finance*，以及 John Hull 所编写的教材的第一版到最新版。虽然最初没有一本不是原版教材，但我们是充实而幸福的！

个人认为与国内其他教材相比，王江的教材在内容选取上比较合理，但教材中本该使用黑体表达的向量和矩阵等与普通的标量完全没有区别，加上部分内容描述得简洁，增加了阅读的难度。因此，我们希望编写一本可读性强、便于自学的教材，同时将自己的一点思考融入书中。通常学生们反映学金融经济学的难点主要在于数学，因此，我们在使用数学工具时不太追求其严密性。个人认为，数学既是工具也是一种语言，它用最简洁的方式描述一些规则或规律。要学好金融经济学首先必须学好数学，因为数学对于学经济学太重要了。一般学校开设的微积分、线性代数和概率论与数理统计等高等数学课程对于学习金融经济学是足够的。下列知识是必备的：

◆ 微积分：一元极值、多元极值和等式约束极值，一般函数的求导和积分，泰勒展开(包括一元函数的展开、二元函数的展开)

◆ 线性代数：向量的线性相关、矩阵及其运算、向量组的秩和矩阵的秩、线性方程组的解的性质、二次型

◆ 概率论：随机试验及相关的概念、基本的概率分布(尤其是正态分布)、随机变量的期望和方差等

金融经济学的内容很多，而且在不断发展，本书只能选取部分经典的内容进行介绍，包括：

1. 引言部分：第一章主要介绍了金融经济学的一般分析框架和分析方法。通过这一章的学习知道一般的金融模型应该包含的要素，是一篇理论性的金融文献在建模部分通常必须包含的内容。

2. 不确定条件下的选择理论：第二、三章是期望效用理论，本质上介绍不确定条件下的经典理论，核心内容是冯·诺依曼-摩根斯坦的期望效用理论。由于金融通常研究不确定条件下的决策，所以首先需要给出不确定条件下决策评判的标准；第三章是第二章的自然延伸，有了效用函数自然定义风险厌恶，以及依据风险厌恶而定义常见的效用函数。

3. 一般均衡的分析方法：第四、十一、十四章主要是一般均衡的资产定价理论。第四章引进了一种典型的有限状态情形——Arrow-Debrue 经济，在这个简单情形下展示了一般均衡分析法；第十一章则在一般的完全市场下利用一般均衡分析方法确定资产价格和资源配置以及风险分担。第十四章讨论异质性经济人情形。

4. 无套利分析法：第五章重点介绍无套利分析的思想方法，本章的结论为无套利分析提供了理论基础，或者说给金融工程提供了理论基础；第六章是第五章的无套利定价思想在期权上的演示。

5. 传统投资组合理论和资本资产定价模型。第七章从最一般的情形研究投资组合

的理论基础，从最原始的消费-组合问题出发，将问题化归为纯投资组合问题后，分析了特殊情形下的投资组合问题，给出了最一般化的结论；第八章介绍马克维兹的投资组合理论；第九章回顾资本资产定价模型，并介绍了 CAPM 的实证分析；第十章介绍因子模型和 APT，因子模型是近年来的热点之一，但本章主要还是基于投资学的层面来介绍。

6. 一些较新的内容是本人结合当前的文献尝试进行总结而成，包括基于消费的资产定价模型与股权溢价之谜；基于生产的资产定价模型对纯交换经济框架的突破；以家庭为新的研究主体的家庭金融简介等。

金融经济学还应该包含更多的主题，例如信息与资产定价、行为金融、资本市场的微观结构、风险与控制等；本书基本不涉及多期动态情形。与本书具有一定交叉的课程包括：

◆ 投资学

◆ 金融工程或衍生金融工具

在编写此书时，我们大量地参考了国内外的文献，尤其是课后习题很多是择自其他教材，有的明确标明了参考书，有的可能遗漏了，在此表示感谢。书中加入了个人的思考和理解，错漏之处在所难免，恳请各位批评指正。最后，感谢武汉大学本科生院的立项支持，感谢武汉大学出版社范绪泉老师的支持，感谢自己家人的支持和各位同事的帮助。编写教材经常是吃力不讨好的工作，也是一种基础性的工作，如果该教材能够对广大读者包括我的学生们在学习金融经济学时提供很好的帮助作用，那将是对我最好的回报。

熊和平

珞珈雅苑

2024 年 9 月

数学符号及说明

我们用黑斜体表示向量、矩阵和集合，约定向量一般都是指列向量，通过列向量的转置来表示行向量。一些特殊的记号含义说明如下：

$\forall$　对任意的(for Any)

$\exists$　存在(Exist)

$\in$　属于

$\notin$　不属于

$\subset$　包含于(真子集)

$\subseteq$　包含于

$\equiv$　定义为，记为，恒等于

$\succcurlyeq$　偏好于，优于

$\sim$　无差异，一样好

$\Leftrightarrow$　等价于

$\Rightarrow$　推出

$\sum$　求和符号，$\sum a_i = a_1 + a_2 + \cdots + a_n$

$\prod$　连乘符号，$\prod a_i = a_1 \times a_2 \times \cdots \times a_n$

$\boldsymbol{a} \geqslant 0$　向量 $\boldsymbol{a}$ 的每个分量 a_i 都大于或等于 0

$\boldsymbol{a} > 0$　向量 $\boldsymbol{a}$ 的每个分量 a_i 都大于或等于 0，而且至少存在分量 $a_i > 0$

$\boldsymbol{a} \gg 0$　向量 $\boldsymbol{a}$ 的每个分量 a_i 都大于 0，即所有的 i 都有 $a_i > 0$

T　转置，有时也用“′”。

$\max f(x)$ 或 $\min f(x)$　求极大值或极小值

$[a]_+$　a 的正部，即为正数时取 a，反之取 0

$\mathrm{Exp}(x)$　e^x

CONTENTS 目　录

第一章　基本框架及分析模式

◎ 学习目标

- 了解金融经济学分析的基本框架
- 了解从时间和信息结构两个角度描述的经济环境
- 了解资本市场的描述方式
- 了解经济人的描述方式
- 了解金融经济学的一般分析模式

本章的主要目标是介绍金融经济学分析问题的一般框架，即在标准的金融理论模型的构建时通常必须包含的内容，其核心内容包括：(1)经济环境，即经济参与者或经济人(agent)所面临的外部客观条件，我们主要给出对经济环境进行描述的方法；(2)金融市场，我们将金融市场抽象为有限数量的投资机会或证券，这里给出的金融市场主要是证券市场，严格来说，证券市场也是经济人所面临的外部客观条件的主要组成部分；(3)经济人，经济人是金融活动的主体，经济人的投资决策决定了金融资产的价格以及资源在经济人中的配置。对经济人的描述包括经济人的特征、他们拥有的禀赋、投资和消费需求。

在介绍了基本框架后，我们简要地介绍金融市场的一般均衡分析法。金融市场的一般均衡将形成本书的一个重要部分，它是将微观经济分析方法应用于金融市场，分析投资者对金融产品的需求，结合所有投资者的禀赋之和即市场总供给，形成金融产品的一般均衡价格以及最终资源的配置方式。最后还简要地介绍了金融市场的无套利分析法。本章的重点在于对基本框架的描述，其他内容将在后面的各章节依次展开。

第一节　基本框架

现代金融理论的研究范式通常包括两种基本类型：一是侧重于理论模型的研究；二是侧重于实证的研究，当然还包含大量的融合理论模型与实证分析的研究。在理论模型研究中通常需要对所研究的对象进行描述，因此通常首先给出基本框架或经济模型。实际上，在进行实证分析时也常常先给出经济模型并得出实证分析所要检验的核心结论。由此可见，基本框架对于金融经济学非常重要。一般地，金融经济学的基本框架包括：时间和信息结构、资本市场、经济人三个方面。时间和信息结构是金融经济学分析的前提，也称为经济环境；资本市场和经济人都是金融经济学的主要研究对象，在后面的章节将逐渐展开，因此本章对后两者的介绍将是比较简略的。

一、时间和信息结构

金融活动往往涉及不同的时点或时间区间，我们在进行分析之前首先需要明确这些时点或时间区间；金融活动通常又涉及未来可能发生的不同状态，这些不同状态下的结果对经济人的行为产生影响，所以我们还需要明确未来可能发生的各种状态，我们将具体的状态结构称为信息结构。

（一）时间

一般地假设经济人的存活时间为$[0, T]$（也可以推广到$[0, \infty)$）。我们将时间点简称为时点，单期情形下假设只有两个时点：0 时点和 1 时点（也称为 0 期和 1 期，通常不加区别，我们认为“时点”比“期”准确），有时候也表述为“t 时点和 T 时点”或“0 时点和 T 时点”，其隐含的假设是经济人的交易和消费只在这两个时点发生；现实问题中很多经济活动属于多期问题，即经济人的交易和消费发生在 3 个或 3 个以上的时点。多期情形又分为离散情形和连续情形：离散情形下 $[0, T]=\{0, 1, 2, \cdots, T\}$，即将经济人的生存期划分为 T 个长度相等的单期，交易和消费只在这 $T+1$ 个时点发生；连续情形下时间跨度为 $[0, T]$，满足 $0 \leqslant T < \infty$，交易和消费在投资者的存活期内连续进行，即是说经济人在存活期内的每个时点或每时每刻都要进行消费和交易活动。我们在本书中的很多章节假设经济系统中只有一个易腐的消费品没有生产，是一个标准的纯交换经济。后面在特定的章节专门讨论生产性经济模型，很多时候我们依然假设消费品是不可储存的，这主要是便于分析。

当期末发生的状态唯一时，我们称之为**确定性**。例如在正常环境下将冷水放到 -5℃的冰库中 2 个小时，其结果是水结成冰块，这里的结果是唯一的。这里的“结果”也称为“状态”。当期末出现两种或两种以上的结果或发生两种或两种以上的状态时，我们称为**不确定性**。不确定情形下的每两种状态不可能同时发生，我们称之为**互斥的状态**。例如抛一枚硬币，其结果可能为正面或反面，因此有两种可能状态，而且这两种状态互斥。由于期末的状态往往具有不确定性，不确定性通常可以由概率论工具来描述。

在描述不确定性之前，我们首先对期末的状态进行简要说明。通常期末的状态可以分为离散情形和连续情形。所谓离散情形是指互斥状态的个数是可以计数的，离散情形又可以分为有限状态、无限可数状态。有限状态是指状态个数为有限数，例如掷一枚骰子将会有 6 种结果，状态数为 6；隔 100 米向一个固定的靶子射击直到打中为止，需要射击的次数在理论上可能是任意整数，包括任意大的整数，这就是一种无限可数状态。此外，有时期末出现的结果可能是位于某一特定区间的任何实数，从而形成连续状态情形，例如某人的体重分布。我们将经济环境中可能在时间和状态上出现的各种情形概括为表 1.1。

表 1.1　　**经济环境的各种可能情形**

时间 / 状态	单期	多期离散时间	多期连续时间
有限状态	单期有限状态	离散时间有限状态	连续时间有限状态
无限可数状态	单期无限可数状态	离散时间无限状态	连续时间无限状态
连续状态	单期连续状态	离散时间连续状态	连续时间连续状态

上述情形中比较有代表性的是单期有限状态、单期连续状态、多期离散时间情形和多期连续时间情形。由于单期有限状态可以用向量表示随机结果，而多期情形无论有限情形还是无限情形一般都只能采用随机变量表示随机结果，几乎很少采用向量形式来表示。下面就常见的情形给出图示。

单期静态情形一般可以用图 1-1 来描述。

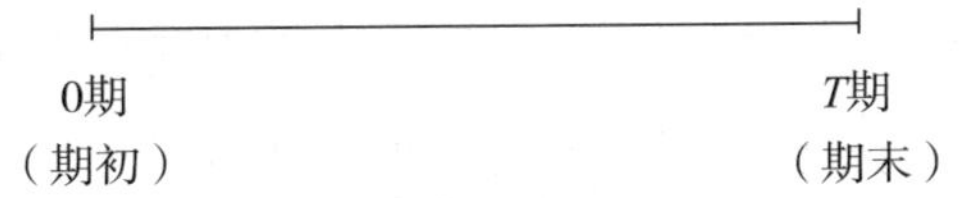

图 1-1　单期静态情形

单期静态情形简称单期情形，其中的 0 期也称为期初；T 期也称为期末或 1 期。类似地，多期情形可用图示形象地表示为图 1-2。

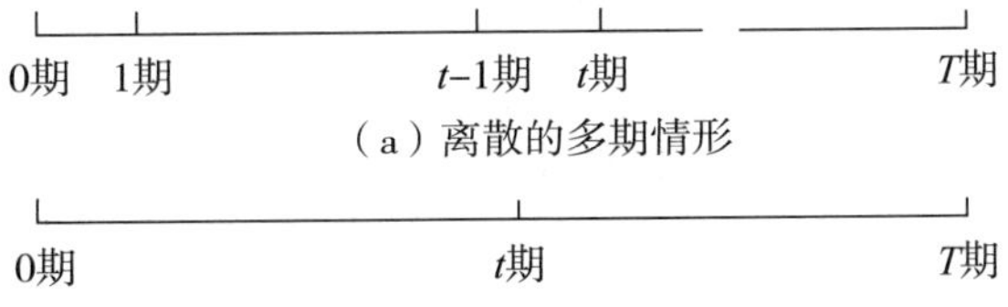

（a）离散的多期情形

（b）连续的多期情形

图 1-2　多期情形

多期情形下，当 T 取有限值时为多期有限期情形，当 T 取无穷大时为多期无限期情形。多期离散情形意味着消费和投资决策可能发生在各离散的时点上；多期连续情形意味着消费和投资决策可能发生在存活时间内的任意时刻。显然，多期情形比单期情形复杂；连续时间看似比离散时间复杂，但实际上用数学工具处理离散时间问题比处理连续时间问题更复杂。

本教材在分析问题时主要是考虑单期问题。选取单期问题是因为很多时候决策者只关心两个特定时点：决策时点和目标时点。更多时候选取单期问题是为了将分析的问题简化，从单期问题着手得出一些结论，然后将单期情形下的结论推广到多期问题。事实上，很多时候单期情形下的结论在多期情形下是成立的。此外，离散的多期问题是由若干个前后相继的单期问题叠加而成的；连续时间问题在分析时一般也是从具有很小的时间间隔为 $[t, t+\Delta t]$ 的单期问题入手分析，然后取时间间隔 Δt 趋于零，这就是典型的离散化方法。因此，多期问题的分析往往离不开单期问题。纯交换经济下多期问题可以化归为单期问题，因此本书只讨论两时点单期的静态情形，一是因为有限状态静态情形比较简单，作为入门知识容易理解；二是因为在一定条件下，静态情形下的结论可以直接推广到动态情形，因此具有一定的普适性。

(二)信息结构

信息结构实质是对不确定性经济环境的描述，经济人的投资行为通常涉及时间和风险：如前所述我们强调时间是因为投资和收益通常发生在不同时点；风险则是指不确定性，投资行为通常涉及未来投资结果的不确定性。不确定性表现为有多少可能发生的结果或状态以及各种结果或状态发生的概率，这些可能结果连同相应的概率形成信息结构。信息结构又分为单期情形下的信息结构和多期情形下的信息结构。

1. 单期情形下的信息结构

如前所述，单期情形是指只考虑期初(0 期)和期末(T 期)两个时点的问题，它又可以分为连续情形和离散情形：离散情形假设期末有有限或无限可数种状态；连续情形则假设期末有无限种状态，可以用一个连续的变量来描述。

当我们研究的问题涉及未来时点时，如果未来结果是单一的、固定不变的，我们称为**确定性问题**；如果未来结果有多种可能，我们称为**不确定性问题**，这种不确定性就是风险，更一般的不确定性如奈特不确定性不作为我们此处的介绍对象。因此，在描述风险时需要考虑未来各种可能发生的互斥的自然情形及其发生的可能性，我们称这些自然情形为**状态**，自然情形发生的可能性称为**概率**。本教材中我们在单期的框架下对风险问题进行描述。

形式上，我们假定期末由 S 个不同状态 ω_1，ω_2，…，ω_S 组成，S 为有限数。我们将这些状态 ω_1，ω_2，…，ω_S 称为**基本事件**，概率论里称为**样本点**，将所有状态的全体形成的集合

$$\boldsymbol{\Omega}=\{\omega_1, \omega_2, \cdots, \omega_S\}$$

称作(有限)**基本事件空间**，或**样本空间**，或**状态空间**。若干个基本事件形成的集合称为**事件**，记为 $\boldsymbol{A}$，$\boldsymbol{B}$ 等。如果一次试验出现的基本事件在集合 $\boldsymbol{A}$ 中，我们称为**事件 $\boldsymbol{A}$**

发生了，否则称为**事件 A 没有发生**。因为 $\boldsymbol{\Omega}$ 包含了所有基本事件，因此，$\boldsymbol{\Omega}$ 也称为**必然事件**。不包含任何基本事件的集合 $\boldsymbol{\Phi}$ 称为**不可能事件**，这个集合实际就是集合中的空集。我们实际上是借用了集合论中的有关内容来描述概率和事件，对不同的集合赋予了不同的新的含义。注意，这里我们一连串地给出了较多的概念，有的一个概念有多个名称，我们需要将这里的内容与集合论中的相关内容进行对比，了解它们在含义上的相同点和不同点。多个名称放在一个对象上往往说明这个对象比较重要。实际上，我们借助集合论的语言对概率论中的一些研究对象进行了数学描述，从而更加精确。此外，我们将每一个基本事件出现的可能性称为其发生的**概率**：

$$p_{\omega_i} = \Pr\{\omega_i \text{ 发生}\} \tag{1.1}$$

显然 $0 < p_{\omega_i} \leqslant 1$，且 $\sum p_\omega = 1$。根据以上定义，$\boldsymbol{\Omega}$ 的每个子集都形成一个特定的事件，所有事件形成的集合记为 $\mathscr{F}$，每个事件发生的概率等于形成该事件的各个基本事件的概率之和，即：

$$\Pr\{\boldsymbol{A}\} = \sum_{\omega \in \boldsymbol{A}} p_\omega \tag{1.2}$$

因此，对于每个给定的事件，我们定义了它的概率，我们称之为概率测度，记为 $\boldsymbol{P}$。到此，我们给出了有限状态下的状态空间 $\boldsymbol{\Omega}$，状态空间 $\boldsymbol{\Omega}$ 形成的事件集 $\mathscr{F}$，每个事件的概率测度 $\boldsymbol{P}$，它们三者构成了描述不确定情形的基本元素，我们称为概率空间，记为 $\{\boldsymbol{\Omega}, \mathscr{F}, \boldsymbol{P}\}$。

考虑两时点单期情形下期末有 S 个不同状态的经济环境，该经济环境可以用树形图图 1-3 来形象直观地表示。

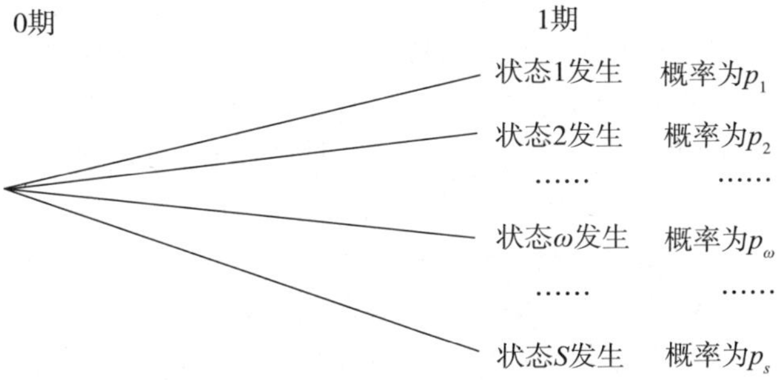

图 1-3　经济环境的树形图

简单总结一下：单期情形只有两个时点——期初和期末，期初的状态是已知的，期末的结果具有不确定性，这种不确定性一般用概率空间($\boldsymbol{\Omega}$, $\mathscr{F}$, $\boldsymbol{P}$)来描述。其中，$\boldsymbol{\Omega}$ 表示所有可能状态的集合，通常称为**状态空间**，其本质是将期末所有可能发生的状态放在一起形成的集合，它的每个元素 $\omega \in \boldsymbol{\Omega}$ 表示经济中的一个基本状态；$\mathscr{F}$ 是 $\boldsymbol{\Omega}$ 上的 σ-代数，是由 $\boldsymbol{\Omega}$ 一些特定子集形成的集合，任何有意义的随机事件都包含在其中；$\boldsymbol{P}$ 是定义在 $\mathscr{F}$ 上并取值为[0, 1]的实值函数，它将每一个随机事件对应一个概率。用概率空间来描述期末的不确定性可能会对部分读者带来心理障碍，其实质是用数学语言来描述三个核心内容：

(1)期末所有可能发生的结果(用集合 $\boldsymbol{\Omega}$ 来表示)；

(2)所有可能发生或出现的随机事件(用集合 $\boldsymbol{F}$ 来表示)；

(3)每个随机事件发生的概率(用映射 $\boldsymbol{P}$ 来表示)。

单期情形下的信息结构主要体现在状态空间的具体结构上，此时结构非常简单：

(1)期末有有限种状态的情形：状态空间可以用一个有限集合表示：$\boldsymbol{\Omega}=\{\omega_1,\ \omega_2,\ \cdots,\ \omega_S\}$；

(2)期末有无限可数状态的情形：状态空间表示为：$\boldsymbol{\Omega}=\{\omega_1,\ \omega_2,\ \cdots,\ \omega_S,\ \cdots\}$；

(3)连续状态情形：状态空间表示为：$\boldsymbol{\Omega}=\{\omega:\ \omega\in \boldsymbol{A}\}$，$\boldsymbol{A}$ 为某一区间。

当期末状态有限或无限可数时，我们依然可以用图示来描述单期的信息结构，图 1-4 给出的是 $S=3$ 的例子，其中 π_1，π_2，π_3 分别表示状态 1、2、3 发生的概率(由于 p 在后文经常表示其他的含义，因此经常用 π 来代替 p 表示概率)，图 1-4 称为信息结构的树形图。

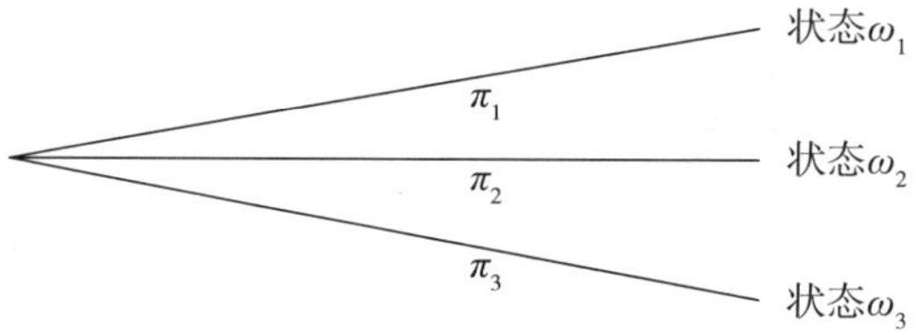

图 1-4　单期 3 状态下的信息结构树形图

上述例子中的信息结构表明期末有 3 个互斥的状态以及各个状态发生的概率。互斥的状态是指当其中一个状态发生时，其他两个状态均不发生；显然，3 个状态发生的概率之和为 1，表明 3 个状态涵盖了所有可能的情形。有时信息结构还包括各状态下的支付，例如，3 个状态下的支付分别为 x_1，x_2，x_3，此时可以 3 维向量来表示，或者在树形图中各状态前对应的位置标出来，也可以采用特殊的形式表示：

$$(x_1,\ \pi_1;\ x_2,\ \pi_2;\ x_3,\ \pi_3)$$

例 1.1：一个简单的 Lucas 树(Lucas-Tree)经济或树模型(本例来源于王江(2006))：

考虑一个简单 Lucas 树模型，从时间上有两时点(可理解为今年和明年)，期末有两个不同的状态，我们称之为好天气(丰年)和坏天气(灾年)，两者概率各占 50%。整个经济的资源来自一棵果树，可以理解为苹果、梨或桃等之中的某一种，其特点是这些果子具有易腐烂(perishable)的特性，这样每个人的果子不能由期初留到期末，也就是没有储蓄的能力。从信息结构上看，已知期初的产量为 100 个，期末好天气时产量为 200 个，坏天气时产量为 50 个。此时，整个经济环境可以用树形图描述为图 1-5。

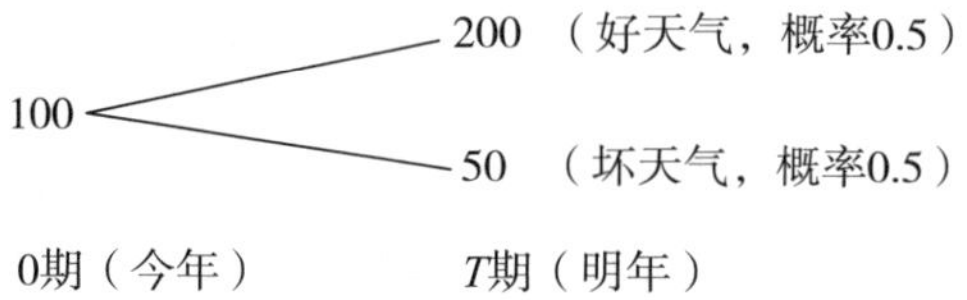

图 1-5　一个简单的 Lucas 树模型下的经济环境

Lucas 树模型用果树比作工厂，每期产生的果子比作产出或工厂产生的红利。由于果子是容易腐烂的，因此不可跨时转移。当经济系统中存在两个以上经济人时，要改变各自的资源配置只有一个途径，这个途径就是相互交换，因此 Lucas 树模型实质是纯交换经济，其中没有生产。

2. 多期情形下的信息结构

多期情形下经济系统的不确定性仍用概率空间($\boldsymbol{\Omega}$, $\mathscr{F}$, $\boldsymbol{P}$)来描述，$\boldsymbol{\Omega}$ 同样可以取离散情形和连续情形。经济的信息结构是由 $\mathscr{F}$上确定的滤子流 $\{\mathscr{F}_t\}$，满足对任意的 $s \leqslant t$ 有 $\mathscr{F}_s \subset \mathscr{F}_t$，形成的滤子概率空间 $\{\boldsymbol{\Omega}, \mathscr{F}, \{\mathscr{F}_t\}, \boldsymbol{P}\}$。

离散时间下的信息结构：离散情形下的信息结构虽然比较直观，但因为涉及多个时点，所以描述起来还是比较复杂。为简化问题，我们举例说明。

一个两时点信息结构的例子：假定 $\boldsymbol{\Omega} = \{\omega_1, \omega_2, \omega_3, \omega_4, \omega_5\}$ 为期末的各种基本结果的集合，其信息结构如图 1-6 所示：

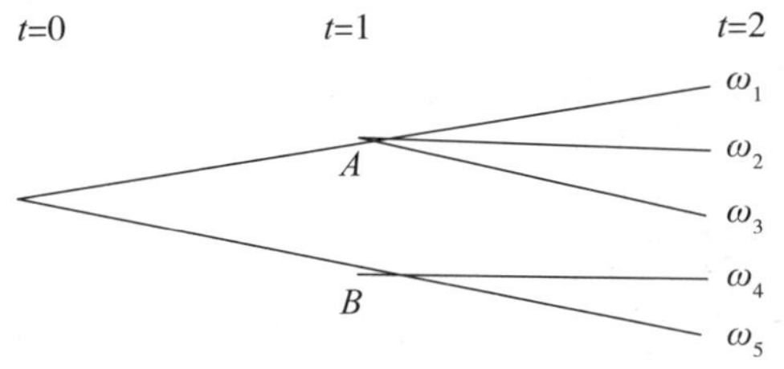

图 1-6 多期信息结构图

信息结构表示为 $\mathscr{F} = \{\mathscr{F}_0, \mathscr{F}_1, \mathscr{F}_2\}$：

$\mathscr{F}_0 = \{\boldsymbol{\Omega}, \boldsymbol{\phi}\}$；$\boldsymbol{\Omega} = \{\omega_1, \omega_2, \omega_3, \omega_4, \omega_5\}$

$\mathscr{F}_1 = \{\boldsymbol{\Omega}, \boldsymbol{\phi}, \boldsymbol{A}, \boldsymbol{B}\}$；$\boldsymbol{A} = \{\omega_1, \omega_2, \omega_3\}$，$\boldsymbol{B} = \{\omega_4, \omega_5\}$

$\mathscr{F}_2 = \{\boldsymbol{\Omega}, \boldsymbol{\phi}, \boldsymbol{A}, \boldsymbol{B}, \{\omega_1\}, \{\omega_2\}, \{\omega_3\}, \{\omega_4\}, \{\omega_5\}\}$

上述例子中，信息结构图形象地告诉我们，从 0 时到 1 时有两种可能发生，要么是 $\boldsymbol{A}$，要么是 $\boldsymbol{B}$。从 1 时到 2 时则依据此前出现的不同的结果而确定最后的结果，若 1 时 $\boldsymbol{A}$ 发生则有三种可能，分别是 ω_1，ω_2，ω_3；若 1 时 $\boldsymbol{B}$ 发生则有两种可能，分别是 ω_4，ω_5。从信息结构来看：

0 时的信息为滤子 $\mathscr{F}_0 = \{\boldsymbol{\Omega}, \boldsymbol{\phi}\}$，它的意思是 0 时只知道最终有 5 种可能的结果发生，但不能确切地知道哪种结果发生。

1 时的信息为滤子 $\mathscr{F}_1 = \{\boldsymbol{\Omega}, \boldsymbol{\phi}, \boldsymbol{A}, \boldsymbol{B}\}$，此时能确切地知道 $\boldsymbol{A}$ 或 $\boldsymbol{B}$ 已经发生，而且知道 $\boldsymbol{A}$ 和 $\boldsymbol{B}$ 中分别包含哪几种最终结果，但仍不能确切地知道哪种结果发生。此时的信息比 0 时的信息更加清晰：如果 $\boldsymbol{A}$ 发生了，则期末的结果将在 ω_1，ω_2，ω_3 中产生，但绝对不会出现 ω_4，ω_5；如果 $\boldsymbol{B}$ 发生了，则期末的结果将在 ω_4，ω_5 中产生，但绝对不会出现 ω_1，ω_2，ω_3。

2 时的信息为滤子 $\mathscr{F}_2 = \{\boldsymbol{\Omega}, \boldsymbol{\phi}, \boldsymbol{A}, \boldsymbol{B}, \{\omega_1\}, \{\omega_2\}, \{\omega_3\}, \{\omega_4\}\}$，此时已确切地知道最终哪种结果发生，整个不确定性被完全揭示。

一般地，信息结构表示为滤子流 $\{\mathscr{F}_t,\ t=0,\ 1,\ \cdots,\ T\}$，用 $T+1$ 个滤子或 σ -代数揭示信息逐渐被揭示的过程。在 0 时没有任何信息，随着时间的推移，信息不断揭示，期末将会出现的结果越来越明朗。从数学角度看，滤子流具有下列性质：

$$\mathscr{F}_0 \subset \mathscr{F}_1 \subset \mathscr{F}_2 \subset \cdots \subset \mathscr{F}_{t-1} \subset \mathscr{F}_t \subset \cdots \mathscr{F}_T \tag{1.3}$$

其含义是：随着时间的推移，信息越来越丰富，t 时可以知道此前所有滤子的结构，也就是说 $\mathscr{F}_t$ 包含此前所有滤子的结构。

连续时间下的信息结构也可以表示为滤子流 $\{\mathscr{F}_t;\ t\in[0,\ T]\}$，通常描述为概率空间 $\{\Omega,\ \mathscr{F},\ \{\mathscr{F}_t\},\ P\}$，并进一步在概率空间上定义风险源，其结果较为复杂，超出本书范畴，我们在此不予介绍。

值得说明的是： 本书我们只讨论单期有限状态情形，即只有期初和期末两个时点，而且期末只有有限个状态发生。

二、资本市场

资本市场是资本配置的主要场所，通过该市场金融资产被吸引到效率最高的企业和项目。本书将资本市场限定在各种证券上，通常分为两大类：风险证券和无风险证券。

(一) 证券的一般描述方法

证券是金融市场上的主要产品，它代表一类金融要求权(claim)，即证券的持有者在一定的时点可以凭证索取一定的回报，在物物交换经济下，证券持有者在一定时点可获取一定数量的消费品，该消费品的数量由证券事先确定。单期情形只有两个时点，为了获得某一证券，通常在期初付出一定的成本，该成本即是证券的价格；持有证券后，消费品的索取一般发生在期末，因此证券可以用期末的支付(payoff)来表示。价格和支付形成了证券在两时点单期情形下的重要指标，考察证券时一定要对两者进行区分。当期末的状态为有限的 S 种状态时，每个证券可以用一个 S 维向量来表示或者用随机变量表示；期末有无限可数状态时，每个证券可以用一个无限维向量来表示或者用随机变量表示；期末状态为连续情形时，只能用随机变量表示。下面我们对单期有限状态情形进行介绍。

假设期末有 S 种状态，市场上有 N 个证券，每个证券都可以用一个 S 维向量来描述，一般地，对于证券 j，其期末支付可表示为：$\boldsymbol{X}_j=(x_{1j},\ \cdots,\ x_{\omega j},\ \cdots,\ x_{Sj})^{\mathrm{T}}(j=1,\ 2,\ \cdots,\ N)$，其中 $x_{\omega j}$ 表示证券 j 在状态 ω 下的支付，我们称之为**支付向量**，证券的支付如图 1-7 所示。

由于每个证券的支付都是一个 S 维向量，所有可能支付的支付向量形成一个集合，我们称之为**支付空间**(payoff space)，反过来，支付空间中的任一向量对应一只证券。支付空间用 $\boldsymbol{M}$ 表示，显然它是 S 维欧式空间的一个子集：$\boldsymbol{M}\subseteq\boldsymbol{R}^S$。

在描述证券时，往往用期末的支付向量来表示某一证券，不同证券的支付向量有不同的特点。我们在前面将证券分为两大类。一类是无风险证券，也叫无风险债券。**无风险债券**是指期末支付不因状态变化而变化的证券，即它的支付是一个正的常数，与期末发生的实际状态无关。将期末的支付简化为 1，则其支付见图 1-7：

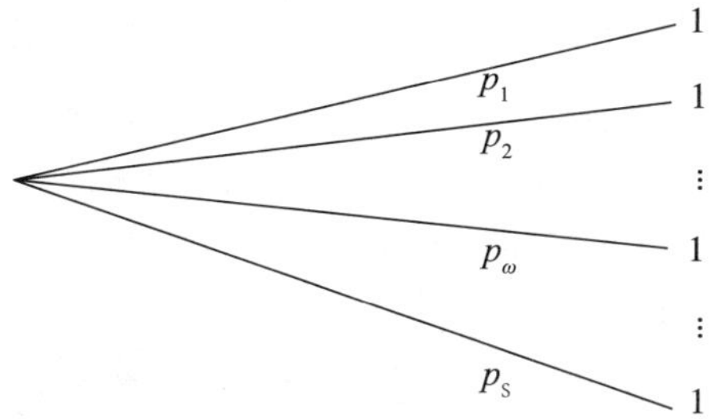

图 1-7　无风险证券支付的树形图

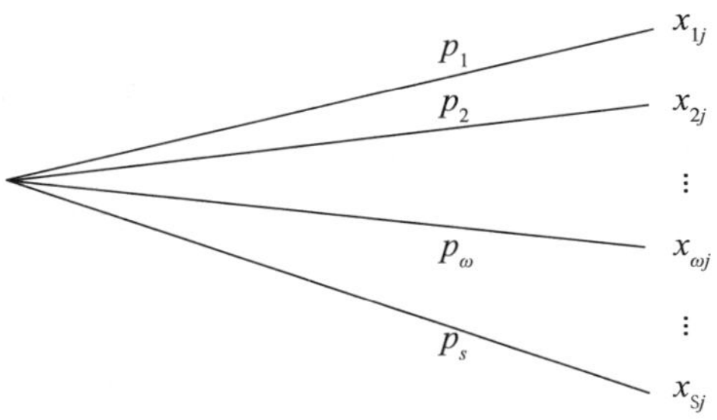

图 1-8　证券 j 的支付的树形图

或者用支付向量表示为：

$$\boldsymbol{I} = (1,\ 1,\ \cdots,\ 1,\ \cdots,\ 1)^{\mathrm{T}} \tag{1.4}$$

另一类证券是风险证券，所谓风险证券是指一类期末支付依状态不同而不同的证券，即期末的支付为一随机变量，支付的数量随发生的实际状态不同而不同。类似地支付可描述为图 1-7。

上述对证券的描述是基于如下几个假设：(1)证券的支付只取决于期末的实际经济状态；(2)证券的支付都是外生给定的，它不受经济人行为的影响；(3)市场上信息是对称的，所有经济人都知道期末可能的状态以及相应状态的概率，而且所有人关于未来状态的概率分布有相同的认识，即具有同质的信念(homogeneous beliefs)。

例 1.2：在例 1.1 中给出了整个经济环境中的总资源，假设经济人 A 持有一个证券，我们称之为证券 A，证券 A 载明期末可以获取 20 个果子，其支付向量为：(20, 20)，显然该证券为无风险债券。若经济人 B 也持有一个证券，称为证券 B，证券 B 载明他可以取得期末果树的 50%的产量，因此证券 B 的支付向量为(100, 25)，显然证券 B 为风险证券。用向量描述为：

$$\boldsymbol{X}_{\mathrm{A}}\mathrm{V} = \begin{pmatrix} 20 \\ 20 \end{pmatrix} = 20 \times \begin{pmatrix} 1 \\ 1 \end{pmatrix} \text{ 和 } \boldsymbol{X}_{\mathrm{B}} = \begin{pmatrix} 100 \\ 25 \end{pmatrix}$$

在这个例子中，证券 B 代表对树的所有权，对应于现实生活中一类代表对公司的所有权的证券，该类证券称为**股票**。他代表对实物资产所产生的支付按一定比例的要求权，我们也称之为金融资产。股份公司通过发行股票融资，投资者投资并持有股票后，该股票代表投资者对公司的所有权，按投资者持有的股票占整个公司总股份的比例索偿持有期内的红利。为了研究的方便，无论公司发行了多少股票，通常都将**公司股票数量标准化为 1 个单位**。债券则不同，它代表一种借贷关系，承诺到期按原定的数量进行偿还，不代表对公司的所有权。通常情况下，有债券的购买者就必有发行者。也就是说市场上存在的债券总量等于出借的总量，也等于借入的总量。有人借入就有相应的人贷出。所以，债券的净供给数量为零。

总之，为了研究的方便一般假设**风险资产的净供给为 1，债券的净供给为 0**。当然，有的文献假设股票净供给为 0，实际上可以理解为在非常短的时期内，没有新的股票发行，所有投资者对股票的净投资有正有负，但他们的净投资之和为 0。

（二）市场结构

在 S 种状态下，每个证券都可以用一个 S 维支付向量来表示。本书中我们经常用证券的支付向量来表示该证券。对应于证券的期末支付的是该证券的期初价格，即购买此证券所需要在期初支付的成本，一般用 S 表示。这样可由图 1-9 来完整描述证券 j。

0 期　　　　　　　　T 期

$$S_j \qquad\qquad \boldsymbol{X}_j = \begin{pmatrix} x_{1j} \\ \vdots \\ x_{\omega j} \\ \vdots \\ x_{Sj} \end{pmatrix}$$

图 1-9　证券 j 的价格—支付图

图 1-9 中 $\boldsymbol{X}_j$ 是第 j 个证券的期末支付向量，$x_{\omega j}$是证券 j 在 ω 状态下的支付。

当市场上有 N 个证券时，每个证券对应一个支付向量。以证券的支付向量为列向量，N 个列向量形成一个 $S\times N$ 矩阵，我们称之为**支付矩阵**，记为 $\boldsymbol{X}$：

$$\boldsymbol{X} \equiv (x_{\omega j})_{SN} = \begin{bmatrix} x_{11} & \cdots & x_{1j} & \cdots & x_{1N} \\ \vdots & \vdots & \vdots & \vdots & \vdots \\ x_{\omega 1} & \cdots & x_{\omega j} & \cdots & x_{\omega N} \\ \vdots & \vdots & \vdots & \vdots & \vdots \\ x_{S1} & \cdots & x_{Sj} & \cdots & x_{SN} \end{bmatrix} \tag{1.5}$$

支付矩阵描述了所有证券在所有状态下的支付，所以支付矩阵也叫**市场结构**。

支付矩阵的每一行对应的是某一状态下各证券的支付，矩阵的每一列对应的是每个证券的支付向量，基于这一事实，可以将支付矩阵表示为：

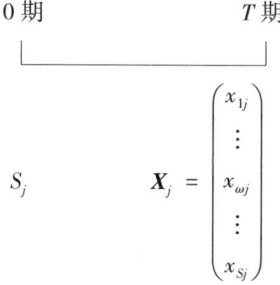

$$\boldsymbol{X} \equiv [\boldsymbol{X}_1,\ \boldsymbol{X}_2,\ \cdots,\ \boldsymbol{X}_j,\ \cdots,\ \boldsymbol{X}_N] \equiv \begin{pmatrix} \boldsymbol{X}_{1,\ .} \\ \vdots \\ \boldsymbol{X}_{\omega,\ .} \\ \vdots \\ \boldsymbol{X}_{S,\ .} \end{pmatrix} \tag{1.6}$$

理论上，我们对支付矩阵每个元素的角标的标注没有特殊要求，这里的标注是基于矩阵理论中的“左行右列”习惯来进行的，即左角标 ω 表示处于第 ω 行，右角标 j 表示处于第 j 列。

(三) 证券组合与市场化

经济人可以利用证券市场进行投资活动，证券市场上存在的每一个证券对投资者都是一种投资机会，因此 N 个证券意味着 N 个投资机会。投资者期初拥有的可用来投资的资本或财富记为 W_0，该财富在 N 个不同的投资机会中的分配可以用一个 N 维向量来表示，这种向量表示的资金在不同投资机会上的分配方式称为**投资组合**(portfolio)。一般地投资组合有三种表示方法：

第一种方法是**持有量法**(shares)，表示为 N 维向量：

$$\boldsymbol{\theta}^{\mathrm{T}} \equiv (\theta_1,\ \theta_2,\ \cdots,\ \theta_j,\ \cdots,\ \theta_N) \tag{1.7}$$

其中，θ_j 表示第 j 个证券的持有量，$j=1,\ 2,\ \cdots,\ N$。比如，$N=3$，$\boldsymbol{\theta}^{\mathrm{T}}=(10,\ 20,\ 30)$，其含义是持有 10 股股票 1、20 股股票 2 和 30 股股票 3。

第二种方法是直接用投资到每个证券上的资金来表示，我们称之为**投资额法**，表示为 N 维向量：

$$\boldsymbol{W}^{\mathrm{T}} \equiv (W_1,\ W_2,\ \cdots,\ W_j,\ \cdots,\ W_N) \tag{1.8}$$

其中，W_j 表示投资到第 j 个证券上的资金，显然有 $\sum_{j=1}^{N} W_j = W_0$。比如 $W_0=100$ 万元，$N=4$ 且 $W^T=(10,\ 20,\ 30,\ 40)$（单位是万元），其含义是投资者投资于股票 1、2、3 和 4 的资金分别为 10 万元、20 万元、30 万元和 40 万元。

第三种方法是**权重法**，是用投资到每个证券上的资金占总投资额的百分比来表示，马科维兹的投资组合理论主要采用此法，其优点是无须考虑期初的总投资额，表示为 N 维向量：

$$\boldsymbol{\omega}^{T} \equiv (\omega_1,\ \omega_2,\ \cdots,\ \omega_j,\ \cdots,\ \omega_N) \tag{1.9}$$

其中，ω_j 表示投资到第 j 个证券上的资金占比，或者说投资到证券 j 上的资金权重，显然有 $\sum_{j=1}^{N} \omega_j = 1$，即各权重之和为 100%，所有投资资金完全配置到 N 个投资机会上去了。

上述三种表示方式可以相互转化：由(1.8)很容易得到(1.9)；由(1.9)加上初始投资总额可以得到(1.8)；由(1.8)加上各证券的价格也很容易与(1.7)相互转化。本书中，在讨论证券市场的一般均衡时，我们通常用第一种方法；在马科维兹投资组合理论中用第三种方法。在持有量法表示下，我们将证券和组合的期初价格与期末收益之间的关系列为表 1.2。

表 1.2　　投资组合的成本与收益

	期初价格(成本)	期末支付(收益)
单个证券 j	S_j(价格)	$\boldsymbol{X}_j$(支付向量)
N 个证券	$\boldsymbol{S}^T=(S_1, \cdots, S_j, \cdots, S_N)$	$\boldsymbol{X}\equiv[X_1, \cdots, X_j, \cdots, X_N]$
组合 $\boldsymbol{\theta}$	$\boldsymbol{S}^T\boldsymbol{\theta}$	$\boldsymbol{X\theta}$

表 1.2 显示了证券的价格与支付之间形式上的对称性。

定义 1.1：在市场结构(1.5)下，市场上有 N 个证券。任意一个支付为 $\boldsymbol{Y}^T=(y_1, y_2, \cdots, y_S)$ 的证券，如果存在投资组合 $\boldsymbol{\theta}^T\equiv(\theta_1, \theta_2, \cdots, \theta_j, \cdots, \theta_N)$ 满足：

$$\boldsymbol{Y}=\theta_1\boldsymbol{X}_1+\theta_2\boldsymbol{X}_2+\cdots+\theta_N\boldsymbol{X}_N \tag{1.10}$$

则称证券 $\boldsymbol{Y}$ 被证券 $\boldsymbol{X}_1$，$\boldsymbol{X}_2$，…，$\boldsymbol{X}_N$ **复制**，或称为**生成**、**合成**。也称 $\boldsymbol{Y}$ 为**可市场化的**(marketed)。

请注意(1.10)式的另外两种简单的表达法：

$$\boldsymbol{Y}=\sum_{j=1}^{N}\theta_j\boldsymbol{X}_j=\boldsymbol{X\theta} \tag{1.11}$$

第一个等式采用连加符号，第二个等式采用矩阵"语言"。

在有限状态下，每个证券的期末支付可以表示成有限维支付向量。从数学角度看，(1.10)的含义是向量 $\boldsymbol{Y}$ 可以被向量 $\boldsymbol{X}_1$，$\boldsymbol{X}_2$，…，$\boldsymbol{X}_N$ 线性表示出来，因此，线性表示、合成、生成和复制具有相同的含义，后文不加区分。进一步，将由市场结构中 N 个证券生成的所有证券形成的集合称为**支付空间**：

$$\boldsymbol{M}\equiv\{\boldsymbol{x}: \boldsymbol{x}=\boldsymbol{X\theta}, \boldsymbol{\theta}\in\boldsymbol{R}^N\} \tag{1.12}$$

支付空间的含义是指所有可以由市场上 N 个证券复制的证券的支付集合，也是所有可市场化的证券的集合。它表明利用证券市场所能够得到的所有可能的结果，相当于"可行集"。

三、经济人

经济系统的参与者称为**经济人**(agents)，也有译为参与者的，经济人可以是个人(individual)也可以是机构(institution)。资本市场上的经济人也称为**投资者**(investors)或**消费者**(consumers)，当我们关注经济人的投资行为时通常称为投资者，当我们关注经济人的消费行为时称之为消费者。本书中我们对经济人、参与者、投资者和消费者不加区别。我们假设经济系统中有 K 个经济人，我们标注为 $k=1, 2, \cdots, K$。经济人的存活时间为$[0, T]$，在其存活期内的每个时刻各经济人消费单一的商品，我们可以将这个商品看作是钱但又不同于钱，因为钱不是容易腐烂的。易腐的商品假设形成纯交换经济，因为商品容易腐烂，因此无法从本期留到下一期，也就是说本期的消费品要么全部消费，要么与其他投资者进行交换，从而使自己的禀赋在不同时点进行合理配置；反之，如果商品不是易腐的，则意味着储蓄或生产是可行的。我们只在特殊的章节讨论储蓄和生产。下面我们从禀赋、消费投资需求、偏好和信念等三个方面对经济人进行描述。

（一）禀赋

所谓**禀赋**是指经济人初始占有的资源，是与生俱来而拥有的消费品或资本品，即不需要任何努力而拥有的生存资源。通常假设每个经济人都具有正的禀赋，因为在市场经济下，资源禀赋为零的经济人无法存活，不能形成有效的投资者或经济人，负的禀赋没有经济意义。投资者的禀赋可以用向量或随机变量来描述，经济人 k 的禀赋可以用 $S+1$ 维向量表示为：

$$(e_{k0}, e_{k1}, \cdots, e_{k\omega}, \cdots, e_{kS}) \text{ 或 } (e_{k0}, \boldsymbol{e}_1)$$

其中 $\boldsymbol{e}_1$ 为期末禀赋向量。该禀赋用树形图形象地表示为图 1-10。

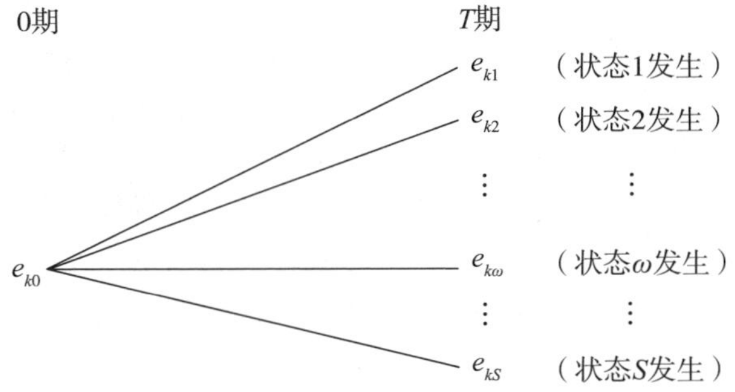

图 1-10 离散情形下投资者单期禀赋树形图

值得注意的是，无论是期初的禀赋还是期末的任何状态下的禀赋，其值小于零是没有意义的，因此我们通常假设禀赋向量是非负的。所以上述禀赋向量的每一个分量或图 1-10 中的每一个数都是非负的。用数学语言描述为：

$$\boldsymbol{e}_k \in R_+^{S+1}, \text{ 或 } e_{k0} \geqslant 0; \ \boldsymbol{e}_{k1} \in R_+^S$$

上述式子的意思是禀赋向量的每一个分量为非负实数。

（二）消费计划

消费者通常有两类选择：一类是“听天由命”地依据禀赋来消费，即每个时点、每个状态下的消费水平等于相应时点的禀赋；一类更积极的方法是依据自己的禀赋折算成一定的“财富”，然后在给定的财富水平下通过适当的交易而获得自己想要的消费模式，这种模式称为**消费计划**，每个消费计划也可以理解为一种消费模式。不同情形下的消费计划的描述方式与禀赋描述十分类似。

单期情形下的消费计划，可以用向量表示为：

$$(c_{k0}, c_{k1}, \cdots, c_{k\omega}, \cdots, c_{kS}) \text{ 或 } (c_{k0}, \boldsymbol{c}_1)$$

其中 $\boldsymbol{c}_1$ 为期末消费向量。该消费用树形图形象地表示为图 1-11。

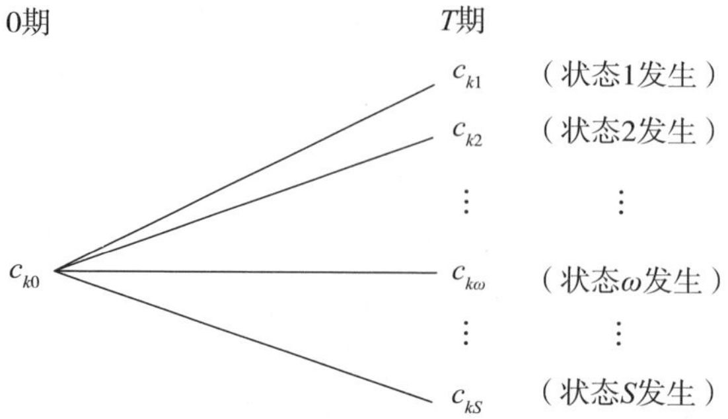

图 1-11　离散情形下投资者消费计划树形图

由于负的消费是没有意义的，因此消费计划向量是非负的。因此，与禀赋一样有：

$$\boldsymbol{c}_k \in \boldsymbol{R}_+^{S+1}，\ 或\ c_{k0} \geqslant 0；\ \boldsymbol{c}_{k1} \in \boldsymbol{R}_+^S。$$

从事后来看，经济人最终完成的一个特定的消费计划也叫特定的实现值，如期初消费为 c_0，期末消费为 c_ω，表明最终 ω 状态发生了，二维向量(c_0, c_ω)称为一个**消费路径**。图 1-11 表明经济人 k 有 S 个可能的消费路径。T 时点 S 状态下的消费路径可以表示为一个 $S+1$ 维向量。

所有可能的消费计划的集合称为**消费集**，记为 $\boldsymbol{C}$。消费集也称为可行消费集，是所有可能被经济人选作消费计划的集合，由于每个时点的消费水平非负，因此消费集是一个特殊的集合，满足 $\boldsymbol{c} \in \boldsymbol{C} \subseteq \boldsymbol{R}_+^{S+1}$。确定情形下 $S=1$，消费集位于二维平面中含横轴和纵轴正半轴的第一象限，即由 OA 和 OB 围成的区域；$S=2$ 时，期末有两种状态，消费集为包含边界处的正半轴和第一卦象，即由 OA、OB 和 OC 共同围成的区域。如图 1-12 所示，消费集均为闭集。依此类推，$S>2$ 时消费集为所有分量非负的区域，这些区域形成一个闭集，即消费集 $\boldsymbol{C}$ 为闭集。

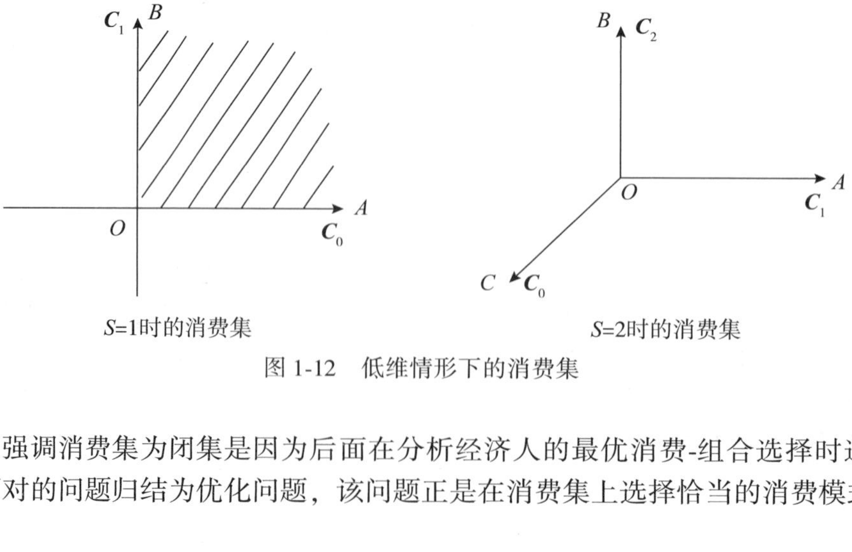

图 1-12　低维情形下的消费集

我们强调消费集为闭集是因为后面在分析经济人的最优消费-组合选择时通常将经济人所面对的问题归结为优化问题，该问题正是在消费集上选择恰当的消费模式使经济人的效用极大化。消费集为闭集表明优化问题中的定义域为闭集，由微积分知识可知，如果效用函数是连续的则最值是存在的。同时，我们还假设消费集是凸集，从图 1-12 也可以看出低维情形下消费集是凸集。所谓**凸集**是指任何两个不同的可行消费计划的凸组合还是可行的消费计划。用数学语言描述为：$\forall \boldsymbol{c}_1$，$\boldsymbol{c}_2 \in \boldsymbol{C}$ 和 $\forall \alpha \in \boldsymbol{R}$，$0 \leqslant \alpha \leqslant 1$ 都有 $\alpha \boldsymbol{c}_1 + (1-\alpha)\boldsymbol{c}_2 \in \boldsymbol{C}$。假定 $\boldsymbol{c}_1$ 是经济人 1 的消费模式，$\boldsymbol{c}_2$ 是经济人 2 的消费模式，当 $\alpha=30\%$时，表明 30%地采取经济人 1 的消费模式，70%地采取经济人 2 的消费模式，将形成一种新的可行的消费模式。所以我们通常假设：

假设：*消费集 $\boldsymbol{C}$ 是 R^{S+1} 中的闭凸子集。*

(三)偏好与效用函数

经济人的偏好常被认为反映经济人的秉性(taste)，是指面对选择对象时经济人做出的选择模式。当经济人面对两个选择对象 A 和 B 时，如果经济人选择了 A 而不是 B 则称为 A 偏好于 B，记为：$A \geqslant B$。不确定性条件下冯·诺依曼和摩根斯坦(Von Newmann & Morgenstern，1947)建立了期望效应理论，该理论首先在选择集合上定义一种二元关系即上述偏好，然后对投资者的选择行为给出公设或公理，这些公理包括：

完备性公理——投资者面对任何两个选择对象都可以得出一个明确的选择结果；

自反性公理——任何一个选择对象与其自身是可以进行比较的；

传递性公理——偏好的顺序是可以传递的。

定理 1.1(*期望效用函数存在性*)：*当经济人面对不确定性选择集，其选择行为满足完备性公理、自反性公理、传递性公理、独立性公理、连续性公理和可量化公理时，存在一个从选择集合到实数集合的映射，这即是期望效应函数。*

期望效应函数将不确定条件下的选择与确定条件下的效用以及相应的概率联系在一起，从而解决了不确定条件下选择的标准问题。我们将在第二章对该理论展开重点介绍，在此不再赘述。

四、金融经济学的基本框架

前面从三个方面介绍了构建金融经济学的基本框架的要素。我们这里所说的基本框架是指金融经济学在进行问题分析时所构造的基本经济模型，这种范式体现在主流的金融学文献中，换言之，主流金融文献在建立基本模型时大多按这些要素展开。结合本教材的核心任务可以将其基本框架总结如下：

1. 考虑两个时点的单期问题，两时点分别为 0 时点(期初)和 1 时点(期末)。在 1 时点有 S 个可能的状态，通常 $S>1$ 从而期末结果具有不确定性。不确定性可以用每个状态发生的概率来描述，通常称为概率测度。

2. 经济中有 $\boldsymbol{K}$ 个不同的经济人，我们用 k 来标注，$k=1, 2, \cdots, K$。这些经济人有如下特征：

(1)经济人拥有一定的禀赋，这些禀赋是他们赖以存活的依据，并且以此为基础进行投资或消费决策。有限状态下的禀赋可以描述为：$\boldsymbol{e}_k \in \boldsymbol{R}_{+}^{S+1}$。

(2)经济人的最终需求是消费，由于期末状态的发生具有不确定性，经济人面临不确定条件下的选择。面对不确定性选择对象经济人是理性的，即他们对不同的选择对象的偏好满足三个基本的公理。

(3)经济人的选择问题可以归结为某一特定的优化问题，即每个经济人的行为决策的目的是为了获得其“一生”消费所产生的福利的极大化。

3. 市场上存在 N 个投资机会，表现为 N 个不同的证券。有限状态下 N 个证券的期末支付形成的支付矩阵代表了市场结构。同时，通常还假设市场具有一定的理想化特性：

(1)**市场无摩擦**。经济人能够按照每个证券的市场价格迅速地买卖有限数量的该证券。此时，任何经济人可以无成本地参与证券市场交易；没有交易成本和税收；没有头寸限制；单个经济人的买卖行为不会影响证券的价格。

(2)市场**信息是完备**的。每个经济人都能够无成本地获得各证券的公开信息。此时每个人所拥有的市场信息是完全相同的。

五、一个补充说明

我们建立了一个简单的框架，该框架下只有两个时点和期末 S 个状态，共对应 $S+1$ 个节点，因此，我们在本书中的研究对象包括禀赋、消费计划和证券等，要完整地描述这些对象一般需要明确他们在这 $S+1$ 个节点所取的值。在这 $S+1$ 个节点对应的数值中，期初的是确定性的，如期初的禀赋、期初的消费水平以及证券在期初的价格都是一个给定的数，而期末 S 个节点对应的值则是不确定性的，因为我们不知道哪种状态发生，所以也称为**或有的**(contingent，也就是可能发生可能不发生)。有限状态下我们用向量来表示(这里是 S 维向量)，实际上还有另外一种表示法，就是随机变量，此时 k 的禀赋与消费水平、证券 i 的期末支付可以表示为：

$$(e_{k,0},\ \tilde{e}_{k,1}),\ (c_{k,0},\ \tilde{c}_{k,1})\ 和(S_i,\ \widetilde{X}_i)$$

上述表示不是严格的向量，因为第二个“分量”是随机变量。当期末有无限种状态时，上述表示成为唯一的方式，因为此时期末的禀赋、消费和支付均无法用向量来表示。

第二节 金融经济学的一般分析模式

金融经济学的核心问题之一是研究经济人的金融决策问题，经济人可以是个人(individual)也可以是机构(institution)。个人一般指单个的投资者或者家庭，单个投资者的金融决策构成了微观金融的核心内容，家庭的金融决策则形成了家庭金融；机构一般包括公司或政府，公司的金融决策形成公司金融，政府的金融决策则形成财政与货币金融等。狭义的金融经济学的重点在于投资者或家庭，因此主要是微观金融和家庭金融。

从另一个角度看金融经济学的核心之一在于研究：金融市场上的资产价格如何确

定？资产和风险如何在不同的经济人之间进行配置？本教材的重点在于资源配置和价格的确定，即资产定价。那么如何对资产进行定价呢？资产定价一般包括两个主要的方法：相对定价法和绝对定价法。

相对定价法是指将待定价资产与其他资产进行比较从而确定其价格，比如期货、期权等衍生证券都是采用此法定价。

绝对定价法是指从经济的“基本面”或相关的状态变量来确定资产的价格，其典型包括后面章节中所讲的 CAPM 和 CCAPM 等。

两种定价方法代表了两种分析模式：绝对定价法代表了一般均衡分析方法，它起源于一般均衡理论(general equilibrium)，是一般均衡理论应用于资本市场的结果；相对定价法代表了无套利分析法，通过比较资产之间在不同状态下的支付，从而建立起资产之间的价格关系。这两种方法形成了金融经济学的主要分析方法。

一、一般均衡分析法

一般均衡分析方法是一般均衡理论在资本市场上的应用，纯交换经济框架下供给方是给定的，此时理论上该方法可以遵从如下步骤展开分析：

第一步，确定证券的供给。我们研究的证券有两类，一类是风险证券，我们通常限定为股票；另一类是无风险证券，我们通常限定为债券。为了研究的方便，通常假设股票的总供给为 1，本质上是将所有股份标准化为 1 单位，1 的意思是该公司的 100%的股权。债券的总净供给为零，意思是有购买债券需求的供给为负数；有发行债券需求的供给为正数，代数和刚好为零。而且经常简化为只有一个风险资产和一个无风险资产。因此，文献中经常有：

“假设资本市场上只有两个资产，一个风险资产和一个无风险资产。风险资产的总供给为 1，无风险资产净供给为 0。”

第二步，确定证券的需求。不同的投资者有不同的禀赋、不同的偏好，需要结合给定投资者面临的预算约束和投资偏好，将他们的问题归结为一序列的优化问题。当经济系统中存在多个经济人时，经济人各自追求自身效用极大化，极大化问题可以确定各经济人对各证券的最优需求。

第三步，将供给和需求结合，确定证券价格。供给等于需求意味着市场出清(market clear)，市场出清得到若干等量关系，由这些等量关系(即方程)最终确定各个经济人的最优需求和各资产的均衡价格，完成一般均衡分析。

以上的分析框架是以证券为核心，并具体从证券的供给与需求来展开分析的，这种分析经常比较复杂。特别是在纯交换经济下，当所有人的禀赋已知时，确定消费品的总供给比较容易，在处理投资者问题时从消费需求入手更加方便。由于总供给是固定的，实际的分析只有两步。

(一)投资者最优需求问题

考虑单期情形，因为在纯交换经济下，很多多期问题可以转化为一序列的单期问题

(我们在第十一章第三节对此进行具体分析)。如前所述,多期情形问题的描述可以从离散时间和连续时间两种不同的情形进行描述,我们仅给出连续时间版本,离散时间的版本可以比较容易地从连续时间情形转化过来。由于整个经济系统存在多个经济人,因此我们在分析问题时先分析单个经济人的优化问题,然后利用市场出清的条件得到一般均衡的配置和资产价格。此外,多人参与的经济系统,其最优标准不同于单一经济人情形,因此,我们还引入了 Pareto 最优。

单期情形下只有两个时点,依据黄和利森伯格(Huang 和 Lizenberger,1988)给出的框架,每个投资者的消费记为:$(c_{k0},\ c_{k\omega})$,$k=1,\ 2,\ \cdots,\ K$;$\omega\in\Omega$。假定资本市场上存在 N 个证券,证券 j 的价格和期末支付分别为:S_j,$\boldsymbol{X}_j$,$j=1,\ 2,\ \cdots,\ N$,则投资者 k 的问题可以归结为:

$$\begin{aligned} \max_{\{c_{k0},\ c_{k\omega}\}_{\omega=1}^{S}} U_k &= \sum_{\omega\in\Omega}\pi_{k\omega}u_{k\omega}(c_{k0},\ c_{k\omega}) \\ \text{s.t.}\quad c_{ko} &= e_{k0} - \sum_{j=1}^{N}\theta_j S_j \\ c_{k\omega} &= e_{k\omega} + \sum_{j=1}^{N}\theta_j x_{\omega j},\quad \omega\in\boldsymbol{\Omega} \\ c_{ko} &\geqslant 0,\ c_{k\omega}\geqslant 0 \end{aligned} \tag{1.P1}$$

其中,c_{k0},$c_{k\omega}$ 分别表示第 k 个投资者在期初(0 期)和期末 ω 状态下的消费水平;θ_j 是投资于证券 j 的股份;$x_{\omega j}$ 是状态 ω 下证券 j 的支付;$\pi_{k\omega}$ 是投资者 k 对状态 ω 发生的概率的信念,同质信念下 $\pi_{k\omega}=\pi_{\omega}$,$\forall k$,$\pi_{\omega}$ 为实际发生的概率。问题(1.P1)的含义是 K 个经济人各自在其自身约束的条件下配置资源,从而达到福利极大化。

(二)市场出清

当 K 个投资者的总消费等于总禀赋,即满足:

$$\sum_{k=1}^{K}c_{k0}=\sum_{k=1}^{K}e_{k0} \tag{1.13}$$

$$\sum_{k=1}^{K}c_{k\omega}=\sum_{k=1}^{K}e_{k\omega},\quad \omega\in\boldsymbol{\Omega} \tag{1.14}$$

则称**市场出清**。

自由竞争均衡也称为一般均衡,是指在自由竞争框架下形成的价格和消费水平 $\{(S_j,\ (c_{k0},\ c_{k\omega}))\ j=1,\ \cdots,\ N;\ k=1,\ \cdots,\ K;\ \omega\in\boldsymbol{\Omega}\}$ 满足:

1. 投资者各自优化,即它们是(1.P1)的解;
2. 市场出清,即它们满足(1.13)和(1.14)。

当经济系统中有 K 个投资者时,需要求解 K 个优化问题;当期末有 S 个状态时有 S 个未知数和 S+1 个方程,求解这个方程组可以得到一般均衡解,当然前提条件是方程组的解存在,所以通常求解一般均衡比较繁杂。实际上,可以从整体上考察经济系统。

首先,K 个消费者的消费 $\{(c_{k0},\ c_{k\omega},\ \omega\in\boldsymbol{\Omega});\ k=1,\ 2,\ \cdots,\ K\}$ 称为**资源配置**。我们称满足等式(1.15)和(1.16)的配置为**可行配置**:

$$\sum_{i=1}^{N} c_{i0} = C_0 = D_0 \tag{1.15}$$

$$\sum_{i=1}^{N} c_{i\omega} = C_\omega = D_\omega,\ \omega \in \boldsymbol{\Omega} \tag{1.16}$$

其中，C_0 和 D_0 分别表示期初整个经济系统的总消费和总红利，在没有浪费的情形下两者相等；类似地 C_ω 和 D_ω 分别表示期末 ω 状态下整个经济系统的总消费和总红利。

定义 1.2：一个配置 $\{(c_{i0},\ c_{i\omega},\ \omega \in \boldsymbol{\Omega});\ i=1,\ 2,\ \cdots,\ N\}$ 称为 Pareto 最优配置，如果满足以下两个条件：

1. 它是可行配置，即满足(1.15)和(1.16)；

2. 不存在其他的可行配置，使得至少有一个投资者的效用严格增加而其他投资者的效用没有降低。

值得说明的是：上述分析方法限于纯交换经济，如果引入生产则扩张为生产性经济，证券的供给不再是外生给定的，需要研究公司的生产决策从而形成最优供给。我们在第十三章专门讨论。

二、无套利分析法

一般均衡分析法也叫绝对分析法，结合证券市场上证券的供给和需求，由市场出清决定证券的价格。与绝对分析法相对应的是相对分析法，即无套利分析法。当资本市场上存在多种证券时，某些证券的支付可以通过买卖其他证券形成一个投资组合而得到，即相同的支付方式可以通过不同的方式而得到，则两种方法对应的投资组合的价格必须满足一定的关系，这种思想即是相对定价法，也叫套利定价法。

套利定价分析法也有两个步骤：第一步是构造投资组合，即对需要定价的证券构造适当的投资组合，也就是通过构造投资组合对需要定价的证券进行复制；第二步比较两者的期初成本，从而对指定证券进行定价。从技术上讲，无套利分析方法的前提是被定价的证券可以被复制，否则无法采用相对法定价。此外，无套利分析方法的使用还需要两个前提假设，其一是至少有一个经济人具有不满足性，当市场存在套利机会时不满足性驱动经济人谋取更多的利益，直到不存在套利机会；其二是套利机会能够被顺利地利用，即经济人可以迅速地利用套利机会获利，否则套利机会虽然存在但无法实现。无套利分析法是指以无套利作为条件确定资产价格的方法。具体的分析方法我们在第六章展开。

◎ 本章小结

金融经济学在分析问题时需要建立一定的模型，这种模型即是描述问题所涉及的基本框架。经济框架一般涉及三个方面：其一是经济环境；其二是证券市场；其三是经济人。

经济环境是经济人所面临的主要客观世界，通常包括两个方面的内容：其一是时间问题，金融活动一般涉及不同的时点，我们需要明确所研究的问题涉及哪些时点。本书在一个简单的框架下展开，即只考虑两时点的单期问题：期初投资，期末获取收益。其二是信息结构问题，也就是未来状态及其分布。

本教材重点研究证券市场，所以证券市场是另一个重要概念。我们需要从数学的角度掌握证券市场的描述方式。

经济人或参与者是经济活动的主体，通常经济人包括单个的人(individual)、公司(firm)和政府(government)。本教材关注的经济人主要是单个的人，同时也将家庭(house)从单个的人中分离出来，形成家庭金融(household finance)。

一般均衡分析是金融经济学的基本方法之一，该分析包括两个步骤：第一步是经济人各自优化，由此确定各经济人的消费需求与资产价格之间的函数关系；第二步是市场出清，每个时点每个状态下的总禀赋等于总需求，由此得到关于资产价格的方程组，并由此确定价格。

无套利分析法是金融经济学的另一个基本方法，该方法通过比较证券和证券组合支付向量之间的关系，寻找可能存在的复制关系。当复制关系存在时，比较证券或证券组合的初始价格，由此来确定目标证券的价格。

◎ 重要概念

经济环境　信息结构　事件　样本空间　投资组合　支付向量　支付空间　市场结构　一般均衡分析　套利分析　Lucas 树　风险证券　无风险证券　市场化禀赋　消费计划　经济人　相对定价法　绝对定价法　市场出清　配置　Pareto 最优配置

◎ 思考题

1. 金融经济学是从哪几个方面来描述经济环境的？
2. 什么是纯交换经济？什么是生产性经济？两者的区别和联系是什么？
3. 金融经济学从哪些方面描述经济人？
4. 什么叫市场结构？
5. 什么是投资组合？投资组合一般有哪几种描述方式。
6. 什么是一般均衡分析方法？一般均衡分析方法一般包括哪几步？
7. 什么是无套利分析法？请简述该方法的基本原理。

◎ 参考书目与推荐阅读

1. 王江. 金融经济学. 北京：中国人民大学出版社，2007.
2. Debreu G. Theory of value. New York：Wiley，1959.

第二章　期望效用理论

◎ **学习目标**

- 了解不确定条件下选择的公理化体系
- 掌握期望效用理论
- 了解期望效用理论的挑战
- 了解期望效用理论的拓展

由第一章可知，金融经济学基本框架的第一个要素是时间和信息结构，我们这里所说的信息结构是指不确定性。金融经济学研究的对象主要是不确定条件下的金融决策问题，研究经济人面对不确定性条件的选择。要研究经济人在不确定条件下的选择，首先必须给出这类不确定条件下选择的标准，即需要一个选择理论，由这个理论能够判别出什么样的选择是最优的。主流的选择理论包括期望效用理论和随机占优理论，这些理论给出了不确定条件下选择的量化标准。本章我们主要介绍冯·诺依曼-摩根斯坦(Von Neumann-Morgenstern)的期望效用理论，包括公理化体系、期望效用函数及性质；期望效用理论的挑战与发展。

第一节　简短的历史

对不确定条件下选择的研究由来已久。在 17 世纪人们普遍认为不确定结果(或博弈)的评判标准应该是其期望值，即不确定性结果的期望值越高，表明其“价值”或“效用”越高，越能使选择满意。这一看似合理的观点很快受到其他学者的批驳，具有代表性的是尼古拉斯·贝努利(Nicholas Bernoulli，1728)构造的圣彼得堡悖论(St. Petersburg paradox)，该悖论通过一个简单的例子说明不确定性结果的期望值不是一个理想的“指标”：

圣彼得堡悖论：连续投掷一枚均匀的硬币，若出现正面则获得2元钱，若出现反面则继续投掷；第二次出现正面获得4元，出现反面则继续投掷；如此继续，第n次出现正面则获得2^n元，出现反面继续投掷……请问该游戏中不确定性结果是否可以用期望值作为评判标准?

我们可以很容易地计算这个特定赌博结果X的期望值：

$$EX = 2 \times \frac{1}{2} + 4 \times \frac{1}{4} + \cdots + 2^n \times \frac{1}{2^n} + \cdots = 1 + 1 + 1 + \cdots + 1 + \cdots = \infty$$

如果不确定性结果的“价值”由其期望值决定，那么赌博收入的期望值为无穷大，意味着无论参与者出多少钱都愿意参加该博弈。事实上几乎每个经济人都不会给予该博弈太高的“估值”，这种“估值”与期望值的背离形成了悖论。其实针对这一悖论，克莱姆(Gramer，1738)和丹尼尔·贝努利(Daniel Bernoulli，1954)很早就提出了一些合理的解释，他们认为：现实生活中200元的赢利并非正好是100元赢利的两倍，这一思想正好具有期望效用理论的思想。他们提出的“估值”用现代语言来说，其“价值”U为：

$$U = u(2) \times \frac{1}{2} + u(4) \times \frac{1}{4} + \cdots + u(2^n) \times \frac{1}{2^n} + \cdots$$

在前人的基础上冯·诺依曼-摩根斯坦(Von Neumann-Morgenstern)(1944)和萨维基(Savage)(1954)分别提出了期望效用理论，该理论共享了标准的消费者理论中的很多假设，但又有很多的不相同：消费理论主要是关于确定条件下的选择，采用的是序数效用理论，可以对效用函数进行任意正的单调变换；期望效用理论在消费者理论的基础上采用了一类特殊的基数效用理论，该理论一般不能进行简单的单调变换，只能进行平移变换，该变换不改变函数图像的形状。

这一理论在20世纪60年代被视为经济分析中成功之典范：首先它以公理化体系为基础，在风险分析、风险厌恶及其在其他若干经济问题中的应用取得了重大突破。同时，该理论为其后经济学中出现的“信息革命”(即信息经济学理论)准备了坚实的基础。但是，到了80年代，该理论被认为是一个非成熟的理论，标准的不确定条件下的选择理论遭到来自经济学内、外的挑战，这些挑战包括心理学和实验经济学提出的反例。

第二节　不确定条件下的选择公理

冯·诺依曼-摩根斯坦于1944年，萨维基于1954年分别就不确定条件下的选择问题建立了公理化体系，他们的不同在于关于不确定问题中概率的确定。冯·诺依曼-摩根斯坦的理论(后文简称N-M期望效用理论)是建立在客观概率的基础之上，即问题中涉及的概率都是客观概率，经济人能够正确地认识这些概率；萨维基的理论则是建立在主观概率基础之上，即问题中的概率都是经济人对客观不确定世界的一种主观认识，因此这些概率可能与真实的概率不同，因此也称为主观期望效用理论。本章是基于N-M期望效用理论展开分析和介绍。显然，当所有经济人对客观概率都有正确的认知时，两者是没有区别的。

一、不确定性选择对象与彩票

冯·诺依曼-摩根斯坦理论中的概率是客观概率，因此不存在是否正确的问题。萨维基理论中的概率是主观概率，是经济人对客观概率的认知，因此可能出现错误。人们基于自己对客观世界的认知做出决策，因此，主观认知非常重要。基于萨维基的主观概率，奈特(Knight, 1957)将不确定性和风险区分开来，他将可度量的不确定性称为风险，或称之为确定的不确定性；将不可度量的不确定性称为不确定的不确定性。前者是指一类比较简单的情形，它假设在期初就知道期末的所有状态，即：期初知道期末有哪些状态可能发生，而且每种状态发生的概率也是已知的，但期初不知道哪种状态在期末发生；后者是一类比较一般的情形，它假设期初不知道期末有哪些状态发生，更不知道每种状态发生的准确的概率，这类不确定性一般称为Knight不确定性或模糊性(ambiguity)。本章不讨论Knight不确定性，我们将在最后一章家庭金融中对其进行简介。我们定义所谓**不确定性**是指奈特所谓的风险，即未来有多种可能情形发生，每种情形下的结果(收益或支付，即payoff)已知，而且各种情形发生的概率已知。不确定性可以从两个方面描述：

- 其一是各状态发生的概率；
- 其二是各状态下的支付水平。

这一特性与一般的彩票(lottery)类似，因此通常用彩票来表示不确定性选择对象。引进数学语言，某彩票在S个状态下对应的支付分别为：x_1，…，x_ω，…，x_S，相应状态发生的概率分别为π_1，…，π_ω，…，π_S，满足$\sum_{\omega=1}^{S}\pi_\omega=1$。则用彩票表示为：

$$\boldsymbol{L}(x_1, \pi_1; \cdots; x_\omega, \pi_\omega; \cdots; x_S, \pi_S) \tag{2.1}$$

这类彩票在每个状态下的支付都是确定的数值，我们称**简单彩票**。同样可用树形图(见图2-1)表示：

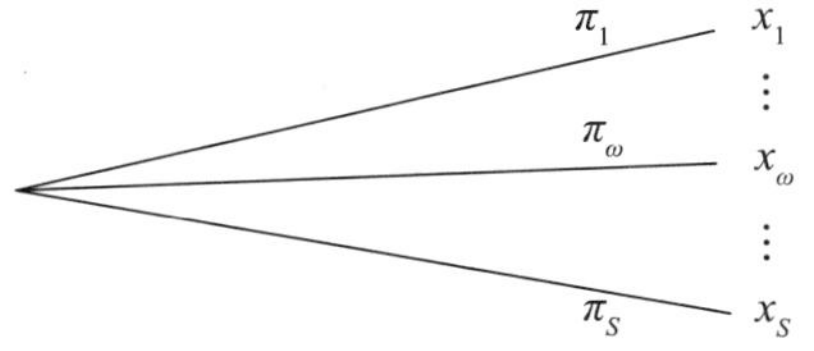

图2-1　彩票的树形图

比较第一章的相关内容不难发现，彩票的树形图与禀赋、消费计划、证券的期末支付等都是非常相似的，这也是为什么选择彩票来描述不确定性的原因。特别地，两状态下的彩票表示为：

$$\boldsymbol{L}(x_1,\ \pi_1;\ x_2,\ \pi_2)$$

因为 $\pi_1+\pi_2=1$，取 $\pi_1=\alpha$ 可以简化为 $L(x_1,\ x_2;\ \alpha)$，相应的树形图(图 2-2)为：

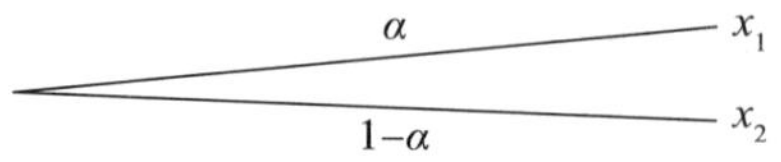

图 2-2　两状态下的彩票

有的教材中将彩票的支付固定，让各状态下的概率分布变化，则不同的概率分布对应于不同的彩票，此时彩票可以简化为 $\boldsymbol{L}^a=(\pi_1^a,\ \cdots,\ \pi_S^a)$，上标表示第 a 个彩票。为了研究不确定条件下的选择异象，马柴纳(Machina，1987)讨论 $S=3$ 的情形，此时，彩票简化为 $\boldsymbol{L}=(\pi_1,\ 1-\pi_1-\pi_3,\ \pi_3)$，彩票在坐标中可表示为一个三角形的区域，见图 2-3。

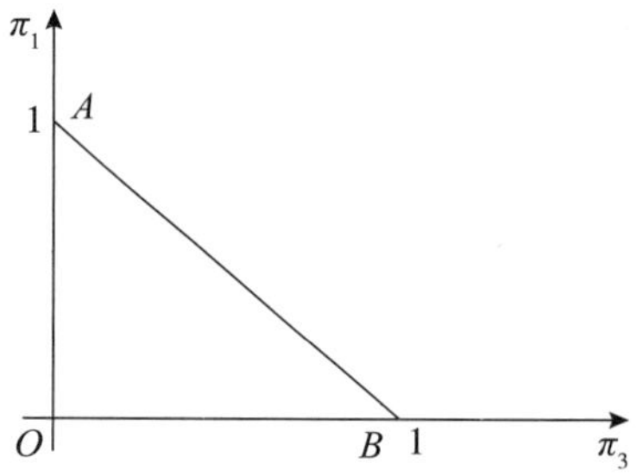

图 2-3　Machina 三角

由概率的性质可知，所有的彩票对应的点均落在坐标轴中的等腰直角三角形 AOB 内，OA 上的点对应的彩票为 $\boldsymbol{L}=(\pi_1,\ 1-\pi_1,\ 0)$；$OB$ 上的点对应于 $\boldsymbol{L}=(0,\ 1-\pi_3,\ \pi_3)$；$AB$ 上有的点对应于 $\boldsymbol{L}=(\pi_1,\ 0,\ \pi_3)$。这个三角形被称为 Machina 三角形。

事实上，我们也可以固定概率，那么上述彩票(2.1)可以简化为期末的支付向量：

$$\boldsymbol{X}^{\mathrm{T}}=(x_1,\ x_2,\ \cdots,\ x_\omega,\ \cdots,\ x_S) \tag{2.2}$$

(2.2)是固定概率分布下的彩票，这与我们前面期末消费计划、期末禀赋向量从形式上完全相同，因此形如(2.2)的向量也可以表示不确定性选择对象。

当彩票在某些状态下的支付不是确定性的数值而是另一个彩票时，该彩票称为**复合彩票**(compound lottery)。理论上讲，复合彩票中对应于某些状态下的彩票可以是简单彩票，也可以是复合彩票，这样可以形成多次复合而成的彩票。我们有假设：

假设 2.1：任何有限状态下的有限次复合彩票都可以化简为一个简单彩票，该简单彩票与原彩票等价。

例 2.1：简单彩票与复合彩票

游戏 A：抛一枚均匀的骰子，依据出现的点数获取收益，金额为出现的点数的 100

倍，例如出现 2 点获得 200 元。

游戏 B：抛掷一枚均匀的硬币，出现正面获得 300 元；出现反面则参与游戏 A。

游戏 A 对应于一个简单的彩票：$\boldsymbol{L}^A = \left(100,\ \frac{1}{6};\ 200,\ \frac{1}{6};\ 300,\ \frac{1}{6};\ 400,\ \frac{1}{6};\ 500,\ \frac{1}{6};\ 600,\ \frac{1}{6}\right)$；游戏 B 对应一复合彩票：$\boldsymbol{L}^B = (0.5,\ 300;\ 0.5,\ \boldsymbol{L}^A)$，容易计算得出，彩票 B 等价于如下简单彩票：$\boldsymbol{L}^B \equiv \left(100,\ \frac{1}{12};\ 200,\ \frac{1}{12};\ 300,\ \frac{7}{12};\ 400,\ \frac{1}{12};\ 500,\ \frac{1}{12};\ 600,\ \frac{1}{12}\right)$。见图 2-4。

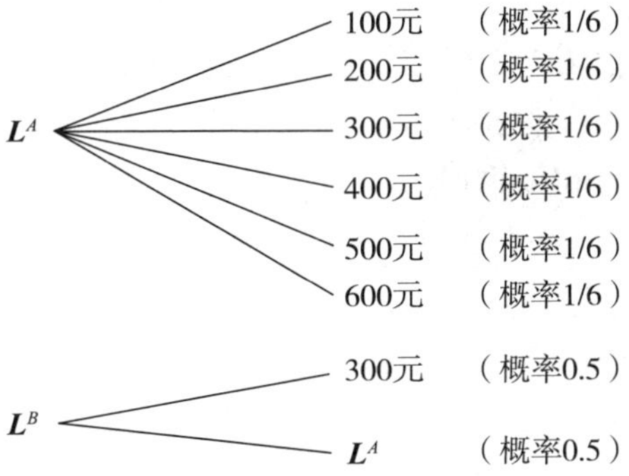

图 2-4　简单彩票与复合彩票的例子

二、不确定条件下选择公理

公理化体系的建立是为了理论的科学性。所谓**公理**，也称为公设，是一类不需要证明而被认为正确的假设，也就是人们公认的假设。公理化体系力图以尽可能少的公理为前提，通过逻辑推理建立一套完善的理论体系，由于该体系在逻辑上的完美而被认为是科学的。公理化体系被认为是某一学科成熟的标志之一，一个完美的例子是我们初中学过的欧氏几何，《几何原本》给出了 23 个定义和 5 个公理，在此基础上通过逻辑推理演绎出整个欧式几何体系。换言之，如果你有足够的聪明，通过这 23 个定义和 5 个公理可以将所有欧氏几何的内容推导出来。德布鲁（Debreu，1958）等首先将公理化体系引进到经济学里，同样通过定义界定研究的对象、通过公理设定分析的基础，将很多经济学理论表述为一序列的定理，而 V-N 的期望效用理论正是建立在公理化体系基础之上的。

可供经济人选择的不确定对象用彩票表示，所有的彩票的集合称为彩票集，它代表经济人面临的所有可供选择的方案或选项。

定义 2.1：所有的彩票的集合称为**彩票集**，记为 $\mathscr{L}$。对于彩票集中的任何两个彩票 L_1 和 L_2，若经济人选择 L_1 而不选择 L_2，则称 $\boldsymbol{L}_1$ **偏好** $\boldsymbol{L}_2$，记为：$L_1 \succcurlyeq L_2$；若经济人选

择 L_2 而不选择 L_1，则称 L_2 偏好 L_1，记为：$L_1 \preccurlyeq L_2$；若上述两种偏好关系同时成立，则称 **L_2 与 L_1 无差异**，记为：$L_1 \sim L_2$。$L_1 \succ L_2$ 称为严格偏好，意思是 L_1 比 L_2 好；而 $L_1 \succcurlyeq L_2$ 的意思是 L_1 不比 L_2 差，它的意思是 $L_1 \succ L_2$ 或 $L_1 \sim L_2$。

N-M 公理化体系包括完备性、传递性、连续性、独立性和占优性等五个公理。

公理 1：完备性公理(completeness)

$\forall L_1, L_2 \in \mathscr{L}$ 则要么 $L_1 \succcurlyeq L_2$，要么 $L_1 \preccurlyeq L_2$，要么 $L_1 \sim L_2$。

完备性公理的含义是：任何一个投资者面对任何两个具有不确定性的选择对象 L_1 和 L_2 都可以作出确定的比较性判断，即要么认为 L_1 比 L_2 好，要么认为 L_2 比 L_1 好，要么认为它们一样好。

公理 2：传递性公理(transitivity)

$L_1, L_2, L_3 \in \mathscr{L}$ 若　$L_1 \succcurlyeq L_2$　且　$L_2 \succcurlyeq L_3$　则 $L_1 \succcurlyeq L_3$

传递性公理的含义是：对投资者而言如果 L_1 比 L_2 好，L_2 比 L_3 好，则 L_1 比 L_3 好。将上述的偏好改为无差异，结果依然成立。这个公理的正确性似乎是显而易见的，但心理学家通过精心构造选项，可能会使得投资者在进行选择时违背该公理。

公理 3：连续性公理(continuity)

$\forall L_1, L_2, L_3 \in \mathscr{L}$ 若 $L_1 \succ L_2 \succcurlyeq L_3$ 或 $L_1 \succcurlyeq L_2 \succ L_3$，则存在唯一的 $\alpha \in (0, 1)$ 使得：$L_2 \sim \alpha L_1 + (1-\alpha)L_3$。

连续性公理的含义是任何一个介于两个彩票之间的彩票，都存在一个复合彩票与之无差异。该公理有时也称为**可量化公理(measurability)**。图 2-5 和例 2.2 有助于理解其合理性。

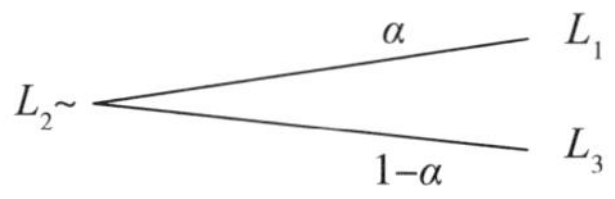

图 2-5　连续性公理

例 2.2：对投资者而言 100 元比 50 元好，50 元比 10 元好，表示为：$100 \succ 50 \succ 10$，则存在 α 使得：

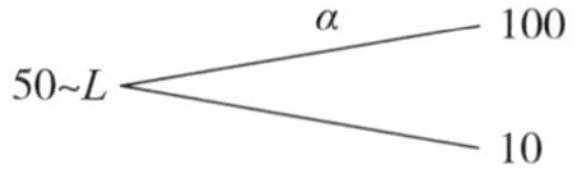

例 2.2 是 L_1 和 L_3 为确定性结果时的特定情形，这个例子也可以理解为右边的彩票在某个特定投资者心目中的价值等于 50 元。

公理 4：强独立性公理(strong independence)

$\forall L_1, L_2, L \in \mathscr{L}$ 若 $L_1 \succcurlyeq L_2$，则对任意的 α，$\alpha L_1 + (1-\alpha)L \succcurlyeq \alpha L_2 + (1-\alpha)L$，进一步，$\forall L_1, L_2, L \in \mathscr{L}$ 若 $L_1 \sim L_2$ 则对任意的 α，$\alpha L_1 + (1-\alpha)L \sim \alpha L_2 + (1-\alpha)L$。

独立性公理的含义是，如果选项 L_1 比 L_2 好，分别由 L_1 和 L 构成的复合彩票比由 L_2 和 L 构成的复合彩票好。如果选项 L_1 与 L_2 无差异，分别由 L_1 和 L 构成的复合彩票与由 L_2 和 L 构成的复合彩票也无差异。值得说明的是，独立性公理的成立是在 L_1 和 L_2 与 L 独立不相关的假设基础之上的。从直觉上看，独立性公理是非常自然的，阿莱斯(Allix，1952)通过构造著名的阿莱斯悖论，证明投资者在特定条件下的不确定性选择可能会违背独立性公理。图 2-6 可以帮助我们对独立性公理的理解。

如果　　　　$L_1 \geqslant L_2$

那么

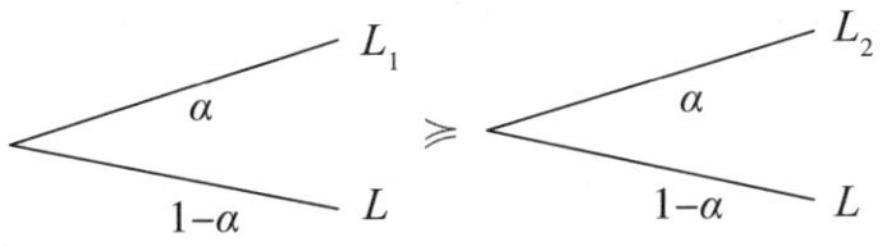

图 2-6　独立性公理图示

独立性公理在王江的教材(第 89 页)里描述为：“假设消费计划 $\boldsymbol{c}$ 与 $\boldsymbol{c}'$ 相对于某一状态有相同的消费路径 x，那么，如果我们把 x 换成另外一个消费路径 y，$\boldsymbol{c}$ 与 $\boldsymbol{c}'$ 的排序不变”，这实际上与我们这里的公理 4 是完全等价的。

公理 5：排序公理(ranking)

若 $L_1 \geqslant L_X \geqslant L_3$，$L_1 \geqslant L_Y \geqslant L_3$，且满足：$L_X \sim \alpha_X L_1 + (1-\alpha_X)L_2$ 和 $L_Y \sim \alpha_Y L_1 + (1-\alpha_Y)L_2$ 则：

$$L_X \geqslant L_Y \text{ 当且仅当 } \alpha_X \geqslant \alpha_Y;$$

$$L_X \sim L_Y \text{ 当且仅当 } \alpha_X = \alpha_Y。$$

排序公理的含义是，如果 L_X 和 L_Y 都是介于 L_1 和 L_3 之间的彩票，由连续性公理，它们分别与基于 L_1 和 L_3 的复合彩票等价，由于 L_1 比 L_3 好，因此 L_X 与 L_Y 之间的好坏可以归结为相应的 α 值，L_X 与 L_Y 之间的偏好关系等价于 α_X 与 α_Y 之间的大小关系。排序公理将两个彩票之间的偏好关系转化为比较数值的大小关系，从而将偏好关系量化。

我们在这里给出一类比较特殊情形下的期望效用存在性的证明，为此我们给出假设：

假设 2.2：假设彩票集中存在一个最好的彩票 L_G 和最差的彩票 L_B。

如果彩票集合中存在一个最好的彩票 L_G 和最差的彩票 L_B，即 $\forall L \in \mathscr{L}$ 都有：$L_G \geqslant L \geqslant L_B$，那么，由连续性公理给定的 α 值相当于是基于最好的彩票 L_G 和最差的彩票 L_B 的一个赋值，该赋值的大小完全可以用来度量不确定性支付的好坏，也就是说这种赋值的大小完全等价于彩票之间的偏好关系，从而将复杂的偏好关系转化为数值大小的比较。

除了上述公理以外，从直观上看还有一些公理是成立的，比如不满足性公理：

公理 6：不满足性(insatiability)

对于任何两个概率分布完全相同的彩票：

$L_1 \equiv (x_1^1, \pi_1; x_2^1, \pi_2; \cdots; x_\omega^1, \pi_\omega; \cdots; x_S^1, \pi_S)$ 和 $L_2 \equiv (x_1^2, \pi_1; x_2^2, \pi_2; \cdots; x_\omega^2, \pi_\omega; \cdots; x_S^2, \pi_S)$，若对任意状态 ω 均有 $x_\omega^1 \geqslant x_\omega^2$，则必有：$L_1 \geqslant L_2$。

不满足性公理体现了“多多益善”和“喜多厌少”的思想，任何人都偏好于选择数量多的商品。公理 6 的意思是如果两个彩票的概率分布完全相同，在任何状态下，彩票 1 的支付都大于或等于彩票 2 的支付，则彩票 1 好于彩票 2。上述公理用彩票形式给出显得有点复杂，其本质是两彩票对应的概率分布是完全相同的，不同的是相同状态下的支付不同，彩票 1 在每一种状态下的支付都大于或等于第二个彩票在相应状态下的支付。当然，还有一个假设前提被认为是成立的，即**自由处置假设**，该假设认为经济人可以自由地处置自己拥有的物品，或消费或丢弃等都是被允许的。

第三节　期望效用函数

建立了不确定条件下的选择公理后，我们需要利用这些公理建立起相应的效用理论。为此，首先给出效用函数的定义，然后证明效用函数的存在性，并引出期望效用函数，分析期望效用函数的性质。

一、效用函数及存在性定理

在彩票集上定义了偏好关系后，在上述公理化体系下，原则上可以对不同的选择进行比较。但由于彩票往往涉及多个变量，彩票集包括的彩票数量较多时，要比较两个彩票的好坏往往比较困难。为此，我们需要给出一种简洁实用的方法，这个方法就是效用函数。与确定条件下的效用理论不同，不确定条件下的选择理论是建立在彩票集合上的。

定义 2.2：对应于彩票集 $\mathscr{L}$ 上偏好关系的效用函数是一个从集合 $\mathscr{L}$ 到实数集合 R 的映射 U：$\mathscr{L}\to R$，满足：

$$\forall L_1,\ L_2\in\mathscr{L},\qquad L_1\geqslant L_2\ \text{当且仅当}:U(L_1)\geqslant U(L_2)\tag{2.3}$$

$$L_1\sim L_2\ \text{当且仅当}:U(L_1)=U(L_2)\tag{2.4}$$

效用函数是一种映射，是从彩票集合到实数集合的映射。彩票代表一类不确定性对象，因此，效用函数将不确定性选择对象映射到实数集合上，相当于给每一个不确定对象予以“评分”，从而实现对不确定性的选择对象进行排序。确定条件下的选择理论构成了消费者理论的主要部分，主流经济学中的消费者效用函数是序数理论，即通过效用函数来对确定的消费模式进行排序。从定义 2.2 中可知，这里的效用函数也能达到排序的目的。

对于确定性的结果，我们定义一类特殊的彩票：

定义 2.3：称期末支付以概率 1 为 x 的彩票为**退化彩票**，记为 L^x，即若简单彩票 $L\equiv(x_1,\ \pi_1;\ x_2,\ \pi_2;\ \cdots;\ x_\omega,\ \pi_\omega;\ \cdots;\ x_S,\ \pi_S)$ 满足：$\forall\omega,\ x_\omega\equiv x$。

退化彩票本质上是确定性情形下的彩票，我们定义退化彩票的效用为：

$$U(L^x)=u(x)\tag{2.5}$$

其中，x 是常数，显然 $u(\cdot)$ 是消费者理论中的效用函数，即给定消费或财富水平所产生的效用。进一步，由假设 2.1 可知普通的简单彩票可以看成由退化彩票复合而成的彩票，即：

$$L(x_1, \pi_1; \cdots x_\omega, \pi_\omega; \cdots; x_S, \pi_S) = L(L^{x_1}, \pi_1; \cdots; L^{x_\omega}, \pi_\omega; \cdots; L^{x_S}, \pi_S) \tag{2.6}$$

效用函数将不确定性选择对象映射到实数，问题是这类映射是否总是存在？Debreu 对此问题给出了明确的结论。

定理 2.1(效用函数存在性定理，Debreu)：定义于彩票集合 $\mathscr{L}$ 上的偏好，如果满足假设 2.1 和公理 1 到公理 5，则存在定义于 $\mathscr{L}$ 上的连续效用函数 U(·)使得：

$$\forall L_1, L_2 \in \mathscr{L}, L_1 \geqslant L_2 \text{ 当且仅当：} U(L_1) \geqslant U(L_2) \tag{2.3}$$

定理 2.1 可以简单地描述为“满足公理 1 到公理 5 时存在效用函数”，因为后面附带的(2.3)正是效用函数的定义所满足的条件。

证明：由假设 2.2，对任意彩票 L，则必有 $L_G \geqslant L > L_B$；

由公理 3(连续性公理)，存在 α_L 使得：$L \sim \alpha_L L_G + (1 - \alpha_L)L_B$；

对于任意两个不同彩票 L_1 和 L_2，由公理 3，存在 α_1 和 α_2 满足：

$$L_1 \sim \alpha_1 L_G + (1 - \alpha_1)L_B; \ L_2 \sim \alpha_2 L_G + (1 - \alpha_2)L_B$$

由公理 5 可知：

$$L_1 \geqslant L_2 \text{ 当且仅当 } \alpha_1 \geqslant \alpha_2; \ L_1 \sim L_2 \text{ 当且仅当 } \alpha_1 = \alpha_2$$

由此可以定义从彩票集到实数集的函数：

$$U(L) = \alpha_L \tag{2.7}$$

由效用函数的定义可知，它就是定义在彩票集上的一个效用函数，由此证明了效用函数的存在性。证毕■

(2.7)给出了不确定条件下效用函数的一种构造方法。从证明中不难看出，连续性公理是存在性的关键。当然，可能还存在其他的效用函数的构造方式。

二、期望效用函数

效用函数将彩票映射到实数集，而彩票主要有两个核心要素：每个状态下的概率和支付。引进效用函数的一个主要目的是对消费计划的选择给出一种标准。证明了效用函数存在性之后，我们希望知道该效用函数所具有的特点。下面我们证明满足上述假设和公理的效用函数可以表示为特定效用函数的期望值的形式，我们称之为期望效用函数。

命题 2.1：若存在 3 个介于 L_G 和 L_B 之间的彩票 L、L_1 和 L_2，而且满足：

$$L = \pi L_1 + (1 - \pi)L_2 \tag{2.8}$$

那么，由定理 2.1 中(2.3)定义的效用函数满足：

$$U(L) = \pi U(L_1) + (1 - \pi)U(L_2) \tag{2.9}$$

上述彩票均为复合彩票，L 由 L_1 和 L_2 复合而成，其中 π 为概率。上述命题就是要证明(2.3)定义的函数具有期望效用函数的特征。

证明：由效用函数定义(2.3)可知：

$$L_i \sim \alpha_i L_G + (1 - \alpha_i)L_B; \ i = 1, 2 \tag{2.10}$$

由(2.8)和独立性公理 4 可知：

$$L = \pi L_1 + (1-\pi)L_2 \sim \pi[\alpha_1 L_G + (1-\alpha_1)L_B] + (1-\pi)[\alpha_2 L_G + (1-\alpha_2)L_B]$$
$$= [\pi\alpha_1 + (1-\pi)\alpha_2]L_G + [1-(\pi\alpha_1+(1-\pi)\alpha_2)]L_B \quad (2.11)$$

由效用函数定义可知：

$$U(L) = \pi\alpha_1 + (1-\pi)\alpha_2 = \pi U(L_1) + (1-\pi)U(L_2)$$

证毕■

实际上，命题 2.2 可以推广到多个彩票的情形。比如，假设存在 4 个介于 L_G 和 L_B 之间的彩票 L、L_1、L_2 和 L_3，而且满足：

$$L = \pi_1 L_1 + \pi_2 L_2 + \pi_3 L_3,\ \pi_1 + \pi_2 + \pi_3 = 1 \quad (2.12)$$

则可以将(2.12)改写为：

$$L = \pi_1 L_1 + (1-\pi_1)L',\ L' \equiv \frac{\pi_2}{1-\pi_1}L_2 + \frac{\pi_3}{1-\pi_1}L_3 \quad (2.13)$$

由命题 2.2 容易验证：

$$U(L) = \pi_1 U(L_1) + \pi_2 U(L_2) + \pi_3 U(L_3) \quad (2.14)$$

其中 L 为复合彩票，以概率 π_i 得到彩票 L_i，$I=1$，2，3。由数学归纳法容易验证：若彩票 L 由 n 个彩票 L_i，i=1，2，3，…，n 复合而成，即：

$$L = \pi_1 L_1 + \pi_2 L_2 + \cdots + \pi_n L_n,\ \pi_1 + \pi_2 + \cdots + \pi_n = 1 \quad (2.15)$$

则必有：

$$U(L) = \pi_1 U(L_1) + \pi_2 U(L_2) + \cdots + \pi_n U(L_n) \quad (2.16)$$

无论是(2.12)还是(2.16)，其目的都是采用数学归纳法论证复合彩票的效用具有期望函数的形式，即：复合彩票的效用等于组成该复合彩票的各个彩票效用值的期望。这一性质有望帮助我们将“抽象的”彩票的效用表达方法简化。实际上，我们可以将简单彩票看成一类特殊的复合彩票——简单彩票是退化彩票的复合彩票，即对任意彩票 $L=(x_1, \pi_1; x_2, \pi_2; \cdots; x_\omega, \pi_\omega; \cdots; x_S, \pi_S)$，由于：

$$L^{x_\omega} = (x_\omega, \pi_1; x_\omega, \pi_2; \cdots; x_\omega, \pi_\omega; \cdots; x_\omega, \pi_S) = x_\omega \quad (2.17)$$

因此：

$$L = (L^{x_1}, \pi_1; L^{x_2}, \pi_2; \cdots; L^{x_\omega}, \pi_\omega; \cdots; L^{x_S}, \pi_S) \quad (2.18)$$

在命题 2.2 的基础上采用数学归纳法可以证明：

$$U(L) = \sum_{\omega=1}^{S} \pi_\omega U(L^{x_\omega}) = \sum_{\omega=1}^{S} \pi_\omega u_\omega(x_\omega) \quad (2.19)$$

(2.19)中我们取用 $U(L^{x_\omega}) = u_\omega(x_\omega)$ 而不是 $U(L^{x_\omega}) = u(x_\omega)$，这是因为经济对不同状态下的相同支付可能具有不同的效用。

(2.19)的含义是：简单彩票的效用等于各状态下支付水平对应效用的期望值，因此具有期望效用函数的形式，通常称其为**冯·诺依曼-摩根斯坦的期望效用函数**。该类效用函数将不确定性结果的效用值表示为期末支付效用值的期望。

上述效用的定义都是针对期末支付的效用，在多时点支付下的情况可能更加复杂。比如两时点单期消费计划通常涉及期初和期末的消费，S 个状态下的消费计划是由 S 个消费路径组成，即某特定状态发生的情形下期初和期末的消费水平对应一个消费路径：

$(c_0,\ c_{1\omega})$。此时，涉及两个时点：0 时和 T 时。每个时点的消费都是确定的数值，因此我们用 $u(c_0,\ c_{1\omega})$ 表示该路径对应的效用(见图 2-7)。

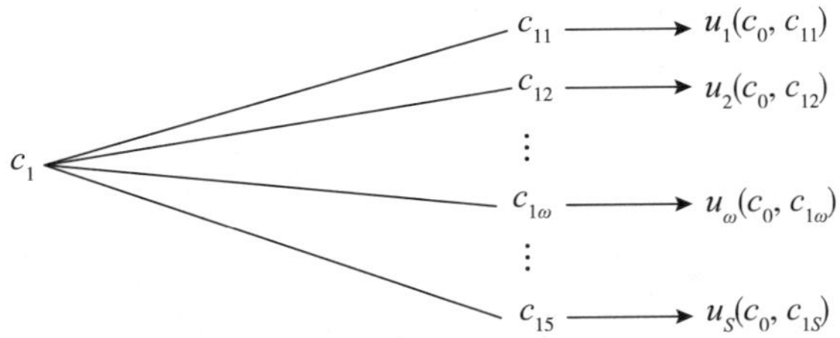

图 2-7　消费路径及其对应的效用

利用前面的方法，如果存在最好的消费路径和最差的消费路径，由此对每个形如图 2-7 的消费计划定义效用函数，利用命题 2.2 的方法证明图 2-7 的消费计划也具有期望效用函数的形式。由此将消费计划的效用表示为：

$$U(c)=\sum_{\omega\in\Omega}\pi_\omega u_\omega(c_0,\ c_{1\omega}) \tag{2.20}$$

其中，等式左边的向量 $\boldsymbol{c}^{\mathrm{T}}=(c_0;\ c_{11},\ c_{12},\ \cdots,\ c_{1\omega},\ \cdots,\ c_{1S})$ 是有限状态下的消费计划。(2.20)表明针对每个确定的路径其效用由一个二元函数给出效用值，整个消费计划的效用则是基于各路径下效用的期望值，因此仍然是期望效用。

类似于(2.5)将(2.20)中的效用值理解为：

$$U(c_0;\ c,\ c,\ \cdots,\ c)=u(c_0,\ c) \tag{2.21}$$

即期初消费为 c_0，期末所有状态下消费都为 c 的消费计划的效用函数可以简化为(2.21)。进一步推广到 $T+1$ 个时点 T 期情形，消费发生在 $t=0,\ 1,\ 2,\ \cdots,\ T$ 等 $T+1$ 个时点，T 时总共有 S 种不同的状态，$c_{t,\ \omega}$ 表示经济人在最终时点呈现状态 ω 对应于 t 时点的消费水平。因此对应于两时点的消费路径$(c_0,\ c_{1\omega})$，$T+1$ 时点的消费路径以及该路径的概率分别为：

$$(c_0,\ c_{1\omega},\ \cdots,\ c_{t\omega},\ \cdots,\ c_{T\omega});\ \pi(c_0,\ c_{1\omega},\ \cdots,\ c_{t\omega},\ \cdots,\ c_{T\omega})$$

此时，用类似的方法建立公理化体系可以得到冯·诺依曼-摩根斯坦期望效用函数：

$$U(c_0,c)=\sum_{\omega\in\Omega}\pi(c_0,c_{1\omega},\cdots,c_{t\omega},\cdots,c_{T\omega})u(c_0,c_{1\omega},\cdots,c_{t\omega},\cdots,c_{T\omega}) \tag{2.22}$$

三、期望效用函数的简化

两时点消费计划 $\boldsymbol{c}^{\mathrm{T}}=(c_0;\ c_{11},\ c_{12},\ \cdots,\ c_{1\omega},\ \cdots,\ c_{1S})$ 的期望效用的一般形式为：

$$U(c)=\sum_{\omega\in\Omega}\pi_\omega u_\omega(c_0,\ c_{1\omega}) \tag{2.20}$$

该函数由 S 个不同的二元函数组成，这一特殊形式增加了效用函数的复杂性，从而影响了该函数的应用。本节引进几种常见的假设，从而大大简化了效用函数的形式。这种简化使得效用函数在消费—组合问题中得出一些显示解。

(一)状态独立

(2.19)中期望效用函数在 ω 状态下所对应的特定路径的效用函数通过角标 ω 来表示，由此表明沿不同路径的消费，其效用值可能互不相同。其背后的含义是“状态依赖”——即使消费的数量完全相同，不同状态下的效用可能是不相同的——相同的消费水平、不同的状态下产生的满意程度可能互不相同。这种状态依赖的假设似乎与实际情形更加吻合。例如同样是一把伞，在晴天、阴天和雨天三种不同的状态下效用明显是不同的。我们有理由认为一把伞在雨天的效用最高，在晴天效用最低。同样，晴天高温天气消费1升水和阴天凉爽天气消费1升水的效用明显不同。但从理想化的角度，可以忽略状态差异而形成的效用差异。或者说，以理想的非状态依赖的情形作为基准，近似地分析各种消费水平下的效用。由此作出如下假设：

假设2.3：经济人具有非状态依赖或状态独立的效用函数。

在假设2.3下，经济人在各状态下的效用大小只与消费水平有关，与状态无关。此时有：

$$u_{\omega}(c_0,\ c_{1\omega}) = u(c_0,\ c_{1\omega}) \tag{2.23}$$

此时，效用函数(2.20)简化为：

$$U(c) = \sum_{\omega \in \Omega} \pi_{\omega} u(c_0,\ c_{1\omega}) \tag{2.24}$$

非状态依赖也称为状态独立。状态独立假设下，只需要一个二元函数就可以描述经济人的期望效用。状态独立也意味着某一状态下的消费不影响其他状态的消费效用。

(二)时间可加

在(2.24)中，每个状态路径下的效用值用一个二元函数表示，这意味着两时点效用是相互依赖的。由于时间的不可逆性，可以理解为期末消费的效用受期初消费水平的影响。这在实物消费上看似非常合理，对于正常商品，期初的消费可能对期末的消费有显著的影响。例如对某种商品的消费，期初过量的消费可能减少期末消费的边际效应。从数学上表现为：

$$\frac{\partial^2 u(c_0,\ c_{1\omega})}{\partial c_0 \partial c_{1\omega}} < 0 \tag{2.25}$$

二阶导数小于零表明边际效用递减。但对于上瘾品，可能存在边际效用递增，即期初的消费可能增加了期末的边际效用。数学表达为：

$$\frac{\partial^2 u(c_0,\ c_{1\omega})}{\partial c_0 \partial c_{1\omega}} > 0 \tag{2.26}$$

金融经济学中通常不研究具体的实物商品的消费，而是将所有的商品标准化为金融资产。在此情形下，完全可以不考虑(2.25)、(2.26)这类特殊情形，而是将消费简化为每个时点的消费折合的金融资产，至于如何在不同的实物消费品之间配置应该在其他学科中展开研究。对于金融资产我们可以假设：

$$\frac{\partial^2 u(c_0,\ c_{1\omega})}{\partial c_0 \partial c_{1\omega}} = 0 \tag{2.27}$$

(2.27)意味着期初的消费对期末消费的边际效用没有影响，即期初期末的消费对总效用的影响是可以分开的，从数学上体现为假设：

$$u(c_0,\ c_{1\omega}) = u_0(c_0) + u_1(c_{1\omega}) \tag{2.28}$$

这种期初期末消费的效用可分解为期初期末各自消费的效用之和的效用函数，称为**时间可加的**(time additive)效用函数或**时间分离的**(time separable)效用函数。

状态独立、时间可加的假设下，效用函数可以化简为：

$$\begin{aligned} U(c) &= \sum_{\omega \in \Omega} \pi_\omega [u_0(c_0) + u_1(c_{1\omega})] \\ &= u_0(c_0) + \sum_{\omega \in \Omega} \pi_\omega u_1(c_{1\omega}) \end{aligned} \tag{2.29}$$

进一步还可以假设期初期末效用之间存在一定的关系：

$$u_1(c_1) = \rho u_0(c_0) \tag{2.30}$$

去掉角标 0 代入(2.28)得：

$$u(c_0,\ c_{1\omega}) = u(c_0) + \rho u(c_{1\omega}) \tag{2.31}$$

其中常数 ρ 叫**时间偏好率**(time preference coefficient)，度量的是期末 1 个单位的效用折合为期初的效用，其值介于 0 和 1 之间，数值的大小反映了经济人的耐性。$\rho=1$ 时，经济人具有最大的耐性，他只关心消费水平而不关心消费的时间；$\rho<1$ 时，经济人缺乏耐性，它们总是希望越早消费越好，期末 1 个单位的效用小于期初 1 个单位的消费；ρ 趋于 0 时，非常缺乏耐性，放弃期初的消费将大大降低消费的效用。

在上述假设下，效用函数可以进一步简化为：

$$U(c) = u(c_0) + \rho \sum_{\omega \in \Omega} \pi_\omega u(c_{1\omega}) \tag{2.32}$$

(2.32)不仅对期末有限情形是成立的，对无限情形和连续情形也成立。根据数学期望的定义可以改写为：

$$U(c) = u(c_0) + \rho E[u(\tilde{c}_1)] \tag{2.33}$$

(2.33)是我们常用的形式，利用这一模式我们很容易给出一些实际问题的效用函数。

例 2.3：考虑例 1.1 中的 Lucas 树模型：

100 ⟶ 200(好天气，概率 0.5)
100 ⟶ 50(坏天气，概率 0.5)

若某经济人的消费计划如上述树模型所示，则其效用可表示为：

$$U = u(100) + \frac{\rho}{2}[u(200) + u(50)]$$

一般地，该框架下的效用函数可以表示为：

$$U = u(c_0) + \rho[\pi_1 u(c_{11}) + \pi_2 u(c_{12})]$$

例 2.1 中彩票的效用为：

$$U(L^A) = \frac{1}{6}\times u(100) + \frac{1}{6}\times u(200) + \frac{1}{6}\times u(300) + \frac{1}{6}\times u(400) + \frac{1}{6}\times u(500) + \frac{1}{6}\times u(600)$$

第四节　期望效用理论的挑战

期望效用理论用一种简洁的方式给出了不确定的条件下选择的标准：对任何一个不确定性的备选目标，只要知道其未来的概率分布和每种状态下的支付以及确定性支付水平的效用函数，都能计算其期望效用值，从而完整地描述选择集上的偏好。期望效用理论的建立还为下一章的风险厌恶度量打下了基础，也为信息经济学的创立提供了基础。但是，从该理论的建立开始，来自经济学内外的挑战不断涌现。尤其是来自心理学的证据质疑了一些关键的公理，形成了大量的异象或悖论。这些悖论或异象直接导致了行为金融或行为经济学的产生。本节我们简要介绍一些相关的典型悖论，包括早期的圣彼得堡悖论。严格来说，圣彼得堡悖论挑战的不是期望效用理论，而是早期的一些观点。

一、圣彼得堡悖论

本章开头就提到圣彼得堡悖论，其目标是讨论如何评价不确定性结果。现代概率论的创始人帕斯卡(Pascal)和费玛(Fermat)为代表的学者认为可以用不确定性结果的期望值来衡量。针对这一看似合理的观点，尼古拉斯·贝努利(Nicholas Bernoulli，1728))构造了圣彼得堡悖论(St. Petersburg Paradox)。该悖论的内容是：抛掷一枚均匀的硬币，正面向上则支付 2 元钱，反面向上则继续抛掷硬币；第二次抛掷硬币，若出现正面支付 4 元钱，反面朝上则继续抛掷；第三次抛掷硬币，若出现正面支付 8 元钱，反面朝上则继续抛掷……第 n 次抛掷硬币，若正面朝上则支付 2^n 元钱，反面朝上则继续抛掷……依次无限循环。该游戏的支付树形图见图 2-8。

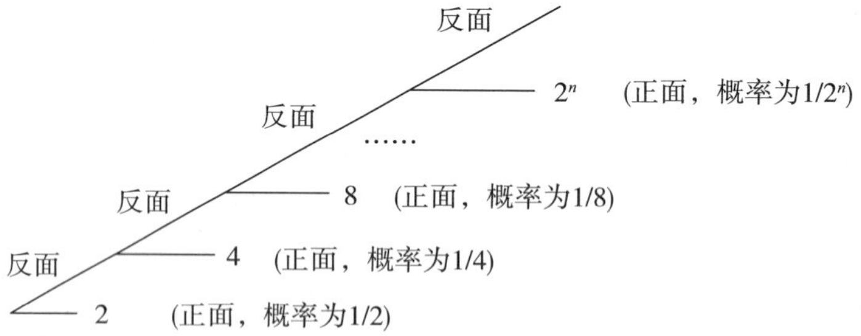

图 2-8　圣彼得堡悖论的支付图

该游戏的期望值为：

$$
\begin{aligned}
E[X] &= \sum_{\omega \in \Omega} \pi_{\omega} x_{\omega} \\
&= \frac{1}{2} \times 2 + \frac{1}{4} \times 4 + \frac{1}{8} \times 8 + \cdots + \frac{1}{2^n} \times 2^2 + \cdots \\
&= 1 + 1 + 1 + \cdots + 1 + \cdots = \infty
\end{aligned}
$$

计算结果表明，该游戏的期望收益为无穷大，即该游戏支付的期望值是不收敛的。如果按期望值来评判该游戏，则其价值是无限大的，而实际上经济人愿意支付的成本是有限的，实验表明大多数经济人愿意支付的成本为 2 到 10 元。由此说明期望值远远大于经济人对该游戏价值的评判，故期望值是不合理的评判标准。

针对这一悖论克莱姆(Gabriel Gramer)和丹尼尔·贝努利提出了合理的解，他们认为在评价该游戏的实际“价值”时，可以考虑对支付取对数，即：

$$U[X]=\sum_{\omega\in\Omega}\pi_{\omega}\ln x_{\omega}$$

$$=\frac{1}{2}\times\ln 2+\frac{1}{4}\times\ln 4+\frac{1}{8}\times\ln 8+\cdots+\frac{1}{2^n}\times\ln 2^n+\cdots$$

显然，这种方法实际上是取 $u(x)=\ln x$ 并采用期望效用理论来计算效用值。

二、阿莱斯悖论及其拓展

首先对期望效用理论提出挑战的是阿莱斯悖论(Allais，1952)，其后卡纽曼和特维斯基(Kahneman and Tversky，1979)进一步拓展了阿莱斯的方法，从更广泛的角度构造实验进一步说明阿莱斯悖论的广泛存在，从而挑战了期望效用理论。

(一)阿莱斯悖论

期望效用理论提出来不久，阿莱斯利用实验来检验该理论的合理性。其具体方法是构造两对不同的选项，根据经济人的选择结果，利用期望效用理论计算每个不确定性选择的期望效用值，计算结果出现互为矛盾的现象。见表 2.1。

表 2.1　**阿莱斯悖论实验设计(单位：法郎)**

彩票编号	0	1~10	11~99
N^a 的支付	50	50	50
N^b 的支付	0	250	50
M^a 的支付	50	50	0
M^b 的支付	0	250	0

实验方法是首先让被实验的对象在 N^a 与 N^b 之间做出选择；然后让被实验的对象在 M^a 与 M^b 之间做出选择。阿莱斯发现，大多数实验对象在 N^a 与 N^b 之间选择 N^a；同时在 M^a 与 M^b 之间选择 M^b。用前面的理论和记号可以概括为：

$$N^a \succ N^b \text{ 同时 } M^b \succ M^a$$

因为：$U(N^a)=0.01u(50)+0.1u(50)+0.89u(50)=u(50)$

$U(N^b)=0.01u(0)+0.1u(250)+0.89u(50)$

$$U(M^a) = 0.01u(50) + 0.1u(50) + 0.89u(0)$$

$$U(M^b) = 0.01u(0) + 0.1u(250) + 0.89u(0)$$

为简化问题，假设 $u(0)=0$，从而：

$$N^a > N^b \text{ 说明：} 0.11u(50) > 0.10u(250);$$

$$M^b > M^a \text{ 说明：} 0.10u(250) > 0.11u(50)$$

这显然是矛盾的。为什么会出现这种现象呢？它到底挑战了什么？为了说明这个问题，我们对问题中的彩票进行分解。为此我们令彩票 G 为：

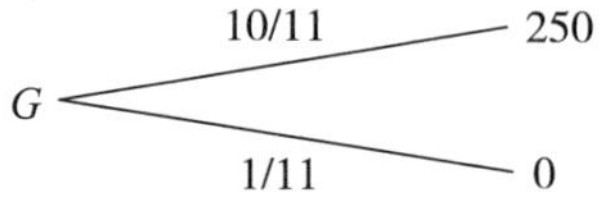

则彩票表示为图 2-9：

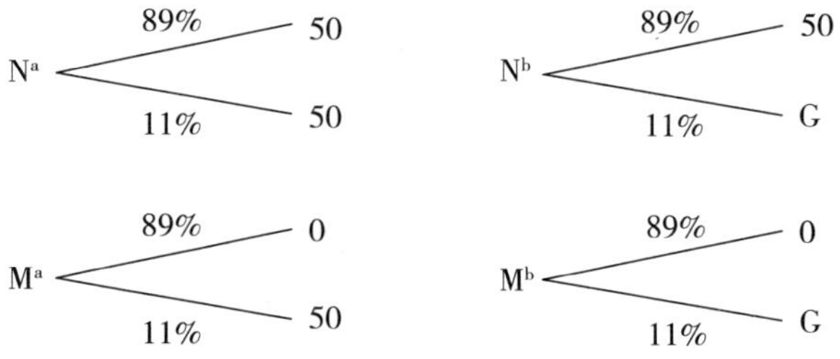

图 2-9　阿莱斯彩票的分解

图 2-9 的分解表明，在独立性公理下 a 与 b 两个选项可以归结为彩票 G 和确定性结果 50 之间的偏好，若 N^a 偏好 N^b，则独立性公理意味着 M^a 偏好 M^b。然而，实验中大多数人的选择违背了这一公理。值得说明的是，任何一种选择模式都不是“错误的”，只有“不符合”和“符合”假设的模式。而且在阿莱斯的实验中，还是存在部分经济人的选择完全“符合”假设。但是，当违背公设的人占比比较高时，我们有理由怀疑该公设的合理性，并认定该现象形成悖论。

(二) 卡纽曼和特维斯基的研究

为了进一步地研究经济人的选择行为对选择公理的违背，卡纽曼和特维斯基（Kahneman & Tversky, 1979）在阿莱斯的基础上进一步展开研究。他们首先继续构造实验来验证阿莱斯的结果，例子比较多，我们简单列举几个，见表 2.2。

表 2.2　　**卡纽曼和特维斯基实验设计之一(单位：美元)**

选项 1	A　支付 概率	2500 (33%)	2400 (66%)	0 (1%)
选项 1	B　支付 概率		2400 (100%)	

续表

选项 2	C 支付 概率	2500 (33%)		0 (67%)
选项 2	D 支付 概率		2400 (34%)	0 (66%)

实验结果：实验对象有 72 个学生，其中在 A 和 B 中，82%的选择 B，18%的选择 A；在 C 和 D 中，83%的选择 C，17%的选择 D。用类似的方法可以发现该实验同样违反了独立性。原文献中的“筹码”主要是法国法郎或美元，为了体验这类对独立性公理的违背现象，我们对实验进行适度改造，将“筹码”改为人民币单位，见表 2.3。

表 2.3 **改进的阿莱斯悖论实验设计(单位：万元)**

选项 1	A 支付 概率	2500 (33%)	2400 (66%)	0 (1%)
选项 1	B 支付 概率		2400 (100%)	
选项 2	C 支付 概率	2500 (33%)		0 (67%)
选项 2	D 支付 概率		2400 (34%)	0 (66%)

我们简单地将表 2.2 中的单位改为万元，因为在年利率 2%的假设下，2400 万元意味着年利息 48 万元，足以实现不劳动而衣食无忧！在这种高筹码下，相信同时选择 B 和 C 的比例更高。但是，如果将表中的支付分别用 250 元代替 2500 美元，用 240 元代替 2400 美元，选择结果违背独立性公理的可能性将大大降低。这说明悖论形成巧妙之处在于概率和盈亏“筹码”的设计。

卡纽曼和特维斯基(Kahneman & Tversky, 1979)的这篇论文分为两个部分：第一部分是构造类似于阿莱斯悖论的实验例子，第二部分则是对这些现象通过构造“展望理论”(prospect theory)来进行解释，有兴趣的读者可以阅读原文献。

三、偏好逆转

利藤斯坦和斯洛维克(Lichtenstein, Slovic, 1971)同样利用心理实验，构造实验设计形成一类偏好逆转(preference phenomenon)的现象。他们首先设计两个彩票，见图 2-10。

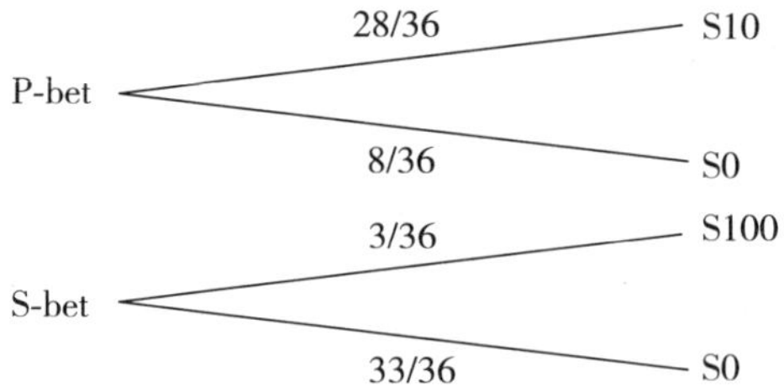

图 2-10　可能导致偏好逆转的彩票

两种彩票的特点是前者是高概率低回报，后者为低概率高回报。在彩票设计好之后进行如下实验：

1. 让你购买这两个彩票，请分别报出你愿意支付的价格，并考察：购买时标价谁高？

2. 让你出售这两个彩票，请分别报出你希望收到的价格，考察：出售时的标价谁高？

实验表明，多数人在购买时对前者标价高于后者；而出售时，对后者标价高于前者，从而出现了偏好不一致。换言之，请你从两个彩票中选择一只并留下时，人们倾向于选择前者；倘若你拥有这两只彩票，要求你放弃其中之一，人们又倾向于放弃前者选择保留后者。这里之所以称之为偏好逆转，是因为从理论上讲，面临两个选择对象 P-bet 和 $ -bet，如果经济人认为 P-bet 比 $ -bet 好，则 P-bet 的标价比 $ -bet 的标价高，上述选择结果 1 表明当经济人不拥有彩票时，前者偏好后者；当经济人拥有彩票时，后者偏好前者。同一个经济人面对同样的一对选择对象偏好呈截然不同的变化，被称为“逆转”，违反了偏好的“一致性”。

值得说明的是，彩票的设计是十分重要的，这里高概率对应低支付、低概率对应高支付，并且数量的选择上刚好迫使经济人出现选择困难。否则，如果是高概率高支付则不会出现偏好逆转现象。

四、框架效应

框架效应是指投资者的选择受特定条件的影响。科普兰和温斯顿（2007）给出了一个例子：某癌症需要采取外科手术或放射性疗法进行治疗，现需要对治疗方案进行选择。当被以不同的方式告知时，其选择结果出现了明显的不同：

方法一：专家用生存率告知医疗效果：

A）外科手术：在接受治疗的 100 人中，有 90 个安全度过危险期，68 人活过 1 年，5 年后剩 34 人活着；

B）放射疗法：在接受治疗的 100 人中，全部安全度过危险期，77 人活过 1 年，5 年后剩 22 人活着。

方法二：专家用死亡率告知医疗效果：

A）外科手术：在接受治疗的 100 人中，有 10 人死于手术或手术期，1 年内 32

人死亡，5 年内 66 人死亡；

B）放射疗法：在接受治疗的 100 人中，零死亡，1 年内 23 人死亡，5 年内 78 人死亡。

生存率与死亡率之和为 1，理论上用两种方法告知的信息是等价的。但是，实验结果表明，方法一下大多数接受实验者选择外科手术（占 82%）；方法二下选择外科手术的人下降到 56%。上述实验表明，对同一事实的不同表述竟然影响了人们的最终决策，说明人们在不确定条件下的选择经常受一些特定“背景”的影响，类似的现象在金融活动中也是时有发生。

第五节　期望效用理论的拓展

期望效用理论是建立在一序列基本公理基础之上的，基本公理虽然不需要证明，但大都是建立在一定的心理学基础之上的。特殊情形下公理有可能违背心理学实验结果，从而表明了这一经典理论可能存在一定的脆弱性。如何解决这一问题？其出路之一就是对传统理论进行拓展。以心理学为基础的行为金融试图从不同的角度对期望效用理论进行修正。另一方面，我们在建立期望效用理论时，有时候为了简便也进行了一定的修正，随着技术的进步，研究人员也对效用理论进行了一定的拓展。典型的拓展包括中间偏好（betweenness preference）、评级依赖偏好（rank-dependent preference）、一阶风险厌恶（first-order risk aversion）和模糊厌恶（ambiguity aversion）等。这些偏好的拓展有些超出了我们的范围，我们仅就一些简单的理论进行介绍。

一、展望理论

由卡纽曼和特维斯基（Kahneman & Tversky，1979）提出的展望理论（prospect theory）将效用函数改写为分段函数。其背后的假设是，经济人并非总是呈现为风险厌恶者。他们将带有损失和盈利的博弈称为展望或前景（prospect），通常表示为：

$$(x_{-m},\ p_{-m};\ \cdots;\ x_{-1},\ p_{-1};\ x_1,\ p_1;\ \cdots;\ x_n,\ p_n) \tag{2.34}$$

该前景期末共有 $m+n$ 种状态，x 表示支付，负角标表示支付为负，正角标表示支付为正，p 表示相应的概率。经济人关于该前景的“评价”用如下价值来表示：

$$\sum_{i=-m}^{n} \pi_i v(x_i) \tag{2.35}$$

其中 π_i 是由概率权重函数形成的权重函数，$v(\cdot)$ 是价值函数，Kahneman 和 Tversky（1992）提出的价值函数为：

$$v(x)=\begin{cases} x^{\alpha} & x \geqslant 0 \\ -\lambda(-x)^{\alpha} & x < 0 \end{cases} \tag{2.36}$$

其中，$0<\alpha<1$，$\lambda>1$。此时的“效用函数”（值函数）呈现分段函数的形式，几何上看不再是整体性的凹函数，而是当 $x\geqslant 0$ 是为凹函数，表现为风险厌恶，$x<0$ 时为凸函数，表

现为风险喜好。展望理论通过修改经典的期望效用函数，在一定程度上解释了若干悖论。

二、状态依赖的效用函数

简单地说，当不同消费路径具有不同的效用值时效用函数呈现状态依赖，两时点消费计划 $\boldsymbol{c}^{\mathrm{T}}=(c_0;\ c_{11},\ c_{12},\ \cdots,\ c_{1\omega},\ \cdots,\ c_{1S})$ 所对应的期望效用值应该为：

$$U(c)=\sum \pi_{\omega}u_{\omega}(c_0,\ c_{1\omega}) \tag{2.20}$$

例如卡尼(Karni，1983)在两状态下讨论状态依赖效用下的风险厌恶度量时，他将状态集表示为 $S=\{\theta,\ \bar{\theta}\}$，两状态下的财富分别为 w_1 和 w_2，相应的概率为 p 和 $1-p$，相应的效用函数表示为：

$$\bar{U}=pU(w_1,\ \theta)+(1-p)U(w_2,\ \bar{\theta}) \tag{2.37}$$

其中 $\bar{U}$ 表示总的效用值，$U(w_1,\ \theta)$ 表示 θ 状态下的效用水平，它与相应的状态有关，表现为状态的函数，也可以表示为 $U_{\theta}(w_1)$。

再如格雷厄姆(Graham，1983)在利用试验估计状态独立效用函数时采用的效用函数形式为：

$$U(c,\ \pi;\ \beta,\ a,\ b)=\sum_{\omega=1}^{S}\pi_{\omega}[a_{\omega}u(c_{\omega},\ \beta_{\omega})+b_{\omega}] \tag{2.38}$$

其中，$\boldsymbol{c}$ 是消费向量，$\boldsymbol{\pi}$ 为概率分布，$\boldsymbol{\beta}=(\beta_1,\ \cdots,\ \beta_S)^{\mathrm{T}}$、$\boldsymbol{a}=(a_1,\ \cdots,\ a_S)^{\mathrm{T}}$、$\boldsymbol{b}=(b_1,\ \cdots,\ b_S)^{\mathrm{T}}$ 分别为参数向量。该论文试验的目的就是确定三个参数向量，本质上是取状态依赖的效用函数为 $u_{\omega}(c_{\omega})=a_{\omega}u(c_{\omega},\ \beta_{\omega})+b_{\omega}$。一旦确定了三个参数向量的值，效用函数就被确定。

三、考虑消费习惯的效用函数

时间可加性假设完全是为了效用函数的实用性而附加的一种假设，即便从非行为金融的角度来看，该假设也可能存在一定的不合理性。在实际应用中，如何既保证效用函数的实用性又能在一定程度上反映时间上的依赖性？比较成熟的方法有“消费习惯”。

消费习惯(habit formation)的主要思想是消费者当期消费的效用不仅仅与本期消费水平有关，还与其自身的“消费习惯”有关，而“消费习惯”与本期之外的消费水平有关。消费习惯又分为内在性消费习惯和外在性消费习惯。

(一)内在性消费习惯

所谓内在性消费习惯是指，消费者的每一期消费效用不仅与当期消费水平有关，还与自身的“消费习惯”有关，消费习惯则主要是由其消费的历史水平来确定的变量。例如，一种简单的情形下，两期消费的效用可表示为：

$$u_{\omega}=u(c_0,\ c_1)=u(c_0)+\rho u(c_1-hc_0),\ h\geqslant 0 \tag{2.39}$$

其中，hc_0 度量了消费习惯，h 表示消费习惯的“依赖程度”，$h=0$ 时不存在消费习惯；$h>0$ 则存在消费习惯。(2.39)也表明，期末消费的效用与期初的消费水平有关，因此期末的效用不仅仅取决于期末的消费水平 c_1，还取决于自己在上一期的消费水平 c_0。期末的效用值等于当期消费减去消费习惯 hc_0 后的剩余值的效用。消费习惯基于消费的变化比消费水平本身更加重要。

多期框架下 Pollack(1970)将消费习惯定义为：

$$b_{it} = b_i^* + \beta_i x_{i,\ t-1},\ 0 \leqslant \beta_i < 1 \tag{2.40}$$

其中，b_{it} 为 t 期对第 i 个消费品的消费习惯，$x_{i,\ t-1}$ 为 $t-1$ 期对第 i 个消费品的消费水平，β_i 为对第 i 个消费品的“习惯系数”(habit formation coefficient)，b_i^* 为对第 i 个消费品生理必需的需求水平。此时每一期的效用值可以表示为 $u_{it}(c_{it},\ b_{it})$。可见消费习惯是由个人消费历史而形成的，该类习惯还可以推广到多期和连续时间情形，在此不再介绍。消费习惯的引入使得即期效用与历史消费水平有关，从而虽然从形式上看好像效用函数具有跨时可加的特点，但本质上呈现跨时不可加的性质。

(二)外在性消费习惯

所谓外在性消费习惯是指消费者在每一期的效用不仅仅与自身的消费水平有关，还与其他人的消费水平有关，表现为一种消费攀比的行为(catching up with Jones)。例如，在两期情形下的效用函数：

$$u_{\omega} = u(c_0,\ c_1) = u(c_0 - kC_0) + \rho u(c_1 - kC_1),\ 0 \leqslant k \leqslant 1 \tag{2.41}$$

其中 k 度量消费习惯的依赖程度。$k=0$ 时没有消费习惯，C_1 是平均消费水平。另一种解释是 C_1 是整个经济系统在期末的总消费，kC_1 是维持生存的消费水平。总之，kC_1 反映了同期其他人的消费水平，对其他人消费水平的在意反映经济人的消费攀比心理。(2.41)中的外在消费习惯从本质上具有时间可加性，只是个人的效用不仅仅依赖个人的消费水平，还与当前平均社会消费水平有关。此时，个人的效用由自己的消费水平和社会习惯共同确定。

四、递归效用函数

由爱泼斯坦-兹恩(Epstein & Zin，1989，1991)推广的递归偏好是一类非常复杂的效用函数。一般情形下，经济人的效用函数没有像 CRAR 和 CRRA 偏好那样的“显示解”形式，而是通过递归函数形式给出的，即 t 期和 $t+1$ 期的效用值 U 满足下列方程：

$$U_t = f(C_t,\ \mu(U_{t+1})) \tag{2.42}$$

其中，$f(\cdot)$是权衡现在(t 时点)和未来($t+1$ 时点)的加总函数，$\mu(\cdot)$是确定性等价函数，用来衡量风险态度。爱泼斯坦-兹恩给出了一个具有固定替代弹性(CES)的加总函数 $f(\cdot)$，并对 $\mu(\cdot)$给出指数形式，从而得出下列典型而常被使用的效用函数：

$$U_t = \{(1-\delta)C_t^{1-1/\psi} + \delta(E_t U_{t+1}^{1-\gamma})^{\frac{1-1/\psi}{1-\gamma}}\}^{1/(1-1/\psi)} \tag{2.43}$$

其中，γ 为风险厌恶系数，ψ 为跨时替代弹性。马成虎的教材《高级资产定价理论》

(2010)对递归偏好进行了全面而细致的介绍。

◎ 本章小结

冯·诺依曼-摩根斯坦(Von Neumann-Morgenstern)(1944)和萨维基(Savage)(1954)提出了期望效用理论，该理论是不确定条件下选择理论的主流理论，它建立在公理化体系基础之上，从而更加科学。该理论通常包括5个公理：完备性、传递性、独立性、连续性和排序性公理。如果增加"存在最好彩票和最差彩票"的假设可以较容易地证明效用函数的存在性，并且该效用函数表现为期望效用函数。事实上，如果备选彩票集具有有限个彩票可以直接证明期望效用函数的存在性，而具有无穷不可数个彩票的情形则超出本教材讨论范围。此外，期望效用函数具有基于位似变换不变性的特点。

两时点单期情形是本书的重点，单期情形下期望效用函数通常可以表示为基于二元效用函数的期望值，进一步在状态独立、时间可加的假设下可以简化为简单的一元函数组成的期望效用函数，这类效用函数易于处理，也非常常见。多于两时点的多期情形下同样可以将效用函数化简为易于处理的形式。

期望效用理论创立不久，来自心理学实验的结果对该理论的若干公理提出了挑战，其中最著名的包括阿莱斯悖论，这一悖论驱使经济学家提出了展望理论。该悖论与其他悖论一起促使行为金融的诞生和发展。

行为金融的发展给期望效用理论提出了很多替代性理论，如一阶风险厌恶理论、状态依赖效用理论等。当然，也有从纯粹技术的角度对状态独立、时间可加效用函数进行拓展，比如递归效用函数。

◎ 重要概念

不确定性　彩票　简单彩票　复合彩票　退化彩票　期望效用函数　圣彼得堡悖论　阿莱斯悖论　偏好逆转　框架效应　展望理论　消费习惯　公理化体系

◎ 思考题

1. 什么是不确定性？什么是可量化的不确定性？什么是不可量化的不确定性？
2. 为什么可以用彩票代替不确定性选择对象？
3. 什么是公理化体系？期望效用理论包含哪些公理？各个公理的具体含义是什么？
4. 什么是效用函数？什么是期望效用函数？
5. 阿莱斯悖论挑战了期望效用理论的什么公理？
6. 举例说明期望效用理论有哪些拓展。

◎ 练习题

1. 假设有两个彩票 $L(x_1,\ \pi_1;\ \cdots;\ x_\omega,\ \pi_\omega;\ \cdots;\ x_S,\ \pi_S)$ 和 $L^*(x_1,$

π_1^*；…；x_ω，π_ω^*；…；x_S，π_S^*)。令 $V(L)=\sum_{\omega=1}^{S}\pi_\omega U_\omega$ 表示定义于彩票上的期望效用函数，同时 $W(L)=\sum_{\omega=1}^{S}\pi_\omega Q_\omega$，其中 $Q_\omega=a+bU_\omega$，a 和 b 都是常数。如果 $L>L^*$，从而使得 $V(L)>V(L^*)$，那么是否也有 $W(L)>W(L^*)$？换言之，什么条件下 $W(L)=\sum_{\omega=1}^{S}\pi_\omega Q_\omega$ 也是期望效用函数？

2. 资产 A 具有确定性支付 1500 元；资产 B 以 0.8 的概率支付 2000 元，以 0.2 的概率支付 100 元。某经济人在 A 和 B 之间选择 A。资产 C 以概率 0.25 支付 1500 元，以概率 0.75 支付 100 元；资产 D 以概率 0.2 支付 2000 元，以概率 0.8 支付 100 元，该经济人在 C 与 D 之间选择了 D，请证明该经济人的偏好违背了独立性公理。

3. 若你具有对数效用函数，当前财富水平是 5000 元：

(1)假如你面临一个 50/50 的概率获得或损失 1000 元的风险，购买 125 元的保险可以完全消除该风险，你选择购买保险还是进行该项投机活动？

(2)若在(1)中进行了投机而且亏损 1000 元，你的财富变为 4000 元。面对(1)中的保险是再次投机还是购买保险？

4. 考虑下面的 4 种彩票：

$$L_A=(x,\ \pi_x;\ 0,\ 1-\pi_x);\ L_B=(y,\ \pi_y;\ 0,\ 1-\pi_y);$$
$$L_C=(x,\ \alpha\pi_x;\ 0,\ 1-\alpha\pi_x);\ L_D=(y,\ \alpha\pi_y;\ 0,\ 1-\alpha\pi_y)$$

其中：$0<x<y$，$\pi_x<\pi_y$，$\pi_x x<\pi_y y$，并且 $\alpha\in(0,\ 1)$。

(1)若投资者在 L_C 和 L_D 之间选择 L_C，那么该投资者的偏好是否与冯·诺依曼-摩根斯坦的期望效用理论一致，为什么？

(2)若投资者在 L_A 和 L_B 之间选择 L_A，在 L_C 和 L_D 之间选择 L_D，那么该投资者的偏好是否与冯·诺依曼-摩根斯坦的期望效用理论一致，为什么？

◎ 参考书目与推荐阅读

1. 王江. 金融经济学. 北京：中国人民大学出版社，2007.

2. Debreu. Theory of Value. New York：Wiley，1959.

3. Chi-fu Huang. Litzenberger Robert. Foundations for Financial Economics, Elsevier Science Co，1988.

4. Back Kerry E. Asset Pricing and Portfolio Choice Theory(second edition). Oxford Press，2017.

5. 托马斯·科普兰，弗雷德·温斯顿. 金融理论与公司政策. 上海：上海财经大学出版社，2007.

6. Karni E. Risk Aversion for State-dependent Utility Functions Measurement and Applications[J]. International Economic Review，1983，24，3：637-647.

7. Graham D A. Estimating the state dependent utility function. Natural Resources

Journal, 1983, 23(3), 649-658.

附录：期望效用理论的公理化体系

期望效用理论是本章的核心内容，不同教材在介绍该理论时往往在内容上有一些不同，如范里安(Varian, 1977)、马斯·科内尔(Mac-colell, 2005)、戈利耶(Gollier, 2001)和英格索(Ingersoll, 1987)等教材中彼此存在差异，这些差异主要体现在对以连续型公理为主的少数公理的不同描述上，也包括对不同情形下的公理的描述。我们以范里安和英格索为例比较说明，下面的内容主要是从教材中译本摘录或从原文翻译，并在记号上略作改变以便与本书一致。

在范里安教材中没有特别说明公理，确定情形下的效用理论的定理是：

定理 A1：效用函数的存在性：假设消费者偏好是完备的、反身的、传递的、连续的和强单调的，则存在一个能代表该偏好的连续效用函数 u：$R_+^k \to R$。

其中除了连续性之外都与本章中的同名公理一样，连续性为：

连续性：对于 X 中的所有 y，集合 $\{x: x \succcurlyeq y\}$ 和集合 $\{x: x \preccurlyeq y\}$ 都是闭集，由此得出，集合 $\{x: x \succ y\}$ 和 $\{x: x \prec y\}$ 都是开集。

证明见范里安的《微观经济分析》(中译本)第 79 页。

在不确定性部分，将彩票记为 $p \circ x \oplus (1-p) \circ y$，其含义是以概率 p 得到奖品 x，以概率 $(1-p)$ 得到奖品 y，奖品可以是货币、物品束(即用向量表示的一组物品)，甚至是彩票。用本章的记号，两结果下的彩票记为 $L=(x, y; \pi)$，概率用 π 表示。核心结论有两个：

定理 A2(期望效用定理)：如果 $(L, \succcurlyeq)$ 满足下述公理，那么存在一个定义在 L 上的效用函数满足期望效用性质：

$$u(L) = \pi u(x) + (1-\pi)u(y)$$

其中：$L=(x, y; \pi)$。公理为：

U1：对于所有在 L 中的 x、y 和 z，$\{\pi \in [0, 1]: (x, \pi; y, 1-\pi) \succcurlyeq z\}$ 和 $\{\pi \in [0, 1]: z \succcurlyeq (x, \pi; y, 1-\pi)\}$ 是闭集(显然，这是连续性公理)；

U2：如果 $x \sim y$，那么 $(x, z; \pi) \sim (y, z; \pi)$(显然，这是强独立性公理)；

U3：存在某个最好的彩票 b 和某个最坏的彩票 w，对于 L 中的任何 x，都有 $b \succcurlyeq x \succcurlyeq w$；

U4：当且仅当 $\pi_1 > \pi_2$ 时，彩票 $(b, w; \pi_1)$ 偏好于彩票 $(b, w; \pi_2)$(可以看出，这是排序公理)。

证明见范里安的《微观经济分析》(中译本)第 140 页。与本章的差别还是连续性公理，注意到连续性公理中所说的连续性是针对概率 π 的，因此，本质上是相同的。

再看英格索的论述：

定理 A3：(确定情形下)定义于闭、凸集 X 的任何偏序满足 A1–A4，则存在一个连续的效应函数，它是从 $\mathscr{L}$ 到 R 的映射，满足性质：

$$U(x) > U(z),\ x \succ z$$

$$U(x)=U(z)\,,\ x\sim z$$

其中 A1~A4 依次为完备性、自反性、传递性和连续性公理。同样除连续性略不同之外，其他均与本章相同。连续性为：

A4：对任意彩票，严格偏好于它和严格比它坏的两个子集都是开集。

显然，该连续性公理与范里安中确定情形下的连续性公理完全相同。

不确定情形下的定理：

定理 A4：在公理 1~7 下决策者面临两个(或多个)彩票时，将选择期望效用高一些的(最高的)，即：他们选择极大化 $\sum \pi_\omega U(x_\omega)$，其中，$U$ 为特殊的序数效用函数。

这里的公理分别为：完备性(A1)、自反性(A2)、传递性(A3)、强独立性(A5)、连续性(A6)、占优性(A7)。显然，这里的(A6)完全可以代替(A4)，而且在证明中 A4 没有起作用。虽然公理的描述采用的记号不同，但本质上与本书的完全相同，因此，在不确定性情形下基本上与我们在本章所呈现的相同。

此外，在戈利耶的教材中，不确定情形下将满足完备性、自反性和传递性三个公理的关于彩票的偏序称为理性的偏好，进一步给出连续性公理(A6)和独立性公理(A5)，然后给出定理：如果理性偏好满足连续性公理和独立性公理，则该偏好可以表示为期望效用的线性形式。也就是说同样与本书一致。

特别需要说明的是连续性公理的两种描述：

其一是 U1 和公理 3，两者描述不同但意义完全相同：

U1：对于所有在 L 中的 x、y 和 z，$\{\pi\in[0,\ 1]:\ (x,\ \pi;\ y,\ 1-\pi)\succcurlyeq z\}$ 和 $\{\pi\in[0,\ 1]:\ z\succcurlyeq(x,\ \pi;\ y,\ 1-\pi)\}$ 是闭集；

公理 3：$\forall L_1,\ L_2,\ L_3\in\mathscr{L}$，若 $L_1\succ L_2\succcurlyeq L_3$ 或 $L_1\succcurlyeq L_2\succ L_3$，则存在唯一的 $\alpha\in 0,\ 1$ 使得：$L_2\sim\alpha L_1+(1-\alpha)L_3$。

U1 的两个集合中的“变量”是概率 π，假设 x 比 y 好，集合是闭的意味着存在 π^* 使得在第一个集合中 π 从大于 π^* 的方向趋于 π^* 时，彩票$(x,\ y;\ \pi)$趋于与 z 无差异；第二个集合中 π 从小于 π^* 的方向趋于 π^* 时，彩票$(x,\ y;\ \pi)$趋于与 z 无差异，从而存在 $\pi*$ 使彩票与 z 无差异。用 L_1 表示彩票$(x,\ y;\ \pi)$，z 为退化彩票，记为 L_z，表示为：

$$\lim_{\pi\to\pi^{*+}} L_1 = Lz;\quad \lim_{\pi\to\pi^{*-}} L_1 = L_z$$

公理 3 中，$\alpha=0$ 时 L_2 比后面的复合彩票差，$\alpha=1$ 时 L_2 比后面的复合彩票好，随着 α 从 0 开始增加，L_2 与复合彩票相比越来越好，则必定存在一点 α^* 使得两者无差异，实现 α 的连续变化。

总之，U1 和公理 3 是同一结论的两种不同的表述。

其二是附录中的连续性：

对于 X 中的所有 $\boldsymbol{y}$，集合$\{\boldsymbol{x}:\ x\succcurlyeq y\}$和集合$\{\boldsymbol{x}:\ x\preccurlyeq y\}$都是闭集，由此得出，集合$\{\mathrm{x}:\ \mathrm{x}\succ\mathrm{y}\}$和$\{\mathrm{x}:\ \mathrm{x}\prec\mathrm{y}\}$都是开集。

该表述看上去与 U1 非常相似，但本质不同。这里的“变量”是向量 $\boldsymbol{x}$ 而不是数字 π，该性质(公理)用在确定情形下，$\boldsymbol{x}$ 表示消费者的商品束。多元情形下集合为开集需要证明每一个内点都是极限点。

第三章 风险厌恶及典型的效用函数

◎ **学习目标**

- 掌握风险厌恶的概念
- 掌握风险厌恶的度量方法
- 了解风险厌恶的比较
- 掌握基于风险厌恶定义的效用函数及其性质
- 了解如何用特定效用函数量化风险厌恶

上一章我们学习了期望效用理论，进一步地，基于效用函数可以刻画投资者的风险态度。一般地可以将投资者分为三类：风险厌恶者、风险喜好者和风险中性者；相应地三类投资者的效用函数分别为上凸(或者凹函数)、下凸(或者凸函数)和线性效用函数。因此，效用函数的性质反映了投资者的特征。本章我们首先回顾效用函数的一般性质，然后利用效用函数定义三种风险态度。我们的重点在风险厌恶，后面我们一般假设所有投资者都是风险厌恶的。定义了风险厌恶后，我们给出风险厌恶的度量方法，由此引出绝对风险厌恶和相对风险厌恶两个重要的风险厌恶系数。利用特定风险厌恶系数的性质将效用函数分为常绝对风险厌恶效用(CARA)和常相对风险厌恶效用(CRRA)，以及双曲的绝对风险厌恶效用(HARA)。最后，我们介绍戈利耶(Gollier)的测量投资者风险厌恶系数的方法。

第一节 风险厌恶的定义

当投资者面临风险时，有的乐于冒险，有的极力回避，有的则无所谓。经济人的这种面对风险的表现，我们称之为风险态度。严格地，所谓**风险态度**就是经济人面对风险时主观上所采取的应对方式，一般分为**风险厌恶**(risk aversion)、**风险喜好**(risk loving 或 risk seeker)和**风险中性**(risk neutral)。我们用两种方式来定义风险态度：第一种方法是先给出公平博弈的概念，然后以公平博弈为标准来定义；第二种是利用期望效用函数来定义。

一、风险厌恶的定义

在两种风险厌恶的定义中，采用公平博弈为标准的方法易于理解，基于期望效用函数的定义似乎显得更加严密，但本质上两者是等价的。我们先采用第一种方法，首先定义公平博弈，然后利用公平博弈来定义风险厌恶。

定义 3.1：称一个期望值为零的不确定性为**公平博弈**(fair gamble)，即：g 为不确定性支付，若 $E[g]=0$，则称 g 为公平博弈。

公平博弈表明，如果长期参加这类博弈，最终的平均收入为 0，即没有净的盈利和亏损，这大概是公平博弈作为比较标准的原因。以公平博弈为标准，我们可以定义各种风险态度：

定义 3.2：称经济人为**风险厌恶**的，如果在任何财富水平下，经济人都不愿参与公平博弈。

假设经济人的初始财富为 w，不参与公平博弈时财富保持不变，参与公平博弈后财富变为 $w+g$，经济人不愿意参与公平博弈用偏好表示为：

$$w \succ w + \tilde{g},\ E[\tilde{g}] = 0 \tag{3.1}$$

满足(3.1)则称经济人是风险厌恶的。等价地，若经济人的效用函数为 u，(3.1)用效用函数表示为：

$$u(w) \geqslant E[u(w + \tilde{g})],\ E[\tilde{g}] = 0 \tag{3.2}$$

上述不等式取严格不等式时，称为**严格风险厌恶**。

类似地，若在任何财富水平下，经济人都愿意参与公平博弈，则称经济人为**风险喜好**的。此时类似于(3.1)的偏好表示为：

$$w \preccurlyeq w + \tilde{g},\ E[\tilde{g}] = 0 \tag{3.3a}$$

用效用函数表示为：

$$u(w) \leqslant E[u(w + \tilde{g})],\ E[\tilde{g}] = 0 \tag{3.3b}$$

即在任何财富水平下满足(3.3 a)或(3.3b)的称为风险喜好，取严格偏好或严格不等式时为**严格风险喜好**。

若在任何财富水平下，经济人都对是否参与公平博弈表现为无差异，或者对两者的偏好相同，则称经济人为**风险中性**的。此时用偏好表示为：

$$w \sim w + \tilde{g},\ E[\tilde{g}] = 0 \tag{3.4a}$$

用效用函数表示为：

$$u(w)=E[u(w+\tilde{g})],\ E[\tilde{g}]=0 \tag{3.4b}$$

从上述定义不难看出，风险厌恶的含义是指在不增加期望收益的情形下经济人不愿意选择不确定性结果。而风险喜好者则愿意选择不确定结果，风险中性参与者则在期望结果不变的情形下对是否参与不确定性是无差异的。为了理解这几个概念，我们看下面的例子。

例 3.1：一项无成本地参加的游戏。使用一枚均匀的硬币抛掷，若出现正面则获利 100 元，若出现反面则输掉 100 元。

经济人 A 拒绝参加该游戏，除非给予一定的补偿，比如事先得到 5 元钱才愿意参加，那么经济人 A 是风险厌恶者；

经济人 B 非常乐意参加游戏，甚至愿意为参加该游戏而额外地支付 5 元钱，那么 B 是风险喜好者；

经济人 C 对是否无成本地参与持无所谓的态度，则 C 是风险中性者。

上述定义是基于公平博弈来展开的，其显著特点是无论是否参与博弈，期末财富的期望值都相同，而现实中的很多不确定性无法满足这一特征。为此，我们可以推广到更一般的情形：假设经济人期初拥有财富 W_0，某博弈(或风险投资)的不确定性结果使得期末的结果为 W_1，相应的期望值为 $E[W_1]$。让投资者在期望结果 $E[W_1]$ 和博弈本身之间进行选择，如果投资者偏好于期望结果，则称为风险厌恶者；如果偏好于博弈本身，则为风险喜好者，如果对两者无差异，则称为风险中性者。采用期望效用函数，可以给出更广义的定义：

定义 3.3：称投资者为**风险厌恶者**，如果满足：

$$E[u(\widetilde{W}_1)]\leqslant u(E[\widetilde{W}_1]) \tag{3.5}$$

称投资为**风险喜好者**，如果满足：

$$E[u(\widetilde{W}_1)]\geqslant u(E[\widetilde{W}_1]) \tag{3.6}$$

称投资者为**风险中性者**，如果满足：

$$E[u(\widetilde{W}_1)]=u(E[\widetilde{W}_1]) \tag{3.7}$$

同样，当(3.5)和(3.6)取严格不等号时，投资者分别为严格风险厌恶者和严格风险喜好者。风险厌恶、风险喜好和风险中性统称为**风险态度**。

注意，这里的选择不是“是否参与博弈”，而是在确定性的结果 $E[W_1]$ 和博弈之间选择：

经济人参与博弈，则期末结果为 W_1；经济人不参与博弈，则期末结果为 W_0。

判断经济人的风险态度是在“博弈并获得 W_1”与“不参与并获得 $E[W_1]$”之间的选择，用偏好语言描述为：

若 $\widetilde{W}_1\preccurlyeq E[\widetilde{W}_1]$，则为风险厌恶；

若 $\widetilde{W}_1\succcurlyeq E[\widetilde{W}_1]$，则为风险喜好；

若 $\widetilde{W}_1\sim E[\widetilde{W}_1]$，则为风险中性。

例 3.2：抛一枚均匀的骰子，抛掷者依据所出现的点数获得奖励。出现 1 点奖励 100 元，出现 2 点奖励 200 元，出现 3 点奖励 300 元，出现 4 点奖励 400 元，出现 5 点奖励 500 元，出现 6 点奖励 600 元，容易计算该游戏的平均收益为 350 元。让投资者在参与抛掷骰子获取奖金和直接领取 350 元之间进行选择。如果 A 选择 350 元则为风险厌恶者；B 选择抛掷骰子则为风险喜好者；C 认为两种选择无差异则为风险中性者。

二、风险态度与效用函数的凸凹性

由此可知，效用函数的性质决定风险态度：若效用函数为凹函数(或上凸函数)，则投资者表现为风险厌恶；若效用函数为凸函数(或下凸函数)，则投资者表现为风险喜好；若效用函数为线性函数，则投资者表现为风险中性。在没有特殊说明的条件下，我们后文一般做如下假设：

假设 3.1：**(风险厌恶假设)**所有投资者都是风险厌恶者。

金融经济学中通常假设所有投资者为风险厌恶者，在其他金融学分支中，有时为了简化分析而假设经济人为风险中性的。值得说明的是，现实生活中并非所有人都是风险厌恶的。具体到某个经济人也不一定保持风险厌恶不变，可能在一定条件下表现为风险厌恶，在另一情形下又表现为风险喜好。一个典型的例子是，某经济人为了规避风险购买了一定数量的保险产品，表现为风险厌恶；但同时又花钱购买彩票，表现为风险喜好。这两种行为看似矛盾，实际上也是非常常见，行为金融将其归因于心理账户：投资者将其财富“放进”不同的心理账户，在使用某些账户里的财富时表现为严格的风险厌恶，在使用另外某些账户里的财富时则表现为风险喜好。此外，卡纽曼和特维斯基(1979)的展望理论设定某一参考点，参考点的两边经济人分别表现为风险厌恶和风险喜好。总之，风险态度在一定程度上涉及心理学问题，进一步的讨论超过了本书的范围，为了简化问题，本书后面部分均假设所有经济人都是风险厌恶的。下面我们考察函数的凸凹性。

定义 3.4：函数 $f(\boldsymbol{x})$，对任意的 $\boldsymbol{x}$，$\boldsymbol{y}\in R^n$，和常数 $\alpha\in[0,1]$，如果满足：

$$f(\alpha\boldsymbol{x}+(1-\alpha)\boldsymbol{y})\geqslant\alpha f(\boldsymbol{x})+(1-\alpha)f(\boldsymbol{y}) \tag{3.8}$$

则称函数 $f(\boldsymbol{x})$ 为凹函数或上凸函数；不等号反向则为凸函数或上凸函数；若取等号则为线性函数。

凸凹性的几何意义是比较直观的，如果函数对应的曲面上任何两点的连线都在曲面的下方(即函数值小于曲面上相应点的函数值)，则称该函数为上凸的或凹函数；反之，若在曲面的上方(函数值大于曲面上相应点的函数值)则称该函数为下凸的或凸函数。如果任意两点的连线均在曲面上(函数值与曲面上相应函数值相等)则该函数是线性的。定义 3.4 是上述语言的数学表达，是用数学语言来描述凸凹函数的关键特征。定义中的 $\boldsymbol{x}$ 和 $\boldsymbol{y}$ 都是向量，因此描述的是高维情形。当 x 和 y 为实数时，则呈现的是直观的二维情形，二维情形下(用一元函数描述)曲面变为曲线。值得说明的是这里的凸函数和凹函数呈现出的图像与我们的直观刚好是相反的，因此凹函数也称为上凸的。

由詹森(Jensen)不等式可知，定义 3.3 意味着风险厌恶的投资者具有凹的效用函数。詹森不等式是概率论的一个著名的不等式，其证明可以在一般概率论的教材中找到。

詹森不等式：对任意的随机变量 z，当且仅当函数 $f(\boldsymbol{x})$ 为凹函数时，有：

$$E[f(z)] \leqslant f(E[z]) \tag{3.9}$$

将式(3.5)中的 $f(z)$ 换为效用函数 $u(W)$ 即为(3.5)。(3.9)式中的 z 为随机变量，通常在字母上方加"~"，有时在不会引起误会的条件下为简便省掉该了符号。后文中出现类似情况不再加以说明。

效用函数是用来描述经济人的偏好的，为了分析的方便，通常假设效用函数二阶可微，也就是说效用函数不但是连续的，而且存在一阶导数和二阶导数。同时还假设经济人满足"不满足性"公理和"风险厌恶"两个基本假设。与此对应，我们通常假设效用函数满足：一阶导数大于或等于零，二阶导数小于或等于零，即：

$$u'(\cdot) \geqslant 0;\ u''(\cdot) \leqslant 0 \tag{3.10}$$

一阶导数大于零表明效用函数单调递增，经济人消费越多效用越高，对应于不满足性公理；二阶导数小于零表明效用函数的一阶导数单调递减，即边际效用递减。同时，二阶导数小于零的函数为凹函数，表明经济人是风险厌恶的。当经济人表现为风险喜好时，二阶导数大于零，边际效用递增；风险中性的效用函数，二阶导数等于零。不同风险态度的经济人，其效用函数对应的形状如图 3-1 所示。

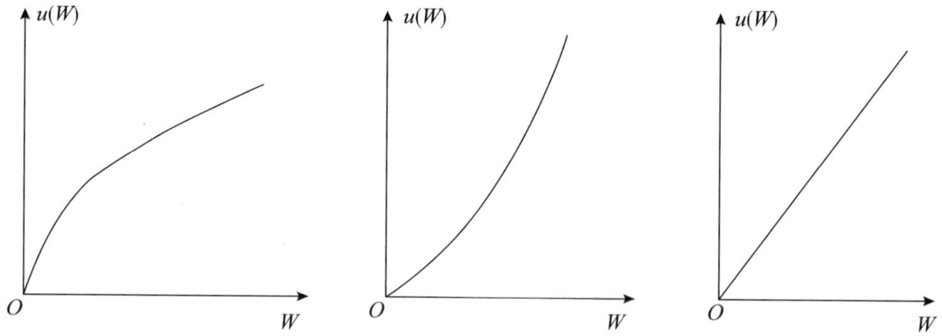

A. 凹的效用函数（风险厌恶）　B. 凸的效用函数（风险喜好）　C. 线性效用函数（风险中性）

图 3-1　风险态度与效用函数的凸凹性

第二节　风险厌恶的度量

不同的经济人具有不同的风险态度，风险厌恶假设下虽然所有投资者具有风险厌恶的特征，但是各投资者的风险厌恶程度有所不同。接下来，我们需要考虑如何度量风险厌恶。一般地，量化风险厌恶有两种方法：直接法和近似法。

一、风险厌恶量化的直接方法

风险厌恶的直接量化方法也称为定义法，是由马科维兹(Markowitz)提出来的。该方法定义不确定投资的风险溢价并由风险溢价来衡量风险厌恶水平。考虑下列投资，其期初财富为 W_0，期末财富为 W_1，如图 3-2 所示。

图 3-2 投资的时间分布

定义 3.5：经济人的效用函数为 $u(W)$，如果存在某一财富水平 W^* 使得：

$$E[u(W_1)]=u(W^*) \tag{3.11}$$

则称 W^* 为偏好 $u(\cdot)$ 下的**确定性等价**(certainty equivalence)。进一步定义

$$\pi=E[W_1]-W^* \tag{3.12}$$

称为**风险溢价**(risk premium)。

值得说明的是确定性等价的定义在以往的教材中有细微的不同，包括科普兰等的《金融理论与公司政策》(2012 中译本)和马斯·科莱尔等的《微观经济学》(1995 年中译本)都采用定义 3.5 的方式给出。但是戈利耶(Gollier，2001)则给出了不同方法的定义，他的方法在坎贝尔(Campbell，2018)的教材中得到了沿用，王江(2006)同样默认戈利耶的方法，因此下面给出戈利耶的定义。

定义 3.6：经济人的效用函数为 $u(W)$，其初始财富水平为 W_0，风险资产或风险组合的期末支付为 $\tilde{y}=\mu+\tilde{g}$，且 $E[\tilde{g}]=0$，则风险 $\tilde{y}$ 的确定性等价为 C^e，满足：

$$E[u(\widetilde{W}_1)]=E[u(W_0+\tilde{y})]=u(W_0+C^e) \tag{3.11a}$$

(3.11a)是(3.11)的另一种表述，是确定性等价的另一种定义，相应的风险溢价定义为：

$$\pi(W_0,\ u,\ \tilde{y})=\mu-C^e(W_0,\ u,\ \tilde{y}) \tag{3.12a}$$

式(3.12a)中的 $\pi(W_0,\ u,\ \tilde{y})$ 和 $C^e(W_0,\ u,\ \tilde{y})$ 含义是：风险溢价和确定性等价是当前财富水平、偏好和标的风险的函数，即个人的风险溢价和确定性等价依当前财富水平的不同而不同、依自身偏好的不同而不同、依所面对的风险不同而不同。通常省去 W_0、u、$\tilde{y}$ 是为了表达的简洁和方便。

当风险溢价大于零时，经济人表现为风险厌恶；风险溢价小于零时经济人表现为风险喜好；风险溢价等于零时，经济人表现为风险中性。我们可以将确定性等价理解为经济人对某一不确定性投资给出的心理价位，即对不确定项目的定价。风险溢价可以理解为风险补偿，当经济人在期望财富水平 $E[W_1]$ 和该不确定性投资之间选择时，由于不愿意冒风险自然选择期望财富水平，除非给予财富水平为 π 的补偿才愿意选择不确定

性投资。

例 3.3：经济人 A 给例 3.2 中的游戏定价为 320 元，经济人 B 给该游戏的定价为 350 元，经济人 C 的定价为 355 元。那么对同样一个不确定性游戏，三人的确定性等价分别为 320 元、350 元和 355 元。因为该不确定结果的期望值为 350 元，因此三人的风险溢价分别为 30 元、0 元和−5 元。A 为风险厌恶者，B 为风险中性者，C 为风险喜好者。

进一步假设三人同时面临在例 3.2 的游戏和 350 元之间选择，A 肯定选择 350 元；B 对两者无差异，即无论选择哪一个都获得同样的满足，C 肯定选择游戏。除非给予至少 30 元的补偿，否则 A 不会选择游戏，即使支付额外的不多于 5 元的资金，C 都选择游戏，B 则两种均可。

由定义 3.5 和定义 3.6 给出了两种确定性等价的定义，从定义 3.5 出发，考虑其一种特殊情形：$W_0=0$，$W_1=\mu+g$，其中 $E[g]=0$。此时：

$$E[W_1]=\mu;\ \pi=\mu-C^e(W_0,\ g,\ u)=\mu-W^* \tag{3.13}$$

此时有：$C^e(W_0, g, u)=W^*$

在本书中给出了两种确定性等价的表示方法 W^* 和 $C^e(W_0, g, u)$，比较定义 3.5 和定义 3.6 可知：

$$C^e(W_0, g, u)=W^*-W_0$$

因此，当 $W_0=0$ 时两者没有差别，建议 $W_0\neq0$ 时使用 $C^e(W_0, g, u)$，本书后面的讨论更多地使用 $C^e(W_0, g, u)$。

一般地假设投资者面临的风险均值为零，此时风险溢价依赖于风险本身的特征，这个特征通常指博弈 g 的方差；同时风险溢价依赖于效用函数以及初始财富水平，用数学式子可以表示为：

$$\pi=\pi(W_0,\ g,\ u)=-C^e(W_0,\ g,\ u) \tag{3.14}$$

因此，个人的风险厌恶程度也依赖于个人的财富水平、风险本身和个人的偏好。我们可以设想：个人的财富水平越高，其抗风险的能力越高，从而风险厌恶程度越低；从风险本身来看，小风险对应的风险厌恶低；最后，风险厌恶取决于个人的特性，因此更多地应该从偏好中反映出来。当然，通常情况下并不一定符合这一设想，很多时候需要给出具体的假设。

总之，马科维兹通过两个步骤给出了风险厌恶的定义：第一步定义了确定性等价；第二步定义风险溢价，由风险溢价来衡量经济人的风险厌恶水平。后面的证明可知，风险厌恶的量化实际反映了效用函数的弯曲程度，所有的经济人的效用函数均为凹的，因此是向上弯曲的。直观上弯曲程度越高，风险厌恶程度越高。从图 3-3 也容易看出。

图 3-3 中效用曲线为 OAB 曲线，曲线上的 A 和 B 两点对应于期末两种不同状态下的效用水平，其财富水平分别为 W_1 和 W_2。相应的期望值为 $E[W]$。因此，C 点对应的效用值为 $u(E[W])$；由相似三角形的知识可以证明 H 点的效用值为 $E[u(W)]$；D 点的函数值等于 H 点的函数值，因此 D 点的横坐标等于确定性等价 W^*，DH 等于风险溢价 π。理论上 HC 和 DH 都可以用来衡量风险厌恶程度，因为它们都可以衡量效用函数的弯曲程度。但 HC 为效用值之差 $u(E[W])-E[u(W)]$，在经济人之间不具有可比性；

DH 为 $\pi=E[W]-W^*$，单位是货币单位(元)，因此可以作为经济人之间的比较标准。

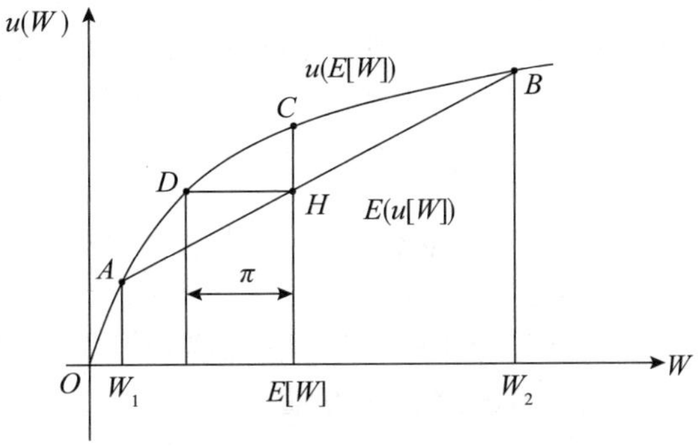

图 3-3　风险厌恶与效用函数的形状

二、风险厌恶度量的近似法

定义 3.5 给出了风险厌恶的度量方法，该方法直观性强，但计算比较复杂：首先要解方程(3.11)或(3.11a)，然后再利用(3.12)或(3.12a)求风险溢价。阿罗和普瑞特(Arrow-Pratt)(1964)给出了一种适合于小风险情形下的近似，并由此引出了金融经济学里的两个重要概念：绝对风险厌恶(或绝对风险厌恶系数)和相对风险厌恶(或相对风险厌恶系数)。

(一)绝对风险厌恶

在给出绝对风险厌恶之前我们先给出小风险博弈的定义：

定义 3.6：当随机变量 g 取值范围很小时，称 g 为小风险博弈。

小风险博弈下，可以对风险溢价给出一个近似。我们先给出一般情形：

$$\overline{W}\equiv E[W_1];\ g\equiv\widetilde{W}_1-W_0$$

由公式(3.12)有 $W*=\pi-E[W_1]$，代入公式(3.11)：

$$E[u(W_1)]=u(\overline{W}-\pi)\tag{3.11a}$$

两边对 $E[W_1]$或 $\overline{W}$ 进行泰勒展开：

$$\because\ u(\widetilde{W}_1)=u(\overline{W})+u'(\overline{W})(\widetilde{W}-\overline{W})+\frac{1}{2}u''(\overline{W})(\widetilde{W}-\overline{W})+\text{h. o. t}$$

$$\therefore\ 左边=u(\overline{W})+\frac{1}{2}u''(\overline{W})E[\widetilde{W}-\overline{W}]^2+\text{h. o. t}$$

$$右边=u(\overline{W})+u'(\overline{W})(-\pi)+\text{h. o. t}$$

$$\therefore\quad \pi\approx-\frac{1}{2}\times\frac{u''(\overline{W})}{u'(\overline{W})}\times\text{var}(\widetilde{W}_1)\tag{3.15}$$

上式中，h.o.t 是高阶项(higher order terms)的缩写，var($\widetilde{W_1}$) 是 $\widetilde{W_1}$ 的方差。在进行泰勒展开后省去高阶项得到风险溢价的近似公式(3.15)。该公式由三个部分组成：数值、效用函数导数之比和期末财富的方差。其中数值和方差都是客观的，唯有效用函数导数比刻画了经济人的主观态度，阿罗和普瑞特将其命名为**绝对风险厌恶(系数)**(absolute risk aversion)，记为 ARA 或 $A(W)$：

$$A(W) = -\frac{u''(\overline{W})}{u'(\overline{W})} \tag{3.16}$$

因为效用函数满足 $u'(W)>0$；$u''(W)<0$，因此风险厌恶假设下绝对风险厌恶系数总是大于零。该风险厌恶称为 **Arrow-Pratt 度量**。

特殊情形下，若 $E[\tilde{g}] = 0$，则 $E[\widetilde{W_1}] = E[W_0 + \tilde{g}] = W_0$，此时 $E[u(\widetilde{W_1})] = E[u(W_0 + g)]$，(3.11)变为：

$$E[u(W_0 + g)] = u(W_0 - \pi) \tag{3.11b}$$

泰勒展开后可得到 Arrow-Pratt 绝对风险厌恶：

$$A(W) = -\frac{u''(W_0)}{u'(W_0)} \tag{3.17}$$

绝对风险厌恶的倒数称为**风险容忍**(risk tolerance)系数：

$$T(W) = \frac{1}{A(W)} = -\frac{u'(W_0)}{u''(W_0)} \tag{3.18}$$

风险容忍系数在研究多个异质性经济人框架下单个经济人与合成的经济人的风险厌恶之间的关系时特别有用(可参见 Wilson(1968))。此外，一个有用的概念是**谨慎(cautiousness)系数**，$T'(W)$，它是绝对风险容忍系数的导数。

(3.16)和(3.17)还可以在(3.11a)的基础上进行相应的泰勒展开得到，这些公式只是同一概念的不同表述而已。

例 3.3(该例子引自 Copeland 教材)：某投资者具有对数效用函数，其初始财富为 20000 美元，该投资者面临两项不确定性投资：项目 A 以相同的概率盈利 10 美元和亏损 10 美元；项目 B 以 0.8 的概率亏损 1000 美元，以 0.2 的概率亏损 10000 美元，请分别用马科维茨法和 Arrow-Pratt 法计算两个项目的风险溢价，并对结果进行比较。

解：项目 A 的盈亏树形图为：

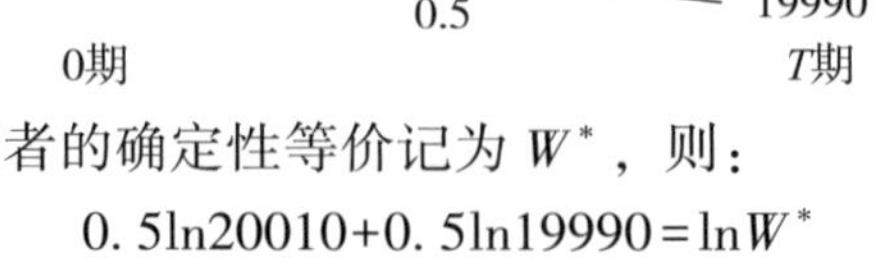

马科维茨法：若投资者的确定性等价记为 W^*，则：

$$0.5\ln 20010 + 0.5\ln 19990 = \ln W^*$$

$$W^* = \sqrt{2001019990} \approx 19999.9974998$$

$$\begin{aligned}\pi_{A,M} &= E[W] - W^* \\ &= 20000 - 1999.99749998 = 0.0025002(\text{美元})\end{aligned}$$

Arrow-Pratt 法：

$$u' = \frac{1}{\overline{W}},\ u'' = -\frac{1}{\overline{W}^2},\ \frac{u''}{u'} = -\frac{1}{\overline{W}}$$

$$\overline{W} = 0.5 \times 20010 + 0.5 \times 19990 = 20000$$

$$\mathrm{Var}(W) = 0.5 \times (20010 - 20000)^2 + 0.5 \times (19990 - 20000)^2 = 100$$

$$\pi_{A,\ AP} \approx 0.0025 \text{ 美元}$$

比较两者相差 0.0000002，因此可近似地认为两者相同。

项目 B 的损益树形图：

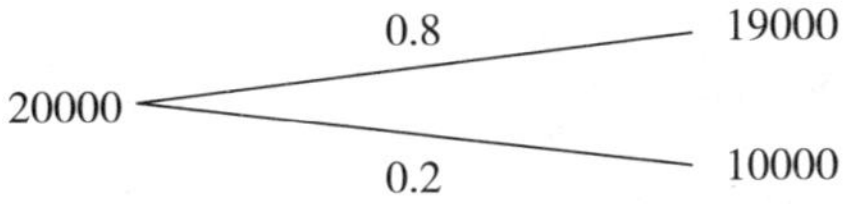

用相同的方法计算，马科维兹法的风险溢价为：

$$\pi_{B,\ M} = 489 \text{ 美元}$$

Arrow-Pratt 法的风险溢价为：

$$\pi_{B,\ AP} = 324 \text{ 美元}$$

思考：两个项目各有什么特点？为什么两个项目用两种方法计算的风险溢价相差如此巨大？由此可以得到什么结论？

（二）相对风险厌恶

绝对风险厌恶的度量没有考虑经济人期初的财富水平，给出的是风险厌恶的绝对水平。实际上，在不同的财富水平下，经济人的风险厌恶可能表现出不同的水平，为此，下面从相对角度来考虑风险厌恶的度量。

记 $\widetilde{W}_1 = W_0(1 + \widetilde{g})$，则 $\widetilde{g}$ 表示随机收益率，同时我们定义风险溢价为收益率之差：

$$\pi_R = \frac{\overline{W}_1}{W_0} - \frac{W^*}{W_0} \tag{3.19}$$

代入(3.11)得：

$$E[u(\widetilde{W}_1)] = u(\overline{W}_1 - W_0\pi_R) \tag{3.20}$$

两边在 $\overline{W}_1$ 处进行泰勒展开：

$$\begin{aligned}
\text{左边} &= E[u(\overline{W}_1) + u'(\overline{W}_1)(\widetilde{W}_1 - \overline{W}_1) + 0.5u''(W_1)(W_1 - W_1) + \text{h. o. t}] \\
&= u(W_1) + 0.5u''(W_1)\mathrm{Var}(W_1) + \text{h. o. t} \\
&= u(W_1) + 0.5u''(W_1)\mathrm{Var}(\widetilde{g})W_0^2 + \text{h. o. t}
\end{aligned}$$

$$\text{右边} = u(W_1) + u'(W_1)(-W_0\pi_R) + \text{h. o. t}$$

所以：

$$\pi_R = \frac{1}{2}\left[-\frac{u''(\overline{W})W_0}{u'(\overline{W})}\right]\mathrm{Var}(\widetilde{g}) \tag{3.21}$$

我们将中括号里的部分定义为经济人的相对风险厌恶(relative risk aversion)或相对风险厌恶系数，记为 $RRA(W_0)$ 或 $R(W_0)$。

$$R(W_0) = -\frac{u''(\overline{W})W_0}{u'(\overline{W})} \tag{3.22}$$

显然有：$R(W_0) = A(W_0)W_0$。

由于上述公式来源于两边非对称的泰勒展开，左边展开到二阶导数，右边展开到一阶导数，所以可能会产生较大的误差，为确保度量的精确性，一般要求风险是小风险。进一步，如果 $\tilde{g}$ 是公平博弈，即 $E[\tilde{g}] = 0$，容易得到：

$$R(W_0) = -\frac{u''(W_0)}{u'(W_0)}W_0 = A(W_0)W_0 \tag{3.23}$$

值得说明的是，无论是绝对风险厌恶还是相对风险厌恶，它们度量的都是小风险情形下的风险厌恶，大风险情形下可能不再适用。同时，在推导的过程中，采用的是用不确定性的随机变量的方差来度量其本身的风险，这在应用中有一定的局限性。虽然如此，两种系数已成为金融经济学中十分重要的概念，基于这两种风险厌恶系数还可以对效用函数进行分类。

(三) 效用函数与风险厌恶系数

由风险厌恶的定义很容易计算各类效用函数所对应的风险厌恶系数。下面就常用的效用函数，计算各自对应的风险厌恶系数：

1. 线性效用函数或风险中性效用函数

风险中性下的效用函数为线性函数：$u(W) = aW + b$，其中 $a > 0$，a、b 为常数。容易得到：

$$A(W) = R(W) = 0$$

2. 平方效用函数

早期文献中常用到一类二次效用函数，其效用等于财富的二次函数而被称为**二次效用函数**(quadratic utility function)，也叫**平方效用函数**：$u(W) = W - 0.5aW^2$，$a > 0$。二次效用函数形式简单，容易计算效用函数对应的期望值，即期望效用。该函数的缺点也是十分明显的，该函数是过原点上凸的抛物线，在达到顶点之前满足效用函数的一般性质：一阶导数大于零，二阶导数小于零。但是过顶点后一阶导数小于零，不符合不满足性公理，因此通常限定为：$0 < W < 1/a$。容易计算该函数的风险厌恶：

$$A(W) = \frac{a}{1 - aW};\quad R(W) = \frac{aW}{1 - aW}$$

3. 幂效用函数

幂效用函数是一类典型的效用函数，也是十分常用的效用函数，其效用值等于财富的一定次方的幂而被称为**幂效用函数(power utility function)**。结合效用函数的性质我们取：

$$u(W) = \frac{W^{1-\gamma}}{1-\gamma}(\text{常数}\ \gamma > 0,\ \text{且}\ \gamma \neq 1) \tag{3.24}$$

利用公式容易得到：

$$R(W)=\gamma;\quad A(W)=\frac{\gamma}{W}$$

由于该函数对应的相对风险厌恶系数为常数，所以称之为**定常的相对风险厌恶（constant relative risk aversion，简称 CRRA）偏好**。该效用函数对应的偏好意味着相对风险厌恶不因自身财富的多少而变化。绝对风险厌恶关于自身财富成反比例函数关系，意味着自身财富越多，经济人风险厌恶程度越低。绝对风险容忍系数为绝对风险厌恶的倒数，因此，绝对风险容忍为线性函数，财富越多，风险容忍度越高。这些性质与实际的相似性增加了该类效用函数的吸引力。值得说明的是，文献中通常将幂效用函数表示为：

$$u(W)=\begin{cases}\dfrac{W^{1-\gamma}-1}{1-\gamma}, & \gamma\neq 1,\ \gamma>0\\ \ln W, & \gamma=1\end{cases}\tag{3.24a}$$

当 $\gamma\neq 1$ 时取上半支，此时与(3.24)相差一个常数，因此属于同一个效用函数，当 $\gamma\to 1$ 时，利用洛必达法则取极限即可得**对数效用函数**。对数效用函数的风险厌恶分别为：

$$R(W)=1;\quad A(W)=\frac{1}{W}$$

4. 指数效用函数

指数效用函数是另一个典型的、十分常用的效用函数，因其效用等于财富的指数形式而被称为**指数效用函数（exponential utility function）**，结合效用函数的性质取：

$$u(W)=-e^{-aW},\quad a>0\tag{3.25}$$

该函数的另一表示为：$u(W)=-\exp\{-aW\}$，$a>0$。利用公式易得：

$$A(W)=a,\quad R(W)=aW$$

由于该效用函数的绝对风险厌恶系数为常数，因此常被称为**定常的绝对风险厌恶（constant absolute risk aversion，简称 CARA）偏好**。绝对风险厌恶系数为常数意味着个人的风险厌恶程度不随自己财富的变化而变化，财富的多少对个人的风险厌恶没有影响。这种假设在很短的时间内似乎还能成立，但对于较长的时间间隔，财富增加了，个人的风险厌恶变化似乎更加合乎实际。此时，相对风险厌恶是财富水平的正比例函数，随着财富的增加，相对风险厌恶增加。

5. 双曲绝对风险厌恶效用函数

双曲绝对风险厌恶效用函数也是一类比较常见的函数，它是一类比较复杂的效用函数：

$$u(W)=\zeta\left(\eta+\frac{W}{\gamma}\right)^{1-\gamma}\tag{3.26}$$

其中，ζ、η、γ 均为常数，$\gamma>0$。利用绝对风险厌恶和相对风险厌恶公式可得：

$$A(W)=\frac{\gamma}{\eta\gamma+W};\quad R(W)=\frac{\gamma W}{\eta\gamma+W}\tag{3.27}$$

因为相应的绝对风险厌恶系数是财富水平 W 的双曲线，因此称为**双曲的绝对风险厌恶**(hyperbolic absolute risk aversion，简称 HARA)**效用函数**。该函数也叫**线性风险容忍效用函数**，因为其绝对风险容忍系数是财富 W 的线性函数：

$$T(W)=\frac{1}{A(W)}=\eta+\frac{W}{\gamma} \tag{3.28}$$

双曲绝对风险厌恶效用函数虽然复杂，但因为该类函数包含了前述多种类型的效用函数，所以更具有代表性，即前述的几种偏好都是 HARA 偏好的特例，HARA 偏好下成立的结果，对前述几类偏好也成立。容易证明：

当 $\eta=0$ 时，HARA 效用函数变成了 CRRA 效用函数；

当 $\gamma\to\infty$ 时，HARA 效用函数变成了 CARA 效用函数；

当 $\gamma=-1$ 时，HARA 效用函数变成了二次效用函数。

第三节　风险厌恶的比较

前面给出了两种方法计算经济人的风险溢价，由风险溢价来量化经济人的风险厌恶，尤其是由近似法定义了两个风险厌恶系数，该风险厌恶系数直接由经济人的效用函数决定，即由偏好决定。下面考虑两个不同的经济人，如何通过他们的偏好或效用函数来比较他们的风险厌恶程度。换言之，我们希望能够确切地知道风险溢价或绝对风险厌恶系数是否能用来比较不同经济人的风险厌恶程度，为此我们先从偏好的角度定义两个不同人的风险厌恶程度，然后证明两者之间的等价性。

假设有两个不同的经济人，他们具有相同的当前财富水平 W_0，他们的效用函数分别为 $u_1(W)$ 和 $u_2(W)$，两人的效用函数均满足一般性质：$u'(W)>0$；$u''(W)>0$，即两经济人均具有不满足性和凹的偏好。相应地两人的绝对风险厌恶系数分别为：$A_1(W)$ 和 $A_2(W)$。为了论述的方便，我们分别称之为 u_1 和 u_2。

定义 3.6：称 u_1 比 u_2 **更加厌恶风险**，若在任意财富水平下，u_2 不喜欢(dislike)的彩票，u_1 也厌恶，即：

$$\forall W_0,\ \tilde{x},\ 若\ E[u_2(W_0+\tilde{x})]\leqslant u_2(W_0),\ 则必有\ E[u_1(W_0+\tilde{x})]\leqslant u_1(W_0)$$

具有效用函数 u_2 的经济人面临两种选择：购买彩票，期末财富为 W_0+x；不买彩票，期末结果为 W_0。因为两种选择无差异，故两者效用相等。具有效用 u_1 的经济人因为“不喜欢”该彩票，因此选择不购买，从而购买彩票的效用小于不购买的效用。

定义 3.6 实际上给出了两个不同经济人之间风险厌恶程度存在差异的定义，一个自然的想法是由近似方法得到的绝对风险厌恶系数(**ARA**)是否能够准确地反映不同经济人之间风险厌恶程度的差异呢？下面我们将相关结论归结为一个描述各命题之间等价的定理，从而对相关结论进行一个总结。在介绍这个定理之前先引进一个函数，我们的前提假设是效用函数 $u_1(W)$ 和 $u_2(W)$ 均二阶可导：

$$\phi(x)=u_1(u_2^{-1}(x)) \tag{3.29}$$

则该函数具有下列三个性质：

(1)两个效用函数之间满足 $u_1(z)=\phi(u_2(z))$，它将 u_2 变成 u_1；

(2)两边对 z 求导得：$u_1'(z)=\phi'(u_2(z))u_2'(z)$，$\phi'=u_1'/u_2'>0$；

(3)进一步两边对 z 求导得：$u_1''(z)=\phi'(u_2(z))u_2''(z)+\phi''(u_2(z))[u_2'(z)]^2$，于是有：

$$\phi''=\frac{u_1''-\phi' u_2''}{[u_2']^2}=\frac{u_1'}{[u_2']^2}(A_2-A_1) \tag{3.30}$$

图 3-4 可以帮助我们理解上述性质：

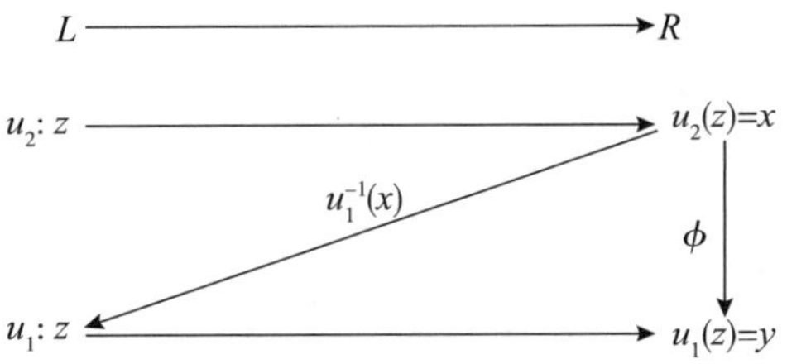

图 3-4　映射的对应关系

图中的含义是 u_1 和 u_2 都将 L 中的同一个元素 z 映射到 R 中的不同实数值 x 和 y，所以可以通过 u_2 的逆映射将 x 映射到 L 中的 z，定义 R 到 R 自身的函数为 ϕ，从而 $y=\phi(x)=u_1(z)$，又因为 $z=u_2^{-1}(x)$，所以(3.29)成立。将 $u_2(z)=x$ 代入得性质(1)，性质(2)和(3)则是显然的。

结合风险溢价、确定性等价、绝对风险厌恶系数等概念，我们有如下定理：

定理 3.1：下列命题是等价的：

1) u_1 比 u_2 更加厌恶风险；

2) 在任意初始财富水平下，u_1 是 u_2 的凹变换，即存在凹函数 ϕ 使得 $u_1(z)=\phi(u_2(z))$；

3) 在任意初始财富水平下，$A_1 \geqslant A_2$；

4) 对任意财富水平和公平博弈，两者的风险溢价均满足：$\pi_1 \geqslant \pi_2$；

5) 在任意初始财富水平下，$C_1^e \leqslant C_2^e$。

证明：A) 证明 1) 和 2) 等价

充分性：

由 ϕ 为凹函数以及詹森不等式可知

$$E[u_1(W_0+\tilde{x})]=E[\phi(u_2(W_0+\tilde{x}))]\leqslant \phi(E[u_2(W_0+\tilde{x})])$$

若 $\forall W_0$，$\tilde{x}$，有 $E[u_2(W_0+\tilde{x})]\leqslant u_2(W_0)$，又因为 ϕ 为单调递增函数，则

$$E[u_1(W_0+\tilde{x})]\leqslant \phi(E[u_2(W_0+\tilde{x})])\leqslant \phi(u_2(W_0))=u_1(W_0)$$

从而 u_1 比 u_2 更加厌恶风险；

必要条件：

若 u_1 比 u_2 更厌恶风险，则由 $E[u_2(W_0+\tilde{x})]\leqslant u_2(W_0)$ 和 ϕ 的单调性：

$$E[u_1(W_0+\tilde{x})]=E[\phi(u_2(W_0+\tilde{x}))]\leqslant u_1(W_0)$$

又 $u_1(W_0)=\phi(u_2(W_0))\geqslant\phi(E[u_2(W_0+\tilde{x})])$，若存在某区间 ϕ 为凸函数，则在该区间上有 $E[\phi(u_2(W_0+\tilde{x}))]>\phi(E[u_2(W_0+\tilde{x})])$，易证 ϕ 必为凹函数。

B)证明2)和3)等价：

由(3.30)容易证明2)和3)的等价关系。

C)证明1)和4)等价

充分性：记风险溢价为 π，则由(3.11a)

$$E[u(W_0+\tilde{x})]=u(W_0-\pi)$$

记 $z=W_0-\pi$，$\tilde{y}=\pi+\tilde{x}$，则 $W_0+\tilde{x}=z+\tilde{y}$，上式变为：

$$E[u(z+\tilde{y})]=u(z)$$

定义 π_2，z_2 和 y_2 则有：

$$E[u_2(z_2+\tilde{y}_2)]=u_2(z_2)$$

若 u_1 比 u_2 更加厌恶风险，上式中 u_2 无差异的风险但 u_1 厌恶之，即：

$$E[u_2(z_2+\tilde{y}_2)]=u_2(z_2)\ \text{但}\ E[u_1(z_2+\tilde{y}_2)]\leqslant u_1(z_2)$$

另一方面有：$E[u_1(z_2+\tilde{y}_2)]=E[u_1(W_0+\tilde{x})]=u_1(W_0-\pi_1)$

则 $u_1(W_0-\pi_1)\leqslant u_1(z_2)=u_1(W_0-\pi_2)$；故 $\pi_1\geqslant\pi_2$。

必要性留作习题。

4)与5)的等价性由各自定义容易证明。证毕■

定理3.1表明绝对风险厌恶系数、确定性等价和风险溢价都可以作为风险厌恶程度的度量指标。尽管绝对风险厌恶系数是通过看似不太精确的近似而得到的，但仍然能很好地甄别经济人的风险厌恶。定理3.1中的1)是定义，2)是对定义比较直观的延伸，3)至5)将风险厌恶程度量化。

第四节　基于风险厌恶分类的效用函数

在两种风险厌恶的度量方法中，Arrow-Pratt方法虽然采取的是近似方法，对小风险情形适用而对大风险情形可能误差比较大，但是由此而定义的两种风险厌恶系数以及风险容忍系数在金融经济学中十分重要。前面我们介绍了风险厌恶系数后，结合几种经典的效用函数计算其风险厌恶系数，并定义了几种效用函数。接下来，我们从反向的角度先限定风险厌恶系数的特性，然后来推导这些效用函数。

一、CARA偏好

假定经济人的偏好满足如下性质：

$$A(W) = \mathrm{a} \tag{3.31}$$

其中 a 为常数，(3.31)的含义是经济人的绝对风险厌恶系数为常数，不随其自身财富水平的增加而变化。若相应的效用函数为 u，则(3.31)意味着：

$$-\frac{u''}{u'} = \mathrm{a}$$

为便于理解，按习惯函数用 y 代替 u，则上式可化简为：

$$-\frac{y''}{y'} = \mathrm{a}，则\ y'' + \mathrm{a}y' = 0 \tag{3.32}$$

解上述二阶齐次常微分方程可得：

$$y = \mathrm{k}_1 \mathrm{e}^{-ax} + \mathrm{k}_2 \tag{3.33}$$

将上式中的 y 依然用 u 替换，结合效用函数的性质，容易得到：

$$u(w) = -\mathrm{k}\mathrm{e}^{-aw}$$

其中，常数 k>0，为方便通常取 k=1，由此得到常见的负指数效用函数。该效用函数的最大特点是假设经济人的风险厌恶保持不变，这与直觉似乎不相符。该效用函数最大的优点是在 CARA 偏好假设下往往能得到显示解。而且从非常短的时间间隔来看，经济人可以近似地保持风险厌恶不变。总之，在使用 CARA 偏好时要注意其风险厌恶不变的假设可能会导致由此得出的结果与现实不符。

二、CRRA 偏好

假设经济人的偏好满足假设：

$$R(w) = \gamma \tag{3.34}$$

同样 γ 为正的常数，由相对风险厌恶系数的定义可知，(3.34)意味着绝对风险厌恶随财富的增加而减少。效用函数为 u 时，(3.34)可以化简为：

$$-\frac{u''}{u'}w = \gamma$$

类似地，用 y 和 x 表示函数的因变量和自变量代入，可得：

$$-\frac{y''}{y'}x = \gamma，则\ xy'' + \gamma y' = 0 \tag{3.35}$$

解常微分方程(3.35)并结合效用函数的性质，可以解得 CRRA 效用函数：

$$u(w) = \begin{cases} \dfrac{w^{1-\gamma} - 1}{1 - \gamma}, & \gamma > 0,\ \gamma \neq 1 \\ \ln w, & \gamma = 1 \end{cases} \tag{3.36}$$

CRRA 偏好从表面看相对风险厌恶系数不随财富的变化而变化，它对应的绝对风险厌恶关于自身财富水平单调递减，这一假设与直观相符，所以文献中一般常常采用此效用函数。该效用函数的最大的缺点是大多情形下无法得到显示解，从而影响结论的美感。

三、HARA 偏好

假定经济人的效用函数满足如下假设：

$$A(w)=\frac{\gamma}{\gamma\eta+w} \tag{3.37}$$

其中，γ，η 均为正的常数。则经济人的绝对风险厌恶系数与财富水平之间形成双曲线。同样由绝对风险厌恶的定义，用 x 和 y 分别表示自变量和因变量，代入可化简得到常微分方程：

$$(\gamma\eta+x)y''+\gamma y'=0 \tag{3.38}$$

类似地，结合效用函数的性质，解常微分方程可得到 HARA 效用函数(3.26)。

四、其他效用函数

利用风险厌恶的性质还可以得到其他类型的效用函数，虽然这些效用函数确切的解析式不一定能够推导出来，但因其特殊性质而受关注。我们可以简单地概括为如下定义：

定义 3.7：$A(w)$ 和 $R(w)$ 分别为财富水平 w 下的绝对风险厌恶和相对风险厌恶，它们对应的效用函数为 u，则：

1) 称效用函数为绝对风险厌恶递增(increasing absolute risk aversion)的效用函数，若 $A'(w)>0$。简称 IARA 效用。

2) 称效用函数为绝对风险厌恶递减(decreasing absolute risk aversion)的效用函数，若 $A'(w)<0$。简称 DARA 效用。

3) 称效用函数为相对风险厌恶递增(increasing relative risk aversion)的效用函数，若 $R'(w)>0$。简称 IRRA 效用。

4) 称效用函数为相对风险厌恶递减(decreasing relative aversion)的效用函数，若 $R'(w)<0$。简称 DRRA 效用。

显然，CRRA 效用函数是 DARA 效用函数的一种特例。

◎ 本章小结

经济人面对风险所作出的选择可以用风险态度来描述。通常我们将风险态度分为风险厌恶、风险中性和风险喜好三种类型。这三种风险态度可以通过一类期望收益为零的博弈(即公平博弈)来判断，不愿意参与公平博弈者为风险厌恶，愿意参与者为风险喜好，对是否参与公平博弈持无所谓态度的则是风险中性。

通常假设经济人为风险厌恶的，风险厌恶对应的效用函数为凹函数。由概率论中的詹森不等式也可以看出效用函数的凹性与风险厌恶的关系。实际上，凸的效用函数意味着风险喜好；线性效用函数则意味着风险中性。

不同经济人的风险厌恶程度不同，马科维兹给出的风险溢价通常作为风险厌恶的度量。基于这一定义，阿罗-普瑞特通过泰勒展开得出了风险溢价的近似算法，并由此得到了两个著名的风险厌恶系数：绝对风险厌恶系数和相对风险厌恶系数。在计算风险溢价时，定义了风险的确定性等价。文献中有两种确定性等价度量方法，两种方法略有差别。

两种风险厌恶系数虽然是因近似算法而得到，但在金融中有着广泛的应用。依据绝对风险厌恶系数为常数可以定义定常的绝对风险厌恶效用函数(CARA)，类似地依据相对风险厌恶系数可以定义定常的相对风险厌恶效用函数(CRRA)。此外还可以定义 HARA、DARA、IARA、DRRA 和 IRRA 等效用函数。

◎ 重要概念

风险态度　风险厌恶　风险中性　公平博弈　詹森不定式　确定性等价　风险溢价　绝对风险厌恶系数　相对风险厌恶系数　风险容忍系数　谨慎系数　CARA　CRRA　HARA　风险厌恶比较

◎ 思考题

1. 什么是风险态度？一般包括哪几种？
2. 风险态度与效用函数的凸凹性之间具有什么的关系？
3. 什么是詹森不等式？该不等式与风险厌恶有何关系？
4. 风险厌恶有哪几种度量方式？各种度量方法之间有何区别与联系？
5. 基于风险厌恶系数可以定义哪几种常见的效用函数？
6. 如何比较不同经济人之间的风险厌恶程度？

◎ 练习题

1. 证明，对于 HARA 偏好：

当 $\eta = 0$ 时，HARA 效用函数变成了 CRRA 效用函数；

当 $\gamma \to \infty$ 时，HARA 效用函数变成了 CARA 效用函数；

当 $\gamma = -1$ 时，HARA 效用函数变成了二次效用函数。

2. 证明定理 3.1 中(2)与(3)等价。

3. 用泰勒展开分别推导两种风险厌恶系数 ARA 和 RRA。

4. 已知指数效用函数 $u(W) = -\exp\{-aW\}(a > 0)$，

(1)此函数是否表明边际效用为正且风险厌恶？

(2)此函数是否意味着风险厌恶递减？

(3)此效用函数是否意味相对风险厌恶为常数？

5. 假设你具有 CRRA 偏好，相对风险厌恶系数为 2。如果你现在有 50/50 的概率盈利或亏损 1000 元，同时，规避风险的保险成本为 500 元，在什么财富水平下，投机活动与支付保险之间无差异？即确定性等价的财富是多少？

6. 经济人的初始财富为 w，而且他的绝对风险厌恶系数为常数 a，他需要承担

风险 $\tilde{g}$，$\tilde{g}$ 是公平博弈，当 $\tilde{g}$ 具有如下分布时分别计算该经济人的确定性等价，并分析确定性等价与初始财富 w 的关系。

(1)取值为 $-b$ 和 b 的二项分布；

(2)$[-c, c]$上的均匀分布；

(3)均值为 0，方差 σ^2 为的正态分布。

7. 经济人的初始财富为 w，且绝对风险厌恶系数为 1，他需要承担风险 $w\tilde{g}$，$w\tilde{g}$ 是公平博弈，当 $\tilde{g}$ 具有如下分布时分别计算该经济人的确定性等价，并分析确定性等价与初始财富 w 的比值。

(1)取值为 $-b$ 和 b 的二项分布，其中 $0<b<1$；

(2)$[-c, c]$上的均匀分布，其中 $0<c<1$。

8. 经济人的初始财富为 w，且相对风险厌恶系数为 2，他需要承担风险 $\tilde{g}$，$\tilde{g}$ 取值为 $-b$ 和 b，$0<b<w$。有两种风险溢价的定义：

$$E[u(w+\tilde{g})] = u(w-\pi) \text{ 和 } E[u(w+\tilde{g}+\pi)] = u(w)$$

请问这两种方法计算的风险溢价相等吗？

9. 经济人的初始财富为 w，且是严格风险厌恶的。$\tilde{g}_1$ 和 $\tilde{g}_2$ 是两个独立的公平博弈，具有相同的分布，均为取值为 $-b$ 和 b 的二项分布，其中 $0<b<w/2$。

(1)假定他必须承担风险 $\tilde{g}_1$，则他的期望效用为 $V_1 = E[u(w+\tilde{g}_1)]$。证明风险使他的情况恶化，即 $V_1 = E[u(w+\tilde{g}_1)] < u(w)$。

(2)假定他必须承担风险 $\tilde{g} = 0.5(\tilde{g}_1 + \tilde{g}_2)$，记在此情形下他的期望效用为 $V_2 = E[u(w+\tilde{g})]$。请问 V_2 是否总比 V_1 高？

◎ 参考书目与推荐阅读

1. 王江. 金融经济学. 北京：中国人民大学出版社，2007.

2. Debreu. Theory of value. New York：Wiley，1959.

3. Huang Chi-fu，Litzenberger，Robert. Foundations for Financial Economics，Elsevier Science Co，1988.

4. Gollier Christian. The Economy of risk and time. MA，Cambridge：MIT press，2001.

附录：测试你的风险厌恶程度

戈利耶(Gollier，2001)在《风险和时间经济学》中给出了一种简单的测试风险厌恶的方法，当然，这个方法也是借鉴已有文献。他首先设置问题：

假定你当前财富为 100，其中包含确定性资产和价值 40 的房产。确定性资产是指没有风险暴露的部分。房产则暴露于火灾，有 $p=5\%$ 的概率被火灾全部毁灭。面对此风险，你愿意支付多少从而完全规避风险？

我们可以理解为资产的60%没有风险，40%的是房产暴露火灾风险。为方便将效用值标准化，使得 $u(100)=1$，$u(60)=0$。如果你愿意支付的量为 k，则表明：

$$u(100-k)=0.05u(60)+0.95u(100)=0.95 \tag{A1}$$

因为买保险的结果是期末收益为 $100-k$，不买保险为5%的概率失去40而剩下60，95%的概率没有损失保持100，两者无差异，从而(A1)成立。改变 p 的值，可以画出效用函数 u 的曲线。我们这里的重点是测试风险厌恶系数而不是画效用函数曲线，因此可以设定效用函数为 CRRA 偏好，这种设定仅仅是为了简单而不是基于某种实证结论。在此偏好下回答如下问题：

为了逃避等概率地赢得或亏损 α 的收益率，你愿意支付多少？

假如你愿意支付 π，则相对风险厌恶系数 γ 满足：

$$0.5\times\frac{(1-\alpha)^{1-\gamma}}{1-\gamma}+0.5\times\frac{(1+\alpha)^{1-\gamma}}{1-\gamma}=\frac{(1-\hat{\pi})^{1-\gamma}}{1-\gamma} \tag{A2}$$

设定值，如假定 $\alpha=10\%$ 或 $\alpha=30\%$，依据你回答的 π 值可以计算得到相应的 γ。戈利耶列举了一些计算结果，见表A1。

表A1 **相对风险溢价对应的盈亏风险(财富的 $\alpha\%$)**

RRA	$\alpha=10\%$	$\alpha=30\%$
$\gamma=0.5$	0.3	2.3
$\gamma=1$	0.5	4.6
$\gamma=4$	2.0	16.0
$\gamma=10$	4.4	24.4
$\gamma=40$	8.4	28.7

第四章 Arrow-Debreu 经济

◎ **学习目标**

- 掌握 A-D 证券和状态价格的概念
- 掌握 A-D 经济的基本思想
- 掌握完全市场的概念
- 掌握 A-D 框架下的一般均衡分析方法

一般均衡分析方法是金融经济学的主要方法之一。在介绍一般证券市场的一般均衡分析之前，我们先来介绍一种简单的经济：Arrow-Debreu 经济，后面我们简称 A-D 经济或 A-D 框架。该经济是由美国经济学家阿罗(Arrow，1964)、德布鲁(Debreu，1959)提出并因此而得名的，其目的是用一种简单的方法来分析资产定价问题，得出一些普适性的结论。该方法或模型虽然简单，但得出的结论非常具有代表性。这一方法是考虑一种有限状态、有限证券情形，在此情形下从市场交易证券中抽象出几个基本证券，从而对其他证券进行定价。在该模型中，一个证券就是各种可能的收益集合，而每种可能的收益都出现在互斥的自然状态之下。一旦不确定状态得到确定，证券的收益也就确定下来。原则上，存在无限多种自然状态，从而与之相应的风险性证券的期末收益也有无限多种，而且这些状态集包含的状态必须满足相互排斥且没有遗漏的基本特征。无限状态情形比较复杂，但也能从有限情形下进行推广，限于篇幅本书只介绍有限状态情形。

本章我们首先介绍 A-D 经济的基本思想，包括 Arrow-Debreu 证券的概念、完全市场的含义，然后，在 A-D 框架下，结合期望效用理论，给出一般均衡分析方法。需要指出的是，A-D 框架也是套利定价的基础，在此框架下可以清晰地展现无套利分析。

第一节　A-D 证券市场

一、Arrow-Debreu 证券

A-D 证券是 A-D 框架中的一个核心概念，它是 Arrow-Debreu 证券的简称。所谓 **Arrow-Debreu 证券**又称**纯证券**、**状态或有证券**、**状态或有要求权**，有时简称**状态证券**，后文将交替使用这些概念表示同一对象。考虑两时点单期情形，期末有 S 个状态，S 为有限正整数。

定义 4.1：只在某个特定 ω 状态下支付为一个单位，其他状态下的支付为零的证券称为**状态 ω 或有要求权**(state-ω contingent claim)，后文我们常称之为 **ω 状态证券或状态 ω Arrow-Debreu 证券，简称 A-D 证券**，有时也简称 ω 状态证券。

从定义 4.1 可以看出，A-D 证券是基于期末支付而定义的，该证券是一类具有简单支付向量的证券。因此，状态 ω A-D 证券用向量表示为：

$$I_{\omega}=(0,\ \cdots,\ 0,\ 1,\ 0,\ \cdots,\ 0)^{\mathrm{T}} \tag{4.1a}$$

同样地，该证券也能用树形图来形象地表示，见图 4-1。

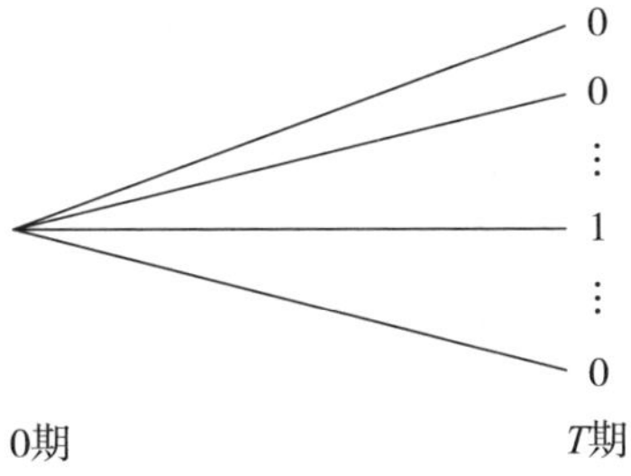

图 4-1　状态 ω Arrow-Debreu 证券的树形图

此外，状态 ω A-D 证券还可以用示性函数来表示：

$$I_{\omega}(\omega')=\begin{cases}1,& \omega'=\omega\\ 0,& \omega'\neq\omega\end{cases} \tag{4.1b}$$

有时也简单地用 I_{ω} 来表示(4.1b)中的示性函数。

由定义(4.1)还可以看出，每一个状态 ω 都对应一个相应的 Arrow-Debreu 证券，因此如果期末总共有 S 个状态，则可以定义 S 个互不相同的 Arrow-Debreu 证券。而每个 Arrow-Debreu 证券，其支付向量可以用相应的示性函数来表示。

例 4.1：假如期末只有三种状态，则市场上有三个 Arrow-Debreu 证券，它们的支付向量分别为：

$$\begin{pmatrix}1\\0\\0\end{pmatrix};\quad\begin{pmatrix}0\\1\\0\end{pmatrix};\quad\begin{pmatrix}0\\0\\1\end{pmatrix}$$

例子 1.1 描述的两状态 Lucas 树模型下，有两个不同的 Arrow-Debreu 证券：

$$\begin{pmatrix}1\\0\end{pmatrix}\text{ 和 }\begin{pmatrix}0\\1\end{pmatrix}$$

从线性代数的角度来看，三状态情形下的三个状态证券的支付向量形成了三维空间的一个标准正交基。一般地，期末有 S 个状态时，就有 S 个不同的 Arrow-Debreu 证券，它们的支付向量形成了 S 维向量空间的标准正交基，这种基是所有 S 维空间的基当中最简单的一个，这给我们的分析带来了便利。

在前面的框架下，两时点单期情形期末有 S 个互斥的状态，市场上有 N 个证券，每个证券都可以用它们相应的支付向量来表示。如果在这 N 个证券中存在 S 个互不相同的 A-D 证券，则由这些证券形成的证券市场称为 **Arrow-Debreu 证券市场**，简称 **A-D 证券市场**。因为 Arrow-Debreu 证券市场上存在 S 个互不相同的状态证券，此时有 $N \geqslant S$，S 个 Arrow-Debreu 证券可以将其他证券线性表示出来，即每一个非 Arrow-Debreu 证券都可以被 Arrow-Debreu 证券复制，这 S 个状态证券足以代替 N 个证券形成的证券市场，它们按一定顺序形成的市场结构是单位矩阵，我们称之为 **A-D 经济的市场结构**，记为 $\boldsymbol{E}^{\text{A-D}}$：

$$\boldsymbol{E}^{\text{A-D}}=\begin{bmatrix}1&0&0&\cdots&0\\0&1&0&\cdots&0\\0&0&1&\cdots&0\\\vdots&\vdots&\vdots&\vdots&\vdots\\0&0&0&\cdots&0\end{bmatrix}\tag{4.2}$$

记号中的 E 表示是单位矩阵，上标 A-D 表示该市场结构是由纯粹的 Arrow-Debreu 证券组成的。

二、状态价格

Arrow-Debreu 证券是由该证券在期末的支付向量来定义的，两时点情形下，另一时点(期初)也十分重要。每一个状态证券所对应的期初价格称为状态价格，具体地我们定义为：

定义 4.2(状态价格，state price)：*状态 ω Arrow-Debreu 证券在期初的价格称为***状态 ω 价格**，*简称为***状态价格**，*记为 ϕ_ω。*

两时点情形下，期初对应于价格，期末对应于支付。引进状态价格后，Arrow-Debreu 证券可以用树形图形象地描述，树形图图 4-2 给出了状态证券的期末支付和状态价格之间的关系。

图 4-2 形象地描述了通过证券如何将期初和期末的支付联系起来：在物物交换经济(barter)下用期初的消费品作为法币(numeraire)，用期初 ϕ_ω 单位的消费品可以购买 1

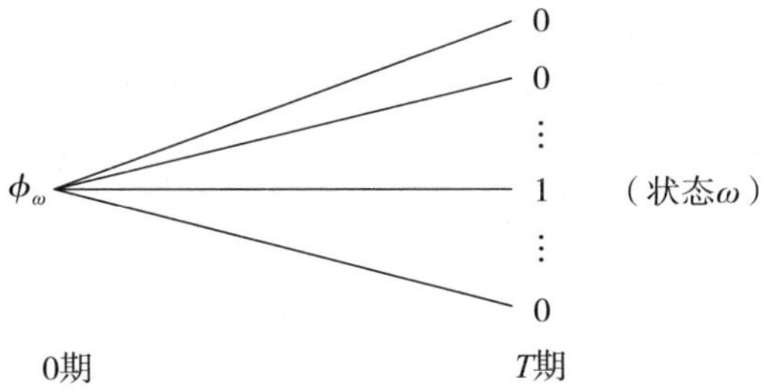

图 4-2　状态 ω Arrow-Debreu 证券的价格与支付

份特定的证券，持有该证券在期末 ω 状态下得到 1 个单位的消费品而且在其他状态下没有消费品。也可以理解为期末 ω 状态下 1 个单位的消费品折合为期初 ϕ_ω 个单位的消费品。在没有考虑通货膨胀的前提下，也可以理解为以期初 ϕ_ω 元钱购买 1 份特定的证券，持有该证券在期末 ω 状态发生时收回 1 元钱，其他状态发生时则没有收益。也可以将状态证券理解为保险，若市场上可以买到状态 ω Arrow-Debreu 证券，则称 ω 状态为可保状态，即存在对应于 ω 状态的保险，期初花费 ϕ_ω 可以购买该保险，期末 ω 状态发生则获得 1 单位的"理赔"，状态 ω 不发生则没有任何补偿。

由于持有状态 ω 证券在 ω 状态收到 1 个单位的支付，其他状态下既没有收到任何支付，也无须额外付出，因此该证券期初的价格 ϕ_ω 必须严格大于零，否则存在"免费午餐"——有套利机会。套利理论在下一章将被专门讨论，因此我们有：不存在套利机会下必有：$\phi_\omega>0$。

除了保险产品外，在现实生活中资本市场上直接出售 Arrow-Debreu 证券是比较少见的，状态价格可以通过一般证券的价格和支付推算得到。

例 4.2：假如市场上有两个交易证券，未来只有两种可能的状态，其支付和价格见表 4.1。

表 4.1　**两状态两证券的价格支付**

证券	状态 1	状态 2	价格
j	10	20	8
k	30	10	9

请计算两证券隐含的状态价格。

解：两证券的价格表示为：$S_j=8$；$S_k=9$；相应的支付向量表示为：

$$\boldsymbol{X}_j=\begin{pmatrix}10\\20\end{pmatrix} \text{ 和 } \boldsymbol{X}_k=\begin{pmatrix}30\\10\end{pmatrix}$$

由线性代数的知识可知：

$$\begin{pmatrix}10\\20\end{pmatrix}=10\times\begin{pmatrix}1\\0\end{pmatrix}+20\times\begin{pmatrix}0\\1\end{pmatrix} \text{ 和 } \begin{pmatrix}30\\10\end{pmatrix}=30\times\begin{pmatrix}1\\0\end{pmatrix}+10\times\begin{pmatrix}0\\1\end{pmatrix}$$

购买 10 个状态 1 证券和 20 个状态 2 证券可以得到证券 j 同样的结果，因此证券可以被状态证券组合(10，20)复制；类似地证券 k 可以被状态证券组合(30，10)复制。因此，合理的情形下(无套利)，两证券的价格与两个状态价格 ϕ_1 和 ϕ_2 必定满足：

$$\begin{cases} S_j = 20\phi_1 + 10\phi_2 = 8 \\ S_k = 10\phi_1 + 20\phi_2 = 9 \end{cases}$$

解得：$\begin{cases} \phi_1 = 0.2 \\ \phi_2 = 0.3 \end{cases}$

一般地，如果期末有 S 个状态，市场有 N 个证券，证券 i(期初)的价格为 S_i，则(期末)支付向量可表示为：$\boldsymbol{X}_i = (x_{1i},\ x_{2i},\ \cdots x_{\omega i},\ \cdots,\ x_{Si})^{\mathrm{T}}$。因为：

$$\begin{pmatrix} x_{1i} \\ \vdots \\ x_{\omega i} \\ \vdots \\ x_{Si} \end{pmatrix} = x_{1i} \times \begin{pmatrix} 1 \\ \vdots \\ 0 \\ \vdots \\ 0 \end{pmatrix} + \cdots + x_{\omega i} \times \begin{pmatrix} 0 \\ \vdots \\ 1 \\ \vdots \\ 0 \end{pmatrix} + \cdots + x_{Si} \times \begin{pmatrix} 0 \\ \vdots \\ 0 \\ \vdots \\ 1 \end{pmatrix} \tag{4.3}$$

方程(4.3)表明：证券 i 可以由如下 A-D 证券复合而成：x_{1i} 个状态 1 A-D 证券；x_{2i} 个状态 2 A-D 证券；……，$x_{\omega i}$ 个状态 ω A-D 证券，…，x_{Si} 个状态 S A-D 证券。合理情形(无套利机会)下，其价格与状态价格之间必定满足：

$$S_i = x_{1i}\phi_1 + x_{2i}\phi_2 + \cdots + x_{\omega i}\phi_\omega + \cdots + x_{Si}\phi_S \tag{4.4}$$

方程(4.4)的含义是：证券 i 的价格应该等于 x_{1i} 个状态证券 1 的价格加上 x_{2i} 个状态证券 2 的价格，…，x_{Si} 个状态证券 S 价格之和。当两者不相等时，可以采取适当的交易策略获取无风险利润，这即是后面我们要介绍的套利。

为便于记忆，将上述分析简单概括如下：

在 1 时点：$\boldsymbol{X}_i = x_{1i}\mathbf{1}_1 + x_{2i}\mathbf{1}_2 + \cdots + \mathrm{x}_{\omega \mathrm{i}}\mathbf{1}_\omega + \cdots + \mathrm{x}_{\mathrm{Si}}\mathbf{1}_{\mathrm{S}}$

在 0 时点：$S_i = x_{1i}\phi_1 + x_{2i}\phi_2 + \cdots + x_{\omega i}\phi_\omega + \cdots + x_{Si}\phi_S$

当(4.4)成立时，每个证券对应一个方程，将 N 个证券对应的方程联立方程组：

$$\begin{cases} x_{11}\phi_1 + x_{21}\phi_2 + \cdots + x_{S1}\phi_S = S_1 \\ x_{12}\phi_1 + x_{22}\phi_2 + \cdots + x_{S2}\phi_S = S_2 \\ \qquad\qquad\vdots \\ x_{1N}\phi_1 + x_{2N}\phi_2 + \cdots + x_{SN}\phi_S = S_N \end{cases} \tag{4.5a}$$

用向量表示为：

$$\begin{bmatrix} x_{11} & x_{21} & x_{31} & \cdots & x_{S1} \\ x_{12} & x_{22} & x_{32} & \cdots & x_{S2} \\ x_{13} & x_{23} & x_{33} & \cdots & x_{22} \\ \vdots & \vdots & \vdots & \vdots & \vdots \\ x_{1N} & x_{2N} & x_{3N} & \cdots & x_{SN} \end{bmatrix} \begin{bmatrix} \phi_1 \\ \phi_2 \\ \phi_3 \\ \vdots \\ \phi_S \end{bmatrix} = \begin{pmatrix} S_1 \\ S_2 \\ S_3 \\ \vdots \\ S_s \end{pmatrix} \tag{4.5b}$$

或简单地表示为：

$$X^{T}\boldsymbol{\phi}=\boldsymbol{S};\ 或\ \boldsymbol{\phi}^{T}\boldsymbol{X}=\boldsymbol{S}^{T} \tag{4.5c}$$

解方程(4.5a)、(4.5b)或(4.5c)即可得到状态价格向量：$\boldsymbol{\phi}^{T}=(\phi_1,\ \phi_2,\ \cdots,\ \phi_S)$。当然，要解得状态价格向量 $\boldsymbol{\phi}^{T}=(\phi_1,\ \phi_2,\ \cdots,\ \phi_S)$ 必须方程组有解。方程组是否有解可以利用线性代数的相关知识进行分析。为了分析解的存在性，我们首先介绍一个特殊的概念——市场完全性。

第二节　市场的完全性

上一节最后讨论了如何确定状态价格，期末有 S 个互斥状态、市场上有 N 个证券而且每个证券期初的价格和期末的支付都已知时，求状态价格的问题可以归结为方程组(4.5)的求解。什么时候有解？解是否唯一？所有这些问题涉及市场的完全性和套利问题。套利问题在下一章中展开分析。

一、完全市场

这里我们先给出完全市场的概念，具体地：

定义 4.3：上述框架下，若市场上存在 S 个不同的 A-D 证券或者能够复制出 S 个不同的 A-D 证券则该市场称为**完全市场**(complete market)。

当市场上存在 S 个不同的 A-D 证券时，由(4.3)可知，任何有限支付的证券(即证券的支付向量的每一个分量都是有限实数)，都可以通过构造一个 A-D 证券组合而得到，即该证券可以被 A-D 证券复制。如果市场上的 N 个证券能够复制出 S 个 A-D 证券，则任何有限支付的证券也能被复制出来。

命题 4.1：完全市场上任何一个有限支付证券都可以被复制。

证明：所谓有限支付证券是指支付向量的每一个分量都是有限值，当市场上有 S 个 A-D 证券时，显然可以通过购买有限个不同状态的 A-D 证券来复制。如果市场上不存在 S 个 A-D 证券，由于市场是完全的，由定义 4.3 可知每个 A-D 证券都能被复制，即对任意状态 ω，($\omega=1,\ 2,\ \cdots,\ S$) 都存在投资组合 θ_ω 使得状态证券可以被复制，即下列方程有解：

$$\boldsymbol{I}_\omega=\boldsymbol{X}\boldsymbol{\theta}_\omega \tag{4.6}$$

因为对任意 ω(4.6)成立，则有：

$$\boldsymbol{E}^{A-D}=(\boldsymbol{I}_1,\boldsymbol{I}_2,\cdots,\boldsymbol{I}_S)=(\boldsymbol{X}\boldsymbol{\theta}_1,\cdots,\boldsymbol{X}\boldsymbol{\theta}_\omega,\cdots,\boldsymbol{X}\boldsymbol{\theta}_S)=\boldsymbol{X}(\boldsymbol{\theta}_1,\cdots,\boldsymbol{\theta}_\omega,\cdots,\boldsymbol{\theta}_S)\equiv XH$$

其中，$\boldsymbol{\theta}_\omega\equiv(\theta_{1\omega},\ \theta_{2\omega},\ \cdots,\ \theta_{S\omega})^{T}$ 是复制 ω 状态或有证券的组合向量，并且记：

$$\boldsymbol{H}\equiv(\boldsymbol{\theta}_1,\ \boldsymbol{\theta}_2,\ \cdots,\ \boldsymbol{\theta}_S)=\begin{pmatrix}\theta_{11} & \cdots & \theta_{1j} & \cdots & \theta_{1S}\\ \vdots & \vdots & \vdots & \vdots & \vdots\\ \theta_{\omega 1} & \cdots & \theta_{\omega j} & & \theta_{\omega S}\\ \vdots & \vdots & \vdots & \vdots & \vdots\\ \theta_{S1} & \cdots & \theta_{Sj} & \cdots & \theta_{SS}\end{pmatrix}$$

又因为对任意的有限向量 $\boldsymbol{X}_i=(x_{1i},\ x_{2i},\ \cdots,\ x_{\omega i},\ \cdots,\ x_{Si})^{\mathrm{T}}$

$$\begin{aligned}\boldsymbol{X}_i&=x_{1i}\boldsymbol{I}_1+x_{2i}\boldsymbol{I}_2+\cdots+x_{\omega i}\boldsymbol{I}_\omega+\cdots+x_{Si}\boldsymbol{I}_S=\boldsymbol{E}^{A-D}\boldsymbol{X}_i\\&=\boldsymbol{XHX}_i\\&=\boldsymbol{X}(\boldsymbol{HX}_i)\end{aligned}$$

记 $\boldsymbol{\theta}_i=\boldsymbol{HX}_i$，显然在市场结构 $\boldsymbol{X}$ 下，组合 $\boldsymbol{\theta}_i=\boldsymbol{HX}_i$ 复制证券 i。由 i 的任意性，原命题得证。■

完全市场下，任何有限消费计划 $\boldsymbol{c}^{\mathrm{T}}=(c_1,\ c_2,\ \cdots,\ c_S)$ 都可以由证券市场上的 N 个证券通过构造适当的投资组合而得到，即可以由 N 个证券进行合成。正常状况下，每个证券的价格都是有限数，因此，也可以说该消费计划通过有限成本的证券组合来得到。完全市场的一个重要特点是任何一个有限的消费计划都可以通过构造一个成本有限的投资组合来得达到。这样，在我们寻找最优消费计划时不再需要考虑最优计划是否可以实现。完全市场概念可以推广到无限可数状态和连续状态情形。

总之，**在完全市场上，任何一个有限的消费计划都可以通过买卖证券而实现，因此完全市场上的任何有限消费计划都是可行的。**

二、A-D 证券市场与完全市场

由前面的定义可知，A-D 证券市场是完全市场，因为它包含了 S 个不同的 A-D 证券。反之，如果市场是完全的，那么可以得到一个 A-D 证券市场。我们将由 N 个证券组成的市场称为原生证券市场，期末支付矩阵为 $\boldsymbol{X}=(\boldsymbol{X}_1,\ \boldsymbol{X}_2,\ \cdots,\ \boldsymbol{X}_N)$，价格向量为 $\boldsymbol{S}^{\mathrm{T}}=(S_1,\ S_2,\ \cdots,\ S_N)$，则 $(\boldsymbol{S}^{\mathrm{T}},\ \boldsymbol{X})$ 包含市场的主要信息，我们称为原生证券市场 $(\boldsymbol{S}^{\mathrm{T}},\ \boldsymbol{X})$。

回顾投资组合的价格和支付的计算方法。由 N 个证券形成的任意投资组合 $\boldsymbol{\theta}^{\mathrm{T}}=(\theta^1,\ \theta^2,\ \cdots,\ \theta^N)$，其期末的支付向量为 $\boldsymbol{X}_\theta=\boldsymbol{X\theta}$；期初的价格为 $\boldsymbol{S}^{\mathrm{T}}\boldsymbol{\theta}$。为了便于记忆，我们可以将证券和证券组合的价格与支付之间的对称性描述为图 4-3。

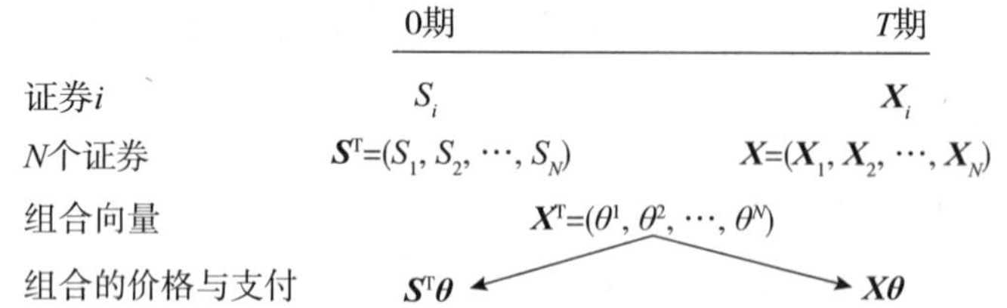

图 4-3 证券和证券组合具有对称性的价格与支付图示

图 4-3 对原生市场 $(\boldsymbol{S}^{\mathrm{T}},\ \boldsymbol{X})$ 是成立的，对特殊的市场 $(\boldsymbol{\phi}^{\mathrm{T}},\ \boldsymbol{X}^{\mathrm{A\text{-}D}})$ 也是成立的，唯一的区别在于前者形成的投资组合为 N 维向量，后者形成的投资组合为 S 维向量。后者投资组合的价格（成本）和收益分别为：$\boldsymbol{\phi}^{\mathrm{T}}\boldsymbol{\theta}$ 和 $\boldsymbol{X}^{\mathrm{A\text{-}D}}\boldsymbol{\theta}=\boldsymbol{\theta}$。这一性质给投资组合决策提供了方便：

命题 4.2：在 A-D 证券市场($\boldsymbol{\phi}^{\mathrm{T}}$, $\boldsymbol{X}^{\text{A-D}}$)上，投资组合选择具有“透明”性，即任何投资组合的支付向量与投资组合向量完全相同，即：

0 时点的投资组合　1 时点的支付

$$\boldsymbol{\theta} \qquad\qquad \boldsymbol{\theta}$$

换言之，为了实现期末时点的消费计划 $\boldsymbol{c}$，只需取投资组合 $\boldsymbol{\theta}=\boldsymbol{c}$ 即可。

另一方面，如果原生证券市场是完全的，则方程(4.6)有解，显然，当支付矩阵 $\boldsymbol{X}$ 的秩等于状态个数 S 时，方程组有唯一解，因此我们有：

命题 4.3：当且仅当支付矩阵的秩等于状态个数 S 时，市场是完全的。

命题 4.3 也可以作为完全市场的定义，即若 $\operatorname{rank}(X)=S$ 则称市场是完全的。若市场完全，由于市场($\boldsymbol{\phi}^{\mathrm{T}}$, $\boldsymbol{X}^{\text{A-D}}$)具有“透明”性，因此在分析问题时可以考虑分两步进行：

第一步：由原生市场($\boldsymbol{S}^{\mathrm{T}}$, $\boldsymbol{X}$)经(4.6)得到 A-D 证券市场($\boldsymbol{\phi}^{\mathrm{T}}$, $\boldsymbol{X}^{\text{A-D}}$)；

第二步：在 A-D 证券市场($\boldsymbol{\phi}^{\mathrm{T}}$, $\boldsymbol{X}^{\text{A-D}}$)上分析问题。

下面在 A-D 框架下分析证券市场的一般均衡定价问题，由得到的状态价格可以很容易地得到一般证券的价格。

第三节　A-D 框架下的一般均衡分析

两时点有限状态下建立的 A-D 框架可以简化问题的分析，下面我们在 A-D 框架下讨论证券市场上价格的确定。确定证券价格也就是资产定价，资产定价的核心方法之一是一般均衡方法。一般均衡方法来自微观经济学，通常分为两步：

第一步：各自优化。确定经济人的最优需求和最优供给，此时的最优需求和供给都是价格的函数。

第二步：市场出清。总供给等于总需求，由此形成关于价格的方程组，解方程组即可得一般均衡价格，进一步还可以求出最优供给和最优需求。

在纯交换经济下，证券的供给是给定的，证券的需求则需要通过经济人的各自优化来决定，然后，由市场出清来确定各证券的价格。A-D 框架下，所有经济人的禀赋、消费计划都可以通过 A-D 证券资产化，各自优化的结果可以将经济人的消费需求表示为 A-D 证券价格的函数，由市场出清解出 A-D 证券的价格。如果市场上存在其他证券，则能由 A-D 证券的价格计算出来。

下面展开一般均值分析。首先进行第一步“各自优化”，为此我们需要先描述经济人的优化问题，从预算约束入手，然后结合经济人优化的目标函数给出“各自优化”的数学描述，并给出优化问题解的必要条件或充要条件。有了各自有化的解，结合经济人的禀赋比较容易进行第二步“市场出清”。

一、预算约束

在分析经济人的优化问题之前，我们首先来分析经济人的预算约束问题，即当经济人具有一定的禀赋时，他的消费计划必须满足的条件。

(一)禀赋的财富值

假设经济人 k 的实物禀赋为：$\boldsymbol{e}^k=(e_0^k, e_{11}^k, \cdots, e_{1S}^k)^{\mathrm{T}}$，为了方便我们通常省掉上标 k，在需要区分不同的经济人时再添加相应的上标或角标。简略地，经济人的实物禀赋记为：$\boldsymbol{e}=(e_0, e_{11}, \cdots, e_{1S})^{\mathrm{T}}$。如果除实物禀赋外还有证券禀赋则记为：$\bar{\boldsymbol{\theta}}=(\bar{\theta}_1, \cdots, \bar{\theta}_N)^{\mathrm{T}}$。下面考虑两种情形：

情形一：经济人只有实物禀赋，即证券禀赋均为零。此时，总禀赋为：$\boldsymbol{e}=(e_0, e_{11}, \cdots, e_{1S})^{\mathrm{T}} \in \boldsymbol{R}^{S+1}$；

情形二：经济人的实物禀赋为 0 期的 e_0 和 A-D 证券组合：$\bar{\boldsymbol{\theta}}=(\bar{\theta}_1, \cdots, \bar{\theta}_S)^{\mathrm{T}}$，其中 $\bar{\theta}_\omega=e_{1\omega}$，$\forall \omega \in \Omega$，即 $\bar{\boldsymbol{\theta}}=(e_{11}, \cdots, e_{1\omega}, \cdots, e_{1S})^{\mathrm{T}}$。

容易证明，两种情形下对应的实物禀赋是完全相同的，即它们对应的实物禀赋均如图 4-4 所示。

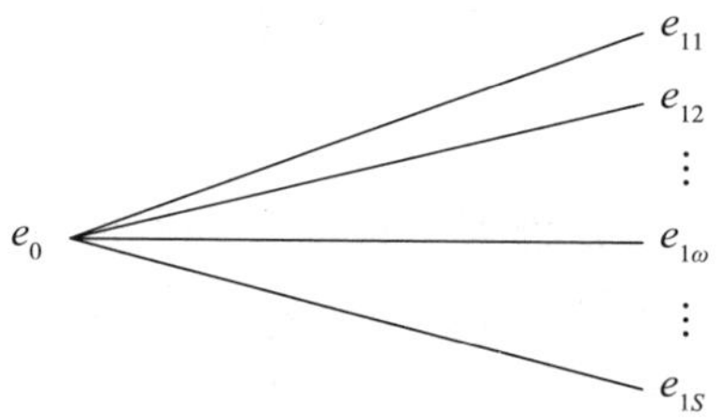

图 4-4　两种特定禀赋对应的实物禀赋分布图

由于第二种禀赋是实物加证券组合形式，而每一个证券组合通过证券的价格可以将证券禀赋折合为期初的实物禀赋，当我们用期初消费品作为**法币**(numeraire)，即用期初的 1 单位消费品作为消费品价格的单位，则以这种折合为期初的实物的方式可以计算情形二下的“市场价值”，我们称之为该禀赋的**金融财富**(financial wealth)，简称为**财富**(wealth)，记为 w：

$$w=e_0+\sum_{\omega=1}^{S} e_{1\omega}\phi_\omega=e_0+\boldsymbol{\phi}^T\boldsymbol{e} \tag{4.7}$$

显然财富是禀赋的总市值。因为上述情形一和情形二对应相同的实物禀赋，因此我们说两种情形下的金融财富相等或等价。事实上，我们是希望通过等价的情形二来对情形一下的禀赋进行市场价值的计算。

实物禀赋财富价值的另一种理解方式是从 A-D 证券入手。回顾 ω 状态或有证券的价格和支付，见图 4-5。

ω 状态或有证券的价格为 ϕ_ω，期初支付 ϕ_ω 个单位的消费品，购买 ω 状态 A-D 证券，期末在 ω 状态发生时获得 1 个单位的消费品，在其他状态下获得 0 个消费品。反过来，期末 ω 状态下的 1 个单位的消费品，折合为期初 ϕ_ω 个单位的消费品。期末 ω 状态

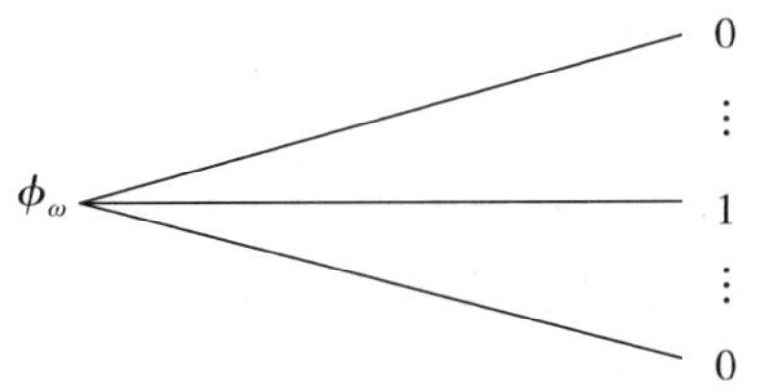

图 4-5　A-D 证券的价格和支付

下 $e_{1\omega}$ 个单位的消费品折合为期初 $e_{1\omega}\phi_\omega$ 个单位的消费品，故期末禀赋折合为 $\sum_{\omega=1}^{S} e_{1\omega}\phi_\omega$ 个单位的消费品，所以，全部实物禀赋用期初消费品作为单位的市场价值与(4.7)式吻合。

(二)预算约束

假设经济人的消费计划为 $\boldsymbol{c}=(c_0, c_{11}, \cdots, c_{1S})^{\mathrm{T}}$，经济人拥有一定的资源(即他拥有的禀赋)，经济人需要对其拥有的资源进行重新配置，从而达到其消费计划。前面证明了在完全市场上，任何一个有限的消费计划都有可能通过交易来得到。是否能真正地得到，还得受到一定的限制。

假设经济人拥有如图 4.3 所示的实物禀赋。纯交换经济框架下，如果整个经济系统只有一个经济人，那么该经济人无法通过交换改变其对资源拥有的方式，其消费计划也无法通过交换而进行适当的调整，此时消费计划向量等于禀赋向量：$(c_0, c_{11}, \cdots, c_{1S})^{\mathrm{T}}=(e_0, e_{11}, \cdots, e_{1S})^{\mathrm{T}}$。

如果整个经济系统存在两个或两个以上的经济人，那么他们可以进行交换从而实现他们的消费计划。类似前面的分析，在 A-D 经济下可以计算出消费计划 $c=(c_0, c_{11}, \cdots, c_{1S})^{\mathrm{T}}$ 的市场价值：

$$w_c = c_0 + \sum_{\omega=1}^{S} c_{1\omega}\phi_\omega = c_0 + \boldsymbol{\phi}^T\boldsymbol{c} \tag{4.8}$$

(4.7)是经济人拥有资源的总市场价值，(4.8)是经济人消费计划的总市场价值，显然两者之间必须满足下列被称为**预算约束的不等式**(4.9)：

$$c_0 + \sum_{\omega=1}^{S} c_{1\omega}\phi_\omega \leqslant e_0 + \sum_{\omega=1}^{S} e_{1\omega}\phi_\omega \tag{4.9a}$$

该不等式的左边是经济人消费需求的总价值，不等式的右边是经济人拥有的资源的总价值。不等式的含义是个人需求的总价值不超过自己拥有资源的总价值。也就是个人需求所受到的约束，所以称为预算约束。预算约束用向量表示为：

$$c_0 + \boldsymbol{\phi}^T\boldsymbol{c}_1 \leqslant e_0 + \boldsymbol{\phi}^{\mathrm{T}}\boldsymbol{e}_1 \tag{4.9b}$$

(4.9b)取严格不等号时，意味着禀赋没有完全消费，存在资源浪费。在不满足性假设下不存在资源浪费，不等式变为方程，即**预算约束方程**：

$$c_0 + \sum_{\omega=1}^{S} c_{1\omega}\phi_\omega = e_0 + \sum_{\omega=1}^{S} e_{1\omega}\phi_\omega \tag{4.10}$$

满足预算约束方程的消费计划是可行的消费计划。所有的满足约束方程的消费计划形成的集合称为**预算集**，记为：

$$B(\boldsymbol{e},\ \boldsymbol{\phi})=\{\boldsymbol{c}:\ \boldsymbol{c}\geqslant\mathbf{0},\ c_0+\boldsymbol{\phi}^{\mathrm{T}}c_1\leqslant e_0+\boldsymbol{\phi}^{\mathrm{T}}e_1\} \tag{4.11}$$

我们通常假设经济人的初始禀赋为图 4.4 所示的实物禀赋。特殊情形下，如果经济人既有实物禀赋，又有证券禀赋：$\bar{\boldsymbol{\theta}}=(\bar{\theta}_1,\ \cdots,\ \bar{\theta}_N)^T$，且证券价格向量为 $\boldsymbol{S}=(S_1,\ \cdots,\ S_N)^{\mathrm{T}}$，则预算约束为：

$$c_0+\sum_{\omega=1}^{S}c_{1\omega}\phi_{\omega}=e_0+\sum_{\omega=1}^{S}e_{1\omega}\phi_{\omega}+\sum_{j=1}^{N}S_j\bar{\theta}_j \tag{4.12a}$$

相应的预算约束集为：

$$B(\boldsymbol{e},\ \boldsymbol{\phi})=\{\boldsymbol{c}:\ \boldsymbol{c}\geqslant 0,\ c_0+\sum_{\omega=1}^{S}c_{1\omega}\phi_{\omega}\leqslant e_0+\sum_{\omega=1}^{S}e_{1\omega}\phi_{\omega}+\sum_{j=1}^{N}S_j\bar{\theta}_j\} \tag{4.13a}$$

特别地，如果证券禀赋为 A-D 证券，则相应的预算约束方程和预算约束集为：

$$c_0+\sum_{\omega=1}^{S}c_{1\omega}\phi_{\omega}=e_0+\sum_{\omega=1}^{S}e_{1\omega}\phi_{\omega}+\sum_{j=1}^{S}\phi_j\bar{\theta}_j \tag{4.12b}$$

$$B(\boldsymbol{e},\ \boldsymbol{\phi})=\{\boldsymbol{c}:\ \boldsymbol{c}\geqslant\mathbf{0},\ c_0+\sum_{\omega=1}^{S}c_{1\omega}\phi_{\omega}\leqslant e_0+\sum_{\omega=1}^{S}e_{1\omega}\phi_{\omega}+\sum_{j=1}^{S}\phi_j\bar{\theta}_j\} \tag{4.13b}$$

上述引进证券禀赋的补充说明是为了论证的完整性，事实上，引进证券禀赋不改变论证的结果，因此后续无须在这类较复杂的情形下展开分析，而是直接在(4.11)情形下分析，即是说，我们后续都假设只有实物禀赋。

二、经济人的优化问题

给定证券市场以及 A-D 证券价格，经济人在其预算约束下寻找最优的消费计划，使其消费的效用极大。

(一)优化问题

经济人的优化问题是选择消费计划 $\boldsymbol{c}=(c_0;\ c_{11},\ \cdots,\ c_{1S})^{\mathrm{T}}$ 使其期望效用极大，用数学语言描述为：

$$\begin{aligned}&\max_{\{c_0,\ c_{11},\ \cdots,\ c_{1S}\}} U(c_0;\ c_{11},\ \cdots,\ c_{1S})\\ &\text{s. t}\quad c_0+\sum_{\omega=1}^{S}c_{1\omega}\phi_{\omega}=e_0+\sum_{\omega=1}^{S}e_{1\omega}\phi_{\omega}\\ &\qquad c_0\geqslant 0;\ c_{1\omega}\geqslant 0,\ \omega=1,\ 2,\ \cdots,\ S\end{aligned} \tag{4.P1}$$

等价地，该问题用向量描述为：

$$\begin{aligned}&\max_{\{c_0,\ c_1\}} U(c_0,\ \boldsymbol{c}_1)\\ &\text{s. t}\quad c_0+\boldsymbol{\phi}^T\boldsymbol{c}_1=e_0+\boldsymbol{\phi}^T\boldsymbol{e}_1\\ &\qquad c_0\geqslant 0;\ \boldsymbol{c}_1\geqslant\mathbf{0}\end{aligned} \tag{4.P2}$$

在第二章的期望效用理论下，效用函数可以具体化为：

$$U(c)=\sum_{\omega\in\Omega}\pi_{\omega}u_{\omega}(c_0,\ c_{1\omega})\tag{2.20}$$

状态独立、时间可加假设下，优化问题可以简化为：

$$\begin{aligned}&\max_{c}U(\boldsymbol{c})=u(c_0)+\rho\sum_{\omega\in\Omega}\pi_{\omega}u(c_{1\omega})\\&\text{s. t}\quad c_0+\sum_{\omega=1}^{S}c_{1\omega}\phi_{\omega}=e_0+\sum_{\omega=1}^{S}e_{1\omega}\phi_{\omega}\\&\qquad c_0\geqslant 0;\ c_{1\omega}\geqslant 0,\ \omega=1,\ 2,\ \cdots,\ S\end{aligned}\tag{4. P3}$$

针对这些优化问题，我们首先需要知道的是这些优化问题是否有解。定理 4. 1 给出了明确的说明。

定理 4. 1：消费集为 $S+1$ 维向量空间的子集，$\boldsymbol{C}\subset\boldsymbol{R}_{+}^{1+S}$，而且效用函数 $U(\boldsymbol{C})$ 在消费集 $\boldsymbol{C}$ 上连续，则上述优化问题有解。

证明：我们只需要证明消费集(4. 11)为有界闭集即可。由 Weierstrass 定理可知，定义于有界闭集上的多元连续函数必有最值(它是一元函数最值存在性的直接推广)。无套利情形下，状态价格严格大于零，从而(4. 11)为有界闭集。

为了便于理解，我们分别看看低维情形(见图 4-6)：

$S=1$ 时，$B(\boldsymbol{e},\ \boldsymbol{\phi})=\{(c_0,\ c_1):\ c_0\geqslant 0,\ c_1\geqslant 0;\ c_0+\phi c_1\leqslant w\}$；

$S=2$ 时，$B(\boldsymbol{e},\ \boldsymbol{\phi})=\{(c_0,\ c_1):\ c_i\geqslant 0,\ i=0,\ 1,\ 2;\ c_0+\phi_1c_{11}+\phi_2c_{12}\leqslant w\}$；

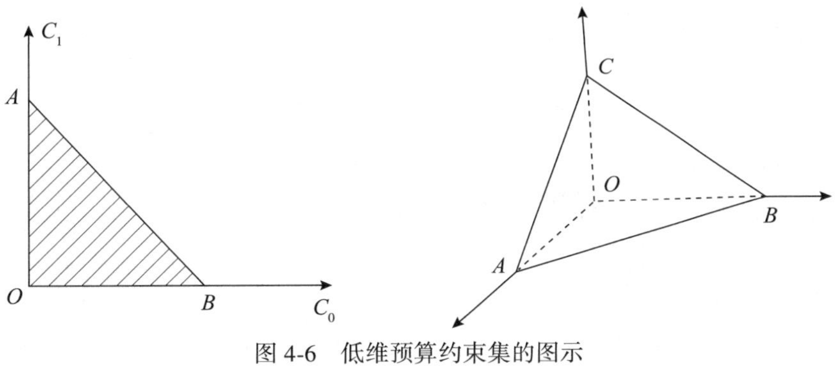

图 4-6　低维预算约束集的图示

$S=1$ 时预算约束集为三角形 AOB(包括边界)；$S=2$ 时预算约束集为三角锥形 $OABC$(包括边界)，以此类推。证毕■

(二)必要条件

定理 4. 1 表明，当个人的预算约束集为闭集时，由于效用函数满足一定的性质，从而优化问题有解。效用函数满足的性质包括经济人具有不满足性和具有风险厌恶的特征。为了研究方便，通常做如下假设：

假设 4. 1：经济人的效用函数二阶可微。

效用函数二阶可微，则一阶可微。经济人的不满足性意味着效用函数关于每个分量单调递增：

$$\begin{cases}\dfrac{\partial U(c_0, c_{11}, c_{12}, \cdots, c_{1S})}{\partial c_0} > 0; \\ \dfrac{\partial U(c_0, c_{11}, c_{12}, \cdots, c_{1S})}{\partial c_{1\omega}} > 0, \omega = 1, 2, \cdots, S\end{cases} \tag{4.14}$$

风险厌恶意味着效用函数为凹函数，效用函数的二阶导数小于 0，一阶导数单调递减，即“边际效用递减”：

$$\begin{cases}\dfrac{\partial^2 U(c_0, c_{11}, c_{12}, \cdots, c_{1S})}{\partial c_0^2} < 0; \\ \dfrac{\partial^2 U(c_0, c_{11}, c_{12}, \cdots, c_{1S})}{\partial c_{1\omega}^2} < 0, \omega = 1, 2, \cdots, S\end{cases} \tag{4.15}$$

(4.15)是凹的效用函数的必要条件，凹的效用函数表明关于效用函数 U 的海塞(Hessian)矩阵(其含义见附录)为正定矩阵。状态独立时间可加的假设下可以得到(4.14)(4.15)更简洁的表达式。

下面在风险厌恶和不满足性假设下讨论问题(4.P1)的解所满足的一阶条件，我们采用(4.P1)的表达式进行讨论，基于相应的向量形式的分析很容易写出。由于经济人问题是约束极值问题，通常采用拉格朗日法处理：

令拉格朗日函数(Lagrangian function，简称拉氏函数)：

$$L(c, \lambda, \mu) = U(c_0, c_{11}, \cdots, c_{1S}) + \lambda\left[w - c_0 - \sum_{\omega=1}^{S} c_{1\omega}\phi_\omega\right] + \mu_0 c_0 + \sum_{i=1}^{S}\mu_i c_{1i} \tag{4.16}$$

其中，$w = e_0 + \sum_{\omega=1}^{S} e_{1\omega}\phi_\omega$，$\lambda$ 和 $\boldsymbol{\mu}^{\mathrm{T}} = (\mu_1, \mu_2, \cdots, \mu_S)$ 为拉氏乘子(Lagrangian multipliers)，优化问题的一阶条件(first order conditions，简单记为：FOC)为：

$$\begin{cases}\dfrac{\partial L}{\partial c_0} = 0; \\ \dfrac{\partial L}{\partial c_{1\omega}} = 0, \omega = 1, 2, \cdots, S \\ \dfrac{\partial L}{\partial \lambda} = 0 \\ \dfrac{\partial L}{\partial \mu_i} \geqslant 0, \mu_i c_i = 0, i = 0, 1, \cdots, S\end{cases} \tag{4.17}$$

其中，λ 是等式约束乘子，相应的一阶条件为偏导数等于零；μ_i 为不等式约束乘子，相应的一阶条件被称为库恩-塔克(Kuhn-Tucker)条件，在不强调数学上的严密性时，可以做如下理解：$c_i \geqslant 0$ 的含义有两条，其一是 $c_i > 0$，其二是 $c_i = 0$。

$c_i > 0$ 时，不等式约束不起作用，此时可以通过取 $\mu_i = 0$ 来消去拉氏函数中相应的项；$c_i = 0$ 时，在拉氏函数中保留相应的项，但 $c_i = 0$ 本身就给出了最优值。综合起来可以概括为：$c_i > 0$ 时，$\mu_i = 0$；$c_i = 0$ 时，$\mu_i = 0$ 可以成立可以不成立。这与一阶条件中的表达式结果完全一样。由一阶条件：

$$\frac{\partial L}{\partial \mu_i}=c_i \geqslant 0;\ \mu_i c_i=0$$

$c_i>0$ 时必有 $\mu_i=0$；$c_i=0$ 时，$c_i\mu_i=0$，无法得到关于 μ_i 的信息。

我们称 $c_i=0$ 为 $c_i \geqslant 0$ 的边界点。当最优解在不等式约束的边界点处（$c_i=0$ 点）取得时，我们称最优解为**边角解**；当最优解不在不等式约束的边界点处（$c_i=0$ 点）取得时，我们称最优解为**内点解**。通常情况下，除了杨晓凯创立的新兴古典经济学关注边角解之外，大多经济学分支不考虑边角解。经济学中为了避免边角解的出现，通常引进一个新的假设，称为**稻田条件**（Inada condition）：

$$\lim_{c\to 0}\frac{\partial U}{\partial c}=\infty;\ \lim_{c\to \infty}\frac{\partial U}{\partial c}=0 \tag{4.18}$$

稻田条件（4.18）表明 $c=0$ 和 $c=\infty$ 都不是极值点，即：最优解不可能在这两个点取得。因为若某时点 $c=0$，则任何一点微小的增加，效用值将会有很大的增加，将其他时点的消费水平转移到该时点，总效用将大幅增加；另一方面，如果某时点的消费水平非常高（接近无穷大），其边际效用几乎为零，大幅降低此时的消费并转移到其他边际效用比较高的时点，总效用将大幅提高。两种情况下效用水平都没有达到最优。因此引进稻田条件后，经济人的优化问题的最优解不可能在"边界处"取得，只能是内点解取最优，从而优化问题可简化为没有不等式约束的情形：

$$\begin{aligned}&\max_{\{c_0,\ c_{11},\ \cdots,\ c_{1S}\}} U(c_0,\ c_{11},\ \cdots,\ c_{1S})\\ &\text{s.t}\quad c_0+\sum_{\omega=1}^{S}c_{1\omega}\phi=e_0+\sum_{\omega=1}^{S}e_{1\omega}\phi\end{aligned} \tag{4.P4}$$

此时属于等式约束极值，其拉氏函数为：

$$L(\boldsymbol{c},\ \lambda,\ \mu)=U(c_0,\ c_{11},\ \cdots,\ c_{1S})+\lambda\left[w-c_0-\sum_{\omega=1}^{S}c_{1\omega}\phi_\omega\right] \tag{4.19}$$

F. O. C：

$$\begin{cases}\dfrac{\partial L}{\partial c_0}=0;\\ \dfrac{\partial L}{\partial c_{1\omega}}=0,\ \omega=1,\ 2,\ \cdots,\ S\\ \dfrac{\partial L}{\partial \lambda}=0\end{cases} \tag{4.20}$$

如果效用函数是凹函数，则一阶必要条件也是充分条件。解方程组（4.20）可以得到最优消费与价格之间的函数关系。

例 4.3：考虑一个"Lucas 树经济"，1 期有两种状态 a 和 b，相应状态发生的概率分别为 π_a 和 π_b。假设这两个状态对应的状态价格分别为 ϕ_a 和 ϕ_b。某经济人的全部禀赋为实物禀赋（e_0，e_{1a}，e_{1b}），他具有状态独立时间可加的期望效用函数，时间偏好率为 ρ，而且令 $u(x)=\ln x$。求该经济人的最优消费-组合选择。

由经济人的禀赋和状态价格，他的总财富为：$w=e_0+e_{1a}\phi_a+c_{1b}\phi_b$。经济人的效用函数为：$U(\boldsymbol{c})=u(c_0)+\rho[\pi_a u(c_{1a})+\pi_b u(c_{1b})]=\ln c_0+\rho[\pi_a \ln c_{1a}+\pi_b \ln c_{1b}]$。则优化问题归结为：

$$\max_{\{c_0,\ c_{1a},\ c_{1b}\}} U(c)=\ln c_0+\rho[\pi_a \ln c_{1a}+\pi_b \ln c_{1b}]$$

$$\text{s.t}\quad c_0+c_{1a}\phi_a+c_{1b}\phi_b=w$$

令：$L(\boldsymbol{c},\ \lambda,\ \mu)=\ln c_0+\rho[\pi_a \ln c_{1a}+\pi_b \ln c_{1b}]+\lambda[w-c_0-c_{1a}\phi_a-c_{1b}\phi_b]$

F. O. C：

$$\begin{cases}\dfrac{\partial L}{\partial c_0}=0\\ \dfrac{\partial L}{\partial c_{1a}}=0\\ \dfrac{\partial L}{\partial c_{1b}}=0\\ \dfrac{\partial L}{\partial \lambda}=0\end{cases}\text{等价地}\begin{cases}\dfrac{1}{c_0}=\lambda\\ \dfrac{\rho\pi_a}{c_{1a}}=\lambda\phi_a\\ \dfrac{\rho\pi_b}{c_{1b}}=\lambda\phi_b\\ w-c_0-c_{1a}\phi_a-c_{1b}\phi_b=0\end{cases}\tag{4.21}$$

解(4.21)得：

$$\begin{cases}c_0=\dfrac{1}{\lambda}\\ c_{1a}=\dfrac{\rho\pi_a}{\lambda\phi_a}\\ c_{1b}=\dfrac{\rho\pi_b}{\lambda\phi_b}\end{cases}$$

代入预算约束方程得：

$$w=c_0+{}_{1a}\phi_a+c_{1b}\phi_b=\frac{1}{\lambda}[1+\rho\pi_a+\rho\pi_a]\equiv\frac{A}{\lambda}$$

其中：$A=[1+\rho]$，从而：

$$\begin{cases}c_0=\dfrac{w}{1+\rho}\\ c_{1a}=\dfrac{\rho w\pi_a}{(1+\rho)\phi_a}\\ c_{1b}=\dfrac{\rho w\pi_b}{(1+\rho)\phi_b}\end{cases}$$

进一步，若两状态等概率，即 $\pi_a=\pi_b=0.5$，同时 $\rho=1$，则：

$$\begin{cases}c_0=\dfrac{w}{2}\\ c_{1a}=\dfrac{w}{4\phi_a}\\ c_{1b}=\dfrac{w}{4\phi_b}\end{cases}$$

因为时间偏好率等于 1，经济人只关心消费水平而不关心消费在时间上的分配，因此，将财富的一半放在期初消费，剩下的一半留在期末。期末的消费水平与状态价格负相关，价格越高，消费得越少，因此，更多的资源将配置到相对价格较低的状态下。

(三)最优消费和投资组合的性质

例 4.3 给我们一个直观的感觉，经济人的财富配置从时间上看与时间偏好率密切相关，从状态上看与状态价格的大小密切相关。但是，例 4.3 使用的是特定的效用函数。那么，一般情形下经济人的最优消费和组合具有什么样的性质呢？或者说，经济人对其资源在不同时点、不同状态下的配置是否具有某些共性？最优消费满足什么样的性质？为此，我们回到问题(4. P1)及其一阶条件(4. 20)：

$$\begin{cases}\dfrac{\partial L}{\partial c_0}=\dfrac{\partial U}{\partial c_0}-\lambda=0;\\ \dfrac{\partial L}{\partial c_{1\omega}}=\dfrac{\partial U}{\partial c_{1\omega}}-\lambda\phi_\omega=0,\ \omega=1,\ 2,\ \cdots,\ S\end{cases}\tag{4.22}$$

因此，期末与期初的边际效用之比为：

$$\frac{\dfrac{\partial U}{\partial c_{1\omega}}}{\dfrac{\partial U}{\partial c_0}}=\phi_\omega\tag{4.23}$$

对其变形为：

$$\frac{\partial U}{\partial c_{1\omega}}=\phi_\omega\times\frac{\partial U}{\partial c_0}\tag{4.24}$$

我们可以作如下解释：

等式左边的含义是期末 ω 状态下多消费 1 个单位的消费品带来的效用增加量；等式的右边是期初放弃 ϕ_ω 个单位消费品带来的效用减少量，也可以理解为期初增加消费期末减少消费。由状态价格的含义可知等式的意思是，将期初和期末状态下的消费进行跨时调整，所增加的效用刚好等于效用的减少量。也即是说，跨时调整消费无法改变总效用。

类似地，期末任何两个状态 ω 和 ω' 的边际效用之比为：

$$\frac{\dfrac{\partial U}{\partial c_{1\omega}}}{\dfrac{\partial U}{\partial c_{1\omega'}}}=\frac{\phi_\omega}{\phi'_\omega}\tag{4.25}$$

对其变形为：

$$\frac{\partial U}{\partial c_{1\omega}}\times\phi'_\omega=\phi_\omega\times\frac{\partial U}{\partial c_{1\omega'}}\tag{4.26}$$

由状态价格的含义可知，如果可以利用 A-D 市场进行交易，那么期初 $\phi_\omega\phi'_\omega$ 单位的消费品可以转换为期末 ω' 状态下 ϕ_ω 个单位的消费品或者期末 ω 状态下 ϕ'_ω 个单位的消费品(如图 4-7 所示)。

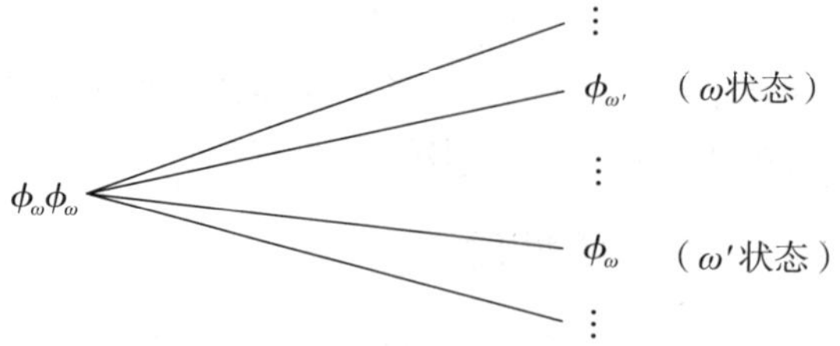

图 4-7　不同状态下消费品交换图

由类似的分析方法可知，(4.23)的含义是期末任何两个不同的状态之间消费品的调整都无法改变经济人的总效用。我们概括为命题：

定理 4.2：当且仅当消费计划使得跨时调整消费和跨状态调整消费都无法改变经济人的总效用时，该消费计划才是最优的消费计划。

事实上，无须通过优化问题(4.P1)求解，仅用比较静态分析法就能够得出上述结论。因为，当(4.21)和(4.23)的等式不成立时，只要做适当的调整就能增加总效用，从而说明原来的消费计划还没有达到最优。

三、市场出清

当市场上存在 K 个经济人时，每个经济人选择自己的消费计划使其效用极大化，即“各自优化”。为了区分不同的经济人，我们对问题(4.P1)加角标以示区别，第 k 个经济人($k=1, 2, \cdots, K$)的优化问题为：

$$\max_{\{c_{k,0},\ c_{k,11},\ \cdots,\ c_{k,1S}\}} U_k(c_{k,0},\ c_{k,11},\ \cdots,\ c_{k,1S})$$

$$\text{s.t}\quad c_{k,0} + \sum_{\omega=1}^{S} c_{k,1\omega}\phi_\omega = w_k \tag{4.P5}$$

$$c_{k,0} > 0;\ c_{k,1\omega} > 0,\ \omega = 1,\ 2,\ \cdots,\ S$$

由此解得最优消费计划：

$$\begin{cases} c_{k,0} = c_{k,0}(\boldsymbol{\phi},\ \boldsymbol{e}_k) \\ c_{k,1\omega} = c_{k,1\omega}(\boldsymbol{\phi},\ \boldsymbol{e}_k) \end{cases} \tag{4.27}$$

每个经济人的最优消费计划是状态价格和自身禀赋的函数，同时也是每个经济人对消费品的需求函数。

另一方面，市场上存在消费品(商品)的供给。当所有经济人对消费品的总需求之和等于总供给时，市场出清(market clear)：

$$\begin{cases} \sum_{k=1}^{K} c_{k,0} = \sum_{k=1}^{K} e_{k,0} \\ \sum_{k=1}^{K} c_{k,1\omega} = \sum_{k=1}^{K} e_{k,1\omega},\quad \omega \in \Omega \end{cases} \tag{4.28}$$

(4.28)包括了 $S+1$ 个等式，第一个等式的含义是期初各经济人的消费之和等于期初各经济人的禀赋之和；第二个等式包含 S 个方程，含义是期末每个状态下所有经济人的消费之和等于相应状态下的禀赋之和。

四、市场均衡

证券市场的一般均衡分析就是结合市场上对每个证券的总供给和总需求来确定证券的均衡价格。A-D 框架下，假定市场上存在 S 个不同的状态证券，状态证券既可以看成证券，也可以看成一种不同时点、不同状态下的资源之间(消费品之间)在数量上的转换关系，因此我们无须假设存在普通证券(后文中的所谓复合证券)。我们的目标是确定每一个状态价格，其方法是状态价格为何值时消费品市场出清。

所谓 **A-D 经济下的均衡**是指状态价格集合 $\{\phi_\omega : \omega \in \Omega\}$，该价格集合使得如下两个条件成立：

1. 给定状态价格，每个经济人通过选择其消费计划使其效用极大化，即各经济人的消费计划 $\{\boldsymbol{c}_K(\boldsymbol{e}_k, \boldsymbol{\phi}) \equiv (c_{k,0}(\boldsymbol{e}_k, \boldsymbol{\phi}), c_{k,1}(\boldsymbol{e}_k, \boldsymbol{\phi})) : k = 1,2,\cdots,K\}$ 满足：

$$
\begin{aligned}
&c_k(\boldsymbol{e}_k, \boldsymbol{\phi}) = \mathrm{Argmax}\, U_k(c_{k,0}, \boldsymbol{c}_{k,1}) \\
&\text{s. t}\quad c_{k,0} + \boldsymbol{\phi}^{\mathrm{T}} \boldsymbol{c}_{k,1} = w_k \\
&\qquad\ \ c_{k,0} \geqslant 0,\ \boldsymbol{c}_{k,1} \geqslant 0
\end{aligned}
\tag{4. P6}
$$

2. 市场出清：

$$
\begin{cases}
\sum_{k=1}^{K} c_{k,0}(\boldsymbol{e}_k, \boldsymbol{\phi}) = \sum_{k=1}^{K} e_{k,0} \\
\sum_{k=1}^{K} c_{k,1\omega}(\boldsymbol{e}_k, \boldsymbol{\phi}) = \sum_{k=1}^{K} e_{k,1\omega},\ \omega \in \Omega
\end{cases}
$$

(4. P6)的意思是 $\boldsymbol{c}_k(\boldsymbol{e}_k, \boldsymbol{\phi})$ 是最大化问题(4. P1)的解，此处采用简洁的数学语言进行描述，采用符号 arg 来表示。

例 4.4：在例 4.3 的基础上假设有两个经济人 1 和 2，他们都具有对数效用函数，时间偏好均为 1，经济人 1 的禀赋为(100，(0，0))；经济人 2 的禀赋为(0，(200，50))，求状态价格。

解：由例 4.3 可知：

$$
\begin{cases}
c_{i0} = \dfrac{1}{\lambda} \\
c_{ia} = \dfrac{\pi_a}{\lambda \phi_a} \quad i = 1,\ 2 \\
c_{ib} = \dfrac{\pi_b}{\lambda \phi_b}
\end{cases}
$$

由预算约束方程得：

$$
w_1 = c_{10} + {}_{1a}\phi_a + c_{1b}\phi_b = \frac{2}{\lambda_1} = 100
$$

由市场出清可知：

$$\begin{cases} c_{10} + c_{20} = \dfrac{1}{\lambda_1} + \dfrac{1}{\lambda_2} = 100 \\ c_{1a} + c_{2a} = \dfrac{1}{2\lambda_1\phi_a} + \dfrac{1}{2\lambda_1\phi_a} = 200 \\ c_{1b} + c_{2b} = \dfrac{1}{2\lambda_1\phi_b} + \dfrac{1}{2\lambda_1\phi_b} = 50 \end{cases}$$

由此解得状态价格和最优消费：

$$\begin{cases} \phi_a = 1/4 \\ \phi_b = 1 \end{cases}; \quad \begin{cases} c_{10} = c_{20} = 50 \\ c_{1a} = c_{2a} = 100 \\ c_{1b} = c_{2b} = 25 \end{cases}$$

在 A-D 框架下，投资者具有同质的时间偏好和效用函数时，我们通常可以得到均衡解。实际上，我们在后面适当的章节还会证明，只要市场是完全的，可以将问题转化为 A-D 框架展开分析，从而简化问题。

在本节的最后我们对上述方法进行一个简单的总结，上述分析采用的是一般均衡分析法。在一般的中级或高级微观经济学教材中在分析自由竞争经济时都依据上述方法分析经济的均衡。自由经济的均衡也叫一般均衡，一般按如下步骤展开：

第一步：依据经济人的偏好和约束条件，分析经济人在效用极大化条件下对商品的需求，商品的需求表示为商品价格的函数；

第二步：依据厂商的生产技术和约束条件，分析厂商在利润极大化的条件下对商品的供给，商品的供给表示为商品价格的函数；

第三步：供给与需求相等时称为市场出清，由此得到关于商品价格的方程或方程组，解之得商品的均衡价格。

将上述方法应用于金融市场即是本书中的一般均衡定价。本书的前面部分考虑的是纯交换经济，在此框架下金融证券的供给是给定的，因此省去了第二步。

◎ 本章小结

我们将 Arrow-Debreu 证券市场简称为 A-D 证券市场或 A-D 框架，它是指一类首先由 Arrow 和 Debreu 提出的比较简单的证券市场，该市场上有 S 个(期末总共有 S 个状态)A-D 证券。所谓 A-D 证券也叫状态或有证券、纯证券或状态证券，是一类只在某些特定状态下支付 1 个单位(消费品)，其他状态下支付为零的证券，该证券在期初的价格称为状态价格。A-D 证券市场的市场结构为单位矩阵。

当市场上存在 S 个 A-D 证券或由 N 个证券能够复制 S 个不同的状态证券时，称之为完全市场。完全市场上每个有限的消费计划(即每个时点、每个状态下的消费均为有限值)都可以通过构造一个有限成本的投资组合而得到。换言之，每个有限计划都可以在证券市场上通过买卖证券来实现。因此，如果市场完全，最优的有限消费计划都是可行的消费计划。

A-D 证券市场给一般均衡提供了方便。首先可以通过 A-D 证券计算每个经济人拥有禀赋的价值，从而确定其金融财富水平，在此条件下可以确定每个经济人的预算约束，进一步可以给出经济人各自优化的问题描述，结合市场出清条件最终得到一般均衡解。

◎ 重要概念

Arrow-Debreu 证券　状态价格　完全市场　金融财富　预算约束　市场出清　一般均衡　稻田条件

◎ 思考题

1. 什么是 Arrow-Debreu 证券市场？为什么要讨论 Arrow-Debreu 证券？

2. Arrow-Debreu 证券与现实生活中的什么金融产品类似？

3. 金融文献中在分析问题时经常假设市场是完全的，试说明完全市场的优点是什么？

4. Arrow-Debreu 证券市场的一般均衡分析分哪几步进行？

◎ 练习题

1. 考虑三状态经济中有三个证券，价格分别为 5 元、5 元和 6 元，期末的支付矩阵为：

$$X=\begin{bmatrix}10 & 20 & 30\\ 10 & 10 & 10\\ 10 & 5 & 5\end{bmatrix}$$

1) 将三个证券表示为 A-D 证券的组合；

2) 计算三个不同的状态证券价格。

2. 给定下列支付矩阵，问 k 为何值时市场是完全的。

$$X=\begin{bmatrix}3 & 2 & 3\\ 1 & k & 5\\ 2 & 1 & 7\end{bmatrix}$$

3. 市场上有三个证券，其价格和期末支付分别为：

$$S=\begin{bmatrix}6\\ 4\\ 10\end{bmatrix}\qquad X=\begin{bmatrix}4 & 3/2 & 5\\ 2 & 7/3 & 2\\ 1 & 4/3 & 3\end{bmatrix}$$

(1) 证明不存在套利机会；

(2) 确定状态价格向量；

(3) 确定消费计划(1，0，3)的无套利价值；

(4) 确定以第一个证券为标的、执行价格为 2 的看涨期权价格。

4. 假定市场上有两种证券：证券 1 和证券 2，价格分别为 13 元和 10 元，两种证券期末的支付如下：

状态	证券 1 的支付	证券 2 的支付
1	10	15
2	20	11

假设经济人的效用函数为 $U(w_1, w_2)=w_1w_2$，其中 w_1，w_2 分别为期末不同状态下的财富水平。该经济人初始财富水平为 420 元。为了最大化效用，在期初构造投资组合时分别购买多少证券 1 和证券 2?

5. 假若期末只有一个状态发生，即期末是确定性的。一个消费者的两期消费的效用函数为 $u(c_0, c_1)=c_0c_1^{0.5}$；其中 c_0，c_1 分别为期初和期末的消费，该消费者的收入流为 $y_0=2000$ 元，$y_1=1296$ 元；且市场利率为 8%。求该消费者的最优消费计划。

6. 继续考虑期末确定情形，经济人 1 在 0 期的禀赋为 100 而在 1 期的禀赋为 1，其效用函数为 $u(c_0, c_1)=\ln c_0+\rho\ln c_1$；市场上只有一个无风险证券，无风险利率为 r_F。

(1)若 $\rho=0.5$，求经济人的投资需求；

(2)若经济人 1 是唯一的参与者，请描述市场出清条件；

(3)求均衡利率；

(4)求均衡利率与时间偏好率 ρ 的关系。

7. 在第 4 题的基础上加入经济人 2，其效用函数与经济人 1 相同，禀赋为(1, 100)，即期初禀赋为 1，期末禀赋为 100.

(1)求经济人 2 的最优消费-投资策略；

(2)求新的经济下的均衡利率，并比较单个经济人参与的经济下的均衡利率。

8. 假设期末有三种等可能的状态 a、b 和 c 发生，市场是完全的，有两个经济人，经济人 1 的禀赋是 100 个单位期初的消费品，经济人 2 的禀赋为期末的消费品，三个状态下分别为 200，100 和 50。他们的效用函数相同，均为：

$$u(c_0;\ c_a,\ c_b,\ c_c)=-\left[\frac{1}{c_0}+\frac{1}{3c_a}+\frac{1}{3c_b}+\frac{1}{3c_c}\right]$$

(1)求解各自优化问题，得到每个人的最优消费-投资；

(2)求均衡条件下三种状态的状态价格；

(3)分析每个经济人的总消费与各自禀赋的关系。

◎ 参考书目与推荐阅读

1. 王江. 金融经济学. 北京：中国人民大学出版社，2007.

2. Debreu. Theory of value. New York：Wiley，1959.

3. Huang Chi-fu，Litzenberger，Robert. Foundations for Financial Economics，Elsevier Science Co，1988.

4. Gollier C. The Economy of risk and time. Cambridge, MA: MIT press, 2001.

附录：极值、最值与泰勒展开

本章开始需要利用数学知识求解金融中的最优化问题，这些知识在数学中称为数学规划，并且在高等数学中学过。为便于学习，在此以附录的形式进行回顾和总结。

1. 极值和最值的概念

在数学中求极大值的问题称为极值问题，求最大值的问题称为最值问题。在陈纪修、於崇华和金路的《数学分析》中是如此定义的：

定义 A1：(一元极值)：设 $f(x)$ 在 (a, b) 上有定义，如果存在点 $x_0 \in (a, b)$。如果存在点 x_0 的某一个领域 $U(x_0, \delta)$，使得：

$$f(x) \leqslant f(x_0) \ (f(x) \geqslant f(x_0)), \quad x \in U(x_0, \delta) \tag{A1}$$

则称 x_0 是 $f(x)$ 的一个极大值点(极小值点)，$f(x_0)$ 称为相应的极大值(极小值)。

求 $f(x)$ 的极大值(或极小值)可以表示为：

$$\max_x f(x) \text{ 或 } \min_x f(x)$$

也有以上确界或下确界的方式表述为：

$$\sup_x f(x) \text{ 或 } \inf_x f(x)$$

定义 A2(多元极值)：设 $D \in \boldsymbol{R}^n$ 为开区域，$f(\boldsymbol{x})$ 为定义在 D 上的函数，$x_0 = (x_1^0, x_2^0, \cdots, x_n^0) \in D$，若存在 $\boldsymbol{x}_0$ 的邻域 $U(\boldsymbol{x}_0, r)$ 使得：

$$f(\boldsymbol{x}) \leqslant f(\boldsymbol{x}_0) \quad (f(\boldsymbol{x}) \geqslant f(\boldsymbol{x}_0), \quad x \in U(\boldsymbol{x}_0, r) \tag{A2}$$

则 $\boldsymbol{x}_0$ 为在 D 上的极大值点(或极小值点)，相应地，$f(\boldsymbol{x}_0)$ 称为相应的极大值(或极小值)。极大值点与极小值点统称为极值点，极大值与极小值统称为极值。

此时，求极值可表述为：

$$\max_{\boldsymbol{x} \notin D} f(\boldsymbol{x}) \text{ 或 } \min_{\boldsymbol{x} \in D} f(\boldsymbol{x})$$

若 D 为 $f(\boldsymbol{x})$ 的定义域，$\forall \boldsymbol{x} \in D$ 都有：

$$f(\boldsymbol{x}) \leqslant f(\boldsymbol{x}_0) \quad (f(\boldsymbol{x}) \geqslant f(\boldsymbol{x}_0)) \tag{A3}$$

则 $f(\boldsymbol{x})$ 为在 D 上的最大值点(或最小值)因此，极大值为局部最大值，最大值为全局最大，极值不一定是最大值。

上述两个定义的区别在于定义 A1 只有一个自变量，属于一维情形；定义 A2 有 n 个自变量，而且都是在定义域内求极值，属于无约束极值，也叫无条件极值。与之相对应的是受到若干条件(等式)限制的极值，称为条件极值或约束极值。约束条件全部为等式的称为等式约束极值；含不等式约束的称为不等式约束极值。求极值问题也称为数学规划，以极大值为例数学规划一般形式为：

$$\begin{aligned} & \max_{x \notin \boldsymbol{D}} f(x_1, x_2, \cdots, x_n) \\ & \text{s.t} \quad h_i(x_1, x_2, \cdots, x_n) = 0, \ i = 1, 2, \cdots, m \\ & \qquad g_j(x_1, x_2, \cdots, x_n) \leqslant 0, \ j = 1, 2, \cdots, p \\ & \qquad \boldsymbol{x} \in \boldsymbol{D} \end{aligned} \tag{A4}$$

通常 $m<n$，否则约束条件过多可能无解。$f(\cdot)$称为目标函数，含 h_i、g_j 的方程和不等式称为约束条件。目标函数和约束条件均为线性代数式、方程或不等式时称为线性规划，否则称为非线性规划。不含约束条件的称为无条件极值，只含等式约束的称为等式约束极值，含不等式约束的称为不等式约束极值。

2. 主要结论

求极值的依据是相关的定理，一元情形下有：

定理 A1(一元极值点判定定理)：设函数 $f(x)$ 在 x_0 点的某邻域中有意义，且 $f(x)$ 在点 x_0 连续。

(1)设存在 $\delta>0$，使得 $f(x)$在$(x_0-\delta,\ x_0)$与$(x_0,\ x_0+\delta)$上可导：

i)若在$(x_0-\delta,\ x_0)$上有 $f'(x)\geqslant 0$，在$(x_0,\ x_0+\delta)$上有 $f'(x)\leqslant 0$，则 x_0 是 $f(x)$的极大值点；

ii)若在$(x_0-\delta,\ x_0)$上有 $f'(x)\leqslant 0$，在$(x_0,\ x_0+\delta)$上有 $f'(x)\geqslant 0$，则 x_0 是 $f(x)$的极小值点；

iii)$f'(x)$若在$(x_0-\delta,\ x_0)$与$(x_0,\ x_0+\delta)$上同号，则 x_0 不是 $f(x)$的极值点；

2)设 $f'(x)=0$，且 $f(x)$在点 x_0 二阶可导：

i)若 $f''(x_0)<0$，则 x_0 是 $f(x)$的极大值点；

ii)若 $f''(x_0)>0$，则 x_0 是 $f(x)$的极小值点；

iii)若 $f''(x_0)=0$，则 x_0 可能是 $f(x)$的极值点，也可能不是 $f(x)$的极值点。

上述定理 A1 用严密的数学语言给出了一元函数是否极值点的判定方法，(1)通常称为一阶判法，(2)为二阶判法。如果不追求严密，上述结论非常直观且容易记忆。若函数可导，$f'(x)\geqslant 0$ 时单调递增，用"↗"表示；$f'(x)\leqslant 0$ 时单调递减，用"↘"表示。定理 A3 中(1)的图示如下：

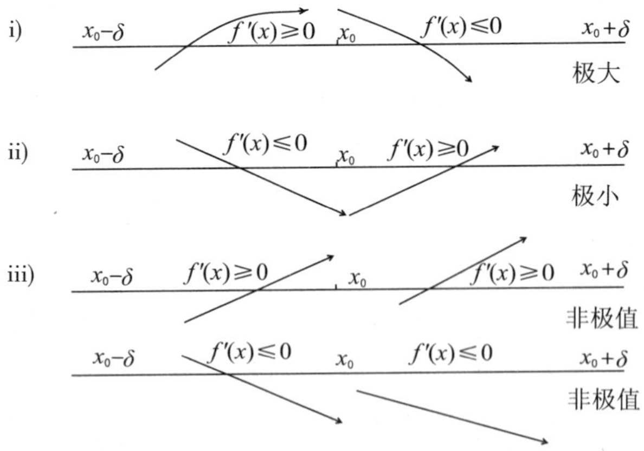

如果 $f''(x_0)>0$，函数下凸；如果 $f''(x_0)<0$，函数上凸，因此定理 A3 中(2)的图示如下：

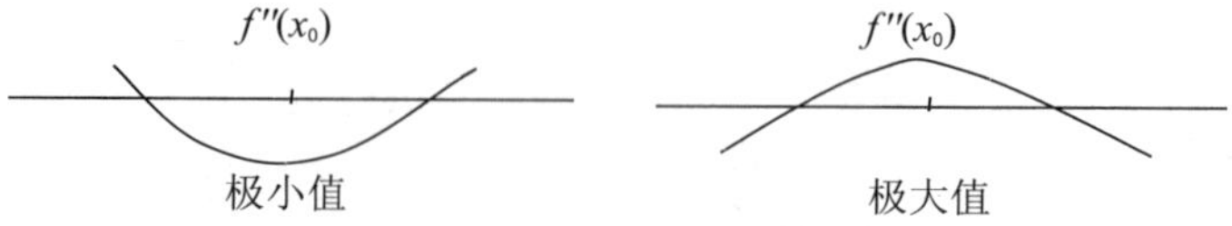

多元函数的极值类似。

3. 泰勒展开

极值判定定理看似复杂，实际比较简单，其基础在于泰勒展开。数学里面依据泰勒展开的余项的不同而分为几种，如果我们不考虑余项的不同，统一用高阶项“h. o. t”概括之则只有一种形式：

定理 A2：设$f(x)$函数在x_0处有n阶导数，则存在x_0的一个邻域，对该邻域中的任一点x，成立：

$$f(x)=f(x_0)+f'(x_0)(x-x_0)+\frac{1}{2}f''(x_0)(x-x_0)^2+\cdots$$

$$+\frac{1}{n!}f^{(n)}(x_0)(x-x_0)^n+\text{h. o. t}$$

请注意公式的对称性，通项（n项）的组成——n的阶乘、n阶导数和增量（$\Delta x=x-x_0$）的n次方。

有了泰勒展开就容易理解前面的定理，将公式变形：

$$f(x)-f(x_0)=f'(x_0)(x-x_0)+\frac{1}{2}f''(x_0)(x-x_0)^2+\cdots$$

$$+\frac{1}{n!}f^{(n)}(x_0)(x-x_0)^n+\text{h. o. t}$$

看$f(x_0)$是否极值，只需看$f(x)-f(x_0)$的符号，也就是只需看上式右边的符号，由于$\Delta x=x-x_0\to 0$，因此符号总是由最低次项决定：

如果$f'(x_0)\neq 0$，则随着x的变化，第一项的符号也发生变化，从而x_0不可能是极值，因此，x_0是极值的必要条件是$f'(x_0)$不存在或$f'(x_0)=0$；

如果$f'(x_0)=0$，则由第二项（二阶导数项）来判断极值，如果$f''(x_0)>0$，则$\Delta x=x-x_0\to 0$时右边恒大于或等于零，从而取极小值，反之取极大值，如果$f''(x_0)=0$则需要看第三项的符号；

与第一项一样，若三阶导数不等于零则x_0不是极值点，若等于零则需要看第四项，第四项的判别与第二项相同，依次往后。

多元优化问题也有类似的结论，如二元情形下的泰勒展开为：

定理 A3：设函数$f(x, y)$在点(x_0, y_0)的邻域U上具有$k+1$阶连续偏导数，那么对于U内每一点都成立：

$$f(x, y)=f(x_0, y_0)+\left[\Delta x\frac{\partial}{\partial x}+\Delta y\frac{\partial}{\partial x}\right]f(x_0, y_0)$$

$$+\frac{1}{2!}\left[\Delta x\frac{\partial}{\partial x}+\Delta y\frac{\partial}{\partial x}\right]^2 f(x_0, y_0)+\cdots$$

$$+\frac{1}{k!}\left[\Delta x\frac{\partial}{\partial x}+\Delta y\frac{\partial}{\partial x}\right]^k f(x_0, y_0)+\text{h. o. t}$$

改写此式到第二阶：

$$f(x, y)-f(x_0, y_0)=(f_x(x_0, y_0), f_y(x_0, y_0))\begin{pmatrix}\Delta x\\ \Delta y\end{pmatrix}$$

$$+(\Delta x,\ \Delta y)\begin{bmatrix} f_{xx}(x_0,\ y_0) & f_{xy}(x_0,\ y_0) \\ f_{yx}(x_0,\ y_0) & f_{yy}(x_0,\ y_0) \end{bmatrix}\begin{pmatrix} \Delta x \\ \Delta y \end{pmatrix} + \text{h. o. t}$$

由此得极值点的一阶条件，如果一阶偏导数存在，则必须等于零；

一阶条件满足后，符号看二阶，二阶是典型的二次型，当二阶偏导数连续时，二阶导数组成的矩阵是对称矩阵，称为海塞矩阵 H，H 正定则右边恒正，从而去极小值，反正负定时取极大，不定矩阵对应于非极值。

n 元情形下的泰勒展开(假设符合展开的条件)，则有：

$$f(x_1,\ x_2,\ \cdots,\ x_n) - f(x_1^0,\ x_2^0,\ \cdots,\ x_n^0) = (f_1,\ f_2,\ \cdots,\ f_n)\begin{pmatrix} \Delta x_1 \\ \Delta x_2 \\ \vdots \\ \Delta x_n \end{pmatrix} +$$

$$(\Delta x_1,\ \Delta x_2,\ \cdots,\ \Delta x_n)\begin{bmatrix} f_{11} & f_{12} & \cdots & f_{1n} \\ f_{21} & f_{22} & \cdots & f_{2n} \\ \vdots & \vdots & \vdots & \vdots \\ f_{n1} & f_{n2} & \cdots & f_{nn} \end{bmatrix}\begin{pmatrix} \Delta x_1 \\ \Delta x_2 \\ \vdots \\ \Delta x_n \end{pmatrix} + \text{h. o. t}$$

其中：

$$f_i \equiv \frac{\partial f(x_1^0,\ x_2^0,\ \cdots,\ x_n^0)}{\partial x_i},\ f_{ij} \equiv \frac{\partial^2 f(x_1^0,\ x_2^0,\ \cdots,\ x_n^0)}{\partial x_i \partial x_j},\ i,\ j = 1,\ 2,\ \cdots,\ n$$

相应的一阶条件和二阶条件容易得到。

4. 条件极值和无条件极值

以三元函数极大值为例，问题为：

$$\max_{x \notin D} f(x,\ y,\ z)$$

$$\text{s. t}\quad h_1(x,\ y,\ z) = 0$$

$$h_2(x,\ y,\ z) = 0$$

拉格朗日巧妙地将该等式约束问题变为无约束极值问题，他令：

$$L(x,\ y,\ z;\ \lambda_1,\ \lambda_2) = f(x,\ y,\ z) + \lambda_1 h_1(x,\ y,\ z) + \lambda_2 h_2(x,\ y,\ z)$$

显然，如果约束条件成立，L 的极值与 f 的极值相同，因为此时：

$$L(x,\ y,\ z;\ \lambda_1,\ \lambda_2) = f(x,\ y,\ z) + \lambda_1 \times 0 + \lambda_2 \times 0$$

多元极值的一阶条件和二阶条件我们没有再次列出，请参照一元函数情形自己推导。

第五章　套利定价的理论基础

◎ 学习目标

- 了解套利定价的市场必须具备的条件
- 掌握套利的基本概念和类型
- 掌握无套利原理及其成立的条件
- 掌握基于无套利思想的资产定价基本定理
- 掌握无套利思想在证券定价中的应用

无套利定价方法是两种资产定价方法之一，是衍生证券定价的主要方法，也是金融工程的核心思想之一。本章我们在有限状态下给出无套利定价法的理论基础。我们首先给出无套利方法应用的前提条件，即证券市场必须具备的特征。然后给出套利的定义和分类，论述无套利原理并予以证明。接下来，利用无套利思想证明无套利定价的一些基本定理和资产定价基本定理，最后利用无套利定价方法对普通证券进行定价。有限状态下的结论直观易懂，而且有限状态下的结论可以推广到无限状态情形。

第一节　套利定价的市场特征

套利定价法也叫比较定价法，是通过证券期末支付之间的比较而确定期初价格的。因此，该方法的使用需要满足一定的条件：被定价的证券必须能被其他证券复制。我们需要回到基本的证券市场上来，而相关的分析借助 A-D 框架更加易于理解。

一、复合证券与证券的复制

（一）复合证券

我们在前面介绍了一类特殊的证券——A-D 证券，市场上实际交易的证券通常包括股票和债券，无论哪一种证券都比 A-D 证券复杂，其特点是这些证券通常在任何状态下都有一定的支付。我们将这些在各种状态下都有一定的支付的证券称为**复合证券**，它们可以看作是由一序列的 A-D 证券复合而成。

假设期末总共有 S 个状态，则无风险债券可以由 S 个不同的 A-D 证券组合生成，即 S 个不同的 A-D 证券形成的组合的期末支付与无风险债券的支付完全相同。无风险证券的期末支付向量为分量均为 1 的向量，我们对其分解为：

$$\boldsymbol{I} \equiv \begin{pmatrix} 1 \\ \vdots \\ 1 \\ \vdots \\ 1 \end{pmatrix} = \begin{pmatrix} 1 \\ 0 \\ 0 \\ \vdots \\ 0 \end{pmatrix} + \begin{pmatrix} 0 \\ 1 \\ 0 \\ \vdots \\ 0 \end{pmatrix} + \cdots + \begin{pmatrix} 0 \\ 0 \\ 0 \\ \vdots \\ 1 \end{pmatrix} \tag{5.1}$$

（5.1）表明期末支付固定为 1 个单位的无风险证券可以“分解”为 S 个互不相同的 A-D 证券，换言之，由 S 个互不相同的 A-D 证券形成的投资组合，其期末的支付等于无风险证券的支付，从而“复制”或“复合”了无风险证券。

类似地，任何风险证券可以用 S 维支付向量来表示，该支付向量虽然比无风险债券复杂，但仍然可以由 S 个互不相同的 A-D 证券的一定的组合而“生成”或“复制”。若证券 i 的支付向量为 X_i，下面的公式（5.2）给出了该风险证券的“分解”：

$$\boldsymbol{X}_i \equiv \begin{pmatrix} x_{1i} \\ \vdots \\ x_{\omega i} \\ \vdots \\ x_{Si} \end{pmatrix} = x_{1i} \times \begin{pmatrix} 1 \\ \vdots \\ 0 \\ \vdots \\ 0 \end{pmatrix} + \cdots + x_{\omega i} \times \begin{pmatrix} 0 \\ \vdots \\ 1 \\ \vdots \\ 0 \end{pmatrix} + \cdots + x_{Si} \times \begin{pmatrix} 0 \\ 0 \\ 0 \\ \vdots \\ 1 \end{pmatrix} \tag{5.2}$$

无论无风险债券还是有风险的股票，由 A-D 证券复制这些证券时，构造的 A-D 证券的投资组合向量刚好与证券的支付向量相同。

例 5.1：假设期末有 3 种状态、4 个证券，即 $S=3$，$N=4$。四个证券的支付向量分别为：

$$\boldsymbol{X}_1 = \begin{pmatrix} 1 \\ 2 \\ 1 \end{pmatrix}，\boldsymbol{X}_2 = \begin{pmatrix} 2 \\ 1 \\ 2 \end{pmatrix}，\boldsymbol{X}_3 = \begin{pmatrix} 0 \\ 1 \\ 0 \end{pmatrix}，\boldsymbol{X}_4 = \begin{pmatrix} 1 \\ 0 \\ 2 \end{pmatrix}$$

则 $\boldsymbol{X}_1$，$\boldsymbol{X}_2$，$\boldsymbol{X}_4$ 均为复合证券，因为：

$$X_1=\begin{pmatrix}1\\0\\0\end{pmatrix}+2\begin{pmatrix}0\\1\\0\end{pmatrix}+\begin{pmatrix}0\\0\\1\end{pmatrix};\ X_3=2\begin{pmatrix}1\\0\\0\end{pmatrix}+\begin{pmatrix}0\\1\\0\end{pmatrix}+2\begin{pmatrix}0\\0\\1\end{pmatrix};\ X_4=\begin{pmatrix}1\\0\\0\end{pmatrix}+2\begin{pmatrix}0\\0\\1\end{pmatrix}$$

(二)证券的复制与冗余证券

我们在第一章介绍证券市场时，已经对证券的复制进行了定义。所谓证券的**复制**实质上就是通过构造不同的投资组合获得相同的支付向量。如果两个投资组合的期末支付完全相同，我们称他们互相复制。通常我们所说的复制更多地是指一个组合复制某一个特定的证券。复制也叫**生成、合成**，数学上是支付向量之间的线性表示，即如果某个证券的支付向量可由其他的一组证券的支付向量线性表示出来，我们说这个证券可以被这一特定的证券组合所复制。我们后面的很多分析都是建立在证券的复制的基础上的。

当市场上有 N 个证券时，证券的支付向量之间可能是线性相关的。由线性代数的知识可知，当证券的支付向量组成的向量组线性相关时，至少存在一个证券，其支付向量可以表示为其他证券支付向量的线性组合，或者说该证券的支付向量可以被其他证券的支付向量线性表示出来，我们称该证券为**冗余证券(redundant securities)，有时也称冗余资产(redundant assets)**。简单地说，在 N 个证券中的任何一个证券，只要它能被其他证券复制，则称之为冗余证券。

用数学语言描述为：N 个证券的支付向量组成向量组 $\{X_1, X_2, \cdots, X_N\}$，其中，$X_i$ 为证券 i 的支付向量，我们后面直接称之为证券 X_i。如果存在 $N-1$ 个实数使得证券 X_j 能够表示为其他证券的线性组合，即满足：

$$X_j=\theta_1X_1+\cdots+\theta_{j-1}X_1+\theta_{j+1}X_{j+1}+\cdots+\theta_NX_N \tag{5.3a}$$

则称证券 j 为**冗余证券**，也称证券 j 被其余的 $N-1$ 个证券复制。

N 个证券的市场结构表示为 $X=(X_1, X_2, \cdots, X_N)$，从中剔除 X_j 后的市场结构记为 $X_{\backslash j}=(X_1, \cdots, X_{j-1}, X_{j+1}, \cdots, X_N)$。相应地，由 N 个证券形成的投资组合记为 $\theta=(\theta_1, \theta_2, \cdots, \theta_N)^{\mathrm{T}}$，剔除第 j 个证券后由剩下的 $N-1$ 个证券组成的投资组合记为 $\theta_{\backslash j}=(\theta_1, \cdots, \theta_{j-1}, \theta_{j+1}, \cdots, \theta_N)^{\mathrm{T}}$。(5.3a)可以表示为：

$$X_j=X_{\backslash j}\theta_{\backslash j} \tag{5.3b}$$

冗余证券是通过证券支付向量之间的相关性来定义的，到目前为止还没有涉及证券的价格。市场无摩擦的情形下，如果存在冗余证券，要么存在套利机会，要么该证券对资源的配置不起任何作用。也就是说，市场无摩擦而且不存在套利机会的条件下，去掉冗余证券不会对市场资源配置的功能有任何影响。当然，如果市场有摩擦，冗余证券的存在可能对资源的配置提供一定的便利。因为，当市场有摩擦时，即使某证券的支付向量能被其他证券线性表示，要通过购买相应的证券组合来实现该证券的支付，还需要支付额外的成本，从而使得理论上存在的复制关系无法顺利完成。证券的复制关系是以无摩擦市场为前提的。

在例 5.1 中存在冗余证券，在四个证券中 $2X_1-X_2=3X_3$，因此这三个证券中的任意一个都可以作为冗余证券，去掉该证券后剩下的三个证券形成的市场结构不再有冗余证券，如剔除 X_3 后形成的证券市场 X_1、X_2、X_4 不存在冗余证券。

二、证券市场的不同描述

在线性代数中，由 N 个向量可以生成一个向量空间。在不追求严密的前提下，我们可以将向量空间理解为一种特定的向量集合，该集合中定义了两种运算：两个向量的加法运算和数乘向量的数乘运算，两种运算下得到的新的向量仍然属于该向量集合，称为向量集合对加法和数乘运算是**封闭的**。向量空间就是特定的向量集合，而且对加法和数乘运算封闭。换一个角度，N 个向量及其由这 N 个向量经过加法和数乘运算得到的所有向量一起形成的集合就是由这 N 个向量生成的**向量空间**，后面支付空间 M 就是生成向量空间的数学描述。在一个由 N 个向量生成的向量空间里，如果 N 个向量彼此线性相关，那么在描述原向量空间时可以采取不同的方式，即只需要选择几个有代表性的向量就足以描述该向量空间，这个有代表性的向量组就是线性代数中向量组的**极大无关组**，或称该向量空间的一个**基**。类似地，当市场上存在冗余证券时，我们可以选择一组有代表性的证券来描述证券市场。如果代表性的证券有不同的选取方法，则表明证券市场有不同的描述方法。实际上，即使没有冗余证券，也可以用多种不同的方法来描述证券市场。

（一）证券市场的等价

如何描述证券市场呢？通常的描述方法是给出相应的市场结构，即给出证券市场的支付矩阵。回顾前面的内容可知，假定市场上有 N 个证券，则市场结构表示为：

$$\boldsymbol{X} = (\boldsymbol{X}_1, \boldsymbol{X}_2, \cdots, \boldsymbol{X}_N) \tag{5.4}$$

从整体看是支付矩阵，矩阵分块后，每一列代表一个证券的支付向量。我们不妨称之为证券市场的原始描述方式。直观地该市场有 N 个证券，由该市场构造的投资组合必为 N 维向量 $\boldsymbol{\theta} = (\boldsymbol{\theta}_1, \boldsymbol{\theta}_2, \cdots, \boldsymbol{\theta}_N)^{\mathrm{T}}$。显然，投资组合 $\boldsymbol{\theta} = (\boldsymbol{\theta}_1, \boldsymbol{\theta}_2, \cdots, \boldsymbol{\theta}_N)^{\mathrm{T}}$ 期末的收益为 $\boldsymbol{Y} = \sum_{j=1}^{N} \theta_j \boldsymbol{X}_j = \boldsymbol{X}\boldsymbol{\theta}$，这样由 N 个证券生成的所有支付向量形成的集合称为**支付空间**，记为：

$$\boldsymbol{M} \equiv \{\boldsymbol{Y}: \boldsymbol{Y} = \boldsymbol{X}\boldsymbol{\theta}, \ \boldsymbol{\theta} \in R^N\} \tag{5.5}$$

显然 $\boldsymbol{M}$ 就是由 $\boldsymbol{X}_1$，$\boldsymbol{X}_2$，…，$\boldsymbol{X}_N$ 生成的向量空间，M 完全由 X 决定，它是由 $\boldsymbol{X}_1$，$\boldsymbol{X}_2$，…，$\boldsymbol{X}_N$ 的所有的线性组合而形成的支付向量的集合。

定义 5.1：称分别由 $\boldsymbol{X}$ 和 $\boldsymbol{X}'$ 生成的支付空间 $\boldsymbol{M} \equiv \{\boldsymbol{Y}: \boldsymbol{Y} = \boldsymbol{X}\boldsymbol{\theta}, \ \boldsymbol{\theta} \in \boldsymbol{R}^N\}$ 和 $\boldsymbol{M}' \equiv \{\boldsymbol{Y}': \boldsymbol{Y}' = \boldsymbol{X}'\boldsymbol{\theta}, \ \boldsymbol{\theta} \in \boldsymbol{R}^N\}$ 是等价的，如果满足：$\boldsymbol{M}=\boldsymbol{M}'$。

两个市场等价也可以定义为其中的一个市场上的所有证券都可以由另一个市场生成，同时，另一个市场上的所有证券也能由这个市场生成。用数学语言可以描述为：

定义 5.2：称两个证券市场 $\boldsymbol{X} = (\boldsymbol{X}_1, \boldsymbol{X}_2, \cdots, \boldsymbol{X}_N)$ 与 $\boldsymbol{X}' = (\boldsymbol{X}'_1, \boldsymbol{X}'_2, \cdots, \boldsymbol{X}'_m)$ **等价**，若 $\forall \boldsymbol{X}_i \in \boldsymbol{X}$，$\exists \boldsymbol{\theta} \in \boldsymbol{R}^N$，使得 $\boldsymbol{X}_i = \boldsymbol{X}'\boldsymbol{\theta}$；同时，$\forall \boldsymbol{X}'_j \in \boldsymbol{X}'$，$\exists \boldsymbol{\theta}' \in \boldsymbol{R}^N$，使得 $\boldsymbol{X}'_j = \boldsymbol{X}\boldsymbol{\theta}'$。

结合上述等价和冗余证券的定义，显然有：

定理 5.1：如果证券市场 $\boldsymbol{X}=(\boldsymbol{X}_1,\ \boldsymbol{X}_2,\ \cdots,\ \boldsymbol{X}_N)$ 有一个冗余证券 $\boldsymbol{X}_j$，则剔除 $\boldsymbol{X}_j$ 后所得到的证券市场 $\boldsymbol{X}_{\setminus j}=(\boldsymbol{X}_1,\ \cdots,\ \boldsymbol{X}_{j-1},\ \boldsymbol{X}_{j+1},\ \cdots,\ \boldsymbol{X}_N)$ 与原市场等价，即 $\boldsymbol{X}$ 与 $\boldsymbol{X}_{\setminus j}$ 等价。

证明：$\forall \boldsymbol{X}_i\in\boldsymbol{X}$，$i\neq j$ 时，取 $\boldsymbol{\theta}_{/j}^{\mathrm{T}}=(0,\ \cdots,\ 1,\ \cdots,\ 0)\in\boldsymbol{R}^{N-1}$，使得 $\boldsymbol{X}_i=\boldsymbol{X}_{/j}\boldsymbol{\theta}_{/j}=\boldsymbol{X}_i$；$i=j$ 时，由冗余证券的定义(5.1)可知 $\boldsymbol{X}_j=\boldsymbol{X}_{\setminus j}\boldsymbol{\theta}_{\setminus j}$

另一方面，$\forall \boldsymbol{X}_i\in\boldsymbol{X}_{/j}$ 有，$\boldsymbol{\theta}^{\mathrm{T}}=(0,\ \cdots,\ 1,\ \cdots,\ 0)\in\boldsymbol{R}^N$，$\boldsymbol{X}_i=\boldsymbol{X}\boldsymbol{\theta}=\boldsymbol{X}_i$

故 $\boldsymbol{X}$ 与 $\boldsymbol{X}_{\setminus j}$ 等价。证毕■

定理 5.1 表明，如果证券市场上存在一个冗余证券，剔除这个冗余证券后所得的证券市场与原来的证券市场等价。进一步易证：

定理 5.2：若证券市场的支付矩阵 $\boldsymbol{X}$ 的秩等于 $r(r<N)$，则证券市场上存在 $N-r$ 个冗余证券，剔除这些冗余证券后得到的市场结构为 $\boldsymbol{X}'$，市场 $\boldsymbol{X}$ 与 $\boldsymbol{X}'$ 等价。

定理 5.2 表明所有的冗余证券都可以剔除，所得到的新的市场结构与原市场结构等价。支付矩阵 X 的秩是该矩阵的 N 个向量的极大无关组所含向量的个数。

由前面的分析可知，只要存在冗余证券，就可以通过剔除冗余证券得到一个更简单的等价的证券市场结构。即使不存在冗余证券，也可以通过构造等价的证券市场得到证券市场的不同形式。

(二) 证券市场的不同形式

所谓证券市场的不同形式是指原始证券市场结构以及与之等价的其他形式的证券市场，讨论证券市场的不同形式的目的是由原始的证券市场形式向更简单、更方便的证券市场形式的转换。

由定理 5.1 和 5.2，无摩擦的市场上，只要有冗余证券就可以剔除，所得的市场结构与原来的市场结构等价。因此，我们可以假设市场上的 N 个证券线性无关。由线性代数知识可知，$N\leqslant S$。支付矩阵的秩记为 $\mathrm{rank}(\boldsymbol{X})$，则显然有：

$$\mathrm{Rank}(\boldsymbol{X})=\min\{N,\ S\}=N$$

给定 N 个线性无关的支付向量，我们试图构造 N 个不同的投资组合使得它们对应的投资组合的支付也线性无关。是否能达到此目标？

我们不妨将这 N 个组合记为 $\{\boldsymbol{\theta}_1,\ \boldsymbol{\theta}_2,\ \cdots,\ \boldsymbol{\theta}_N\}$，其中 $\boldsymbol{\theta}_i\equiv(\theta_{1i},\ \theta_{2i},\ \cdots,\ \theta_{Ni}\}^{\mathrm{T}}$，$i=1,\ 2,\ \cdots,\ N$。该组合对应的支付向量为：

$$\boldsymbol{X}_{\theta_i}=\boldsymbol{X}\boldsymbol{\theta}_i\equiv\begin{pmatrix}x_{1,\ \theta_i}\\ \vdots\\ x_{\omega,\ \theta_i}\\ \vdots\\ x_{S,\ \theta_i}\end{pmatrix}\tag{5.6}$$

由此形成的新的市场结构为：

$$
\begin{aligned}
\boldsymbol{X}_{\theta} \equiv (\boldsymbol{X}_{\theta_1}, \boldsymbol{X}_{\theta_2}, \cdots, \boldsymbol{X}_{\theta_N}) &= \boldsymbol{X}(\boldsymbol{\theta}_1, \cdots, \boldsymbol{\theta}_i, \cdots, \boldsymbol{\theta}_N) \\
&= \begin{pmatrix} x_{1,\theta_1} & \cdots & x_{1,\theta_i} & \cdots & x_{1,\theta_N} \\ \vdots & \vdots & \vdots & \vdots & \vdots \\ x_{\omega,\theta_1} & \cdots & x_{\omega,\theta_i} & \cdots & x_{\omega,\theta_N} \\ \vdots & \vdots & \vdots & \vdots & \vdots \\ x_{S,\theta_i} & \cdots & x_{S,\theta_i} & \cdots & x_{S,\theta_N} \end{pmatrix} \equiv \boldsymbol{XH}
\end{aligned} \tag{5.7}
$$

其中 H 为 N 阶正方形矩阵。显然，只要 H 可逆，即 $\text{rank}(H)=N$，则必有 $\text{rank}(\boldsymbol{X}_\theta)=\boldsymbol{N}$。其含义是，只要构造的 N 个组合的组合向量彼此线性无关，则由此得到的 N 个组合的支付向量也线性无关。式(5.6)、式(5.7)的经济含义是 N 个投资组合的支付向量 $\{\boldsymbol{X}_{\theta_1}, \boldsymbol{X}_{\theta_2}, \cdots, \boldsymbol{X}_{\theta_N}\}$ 是由原市场结构生成的。另一方面，因为 H 可逆，所以：

$$
\boldsymbol{X} = \boldsymbol{X}_\theta \boldsymbol{H}^{-1} \tag{5.8}
$$

式(5.8)的含义是原始市场结构的 N 个证券也能由 $\{\boldsymbol{X}_{\theta_1}, \boldsymbol{X}_{\theta_2}, \cdots, \boldsymbol{X}_{\theta_N}\}$ 生成，因此原市场结构 $\{\boldsymbol{X}_1, \boldsymbol{X}_2, \cdots, \boldsymbol{X}_N\}$ 和 $\{\boldsymbol{X}_{\theta_1}, \boldsymbol{X}_{\theta_2}, \cdots, \boldsymbol{X}_{\theta_N}\}$ 等价。

对任意的可逆矩阵 $\boldsymbol{H}$，$\boldsymbol{X}_\theta$ 形成了原证券市场的不同形式。$\boldsymbol{X}$ 和 $\boldsymbol{X}_\theta$ 是同一证券市场的两种不同的形式。当然，通过对原证券市场构造适当的投资组合形成新的形式的主要目的是希望新的证券市场形式更简单或更易于分析问题。

例 5.2：在例 5.1 中，原市场结构为：

$$
\boldsymbol{X} = (\boldsymbol{X}_1, \boldsymbol{X}_2, \boldsymbol{X}_3, \boldsymbol{X}_4) = \begin{pmatrix} 1 & 2 & 0 & 1 \\ 2 & 1 & 1 & 0 \\ 1 & 2 & 0 & 2 \end{pmatrix}
$$

剔除 $\boldsymbol{X}_3$ 后的市场结构为：

$$
\boldsymbol{X}' = (\boldsymbol{X}_1, \boldsymbol{X}_2, \boldsymbol{X}_4) = \begin{pmatrix} 1 & 2 & 1 \\ 2 & 1 & 0 \\ 1 & 2 & 2 \end{pmatrix}
$$

构造三个投资组合，只要组合向量线性无关就可以形成新的等价的市场结构，我们不妨取：

$$
\boldsymbol{H} = (\boldsymbol{\theta}_1, \boldsymbol{\theta}_2, \boldsymbol{\theta}_4) = \begin{pmatrix} 1 & 0 & 0 \\ 2 & 1 & 0 \\ 3 & 2 & 1 \end{pmatrix}
$$

则等价的市场结构为：

$$
\boldsymbol{X}'' = (\boldsymbol{X}_1, \boldsymbol{X}_2, \boldsymbol{X}_4)H = \begin{pmatrix} 1 & 2 & 1 \\ 2 & 1 & 0 \\ 1 & 2 & 2 \end{pmatrix} = \begin{pmatrix} 8 & 4 & 1 \\ 4 & 1 & 0 \\ 11 & 6 & 2 \end{pmatrix}
$$

可以验证上述三个市场结构彼此等价。这里我们取的 H 比较“随意”，只是保证 H 是可逆的，通常情况下对 H 或证券投资组合的选取往往是依据最终市场结构 $\boldsymbol{X}''$ 来确定的。

(三) A-D 证券市场结构与一般市场结构

从一般的角度讨论了证券市场的不同形式后，我们将关注一些特殊的证券市场形式。特别地，当原始的证券市场是完全市场时，原始市场与 A-D 市场等价，从而表明 A-D 市场是原始市场的最简单的形式。我们将这一结论表述为定理：

定理 5.3：任何一个完全市场的一般市场结构都与一个 A-D 证券市场等价。此时，A-D 证券市场是该原始证券市场的另一表达形式。

证明：假定原始市场结构包括 N 个证券，其市场结构为 $\boldsymbol{X}=(\boldsymbol{X}_1, \boldsymbol{X}_{,2}, \cdots, \boldsymbol{X}_N)$。因为市场是完全的，因此市场结构的秩等于总状态数，即 $\text{rank}(\boldsymbol{X})=S$。

由定理 5.2，如果 $\boldsymbol{X}$ 存在冗余证券，则可以剔除所有的冗余证券，从而可以简单化地假设 $\boldsymbol{X}$ 为 S 阶可逆方阵。显然，$\boldsymbol{X}$ 的任何一个证券都可以由 A-D 证券市场复制，下面证任何状态或有证券都可以被 $\boldsymbol{X}$ 复制。

$\forall \omega$，都存在组合 $\boldsymbol{\theta}_\omega$ 使得(5.9)成立：

$$\boldsymbol{X}\boldsymbol{\theta}_\omega=\boldsymbol{I}_\omega \tag{5.9}$$

事实上由于 $\boldsymbol{X}$ 是可逆方阵，所以：

$$\boldsymbol{\theta}_\omega=\boldsymbol{X}^{-1}\boldsymbol{I}_\omega \tag{5.10}$$

由 ω 的任意性和(5.10)式，任何状态或有证券都可以被 $\boldsymbol{X}$ 复制。当 $\boldsymbol{X}$ 给定时，$\boldsymbol{\theta}_\omega$ 是唯一的，我们称之为**状态 ω 组合**。由线性代数的知识容易发现状态 ω 组合为 $\boldsymbol{X}$ 逆矩阵的第 ω 列，即 $\boldsymbol{\theta}_\omega$ 与 $\boldsymbol{X}$ 逆矩阵的 ω 列相等。证毕■

需要说明的是，任何一个没有冗余证券的完全市场的市场结构都与同一个 A-D 证券市场结构等价，但由于不同的原始市场结构对应的期初的价格向量可能互不相同，从而 A-D 证券市场的状态价格向量也不同。从完整的角度来看，任何一个市场的描述除了市场结构，还应该包含其价格向量，即：$(\boldsymbol{S}, \boldsymbol{X})$。当 $\boldsymbol{X}$ 为可逆方阵时，对应的 A-D 市场为$(\boldsymbol{\phi}, \boldsymbol{X}^{\text{A-D}})$或$(\boldsymbol{\phi}, \boldsymbol{E})$，而且：

$$\boldsymbol{\Phi}=\boldsymbol{X}^{-1}\boldsymbol{S} \tag{5.11}$$

例 5.3：在 5.2 的基础上求状态组合，由于剔除冗余证券的方法不同，对应的状态组合随之不同。按例 5.2 中提出第三个证券得到的市场结构 $\boldsymbol{X}'$，取下列三个投资组合：:

$$\boldsymbol{\theta}_{\omega_1}=\begin{pmatrix}-2/3\\4/3\\-1\end{pmatrix},\ \boldsymbol{\theta}_{\omega_2}=\begin{pmatrix}2/3\\1/3\\0\end{pmatrix},\ \boldsymbol{\theta}_{\omega_3}=\begin{pmatrix}-1\\0\\1\end{pmatrix}$$

则三个组合分别对应状态 1 证券、状态 2 证券和状态 3 证券。容易验证：

$$(\boldsymbol{\theta}_{\omega_1}, \boldsymbol{\theta}_{\omega_2}, \boldsymbol{\theta}_{\omega 3_1})=\begin{pmatrix}-2/3 & 2/3 & -1\\4/3 & 1/3 & 0\\-1 & 0 & 1\end{pmatrix}=\boldsymbol{X}'^{-1}$$

三、市场特征与套利

在前面的讨论中，我们基本上都是从证券市场在期末的支付矩阵着手的，很少讨论期初的价格向量。上一节我们证明了任何一个完全市场的市场结构都与同一个 A-D 证券市场结构等价，但如果进一步研究期初的价格，可能不同的 A-D 市场具有不同的状态价格。实际上，期初的价格向量也十分重要。本章的后面我们将讨论金融经济学中的一个非常重要的概念：套利。套利正是结合期初价格和期末支付时可能会出现的一种交易行为。

由套利而衍生的无套利定价方法是金融资产定价的两大核心方法之一。无套利方法也叫相对定价法，它依据证券的期末支付向量之间的关系比较期初价格之间的关系，因此，该方法需要具备一定的条件，这就是市场独有的特征。

无套利分析法首先需要比较证券的期末支付之间的关系，当市场上有 N 个证券时，每个证券都可以用一个支付向量来描述。支付向量之间可能线性相关，也可能线性无关。如果 N 个支付向量线性无关，则不存在冗余证券；反之，如果至少有一个证券可以被其他证券复制，则存在冗余证券。只有当市场上存在冗余证券时，证券的支付向量之间才有可能建立一定的关系，才能结合期初价格进行比较。因此，冗余证券的存在是无套利分析的前提条件。

第二节　套利与无套利原理

到目前为止，我们在讨论证券市场时主要是讨论期末支付向量之间的关系，结合期初价格可能存在一类特殊交易行为：套利。套利是金融中的一个重要概念，套利机会的存在意味着市场价格的不合理。当市场达到均衡时，不存在套利机会，这即是无套利原理，无套利原理是市场均衡的一个重要特征。

一、套利的定义

为了推导后面的结论，我们回归上一章讨论过的投资组合支付与价格问题。由 N 个证券组成的市场，期末支付矩阵为 $\boldsymbol{X}=(\boldsymbol{X}_1,\ \boldsymbol{X}_2,\ \cdots,\ \boldsymbol{X}_N)$，价格向量为 $\boldsymbol{S}^{\mathrm{T}}=(S_1,\ S_2,\ \cdots,\ S_N)$，描述为证券市场$(\boldsymbol{S}^{\mathrm{T}},\ \boldsymbol{X})$。由 N 个证券形成的投资组合 $\boldsymbol{\theta}^{\mathrm{T}}=(\theta_1,\ \theta_2,\ \cdots,\ \theta_N)$的期末支付向量为 $\boldsymbol{X}_\theta=\boldsymbol{X\theta}$；期初的价格为 $\boldsymbol{S}^{\mathrm{T}}\boldsymbol{\theta}$，价格与支付之间的对称性描述如图 5-1 所示。

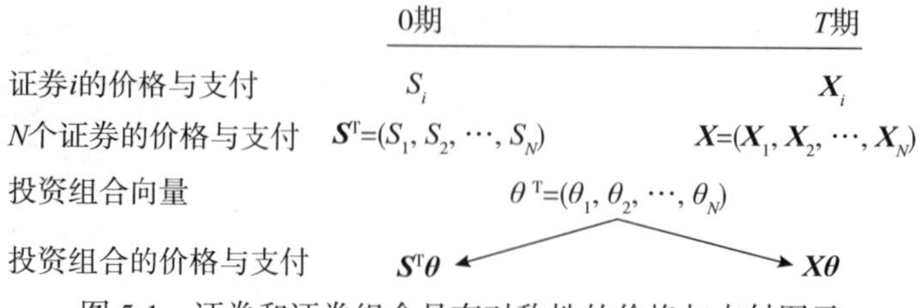

图 5-1　证券和证券组合具有对称性的价格与支付图示

定义 5.3：如果一个证券市场上存在满足下列条件的投资组合则称为存在**套利机会**(arbitrage opportunity)或简称为**套利**(arbitrage)：

(1)$\boldsymbol{S}^{\mathrm{T}}\boldsymbol{\theta}\leqslant\mathbf{0}$；

(2)$\boldsymbol{X}\boldsymbol{\theta}\geqslant\mathbf{0}$；

(3)至少有一个不等式严格成立。

定义的含义是显然的，如果市场上存在一种投资方式使得期初的成本小于或等于零，期末的收益大于或等于零，则称存在套利机会，套利机会意味着存在“免费的午餐”。通常又将套利分为三类：

第一类套利：$\boldsymbol{S}^{\mathrm{T}}\boldsymbol{\theta}<\mathbf{0}$ 且 $\boldsymbol{X}\boldsymbol{\theta}=\mathbf{0}$。

第二类套利：$\boldsymbol{S}^{\mathrm{T}}\boldsymbol{\theta}=\mathbf{0}$ 且 $\boldsymbol{X}\boldsymbol{\theta}>\mathbf{0}$。

第三类套利：$\boldsymbol{S}^{\mathrm{T}}\boldsymbol{\theta}<\mathbf{0}$ 且 $\boldsymbol{X}\boldsymbol{\theta}>\mathbf{0}$。

无论哪一类套利的存在都称为存在套利机会。第一类套利表明期初投资价值为负，期末在任何状态下支付为零。因此第一类套利机会使经济人在期初不支付任何成本，反而可以收回一定的财富(成本为负)，期末却不用承担任何责任。这类套利没有任何风险，期初收获、期末不用任何支付。第二类套利表明期初的成本为零，期末的收益在“好的情形下”严格为正，最坏情形下支付为零。这类套利意味着期初构造的投资组合价值为零，期末的收益具有不确定性，但不会为负。有的文献中常将成本为零的组合称为**套利组合**(arbitrage portfolio)。第二类套利意味着零投资但可能有正的收益。第三类套利可以看作是两类套利的叠加，期初构造投资组合后获取一定的收益，期末在“好的情形下”继续获取正的收益，“最坏情形下”不会产生任何损失。

现实中的套利可以分为跨时间套利、跨地理套利和跨风险套利：跨时间套利是指利用同一资产或投资组合在不同时点价格的不合理而获取无风险收益的交易；跨地理套利则是利用同一资产或投资组合在不同地理位置价格的不合理而获取无风险收益的交易；跨风险套利则是利用不同对象风险暴露的不对称而获取收益的交易。需要指出的是，套利通常是一个纯学术性概念，是一类没有风险但能获利的机会，这种套利机会往往是一种理想化的概念，现实生活中由于各种原因，特别是市场往往“有摩擦”，理论上存在的套利机会可能因为“市场摩擦”而无法顺利实现。尽管如此，套利机会的存在与否依然是金融经济学非常关注的问题。判断套利机会是否存在通常需要同时从证券的期末支付和期初价格结合在一起进行分析。我们举例如下。

例 5.4：市场上有 3 只证券，它们的价格向量和支付矩阵分别为：

$$\boldsymbol{S}=\begin{pmatrix}1\\1\\2\end{pmatrix}\ \text{和}\ \boldsymbol{X}=\begin{bmatrix}1&0&2\\1&2&0\\1&2&0\end{bmatrix}$$

请问是否存在套利机会？如果存在套利机会请分别举例说明。

分析：套利通常是建立在冗余证券的基础之上的。当市场上存在冗余证券时，相同的结果(支付向量相同)可能有两种或两种以上的投资方式可以得到。也即是说证券之间存在相互复制的关系。当两个或两个以上的组合相互复制且期初的价格不相等时，套利机会就出现了。本着“低进高出”的原则构造组合，也就形成了套利策略。

这个例子中，注意到 $\boldsymbol{X}_2+\boldsymbol{X}_3=(2,\ 2,\ 2)^{\mathrm{T}}=2\boldsymbol{X}_1$，而 $S_2+S_3=3$；$2S_1=2$ 两者不相等，故存在套利机会，依据定义可以构造相应的三类套利。

解：因为 $\boldsymbol{X}_2+\boldsymbol{X}_3=(2,\ 2,\ 2)^{\mathrm{T}}=2\boldsymbol{X}_1$，但 $S_2+S_3>2S_1$，故存在套利机会。

我们取 $\boldsymbol{\theta}_1=(2,\ -1,\ -1)^{\mathrm{T}}$，则有：

$$\boldsymbol{S}^{\mathrm{T}}\boldsymbol{\theta}_1=(1\quad 1\quad 2)\begin{pmatrix}2\\-1\\-1\end{pmatrix}=-1<0;\ \boldsymbol{X\theta}_1=\begin{bmatrix}1&0&2\\1&2&0\\1&2&0\end{bmatrix}\begin{bmatrix}2\\-1\\-1\end{bmatrix}=\begin{bmatrix}0\\0\\0\end{bmatrix}$$

所以 $\boldsymbol{\theta}_1$ 为第一类套利；取 $\boldsymbol{\theta}_2=(3,\ -1,\ -1)^{\mathrm{T}}$，则有：

$$\boldsymbol{S}^{\mathrm{T}}\boldsymbol{\theta}_2=(1\quad 1\quad 2)\begin{pmatrix}3\\-1\\-1\end{pmatrix}=0;\ \boldsymbol{X\theta}_2=\begin{bmatrix}1&0&2\\1&2&0\\1&2&0\end{bmatrix}\begin{bmatrix}3\\-1\\-1\end{bmatrix}=\begin{bmatrix}1\\1\\1\end{bmatrix}>\begin{bmatrix}0\\0\\0\end{bmatrix}$$

所以 $\boldsymbol{\theta}_2$ 为第二类套利；取 $\boldsymbol{\theta}_3=\boldsymbol{\theta}_1+\boldsymbol{\theta}_2=(5,\ -2,\ -2)^{\mathrm{T}}$，则有

$$\boldsymbol{S}^{\mathrm{T}}\boldsymbol{\theta}_3=(1\quad 1\quad 2)\begin{pmatrix}5\\-2\\-2\end{pmatrix}=-1<0;\ \boldsymbol{X\theta}_3=\begin{bmatrix}1&0&2\\1&2&0\\1&2&0\end{bmatrix}\begin{bmatrix}5\\-2\\-2\end{bmatrix}=\begin{bmatrix}1\\1\\1\end{bmatrix}>\begin{bmatrix}0\\0\\0\end{bmatrix}$$

所以 $\boldsymbol{\theta}_3$ 为第三类套利。

上述例子中三类套利组合的构造方法很多，我们的举例只是其中的一种，第三类套利直接由第一类和第二类合成，属于“最懒”的做法，但不是最简洁的形式。

从定义和例 5.1 中不难看出，套利的存在只依赖于证券的价格和支付，与期末各种状态发生的概率无关。我们通常假设所有经济人都事先知道这些证券价格和支付，当市场存在套利机会时，所有经济人都会利用套利机会获取套利收益。但是，套利机会的存在并不意味着能够套利，要实现套利，还需要市场满足一定的条件，即市场无摩擦。当市场存在摩擦时，理论上的套利机会可能无法实现。当市场上存在套利机会，而且市场无摩擦，则所有的经济人都可以利用资本市场进行套利，从而很快地消除套利机会。

二、无套利原理

由上述分析可知，给定证券的支付矩阵，证券的价格不是任意的，否则有可能出现套利机会。当市场出现套利机会时，经济人将充分利用机会套取无风险收益。无摩擦的市场上，经济人的套利行为将对证券需求产生冲击，从而影响证券的价格，因此，当市场上存在套利机会时，证券的价格不可能是均衡价格。这一事实我们概括为如下定理：

定理 5.4：当市场处于均衡状态时不可能存在套利机会。

证明：我们用反证法证明这一结论。

记市场的均衡配置为 $\{\boldsymbol{c}_k,\ k=1,\ 2,\ \cdots,\ K\}$，均衡价格向量为 $\boldsymbol{S}$，支付矩阵为 $\boldsymbol{X}$。假设市场上存在套利机会，不妨假设存在第一类套利机会，即存在投资组合 $\boldsymbol{\theta}$，使得 $\boldsymbol{S}^{\mathrm{T}}\boldsymbol{\theta}<\boldsymbol{0}$ 且 $\boldsymbol{X\theta}=\boldsymbol{0}$。对经济人 k，其最优消费选择为 $\boldsymbol{c}_k=(c_{k,0};\ \boldsymbol{c}_{k,1})$。由于投资组合 $\boldsymbol{\theta}$ 的存在，经济人 k 在期初额外投资该组合，使其两期消费变为：

$$c*_{k,0}=c_{k,0}-\boldsymbol{S}^{\mathrm{T}}\boldsymbol{\theta}>c_{k,0};\ \boldsymbol{c}*_{k,1}=\boldsymbol{c}_{k,1}+\boldsymbol{X\theta}=\boldsymbol{c}_{k,1}$$

由不满足公理可知，$\boldsymbol{c}^*_{\boldsymbol{k}}=(c^*_{k,0};\ \boldsymbol{c}^*_{k,1})$比$\boldsymbol{c}_{\boldsymbol{k}}=(c_{k,0};\ \boldsymbol{c}_{k,1})$更优，因此$\boldsymbol{c}_{\boldsymbol{k}}=(c_{k,0};\ \boldsymbol{c}_{k,1})$不是最优消费选择，这与均衡的定义相矛盾，矛盾是由假设引起的，故原假设不成立。证毕■

这里我们利用均衡的定义证明了套利机会的存在与市场均衡相矛盾。市场均衡要求经济人各自优化，每个经济人在均衡条件下的消费水平是其在自身约束条件下的最优消费。我们在第一类套利机会存在的假设下证明了：当套利机会存在时，任何一个具有不满足性的经济人都无法达到最优的消费水平。对于该经济人来说，任何一个消费计划都存在另一个比它更好的消费计划，而且满足预算约束条件。即是说，对每一个具有不满足性的经济人，当市场存在套利机会时，“没有最优，只有更优”。各自优化和市场出清是均衡的两个必备条件，套利机会存在时第一个条件都无法满足，从而无法达到均衡。虽然我们在证明的过程中只是假设第一类套利机会，事实上很容易证明第二类套利机会和第三类套利机会与均衡的矛盾。

上述证明用到了不满足性公理，甚至是只要有一个经济人满足不满足性公理就足以证明无法达到均衡。金融经济学将这一结论概括为一个一般性原理：

无套利原理：证券市场中不存在套利机会。

无套利原理是金融经济学的一个重要原理，它对证券价格的确定给出了基本的限制。由此形成了金融资产定价的一个重要方法——无套利定价。

无套利原理的成立依赖两个假设：一是(至少部分)经济人具有不满足性；二是市场无摩擦。所谓**市场无摩擦**是指经济人能够迅速按市场价格依据自身的需求买卖一定数量的证券。第一个假设保证投资者有套利的意愿，即当市场存在套利机会时，不满足性驱使投资者套利；第二个假设是从客观上给套利顺利进行提供保证，如果市场有摩擦，经济人无法立即按意愿进行交易，那么虽然存在套利机会但投资者无法顺利套利，从而可能会使得套利机会短时存在。虽然如此，无套利原理依然是金融学的一个重要的基本原理。

第三节　套利定价

无套利定价也常被简称为套利定价，它是金融资产定价的核心方法之一，也是金融工程中衍生证券定价的主要方法。该定价方法的基本思想是：证券价格的确定必须使得市场不存在套利机会，即证券价格满足无套利原理。

一、资产定价基本定理

我们利用无套利原理分析资产定价的一些基本性质，这些性质有的已经成为衍生金融工具定价的基本方法。我们首先给出资产定价的定义，然后研究资产定价的性质。

考虑两时点单期、期末有S个状态的情形，市场上有N个证券，每个证券的支付向量表示为S维向量，由这N个证券形成一个支付集合$\boldsymbol{X}=\{\boldsymbol{X}_1,\ \boldsymbol{X}_2,\ \cdots,\ \boldsymbol{X}_N\}$，正如前文所述，$N$ 个证券生成的集合称为支付空间 $\boldsymbol{M} \equiv \{\boldsymbol{Y}: \boldsymbol{Y}=\boldsymbol{X\theta}, \boldsymbol{\theta} \in \boldsymbol{R}^N\}$。

定义 5.4：称满足下列条件的一个从证券支付空间 $\boldsymbol{M}$ 到实数集 $\boldsymbol{R}$ 的映射为**定价算子**(pricing operator)或估价算子(valuation operator)：

$$\boldsymbol{V}: \boldsymbol{M} \to \boldsymbol{R} \tag{5.12}$$

满足：$\forall \boldsymbol{X}_i \in \boldsymbol{M}$，都存在唯一的实数 $V(\boldsymbol{X}_i) \in \boldsymbol{R}$ 与之对应。

对于市场上已经存在的 N 个证券，我们通常记为 $S_i = V(\boldsymbol{X}_i)$。所谓算子即是函数，从任何集合到实数集合的映射即为函数。定价算子或定价函数将每一个证券对应于一个特定的数值，该函数将每一个证券期末支付与其期初的价格相联系。无套利原理要求定价算子满足如下性质：

定理 5.5(一价律，law of one price)：两个具有相同支付的证券或证券组合的价格必定相同。即：$\forall \boldsymbol{X}_i, \boldsymbol{X}_j \in \boldsymbol{M}$，若 $\boldsymbol{X}_i = \boldsymbol{X}_j$，则必有 $V(\boldsymbol{X}_i) = V(\boldsymbol{X}_j)$　(5.13)

“一价律”是金融学中的一个著名的法则，是衍生产品定价的核心规则，在下一章我们将专门讨论一价律的应用。一价律的证明可以直接依据不存在第一类套利来证明。在此我们给出一个形式化的证明：

证明：用反正法。

假设上述结论不成立，不妨假设 $V(\boldsymbol{X}_i) < \boldsymbol{V}(X_j)$。由证券 i，j 两个证券组成的证券组的价格向量和支付矩阵分别为：$\boldsymbol{S}^{\mathrm{T}} = (V(\boldsymbol{X}_i), V(\boldsymbol{X}_j))$ 和 $\boldsymbol{X} = (\boldsymbol{X}_i, \boldsymbol{X}_j)$，取 $\boldsymbol{\theta}^{\mathrm{T}} = (1, -1)$，则因为 $\boldsymbol{X}_i = \boldsymbol{X}_j$，所以：

$$\boldsymbol{S}^{\mathrm{T}}\boldsymbol{\theta} = V(\boldsymbol{X}_i) - V(\boldsymbol{X}_j) < 0; \quad \boldsymbol{X\theta} = \boldsymbol{X}_i - \boldsymbol{X}_j = 0$$

所以存在第一类套利机会，这与无套利原理矛盾，因此假设错误，原命题成立。

推论 5.1：支付为 $\boldsymbol{0}$ 的证券其价格必定为 0。即：$V(\boldsymbol{0}) = 0$。

推论的证明比较容易。进一步由无套利原理易证下面两个定理：

定理 5.6：具有正的支付向量的证券或证券组合，其价格必为正。即：

若 $\boldsymbol{X}_i > \boldsymbol{0}$，则必有 $V(\boldsymbol{X}_i) > 0$　(5.14)

定理 5.7：在无摩擦的市场中，定价算子是递增的算子。

即：$\forall \boldsymbol{X}_i, \boldsymbol{X}_j \in \boldsymbol{M}$，若 $\boldsymbol{X}_i > \boldsymbol{X}_j$，则必有 $V(\boldsymbol{X}_i) > V(\boldsymbol{X}_j)$　(5.15)

证明：用反证法。

假定上述结论不成立，即 $V(\boldsymbol{X}_i) \leqslant V(\boldsymbol{X}_j)$。由证券 i，j 两个证券组成的证券组的价格向量和支付矩阵分别为：$S^{\mathrm{T}} = (V(\boldsymbol{X}_i), V(\boldsymbol{X}_j))$ 和 $\boldsymbol{X} = (\boldsymbol{X}_i, \boldsymbol{X}_j)$，取 $\boldsymbol{\theta}^{\mathrm{T}} = (1, -1)$，则因为 $\boldsymbol{X}_i > \boldsymbol{X}_j$，所以：

$$\boldsymbol{S}^{\mathrm{T}}\boldsymbol{\theta} = V(\boldsymbol{X}_i) - V(\boldsymbol{X}_j) \leqslant 0; \quad \boldsymbol{X\theta} = \boldsymbol{X}_i - \boldsymbol{X}_j > 0$$

因此存在第二类或第三类套利机会，这与无套利原理矛盾，所以假设错误，原命题成立。证毕■

实际上，结论的证明方法有多种，我们在这里采取了“形式化”的证明是想说明该方法的简单性，包括后面的证明中我们反复使用该方法。所谓的“形式化”是指按照固定的模式描述，依据反证法分三步完成证明。

定理 5.8：在无摩擦的市场中，定价算子是线性算子，即 $\forall \boldsymbol{X}_i, \boldsymbol{X}_j \in \boldsymbol{M}$

(1) $\forall a, b \in \boldsymbol{R}$，有 $V(a\boldsymbol{X}_i + b\boldsymbol{X}_j) = aV(\boldsymbol{X}_i) + bV(\boldsymbol{X}_j)$　(5.16)

(2) $\forall \boldsymbol{X}_i \in \boldsymbol{M}$, $i=1, 2, \cdots, n$, $\forall a_i \in \boldsymbol{R}$, $i=1, 2, \cdots, n$, 有:

$$V\sum_{i=1}^{n} a_i(\boldsymbol{X}_i) = \sum_{i=1}^{n} a_i V(\boldsymbol{X}_i) \tag{5.17}$$

我们只证明(2),(1)留作练习。

证明:用反证法证明(2)。

假定(5.17)不成立,即 $V\left(\sum_{i=1}^{n} a_i\boldsymbol{X}_i\right) \neq \sum_{i=1}^{n} a_i V(\boldsymbol{X}_i)$,不妨假设 $V\left(\sum_{i=1}^{n} a_i\boldsymbol{X}_i\right) < \sum_{i=1}^{n} a_i V(\boldsymbol{X}_i)$,记 $\boldsymbol{Y} = \sum_{i=1}^{n} a_i\boldsymbol{X}_i$,相应地 $V(\boldsymbol{Y}) \equiv V\left(\sum_{i=1}^{n} a_i\boldsymbol{X}_i\right)$。由 $n+1$ 个证券组成的证券组的价格向量和支付矩阵分别为:

$$\boldsymbol{S}^{\mathrm{T}} = (V(\boldsymbol{Y}), V(\boldsymbol{X}_1), V(\boldsymbol{X}_2), \cdots, V(\boldsymbol{X}_n)) \text{ 和 } \boldsymbol{X} = (\boldsymbol{Y}, \boldsymbol{X}_1, \boldsymbol{X}_2, \cdots, \boldsymbol{X}_n)$$

取 $\boldsymbol{\theta}^{\mathrm{T}} = (1, -a_1, -a_2, \cdots, -a_n)$,则因为 $\boldsymbol{Y} = \sum_{i=1}^{n} a_i\boldsymbol{X}_i$,所以:

$$\boldsymbol{S}^{\mathrm{T}}\boldsymbol{\theta} = V(\boldsymbol{Y}) - \sum_{i=1}^{n} a_i V(\boldsymbol{X}_i) = V\left(\sum_{i=1}^{n} a_i\boldsymbol{X}_i\right) - \sum_{i=1}^{n} a_i V(\boldsymbol{X}_i) < 0;$$

$$\boldsymbol{X\theta} = \boldsymbol{Y} - \sum_{i=1}^{n} a_i\boldsymbol{X}_i = \boldsymbol{0}$$

所以存在第一类套利机会,这与无套利原理矛盾,因此假设错误,原命题成立。证毕■

系:在无摩擦的市场中,定价算子是递增的线性算子。

定价算子的线性性可用于 A-D 经济,对任意的证券 $\boldsymbol{X}_i$,由于:

$$\boldsymbol{X}_i \equiv \begin{pmatrix} x_{1i} \\ \vdots \\ x_{\omega i} \\ \vdots \\ x_{Si} \end{pmatrix} = x_{1i} \times \boldsymbol{I}_1 + \cdots + x_{\omega i} \times \boldsymbol{I}_\omega + \cdots + x_{Si} \times \boldsymbol{I}_S \tag{5.18}$$

所以:

$$V(\boldsymbol{X}_i) = x_{1i} \times V(\boldsymbol{I}_1) + \cdots + x_{\omega i} \times V(\boldsymbol{I}_\omega) + \cdots + x_{Si} \times V(\boldsymbol{I}_S) \tag{5.19}$$

由状态价格的定义可知,$V(\boldsymbol{I}_\omega) = \phi_\omega$,所以:

$$V(\boldsymbol{X}_i) = x_{1i}\phi_1 + \cdots + x_{\omega i}\phi_\omega + \cdots + x_{Si}\phi_S = \boldsymbol{\phi}^{\mathrm{T}}\boldsymbol{X}_i \tag{5.20}$$

因为 $\boldsymbol{I}_\omega \geqslant \boldsymbol{0}$,所以 $V(\boldsymbol{I}_\omega) = \phi_\omega > 0$。

更一般地有如下重要的定理:

定理 5.9(资产定价基本定理,Fundamental Theorem of Asset Pricing):证券市场中不存在套利机会的充要条件是:存在向量 $\boldsymbol{\phi} \gg \boldsymbol{0}$ 使得:

$$S = (\boldsymbol{\phi}^{\mathrm{T}}\boldsymbol{X})^{\mathrm{T}} \tag{5.21}$$

证明:充分性:

若存在 $\boldsymbol{\phi} \gg \boldsymbol{0}$ 使得 $S = (\boldsymbol{\phi}^{\mathrm{T}}\boldsymbol{X})^{\mathrm{T}}$,则对任意支付向量 $\boldsymbol{X}_i \geqslant \boldsymbol{0}$,则有:

若 $\boldsymbol{X}_i \gg \boldsymbol{0}$;$S_i = V(\boldsymbol{X}_i) = \boldsymbol{\phi}^{\mathrm{T}}\boldsymbol{X}_i = \sum_{\omega=1}^{S} \phi_\omega x_{\omega i} > 0$;若 $\boldsymbol{X}_i = \boldsymbol{0}$;$S_i = V(\boldsymbol{X}_i) = \sum \phi_\omega \cdot 0 = 0$。

故不存在套利机会。

必要性：

若不存在套利机会，则由(5.20)，存在 $V(\boldsymbol{I}_\omega)=\phi_\omega>0$ 使得

$$S_i=V(\boldsymbol{X}_i)=x_{1i}\phi_1+\cdots+x_{\omega i}\phi_\omega+\cdots+x_{Si}\phi_S=\boldsymbol{\phi}^{\mathrm{T}}\boldsymbol{X}_i$$

且 $$\boldsymbol{S}^{\mathrm{T}}=(\boldsymbol{S}_1,\cdots,\boldsymbol{S}_N)=(\boldsymbol{\phi}^{\mathrm{T}}\boldsymbol{X}_1,\cdots,\boldsymbol{\phi}^{\mathrm{T}}\boldsymbol{X}_N)=\boldsymbol{\phi}^{\mathrm{T}}(\boldsymbol{X}_1,\cdots,\boldsymbol{X}_N)=\boldsymbol{\phi}^{\mathrm{T}}\boldsymbol{X}$$

从而(5.21)成立。证毕■

本部分重点证明了基于无套利定价的基本结论，包括定价函数满足：(1)一价律；(2)单调性；(3)线性性。我们在证明这些结论时都是通过反证法来证明的，即论证如果结论不成立则必定存在套利机会。有了这些结论后我们再进行分析时，如对衍生证券的定价或分析衍生证券价格所具有的性质时都可以直接使用这些结论。可以说，本节的分析为衍生证券定价建立了理论基础。

二、风险中性定价

将定价的线性性用于无风险债券，可以得到一些有趣的结论。假设证券市场上存在一只无风险债券，该证券的期末支付为确定的数量1。该债券的期初价格记为 B，期末的支付向量记 X_B，则：

$$\boldsymbol{X}_B=\begin{bmatrix}1\\1\\\vdots\\1\end{bmatrix}=\boldsymbol{1}$$

由定价的线性性可知：

$$B=V(\boldsymbol{X}_B)=\boldsymbol{\phi}^T\boldsymbol{I}=\sum_{\omega=1}^{S}\phi_\omega \tag{5.22}$$

1单位无风险债券投资的净支付称为收益率或无风险利率，记为 r_F。则：

$$B(1+r_F)=1\quad\text{或}\quad r_F=\frac{1-B}{B} \tag{5.23}$$

所以：

$$B=\frac{1}{1+r_F}=\sum_{\omega=1}^{S}\phi_\omega \tag{5.24}$$

可以将状态价格理解为在期末 ω 状态下1个单位的消费品折合期初 ϕ_ω 个单位的消费品，因此可以理解为“随机贴现因子”，将期末或有支付折合为期初的成本。公式(5.24)的左边是无风险贴现因子，该式的含义可以理解为：

随机贴现因子之和等于无风险贴现因子。

实际上，该式子可以作如下变化：

$$B=\sum_{\omega=1}^{S}\phi_\omega=\sum_{\omega=1}^{S}\pi_\omega\times\frac{\phi_\omega}{\pi_\omega}=E\left[\frac{\phi_\omega}{\pi_\omega}\right] \tag{5.25}$$

在后面，我们将 $\dfrac{\phi_\omega}{\pi_\omega}$ 称为“**随机贴现因子**”(stochastic discount factor)，记为 $m_\omega = \phi_\omega/\pi_\omega$，(5.25)的含义为：随机贴现因子的期望等于无风险贴现因子。

回到定价公式(5.20)：

$$S_i = V(\boldsymbol{X}_i) = x_{1i}\phi_1 + \cdots + x_{\omega i}\phi_\omega + \cdots + x_{Si}\phi_S \tag{5.20}$$

因为：

$$S_i = \sum_{\omega=1}^{S} x_{\omega i}\phi_\omega = B\sum_{\omega=1}^{S}\frac{x_{\omega i}\phi_\omega}{B} = \frac{1}{1+r_F}\sum_{\omega=1}^{S}\frac{\phi_\omega}{B}\times x_{\omega i} \tag{5.26}$$

无套利条件下 $\phi_\omega > 0$，令 $q_\omega \equiv \dfrac{\phi_\omega}{B}$，则因为：

$$q_\omega \equiv \frac{\phi_\omega}{B} = \frac{\phi_\omega}{\phi_1 + \cdots + \phi_\omega + \cdots + \phi_S} \tag{5.27}$$

所以有：

$$0 < q_\omega < 1，\quad 而且 \sum_{\omega=1}^{S} q_\omega = 1$$

可以将 q_ω“看作”概率，我们称之为**风险中性概率**或**等价鞅测度**(equivalent martingale measure)，记为 $\boldsymbol{Q} = \{q_\omega,\ \omega \in \Omega,\ 0 < q_\omega < 1\}$。将风险中性概率用于(5.23)得：

$$S_i = \frac{\sum_{\omega=1}^{S} q_\omega x_{\omega i}}{1+r_F} \equiv \frac{E^Q[\widetilde{X}_i]}{1+r_F} \tag{5.28}$$

(5.28)的含义是：任何证券的价格都可以用同一个概率测度 Q 来计算其期末支付的期望值，然后用无风险利率贴现。

现实世界里，资产的期望值一般都是用该资产要求的回报率贴现：

$$S_i = \frac{E[\widetilde{X}_i]}{1+E[r_i]} \tag{5.29}$$

(5.29)中期末支付的期望值是基于客观概率测度来计算的，分母中的收益率 $E[r_i]$ 是证券 i 对应的风险所要求的收益率，比如可以由 CAPM 来计算求得：

$$E[r_i] = r_F + \beta_i[E[r_m] - r_F] \tag{5.30}$$

通常，对风险厌恶者 $E[r_i] > r_F$；对风险中性者 $E[r_i] = r_F$；对风险喜好者 $E[r_i] < r_F$。从形式来看，(5.28)中 $E[r_i] = r_F$，因此属于风险中性者使用的贴现率，与之相对应的是计算期末支付的期望值时使用了不同的概率测度，而且使得计算出来的价格与(5.29)计算的价格相等，因此，该概率被称为风险中性概率。为了与真实概率区分，我们用“Q”作为上角标。

比较图 5-2 中两种证券的价格与支付，对(5.28)再变形为：$S_i = BE^Q[\widetilde{\boldsymbol{X}}_i]$ 则：

$$\frac{S_i}{B} = E^Q\left[\frac{\widetilde{\boldsymbol{X}}_i}{1}\right] \tag{5.31}$$

	0期(价格)	T期(支付)
风险证券	S_i	$\boldsymbol{X}_i$
无风险证券	B	$\mathbf{1}$
现金流之比	S_i/B	$\boldsymbol{X}_i/1$

图 5-2 两类证券的价格依支付比较

在概率测度 Q 下，期末两证券现金流之比的期望值等于期初的两证券现金流之比，这一性质表明：任何风险证券与无风险证券支付之比在两时点形成了“鞅过程”。因此，测度 Q 又称为**等价鞅测度**。此处属于两时点情形，其结果能够推广到多期的动态情形。

例 5.5：在例 5.1 的基础下，若四个证券的价格分别为 1.5、2.1、0.3 和 1.4，即四个证券的价格向量和支付矩阵分别为：

$$\boldsymbol{S}=\begin{pmatrix}1.28\\1.66\\0.3\\1.04\end{pmatrix} \text{ 和 } \boldsymbol{X}=\begin{bmatrix}1&2&0&1\\2&1&1&0\\1&2&0&2\end{bmatrix}$$

此时，令三个状态价格分别为：ϕ_1，ϕ_2，ϕ_3，则有：

$$\begin{cases}1.28=\phi_1+2\phi_2+\phi_3\\1.66=2\phi_1+\phi_2+2\phi_3\\0.3=0\phi_1+\phi_2+0\phi_3\\1.04=\phi_1+0\phi_2+2\phi_3\end{cases}$$

解方程组得到状态价格：

$$\begin{cases}\phi_1=0.32\\\phi_2=0.3\\\phi_3=0.36\end{cases}$$

因此，$B=0.32+0.3+0.36=0.98$，无风险利率为 1/49。等价鞅测度为：(16/49，15/49，18/49)。容易验证：

$$\begin{cases}1.5=\left[1\times\dfrac{16}{49}+2\times\dfrac{15}{49}+1\times\dfrac{18}{49}\right]\Big/(1+1/49)=\dfrac{E^Q[\boldsymbol{X}_1]}{1+r_F}\\1.66=\left[2\times\dfrac{16}{49}+1\times\dfrac{15}{49}+2\times\dfrac{18}{49}\right]\Big/(1+1/49)=\dfrac{E^Q[\boldsymbol{X}_2]}{1+r_F}\\0.3=1\times\dfrac{15}{49}\Big/(1+1/49)=\dfrac{E^Q[\boldsymbol{X}_3]}{1+r_F}\\1.04=\left[1\times\dfrac{16}{49}+2\times\dfrac{18}{49}\right]\Big/(1+1/49)=\dfrac{E^Q[\boldsymbol{X}_4]}{1+r_F}\end{cases}$$

上式变形为：

$$\begin{cases}\dfrac{1.5}{1+1/49}=\dfrac{S_1}{B}=E^Q[\boldsymbol{X}_1]=E^Q\left[\dfrac{\boldsymbol{X}_1}{1}\right]\\ \dfrac{1.66}{1+1/49}=\dfrac{S_2}{B}=E^Q[\boldsymbol{X}_2]=E^Q\left[\dfrac{\boldsymbol{X}_2}{1}\right]\\ \dfrac{0.3}{1+1/49}=\dfrac{S_3}{B}=E^Q[\boldsymbol{X}_3]=E^Q\left[\dfrac{\boldsymbol{X}_3}{1}\right]\\ \dfrac{1.04}{1+1/49}=\dfrac{S_4}{B}=E^Q[\boldsymbol{X}_4]=E^Q\left[\dfrac{\boldsymbol{X}_4}{1}\right]\end{cases}$$

◎ 本章小结

无套利定价是资产定价的核心方法之一，它是建立在无套利原理基础之上的一种方法，也称为比较法。该方法是通过比较两个资产或两个资产形成的投资组合的资产与支付，从而确定特定资产的价格。我们在本章为无套利定价方法给出了理论基础。

为了建立套利的概念，我们首先引进冗余证券的概念，冗余证券的存在可以比较直观地理解套利，当然，冗余证券不是套利机会的存在的必要条件。当证券市场上存在冗余证券时，剔除冗余证券不改变市场的功能，即剔除冗余证券后所得到的新的证券市场与原来的证券市场是等价的。当然这一结论的成立是以市场无摩擦为前提的。因此，我们通常可以假设证券市场不存在冗余证券。

现实的证券市场通常有许多复合证券组成，多个复合证券形成的市场结果通常不够直观，当市场完全时，可以利用复合证券复制各个状态或有证券，从而得到一个等价的 A-D 证券市场结构。

本章我们给出了套利的定义以及三种类型的套利。基于套利的定义可以判断证券市场是否存在套利机会。

无套利原理是指若证券市场达到均衡则不存在套利机会。套利定价是指市场不存在套利机会时的各证券的价格。基于无套利思想我们给出了证券定价必须满足的性质：一价律、单调性、线性性，并给出了资产定价基本定理。

当市场完全而且不存在冗余证券时，根据各证券的支付矩阵和价格向量可以唯一地确定 A-D 证券的价格，只有当 A-D 证券价格大于零时才没有套利机会。此时，可以确定无风险利率和等价鞅测度。

◎ 重要概念

复合证券　冗余证券　证券的复制　证券的合成、生成　证券市场的等价
套利　套利组合　套利机会　套利原理　无摩擦市场　定价算子(函数)
一价律　风险中性定价　等价鞅测度　风险中性概率

◎ 思考题

1. 什么是套利？套利一般有哪几种类别？

2. 什么是无套利原理？无套利原理成立的前提假设是什么？

3. 无套利原理是套利定价的依据，金融工程中是如何应用无套利原理对衍生证券进行定价的？

4. 为什么要讨论证券市场的不同描述？

5. 回忆线性代数中的秩的概念，它在证券市场的描述中起何作用？

6. 冗余证券在套利中起什么作用？

7. 什么是一价律？一价律在衍生证券定价中是如何应用的？

8. 什么是资产定价基本定理？理解其“基本”的含义。

◎ 练习题

1. 证明定理 5.8 中的(1)。

2. 证券市场上有三个证券，其支付矩阵为：

$$X=\begin{bmatrix}30 & 20 & 10\\ 20 & 15 & 0\end{bmatrix}$$

(1)是否存在冗余证券？哪个证券是冗余的？请证明之。

(2)若三个证券的价格分别为 25、17 和 8，是否存在套利机会？若存在套利机会请给出套利策略。

3. 若市场上三个证券的支付矩阵为：

$$X=\begin{bmatrix}110 & 100 & 48\\ 110 & 50 & 40\\ 110 & 40 & 36\end{bmatrix}$$

(1)市场是否完全？请证明之。

(2)若三个证券的价格分别为 100、70 和 40，则是否存在套利机会？如果不存在套利机会请计算无风险利率和 A-D 证券价格以及等价鞅测度。

(3)若三个证券的价格分别为 100、40 和 70，则是否存在套利机会？

(4)上述三个复合证券分别是由怎样的 A-D 证券组合复合而成的？

4. 已知某个市场的市场结构或支付矩阵为：

$$\begin{bmatrix}1 & 1 & 0 & 0 & 0\\ 1 & 2 & 1 & 0 & 0\\ 1 & 3 & 2 & 1 & 0\\ 1 & 4 & 3 & 2 & 1\end{bmatrix}$$

相应的价格向量为 $\left(B \quad \frac{63}{26} \quad \frac{19}{13} \quad \frac{10}{13} \quad \frac{4}{13}\right)$：

(1)证明存在冗余证券；

(2)B 为何值时不存在套利机会？

(3)不存在套利机会时计算状态价格、风险中性概率和利率。

(4)若四个状态发生的概率相等，计算四个状态对应的随机贴现因子。

5. 给定支付矩阵：

$$X = \begin{bmatrix} 2 & 3 & 2 \\ 2 & 3 & 5 \\ 5 & 4/3 & 3 \end{bmatrix}$$

和资产价格 $S^{\mathrm{T}}=(6, 4, k)$：

(1) K 为何值时不存在套利机会？

(2)取 K 为某特定值使得市场存在三类套利机会，分别给出相应的套利组合。

(3)求以第一个资产为标的，以3为执行价格的欧式看涨期权价格；求以第三个资产为标的，以2.5为执行价格的欧式看涨期权价格。

6. 证券市场上有两支股票，股票A和股票B。股票A的期初价格为50元，期末两种状态1和2下的支付分别为60元和40元；股票的期初价格为40元，期末两种状态下的支付分别为52元和28元。

(1)给出价格向量和支付矩阵；

(2)复制状态或有证券；

(3)若状态1发生的概率为80%，则等权重组合的期望收益是多少？

◎ 参考书目与推荐阅读

1. 王江．金融经济学．北京：中国人民大学出版社，2006.

2. 斯蒂芬·F. 勒罗伊，简·沃纳．金融经济学原理．中译本．汪建雄，何雪飞，译．北京：清华大学出版社，2012.

3. 法博齐，尼夫．金融经济学．中译本．周国富，译．北京：机械工业出版社，2015.

4. 巴鲁奇·艾米利奥．金融市场理论．中译本．李晓洁，译．上海：上海财经大学出版社，2006.

附录：线性代数的若干知识回顾

本章开始更多地涉及线性代数的知识，包括矩阵、矩阵的秩；向量组的线性相关、向量组的秩等。

1. 矩阵与向量

定义 A1：$m\times n$ 个数 $a_{ij}(i=1, 2, \cdots, m; j=1, 2, \cdots, n)$ 排成 m 行 n 列的数表

$$A = \begin{bmatrix} a_{11} & a_{12} & \cdots & a_{1n} \\ a_{21} & a_{22} & \cdots & a_{2n} \\ \vdots & \vdots & \vdots & \vdots \\ a_{m1} & a_{m2} & \cdots & a_{mn} \end{bmatrix}$$

称为 $m\times n$ 矩阵，记作$(a_{ij})_{m\times n}$或$\boldsymbol{A}_{m\times n}$，每个$a_{ij}$称为元素。$m\neq n$ 时称为长方形矩阵，$m=n$ 时称为正方形矩阵，简称 n 阶方阵。

从定义通过划分句子成分可以看出，矩阵就是一张表！为了好看采用括号围起来，通常用 $\boldsymbol{A}$、$\boldsymbol{B}$、$\boldsymbol{C}$ 等表示。学习矩阵记住一个规则“**左行右列**”！

元素 a_{ij}的角标——左角标是行、右角标是列，表示第 i 行 j 列的元素；

矩阵 $\boldsymbol{A}_{m\times n}$的角标——表示有 m 行 n 列；

初等矩阵左乘矩阵 $\boldsymbol{A}$——对 $\boldsymbol{A}$ 进行相应的行变换；右乘矩阵 $\boldsymbol{A}$—对 $\boldsymbol{A}$ 进行列变换。

在定义 A1 中，$m=1$ 时只有一行，称为 n 维行向量；$n=1$ 时只有一列，称为 m 维列向量；$m=n=1$ 时退化为一个数。通常用 $\boldsymbol{\alpha}$、$\boldsymbol{\beta}$、$\boldsymbol{\gamma}$ 等来表示向量，并约定没有特殊说明时，向量 $\boldsymbol{\alpha}$ 一般指列向量，通过列向量的转置 $\boldsymbol{\alpha}^{\mathrm{T}}$ 或 $\boldsymbol{\alpha}'$表示行向量。向量的每个元素称为分量。

我们通常约定用 $\boldsymbol{E}$ 或 $\boldsymbol{I}$ 表示单位矩阵；用 $\boldsymbol{O}$ 或 $\mathbf{0}$ 表示所有元素都是零的矩阵，即零矩阵；用 $\boldsymbol{I}$ 或 $\mathbf{1}$ 表示所有分量都是 1 的向量。用 $\mathrm{diag}(a_1, a_2, \cdots, a_n)$ 表示对角矩阵，即：

$$\mathrm{diag}(a_1, a_2, \cdots, a_n) \equiv \begin{bmatrix} a_1 & & & \\ & a_2 & & \\ & & \ddots & \\ & & & a_n \end{bmatrix}$$

2. 矩阵和向量的运算

矩阵的运算有多种，包括加法、乘法、逆运算，以及相等、转置。前面三种运算都包括两方面的内容：条件和法则。

加法：

(1)条件：矩阵 $\boldsymbol{A}=(a_{ij})_{m\times n}$和 $\boldsymbol{B}=(b_{ij})_{k\times l}$有相同的行、相同的列，即 $m=k$，$n=l$；

(2)法则：对应元素相加，即 $\boldsymbol{A}+\boldsymbol{B}=(a_{ij}+b_{ij})_{m\times n}$。

乘法之数乘：

(1)条件：矩阵 $\boldsymbol{A}=(a_{ij})_{m\times n}$可以与数 k 无条件相乘；

(2)法则：矩阵每个元素都乘 k，即 $k\boldsymbol{A}=(ka_{ij})_{m\times n}$。

普通乘法：

(1)条件：矩阵 $\boldsymbol{A}=(a_{ij})_{m\times n}$和 $\boldsymbol{B}=(b_{ij})_{k\times l}$，前者的列数等于后者的行数，即 $n=k$ 时 $\boldsymbol{AB}$ 可乘，$l=m$ 时 $\boldsymbol{BA}$ 可乘；

(2)法则：$\boldsymbol{A}$ 左乘 $\boldsymbol{B}$ 时得 $\boldsymbol{AB}$，结果是 $m\times l$ 矩阵，其中的元素 c_{ij}等于 $\boldsymbol{A}$ 的第 i 行元素与 $\boldsymbol{B}$ 的第 j 列元素对应相乘再求和(又一次左行右列！)。

逆：

(1)条件：正方形矩阵 $\boldsymbol{A}$ 的行列式值不为零，即；

(2)法则：满足 $\boldsymbol{A}^{-1}\boldsymbol{A}=\boldsymbol{AA}^{-1}=\boldsymbol{E}$。

相等意味着两个矩阵完全相同，转置则是将矩阵的 i 行变成 i 列。

向量是一类特殊的矩阵，向量的运算与矩阵的运算基本类似。特别地有：

$$(a_1,\ a_2,\ \cdots,\ a_n)\begin{pmatrix} b_1 \\ b_2 \\ \vdots \\ b_n \end{pmatrix} = a_1b_1 + a_2b_2 + \cdots + a_nb_n = \sum_{i=1}^{n} a_ib_i \tag{A1}$$

我们需要更多的是从上式的右边到左边，将连加写成向量相乘的形式！例如：

$$a_1 + a_2 + \cdots + a_n = \sum_{i=1}^{n} a_i = (a_1,\ a_2,\ \cdots,\ a_n)\begin{pmatrix} 1 \\ 1 \\ \vdots \\ 1 \end{pmatrix} \equiv \boldsymbol{a}^{\mathrm{T}}\mathbf{1} \tag{A2}$$

3. 线性相关与线性无关

几个维数相同的向量放在一起组成向量组，如 n 个 m 维向量形成向量组 $\{\boldsymbol{\alpha}_1,\ \boldsymbol{\alpha}_2,\cdots,\ \boldsymbol{\alpha}_n\}$，如果存在 n 个不全为零的常数 k_1，k_2，$\cdots$，k_n 使得：

$$k_1\boldsymbol{\alpha}_1+k_2\boldsymbol{\alpha}_2+\cdots+k_n\boldsymbol{\alpha}_n=\mathbf{0} \tag{A3}$$

则称该向量组**线性相关**，如果(A3)成立必定要求每个常数都为零则称**线性无关**。

如果存在向量 $\boldsymbol{\beta}$ 满足：

$$\boldsymbol{\beta}=k_1\boldsymbol{\alpha}_1+k_2\boldsymbol{\alpha}_2+\cdots+k_n\boldsymbol{\alpha}_n \tag{A4}$$

则称向量 $\boldsymbol{\beta}$ 可以由向量组 $\boldsymbol{\alpha}_1$，$\boldsymbol{\alpha}_2$，$\cdots$，$\boldsymbol{\alpha}_n$ **线性表示或线性表出**。

如果 $\boldsymbol{\beta}$ 可以由向量组 $\boldsymbol{\alpha}_1$，$\boldsymbol{\alpha}_2$，$\cdots$，$\boldsymbol{\alpha}_n$ **线性表示**则意味着向量组可以通过线性运算得到向量 $\boldsymbol{\beta}$，我们也称向量组可以合成、复制或生成向量 $\boldsymbol{\beta}$。

一般地，如果向量 $\boldsymbol{\alpha}_1$，$\boldsymbol{\alpha}_2$，$\cdots$，$\boldsymbol{\alpha}_n$ 组线性相关，那么其中必定存在一个向量，比如 $\boldsymbol{\alpha}_i$ 可以表示成其他向量的线性组合，该向量组中 $\boldsymbol{\alpha}_i$ 是“多余的”。去掉这些多余的向量，剩下一个新的向量组，重新编号为 $\{\boldsymbol{\alpha}_1,\ \boldsymbol{\alpha}_2,\ \cdots,\ \boldsymbol{\alpha}_r\}$ 满足：

(1) $\boldsymbol{\alpha}_1$，$\boldsymbol{\alpha}_2$，$\cdots$，$\boldsymbol{\alpha}_r$ 线性无关；

(2)原向量组的每一个向量都可以被这个向量组线性表示出来。

满足上述两条时，该向量组称为原向量组的一个**极大无关组**。极大无关组所含向量的个数称为向量组的秩，记为：

$$\mathrm{rank}(\boldsymbol{\alpha}_1,\ \boldsymbol{\alpha}_2,\ \cdots,\ \boldsymbol{\alpha}_n)=r \tag{A5}$$

可以将极大无关组理解为原向量组的一个“全权代表”！秩理解为向量组中非线性相关的程度！秩越大，彼此线性无关程度越高。秩也是“全权代表”含向量的个数。

4. 矩阵的秩

矩阵 $\boldsymbol{A}=(a_{ij})_{m\times n}$ 任意取 k 行、k 列，交叉位置上的元素按原来的顺序形成的 k 阶行列式称为矩阵 $\boldsymbol{A}$ 的一个 k 阶子式。矩阵 $\boldsymbol{A}$ 的所有非零子式中阶数最高子式的阶数称为矩阵 $\boldsymbol{A}$ 的秩，记为 rank $\boldsymbol{A}$。

$\boldsymbol{A}=(a_{ij})_{m\times n}$ 有 m 行，每一行可以看成一个 n 维向量，m 个行向量形成的向量组称为行向量组；类似地，n 个列向量形成的向量组称为列向量组。行向量组的秩称为 $\boldsymbol{A}$ 的行秩；列向量组的秩称为 $\boldsymbol{A}$ 的列秩。可以证明：

$$\boldsymbol{A}\text{ 的行秩}=\boldsymbol{A}\text{ 的列秩}=\mathrm{rank}\ \boldsymbol{A}$$

第六章　无套利原理在衍生证券定价中的应用

◎ 学习目标

- 了解套利定价在衍生证券定价中的基本思想
- 了解积木分析法中的无套利思想
- 了解套利在期权定价中的应用
- 了解如何利用期权使市场完全化

约翰·赫尔的《期权、期货及其他衍生证券》核心任务之一是研究衍生证券的定价问题。该教材给人印象深刻的是通过构造双组合的方法来达到对衍生产品进行定价的目的，该方法的实质是套利定价的具体应用。构造双组合的方法的依据主要是上一章的“一价律”和定价函数的“单调性”，有时也用到线性性。上一章我们介绍了无套利的基本思想，本章我们以期权为例，进一步分析无套利思想在衍生证券定价和衍生证券性质研究中的应用。我们首先回顾一些基本的衍生证券的概念，然后介绍衍生证券定价中常用的“积木分析法”，最后具体以期权为例，研究期权价格所具有的性质。本章的内容与金融工程或衍生证券等课程的若干内容重复，我们关注的重点是无套利分析法的使用。

第一节　衍生证券定价的一般方法

衍生证券也叫衍生产品，是一类价值依赖于其他更基本变量的证券。这里所说的基本变量我们通常称为**标的资产**(underlying asset)，它可以是其他证券的价格，也可以是某些商品的价格，还可以是某一地域在特定时期的气温或者降雪量等。依据标的资产的不同，可以形成不同的衍生证券，包括商品衍生证券、金融衍生产品、天气衍生产品、电力衍生产品、信用衍生产品和保险衍生产品等。衍生产品的价值依赖标的资产的特性使得衍生证券的收益与其他证券相关。通常情况下，当衍生证券成为冗余证券时，我们就可以通过无套利方法对其定价。

一、衍生证券

衍生证券的种类很多，除了上述依据标的资产的分类之外，我们还可以依据功能来进行分类。通常我们将衍生证券分为远期、期货、期权、互换以及混合证券，这些衍生证券还可以继续细分。从本质上讲，这些衍生证券都是一种特殊的合约，依据合约的规定而形成不同的衍生证券。为了便于分析可以将合约的规定提炼成不同的要素。限于篇幅，我们以远期(期货)和期权为例进行分析，互换和混合证券的分析可以在相关的文献中找到。

(一)远期和期货

远期(forward)是一种合约，它约定在未来预定的时间、按预定的价格对预定规模的标的资产进行交易，远期也称为远期合约。

远期合约的要素包括：

交易时间：也就是远期“约定的未来的时间”；

交割价格：也就是远期中“预定的价格”；

交易规模：远期合约中规定买卖标的资产的数量；

标的资产：是远期合约中规定的买卖对象，这种买卖通常称为“交割”；

头寸：远期合约通常是由两方签订的合约，合约中规定的买方称为**多头**，卖方称为**空头**，合约到期时，买卖双方按原来约定的交割价格进行买卖，完成交易。

从远期的量化性质看还包括如下两个重要的要素：

远期价格，是指签订远期合约时使远期合约价值为零的交割价格，也可以理解为签订远期合约时双方确定的价格。与远期价格对应的是在签订合约时标的资产的交易价格，通常称为即期价格。

远期价值，是一个极容易与远期价格混淆的概念，它是指远期合约本身的价值，是依据远期合约所约定的交割价格并参照标的资产的即期价格进行交割所产生的收益，或者基于当前信息判断因持有远期合约而具有的潜在的价值。远期合约在签订时价值为零，但随着时间的推移，关于到期日标的资产价格的信息不断揭示，从而发现依据签订合约时约定的交割价格进行交易将给交易双方带来潜在的损益，因此合约签订后随着时间的推移远期的价值通常不再为零。

例如：甲乙双方在4月1日(t时刻)签订一份远期合约，该合约约定在9月1日(未来的T时刻)甲按照价格每股42元(K_t)向乙购买股票A共计100手，即10000股，此时股票 A 的市场价格为每股 40 元(S_t)，但双方预期 9 月 1 日的股价为每股 42 元。这里标的资产是股票 A，交易规模是 10000 股，远期价格和交割价格都是 K_t，即期价格是 S_t，从头寸上看，甲是多头，乙是空头。t 时刻确定远期价格 K_t 是依据当时对 T 时刻股票交易价格的预期而确定的，双方认同在远期价格 K_t 下远期的价值为零。但是，随着时间的变化，到 5 月 10 日(t_1 时刻)甲乙双方均预期股票 A 在 9 月 1 日的价格为每股 45 元，因此该远期合约对甲而言其价值为 30000 元，对乙而言其价值为-30000 元。若在 5 月 10 日重新签订在 9 月 1 日交割的远期合约，则新的远期价格为 45 元(K_{t1})。

期货也是合约，是一种标准化的并且在交易所内交易的远期合约。从本质上讲，期货与远期是相同的，最主要的差别在于期货合约在交割时间、交割方式、交易规模、标的资产品质以及报价模式等方面都是按严格的标准来规定的，而且期货可以在期货交易所内进行交易，因此，期货比远期具有更高的流动性。远期在合约的各种要素上的规定具有更多的灵活性，通常是依据买卖双方灵活确定，买卖双方是确定的，也是相互比较了解的。期货买卖双方不确定，虽然每一个买方必定对应一个卖方，但每一方在交易时只需针对交易所，从而容易终止原来的合同，即平仓。“签订”购买标的资产的合同称为买一份合约，在交易中处于多头，在到期前对具有相同到期日和相同标的资产“签订”一份卖出标的资产的合同称为卖一份合约，在交易中属于空头，此合同与原来的合同“相互抵消”，称为**平仓**。此外，远期通常具有一定的信用风险，即交易对手可能不履行合约；期货因交易机制的设计使得违约概率非常低，被认为不具有信用风险。

远期和期货还有更多的性质和相互区别与联系，可以在相关课本中找到，由于本教材的重点是衍生证券的定价问题，在此不再赘述。

(二)期权

期权也是一种合约，它赋予买方在未来预定的时间、按预定的价格买或卖预定数量预定标的资产的权力，期权买卖的是权利。

期权的要素包括与远期类似的交易规模和标的资产，以及意义略有不同的：

到期日：期权合约规定的期权交割的最后日期或期权失效日期，也称期权的期限。因为不同的期权的交割日期可能不相同，因此到期日与远期的交易日不尽相同，到期才能执行的期权称为**欧式期权**，到期日之前的任何交易日都能执行的称为**美式期权**；

执行价格：合约约定的买卖价格，也称敲定价格；

头寸：不同于远期或期货，期权本身规定买入或卖出标的资产的状况不能确定期权的头寸，买入标的资产的合约称为**看涨期权**，卖出标的资产的合约称**看跌期权**。买看涨期权或看跌期权的一方称为多头，卖看涨期权或看跌期权的一方称为空头。多头需要支付一定的费用或成本才能获得买标的资产或卖标的资产的权利；相应地空头获得多头支付的费用同时有义务配合执行期权。

结合期权的头寸，基本的期权交易包括四类：

看涨期权的多头：持有者买了一份买标的资产的权利；

看涨期权的空头：持有者卖了一份买标的资产的权利；

看跌期权的多头：持有者买了一份卖标的资产的权利；

看跌期权的空头：持有者卖了一份卖标的资产的权利。

期权价格，也叫**期权费**，是多头支付给空头的费用或成本，可以理解为买卖期权合约的价格。在给定条件下确定期权费即是期权定价。

基于以上的介绍，期权的要素包括：

标的资产：期权合约中约定买卖的资产；

交易规模：期权合约中约定标的资产交易的规模；

执行价格：合约中约定的买卖价格；

到期日：合约约定的期权的有效期或具体的执行日期；

期权价格：买每一份期权合约需要支付的价格，也叫期权费；

头寸：在期权交易中处于购买方还是出售方。

期权与远期或期货最大的区别在于，远期或期货的买卖双方的权利和义务是对称的，即任何一方在对自身有利的条件下都有权利执行合约；在对自身不利时都有义务配合对方执行合约，简言之"有权利也有义务"。期权则不同，期权的多头在期初需要支付期权费，从而获得权利，在对自身有利的条件下有权利执行期权合约，在对自身不利时则有权利放弃期权，而且没有义务配合执行期权；期权的空头方在期初获得期权费，从而有义务在对方要求执行期权时配合执行，在对自身有利时没有权利要求对方执行期权，简言之"买方有权利没义务，卖方有义务没权利"。所以，期权本质上买卖的是一种权利，购买期权类似于购买保险。

二、无套利思想与积木分析法

积木分析法是金融工程中利用衍生产品创新和对衍生产品定价时的一个典型的方法。通过积木分析法研究衍生产品定价或衍生产品在价值方面所具有的性质，其本质就是对无套利思想的应用。下面我们首先回顾无套利思想及其应用方法，然后分析积木分析法中无套利思想的应用。

(一)无套利思想

上一章我们介绍了套利的定义和无套利思想以及套利定价方法。**无套利思想**就是在理想市场条件下，当市场达到均衡时不存在套利机会。所谓理想市场条件一般是指**市场无摩擦**，即投资者能够按证券的市场价格买卖任意数量的证券。无摩擦市场条件给存在套利机会时能够顺利实现套利提供客观保证。此外，还需要假设投资者主观上喜多厌少，具有不满足性，从而驱动投资者在存在套利机会时积极参与套利。我们将这两个条件归结为以下假设，本章后面的分析都是基于这些假设而展开：

(1)假设所有投资者都可以无成本地参与交易；

(2)假设所有投资者的交易所得没有税收或税率相同，没有头寸限制；

(3)假设所有投资者的借贷利率相等；

(4)假设当套利机会出现时，所有投资者会立即使用套利机会；

(5)假设市场无摩擦，套利交易可以顺利进行。

在以上假设下，市场不存在套利机会，此时任何两个可以产生完全相同现金流的资产或投资组合的价格必定相同，这就是**无套利思想**。我们前面将两个产生完全相同的现金流的资产或投资组合称为相互复制的资产或组合，在多层次的资本市场上，某些资产可以被其他资产复制，从而可以利用无套利思想来定价。衍生证券正是属于这类资产，当市场上同时交易某些衍生证券和这些衍生证券的标的资产时，这些衍生证券往往能够被复制，从而可以用无套利思想来定价。

利用无套利思想对衍生证券进行定价时，一般可以采用如下步骤：

第一步：确定需要定价的衍生证券可以被复制。具体地，如果要对衍生证券 X 定价，则构造两个投资组合：组合 A 和组合 B，其中之一如组合 A 包含衍生证券 X，另一个组合不包含 X，而且两组合中除 X 之外的其他证券的价格是已知的，所有证券包括 X 的现金流都是已知的。

第二步：证明两个组合相互复制。具体地，证明组合 A 和组合 B 产生的现金流完全相同。在两时点单期情形下，这种证明通常比较简单，因为整个目标只涉及两个时点，期初(0 时点)用来确定价格，期末(T 时点)用来确定两组合的复制关系。讨论 T 时点各状态下两个组合所对应的支付，若各状态下的支付完全相同，则组合 A 和 B 互相复制。

第三步：确定衍生证券的价格。具体地，由无套利原理，组合 A 和组合 B 在 0 时点的价格相等，形成一个关于衍生证券 X 价格的简单方程，解方程得出 X 的价格。

(二)积木分析法

如何形成两个相互复制的组合呢？积木分析法是一个非常有效而直观的手段。通过积木分析法可以直观地分析衍生证券之间可能存在的相互复制的关系或途径。积木分析法是金融工程在进行产品创新时常用的一种方法，也常用于对衍生产品定价或分析衍生产品价值所具有的性质。该方法从衍生证券在未来产生的现金流量图或期末损益图出发，将特定证券的现金流量图和损益图看成积木，通过不同方式的组合或分拆，从而得到新的产品或者找出金融产品之间的关系。

1. 两类不同的积木

积木分析法中通常有两种不同的积木：支付图和损益图。单期情形下，金融产品的期初价格已知或待定，其期末的支付(payoff) 往往依赖某些特定的因素，而且可以用图形表示出来，这种图形称为支付图，考虑期初成本后的图形称为损益图(profit)，两者相差一个常数(该常数就是成本)，在不太严格的情形下我们后面不加区分。金融产品的期末支付或损益可以用公式表示，我们称之为代数方法，也可以用图形表示，我们称之为几何方法。积木分析法属于几何方法的典型。

考虑两时点单期情形，时点 0 为期初，时点 T 为期末，下面给出常见的金融产品的损益图，它们组成积木分析法中的积木。举例如下：

(1)现货

一般的现货交易产品包括诸如大米、油之类的生活中的消费品和石油、煤、钢材等工业原材料以及其他消费品或投资性产品与股票有一种相似的特性，它们在单期情形下先买后卖都只有两个现金流：期初支付价格为现金流出，期末出售收回若干现金形成现金流入，我们统称为现货。它们期初的价格已知，期末的支付等于期末的价格(假设股票不支付红利或红利在期末支付)。为了方便用股票代替现货，期初价格表示为 S_0，期末的支付表示为 S_T，则股票的损益为：

$$\pi = S_T - S_0$$

用几何方法表示为图 6-1。

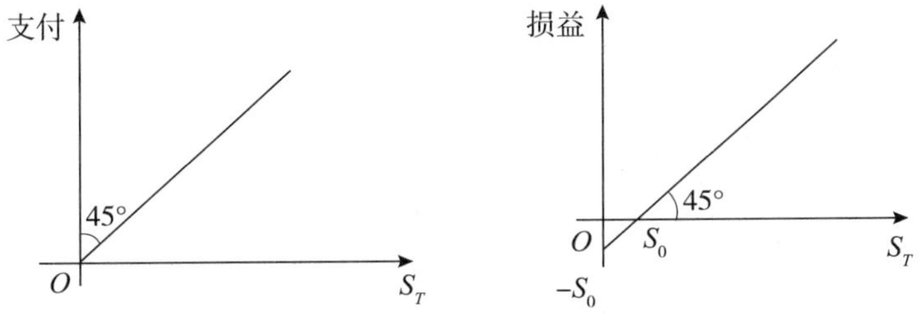

图 6-1　股票或现货多头的支付图和损益图

图 6-1 是股票或现货对应的积木，在支付图中，支付是过原点并且与横轴呈 45°的斜线，意思是期末的支付等于期末的价格。在损益图中，损益依然是与横轴呈 45°的斜线，但已经向下平移了 S_0。简单地说，现货交易对应的积木是与横轴呈 45°的斜线。与该积木对应的是现货交易的空头，其积木对应的图形关于横轴对称，也即是横轴的“镜面反射”，见图 6-2。

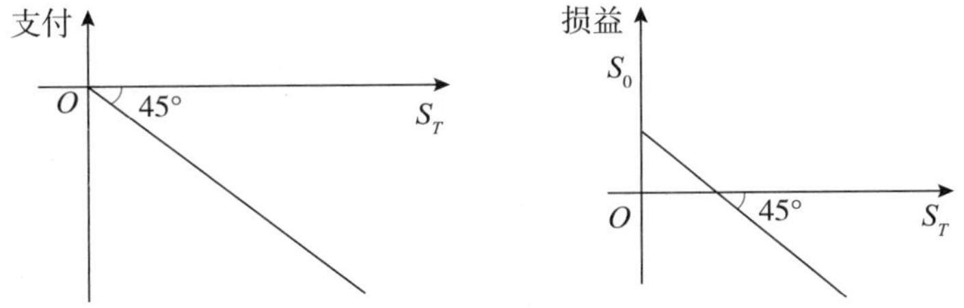

图 6-2　股票或现货空头的支付图和损益图

(2)无风险证券

无风险证券支付固定的利息收益，期初价格为 B，期末支付是面值 1。等价地期初价格为 1，期末支付为 $1+r_f$，其中 r_f 为无风险利率。我们通常采用前者，因此 $B=1/(1+r_f)$。无风险证券对应的积木如图 6-3 所示。

由图 6-2 可知，无风险证券的支付或损益是常数，不因标的资产价格的变化而变化。在支付图和损益图中，支付和损益都是水平直线。图 6-3 中横轴可以是其他证券的价格，它们的变化都不影响无风险证券的支付或损益。同样，无风险证券的空头也是关于横轴对称的水平线，如图 6-4 所示。

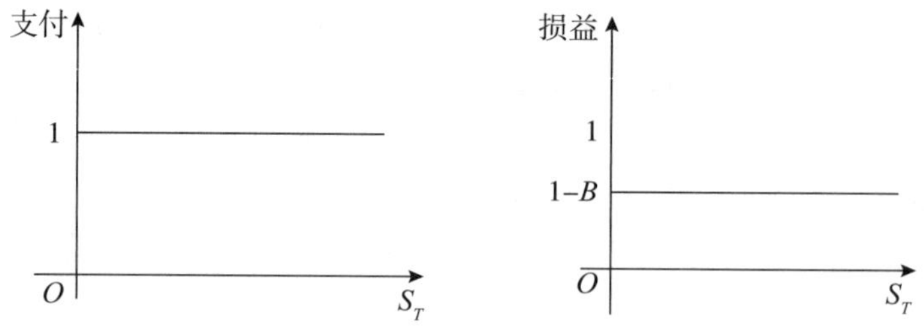

图 6-3　无风险证券多头的支付图和损益图

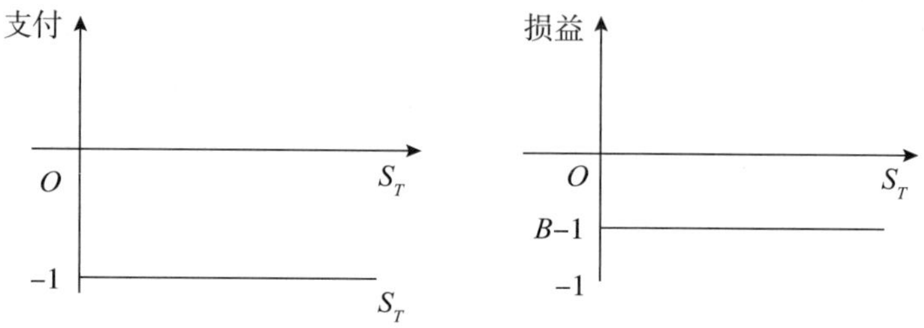

图 6-4　无风险证券空头的支付图和损益图

(3)远期和期货

远期与期货本质上相同，其区别在于期初的价格可用不同方法来表示，远期期初价格表示为签订远期合约时约定的交割价格 K，而期货期初的价格则是在购买期货时的期货价格 F_0；远期期末的损益为 S_T-K，期货期末损益为 S_T-F_0。因此，两者的积木本质上是相同的，我们以远期为例给出相应的积木的图示，见图 6-5。

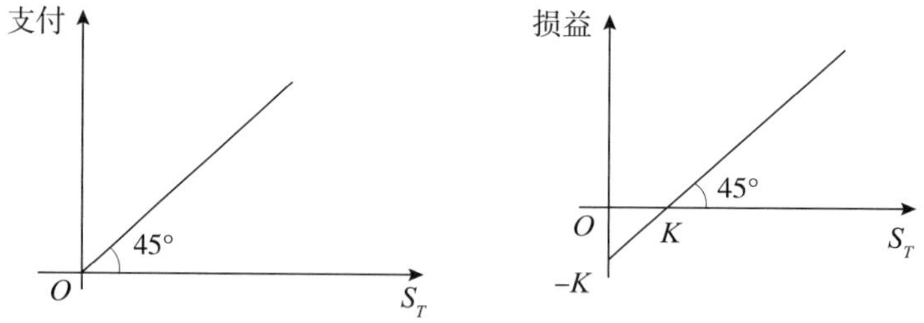

图 6-5　远期多头的支付图和损益图

相应的远期空头的积木图示见图 6-6。

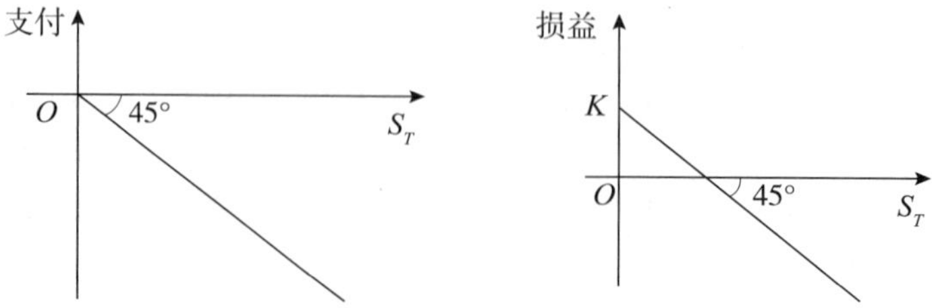

图 6-6　远期空头的支付图和损益图

比较远期和股票的积木不难发现，两者的积木具有完全相同的形状，唯一的区别是期初价格的不同，从而与横轴的交点不同，与横轴的交点称为盈亏平衡点。当然以上的相同是假设两者有相同的持有期，实际交易中，现货和期货在到期之前随时都可以平仓，而远期到期才能平仓。此外，现货交易还有额外的储藏成本和便利收益。所以，从本质上讲它们是互不相同的。尽管如此，在一类简单的理想化的情形下，我们假设相同的积木在一定条件下是可以相互替代的。

(4)期权

如前所述，期权分为欧式期权和美式期权。由于欧式期权到期才能执行，美式期权在到期之前都可以执行，因此欧式期权最符合我们的两时点单期情形，美式期权则比较复杂，因此通常给出的是欧式期权到期日的支付图和损益图，这种图形成期权积木。欧式看涨期权期初价格记为 c，欧式看跌期权期初价格记为 p，执行价格记为 K，标的资产到期价格记为 S_T。欧式期权在到期日的支付和损益分别为：

欧式看涨期权在 T 时的支付：$\boldsymbol{X}_{\mathrm{T}} = \max\{S_T - K,\ 0\} \equiv [S_T - K]_+$；

相应的损益：$\boldsymbol{\pi} = \max\{S_T - K,\ 0\} - c \equiv [S_T - K]_+ - c$

欧式看跌期权在 T 时的支付：$\boldsymbol{X}_{\mathrm{T}} = \max\{K - S_T,\ 0\} \equiv [K - S_T]_+$；

相应的损益：$\boldsymbol{\pi} = \max\{K - S_T,\ 0\} - p \equiv [K - S_T]_+ - p$

以看涨期权为例，期末的支付实际上是一个分段函数，用 $\max\{S_T - K,\ 0\}$ 或 $[S_T - K]_+$ 来表示，其含义为：

$$\max\{a,\ b\} = \begin{cases} b & a \leqslant b \\ a & a > b \end{cases}$$

$$[a]_+ = \begin{cases} 0 & a \leqslant 0 \\ a & a > 0 \end{cases}$$

由期权期末的支付和损益可以得到各期权对应的积木。欧式看涨期权的积木图示见图 6-7 和图 6-8。

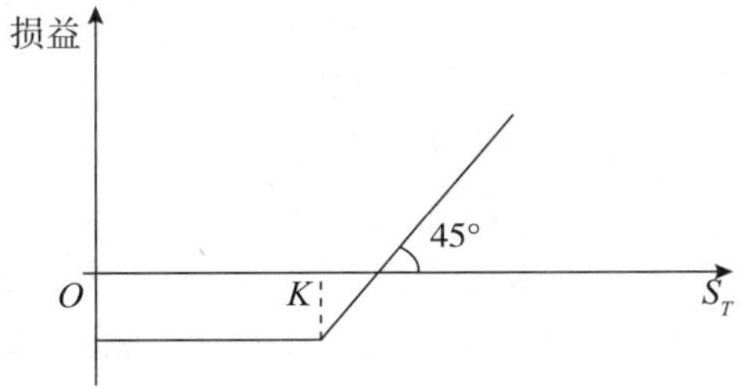

图 6-7　欧式看涨期权多头的支付和损益图

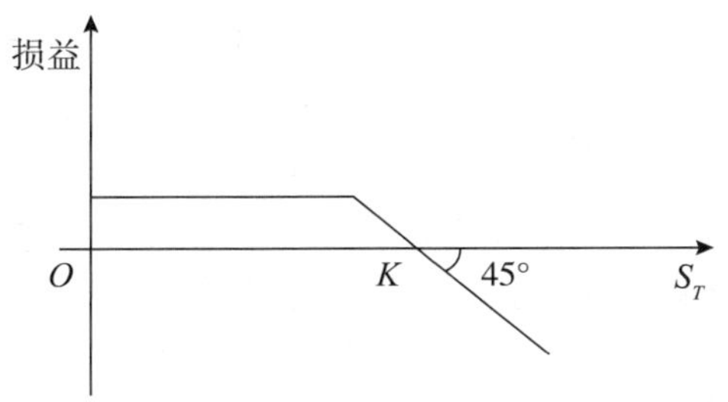

图 6-8　欧式看涨期权空头的支付和损益

欧式看跌期权的积木图示见图 6-9 和图 6-10。

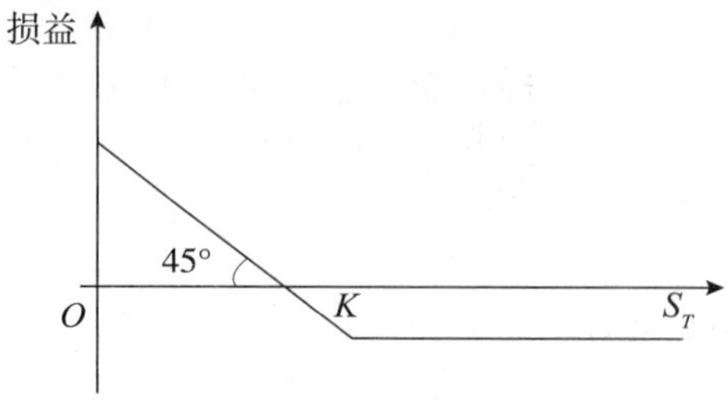

图 6-9　欧式看跌期权多头的支付和损益

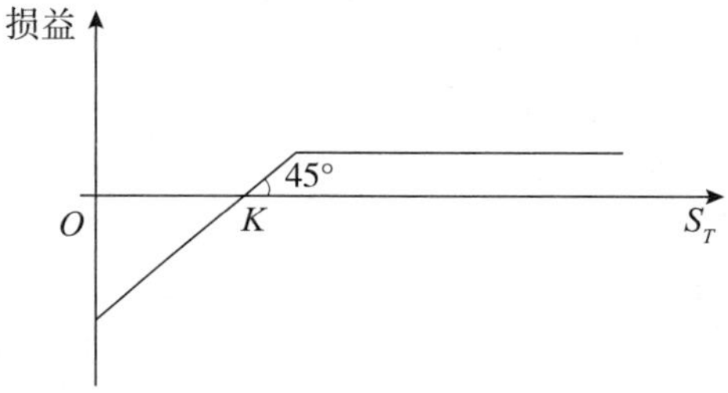

图 6-10　欧式看跌期权空头的支付和损益

美式期权的积木与欧式期权的积木类似，唯一的区别在于美式期权在到期之前(包括在到期日)都可以有支付和损益，而欧式期权只有到期才支付。积木分析法则需要对同一时点的支付或损益进行比较，不同时点的支付或损益的比较是没有多大意义的。当然，为了避免错误比较两证券的“积木”时也必须将支付与支付比较，损益与损益比较。

2. 积木分析法

所谓的积木分析法是指在分析证券之间的关系时，利用不同证券的支付或损益形成的“积木”进行比较，从而得出证券之间的确切关系。积木分析法的前提条件是存在冗余证券，即证券之间能够相互复制。积木分析法的本质是利用证券的支付或损益具有的几何特征寻找证券之间的复制关系，从而利用无套利思想来确定证券之间的关系，这种关系包括等量关系和不等关系。积木分析法也可以用于投资策略的开发，通过将不同产品的积木叠加形成新的“积木”，对这些积木中比较“特殊的积木”给予新的命名，如“蝶形价差”等。由于几乎每个衍生产品都可以用积木分析法来定价，还由于积木分析形成的投资策略也非常丰富，详细讨论每种衍生证券基于积木分析法的定价和基于积木分析法构造衍生证券的每一种策略不是本章的任务，相关内容在一般的“金融工程”课程中可以找到。这里我们分别举一例来说明积木分析法。

例 6.1：远期价格的确定

以股票远期为例来说明远期价格的确定，因为股票与一般商品相比没有便利收益和储存成本，其定价相对简单一些，复杂的远期定价可以在股票远期基础上进行拓展。为了确定远期价格，我们先看股票和远期多头的积木。

在 t 时签订的远期合同，约定在 T 时以价格 K 购买股票，该股票在 t 时的价格为 S，

该合约在 T 时的损益图如图 6-11 左所示，形成“远期积木”；t 时借入 S 元购买标的股票，在 T 时的损益图(图 6-11 右)形成“现货积木”，该积木在 T 时的损益为：$\Pi = S_T - Se^{r(T-t)}$。两者在 T 时得到相同的结果——用于一股股票，因此它们的积木必定相同。比较积木可知远期价格为：$K = Se^{r(T-t)}$。用几何方法表示为图 6-1。

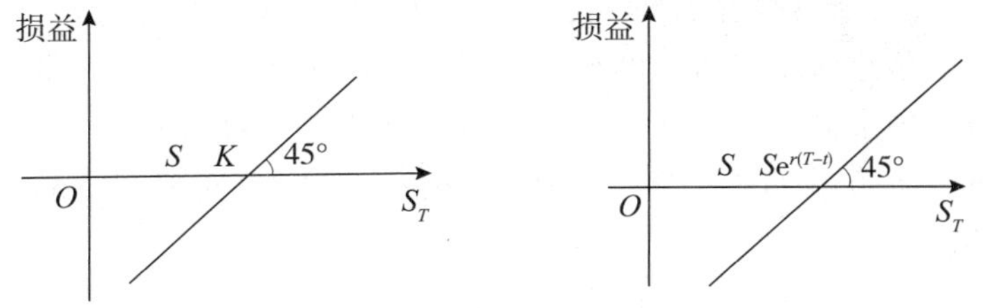

图 6-11　远期积木与现货积木

例 6.2：平价关系的确定

标的资产(价格为 S)相同、到期日(T)相同、执行价格(K)等都相同的欧式看涨期权和欧式看跌期权之间的关系的确定更能体现积木分析法。若欧式看涨期权和看跌期权的期权费分别 c 为 p，则它们的积木如图 6-12 所示。

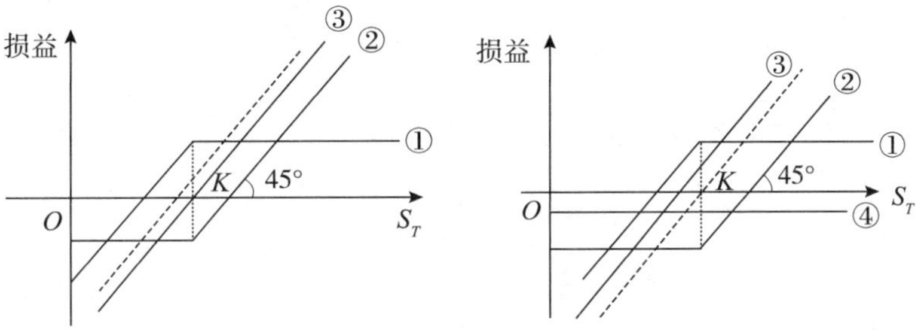

图 6-12　平价关系的积木图

我们将欧式看涨期权的多头标注为积木 2；将欧式看跌期权的空头标注为积木 1；以 K 为交割价格的远期加现金标注为积木 3，图 6-12 左图表明：

$$积木\ 1 + 积木\ 2 = 虚线 = 积木\ 3 + p - c$$

或者将标的资产标注为积木 3；将债券空头积木标注为积木 4，图 6-12 右图表明：

$$积木\ 1+积木\ 2=虚线积木=积木\ 3+积木\ 4$$

例 6.3：蝶形价差策略

蝶形价差是一种常用的策略，是指一类通过买卖标的资产相同、到期日相同而执行价格不同的同种期权形成的策略，因策略最终的损益图形似蝴蝶而得名。该策略可以通过买卖欧式看涨期权而得到，也可以通过买卖欧式看跌期权而得到。我们以欧式看涨期权为例展开说明，假设执行价格 $0<K_1<K_2<K_3$，通常取 $K_1=K-\delta$，$K_2=K$，$K_3=K-\delta$，$\delta>0$。蝶形价差策略为如下投资组合：

买 1 份标的资产相同、到期日相同但执行价格为 $K-\delta$ 的欧式看涨期权；
卖 2 份标的资产相同、到期日相同但执行价格为 K 的欧式看涨期权；
买 1 份标的资产相同、到期日相同但执行价格为 $K+\delta$ 的欧式看涨期权。

我们分别称上述执行价格为 $K-\delta$、K、$K-\delta$ 的期权为积木 1、2 和 3，积木 1 和 2 的组合形成图 6. 12 中左边的牛市看涨价差(由看涨期权组合而成在牛市——股价呈牛市时盈利的价差)；积木 2 和 3 的组合形成图 6. 12 中右边的熊市看涨价差(由看涨期权组合而成在熊市——股价呈熊市时盈利的价差)；积木 1 和 3 各一份与 2 份积木 2 组合形成蝶形价差，等价于由上面牛市看涨价差和熊市看涨价差组合而成。

图 6-13 下面图形中最终由虚线表示的蝶形价差是由上面图形中两个用虚线表示的价差叠加而成的。

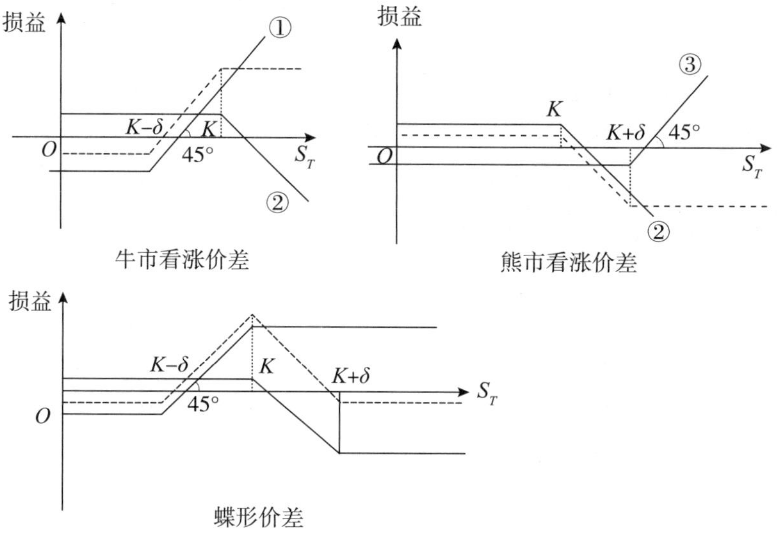

图 6-13　蝶形价差积木图

第二节　期权与无套利定价

上述两类典型的衍生证券中，期权无疑是最突出的一种。无论是在现实应用还是在理论研究中期权都扮演了重要的角色。期权定价公式的研究成果还获得了 1997 年诺贝尔奖。本节单独以期权为研究对象展开分析，作为无套利分析方法的一个例子。为了对期权进行定价，我们先用无套利原理分析期权的性质，然后对期权进行定价。

一、期权的价值

期权的价值是确定期权价格的基础。一般可以简单地认为期权在期初的价值等于期权的期初价格。事实上我们在利用无套利原理分析问题时都是基于这一前提而展开，即任何证券或证券组合在期初的价值等于其相应的期初价格。更一般地，任何时刻的价值等于其在相应时刻的价格，因此，我们对价格和价值不加区分，通常所说的定价是指对期初价格的确定。本部分我们只分析欧式期权的价值，后面再专门讨论美式期权的价值。

我们设定期权的生命期为$[0, T]$，t时点$(0 \leqslant t \leqslant T)$的看涨期权和看跌期权价值分别记为：$c(t)$ 和$p(t)$。事实上，期权的价格(或价值)不仅仅依赖于时间，还与标的资产和市场利率有关，当标的资产不支付红利时，期权价格与5个因素有关：

$$c = c(S, K, r_f, \sigma, T - t) \tag{6.1}$$

$$p = p(S, K, r_f, \sigma, T - t) \tag{6.2}$$

(6.1)(6.1)的含义是，标的资产不支付红利的欧式期权价格是标的资产即期价格S、执行价格K、无风险利率r_f、标的资产波动率σ和剩余生命期$T-t$的函数，也即是说5个因素都直接决定期权的价格。尽管如此，在特定的时期和对特定的标的资产，S、K、r_f和σ都被认为是给定的，我们仅考虑期权在不同时点的价值或价格。

在到期日T时，由期权的定义容易得出其价值：

$$c_T = \max\{S_T - K, 0\} \equiv [S_T - K]_+ \tag{6.3}$$

$$\boldsymbol{p}_T = \max\{K - S_T, 0\} \equiv [K - S_T]_+ \tag{6.4}$$

到期前任一时点t，期权的价值由两部分组成：

$$c_t = [S_t - K]_+ + V_t \tag{6.5}$$

$$p_t = [S_T - K]_+ + V_t \tag{6.6}$$

公式表明期权在到期之前的价值由两部分组成，第一部分是依照t时刻标的资产价格执行期权所产生的价值，该部分称为**内在价值**。对于看涨期权，标的资产价格大于执行价格时，执行期权获利为正，此时称期权为**实值(in the money)期权**；标的资产价格小于执行价格时，执行期权获利为负，此时称期权为**虚值(out of money)期权**；标的资产价格等于执行价格时称为**平价(at the money)期权**。对看跌期权也有类似的定义，立即执行获利的期权称为实值期权，获利为负的称为虚值期权，获利为零的称平价期权。因此，理性的投资者不会执行虚值期权。

公式中的第二部分价值是基于以下原因而具有的价值：由于到期前标的资产朝着更有利的方向变化，从而使期权可能转化为具有更高内在价值的期权。这种由于离到期还有一段时间使得期权所具有的价值称为**时间价值**。在到期日期权不再具有时间价值，到期前的任何时点期权的价值都等于其内在价值与时间价值的和。图6-14给出了看涨期权多头的价值。

基于公式(6.5)可知，S越大，内在价值越高，期权价值越高；K越大，内在价值越低，期权价值越低；波动率σ越大，具有保险作用的期权越有价值，或者在剩余的生命期间内在价值提高的可能性越大，从而时间价值越高，期权价值越高；$T-t$越大，时间价值越高，期权价值越高；无风险利率越高，标的资产要求的回报率越高，标的资产价格超过执行价格的可能性越大，期权价值越高。以上分析结果用数学语言可以描述为：

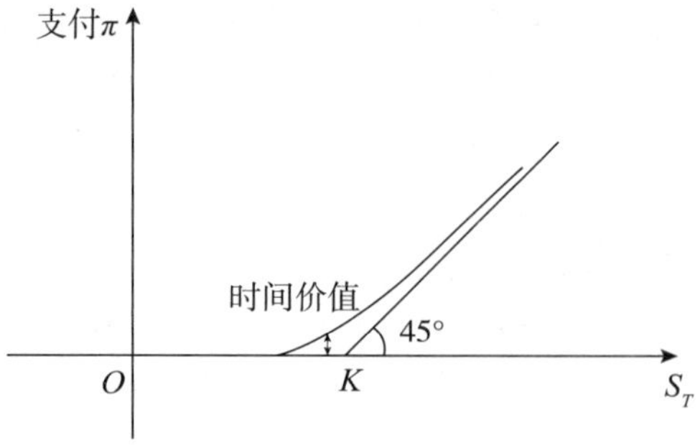

图 6-14　看涨期权多头的价值

$$\frac{\partial c}{\partial S} > 0;\ \frac{\partial c}{\partial K} < 0;\ \frac{\partial c}{\partial \sigma} > 0;\ \frac{\partial c}{\partial (T-t)} > 0;\ \frac{\partial c}{\partial r_f} > 0 \tag{6.7}$$

类似的分析对看跌期权也成立，从而有：

$$\frac{\partial p}{\partial S} < 0;\ \frac{\partial p}{\partial K} > 0;\ \frac{\partial p}{\partial \sigma} > 0;\ \frac{\partial p}{\partial (T-t)} > 0;\ \frac{\partial p}{\partial r_f} < 0 \tag{6.8}$$

以上均假设标的资产在到期之前不支付红利，如果标的资产支付红利，需要分析支付红利是否对期权的价值产生影响。

二、期权价格的性质

在半定量分析之后，我们结合无套利方法对期权价格所具有的性质展开分析。为了方便，我们先分析欧式期权价格的性质，因为欧式期权属于典型的两时点支付的单期产品。当标的资产不支付红利时，期权的价格由 5 个因素决定（见式(6.1)和(6.2)），当时点、标的资产和利率给定之后，标的资产的波动率、利率和到期期限均为常数，因此对期权价格产生影响的就只剩下标的资产的价格 S 和执行价格 K 了，从而式(6.1)和(6.2)简化为：

$$c = c(S,\ K) \quad 和 \quad p = p(S,\ K) \tag{6.9}$$

（一）期权价格的性质

通常情况下期权价格有如下性质：

性质 1（非负性）：欧式期权的价格是非负的，即：$c(S,\ K) \geqslant 0$；$p(S,\ K) \geqslant 0$。

该性质可用反证法来证明，若上式不成立则存在套利机会，与无套利原理矛盾。事实上，后续性质均可用反证法来证明，与该性质唯一不同的是需要采用稍微复杂一点的方法构造套利机会来论证。也可以直接利用上一章的性质直接证明，如一价律性质和单调性性质均可用来证明后面的性质。

性质 2（单调性）：$c(S,\ K)$ 关于 K 非增；$p(S,\ K)$ 关于 K 非减，即：

$$\forall K_1 > K_2,\ c(S,\ K_1) \leqslant c(S,\ K_2);\ p(S,\ K_1) \geqslant p(S,\ K_2) \tag{6.10}$$

该性质需要证明的是不等式，可以利用定价算子的单调性((定理 5.7))予以证明。这里我们仅证明 $c(S, K_1) \le c(S, K_2)$，$p(S, K_1) \ge p(S, K_2)$ 的证明留作习题。具体的证明方法可以按前面的方法分三步进行。

证明：构造投资组合：

组合 A：买 1 份欧式看涨期权，其标的资产价格为 S，执行价格为 K_1；

组合 B：买 1 份欧式看涨期权，标的资产与组合 A 的相同，执行价格为 K_2。

在到期日 T 时，两组合的价值分别记为 V_T^A 和 V_T^B，则：

$$V_T^A = [S_T - K_1]_+ = \begin{cases} 0, & S_T \le K_2 \\ 0, & K_2 \le S_T \le K_1 \\ S_T - K_1, & S_T > K_1 \end{cases}$$

$$V_T^B = [S_T - K_1]_+ = \begin{cases} 0, & S_T \le K_2 \\ S_T - K_2, & K_2 \le S_T \le K_1 \\ S_T - K_2, & S_T > K_1 \end{cases}$$

因此，$V_T^A \le V_T^B$，由定理 5.7 可知，在 0 时点的价值也有相同的关系，$V_0^A \le V_0^B$，即 $c(S, K_1) \le c(S, K_2)$，证毕■

性质 3(凸性)：$c(S, K)$ 和 $p(S, K)$ 关于 K 为凸函数，即：$\forall K_1 > K_2$，$\alpha \in (0, 1)$，均有：

$$\begin{aligned} &c(S, \alpha K_1 + (1-\alpha)K_2) \le \alpha c(S, K_1) + (1-\alpha)c(S, K_2); \\ &p(S, \alpha K_1 + (1-\alpha)K_2) \le \alpha p(S, K_1) + (1-\alpha)p(S, K_1) \end{aligned} \tag{6.11}$$

同样只证明看涨期权的性质，看跌期权的证明作为习题。

证明：构造投资组合：

组合 C：买 1 份欧式看涨期权，其标的资产价格为 S，执行价格为 $\alpha K_1 + (1-\alpha)K_2$；

组合 D：买 α 份欧式看涨期权，标的资产相同，执行价格为 K_1；

买 $1-\alpha$ 份欧式看涨期权，标的资产相同，执行价格为 K_2。

在到期日 T 时，两组合的价值分别记为 V_T^C 和 V_T^D，则

$$\begin{aligned} V_T^C &= [S_T - (\alpha K_1 + (1-\alpha)K_2)]_+ = [\alpha(S_T - K_1) + (1-\alpha)(S_T - K_2)]_+ \\ &\le [\alpha(S_T - K_1)]_+ + [(1-\alpha)(S_T - K_2)]_+ \\ &= \alpha[S_T - K_1]_+ + (1-\alpha)[S_T - K_2]_+ \\ V_T^D &= \alpha[S_T - K_1]_+ + (1-\alpha)[S_T - K_2]_+ \end{aligned}$$

因此，$V_T^C \le V_T^D$，由定理 5.7 可知，在 0 时点的价值也有相同的关系，$V_0^C \le V_0^D$，即 $c(S, \alpha K_1 + (1-\alpha)K_2) \le \alpha c(S, K_1) + (1-\alpha)c(S, K_2)$。证毕■

假定市场上有 N 个证券，价格向量为 $S^{\mathrm{T}} = (S_1, S_2, \cdots, S_N)$，分别以价格为 $S_i(i=1, 2, \cdots, N)$ 的股票为标的资产构造欧式期权，相应的执行价格为 K_i $(i=1, 2, \cdots, N)$，由此构造的欧式看涨期权和看跌期权的价格分别为 $c(S_i, K_i)$ 和 $p(S_i, K_i)$。构造投资组合 $\theta^{\mathrm{T}} = (\theta_1, \theta_2, \cdots, \theta_N)$ 满足 $\theta_i > 0$，以该投资股票的组合为标的，以 $\sum_{i=1}^{N} \theta_i K_i$

为执行价格的欧式看涨和看跌期权价格分别为：

$$c\left(\sum_{i=1}^{N}\theta_i S_i,\ \sum_{i=1}^{N}\theta_i K_i\right) 和 p\left(\sum_{i=1}^{N}\theta_i S_i,\ \sum_{i=1}^{N}\theta_i K_i\right)$$

或

$$c(S^{\mathrm{T}}\theta,\ K^{\mathrm{T}}\theta) 和 p(S^{\mathrm{T}}\theta,\ K^{\mathrm{T}}\theta)$$

性质 4(组合期权)：投资组合的期权价格小于或等于各股票期权组合的价格，即：

$$c\left(\sum_{i=1}^{N}\theta_i S_i,\ \sum_{i=1}^{N}\theta_i K_i\right) \leqslant \sum_{i=1}^{N}\theta_i c(S_i,\ K_i) \tag{6.12a}$$

$$p\left(\sum_{i=1}^{N}\theta_i S_i,\ \sum_{i=1}^{N}\theta_i K_i\right) \leqslant \sum_{i=1}^{N}\theta_i p(S_i,\ K_i) \tag{6.12b}$$

证明：构造投资组合：

组合 E：买 1 份欧式看涨期权，其标的资产价格为 $\sum_{i=1}^{N}\theta_i S_i$，执行价格为 $\sum_{i=1}^{N}\theta_i K_i$；

组合 F：买 θ_1 份欧式看涨期权，标的资产为组合 E 中标的组合的第一只股票，其价格为 S_1，执行价格为 K_1；

买 θ_2 份欧式看涨期权，标的资产为组合 E 中标的组合的第二只股票，其价格为 S_2，执行价格为 K_2。

……

买 θ_N 份欧式看涨期权，标的资产为组合 E 中标的组合的第 N 只股票，其价格为 S_N，执行价格为 K_N。

在到期日 T 时，两组合的价值分别记为 V_T^E 和 V_T^F，则

$$\begin{aligned} V_T^E &= \left[\sum_{i=1}^{N}\theta_i S_i^{\mathrm{T}} - \sum_{i=1}^{N}\theta_i K_i\right]_+ = \left[\sum_{i=1}^{N}\theta_i(S_i^{\mathrm{T}} - K_i\right]_+ \\ &\leqslant \sum_{i=1}^{N}[\theta_i(S_i^{\mathrm{T}} - K_i)]_+ \\ &= \sum_{i=1}^{N}\theta_i[S_i^{\mathrm{T}} - K_i]_+ \end{aligned}$$

$$V_T^F = \sum_{i=1}^{N}\theta_i[S_i^{\mathrm{T}} - K_i]_+$$

上式表示 S_i^{T} 股票 i 在期末 T 时的价格或支付。

因此，$V_T^E \leqslant V_T^F$，由定理 5.7 可知，在 0 时点的价值也有相同的关系，$V_0^E \leqslant V_0^F$，即原命题成立。证毕■

(二)期权价格的上下界与平价公式

上述性质都是由无套利分析法推导而来的，进一步，由无套利分析法还可以得到期权价格取值的上下界。我们概括为：

性质 5(期权的界)：若标的资产不支付红利，则欧式看涨期权的价格满足：

$$S \geqslant c(S,\ K) \geqslant \left[S - \frac{K}{1 + r_f}\right]_+ \tag{6.13}$$

前面的部分留作习题。

证明：当 $S \leqslant \dfrac{K}{1+r_f}$ 时显然成立，我们只需证明 $S > \dfrac{K}{1+r_f}$ 时 $c(S, K) \geqslant S - \dfrac{K}{1+r_f}$。我们同样采用构造投资组合的方法来证明：

组合 G：买 1 份欧式看涨期权，其标的资产的价格为 S，执行价格为 K；

组合 H：买 1 份标的资产，以无风险利率 r_f 贷款 $\dfrac{K}{1+r_f}$（或发行价值为 $\dfrac{K}{1+r_f}$ 的债券）；

在到期日 T 时，两组合的价值分别记为 V_T^G 和 V_T^H，则

$$V_T^G = [S_S - K]_+$$
$$= \begin{cases} 0, & S_T \leqslant K \\ S_T - K, & S_T > K \end{cases}$$
$$V_T^H = S_T - K$$

因此，$V_T^G \leqslant V_T^H$，由定理 5.7 可知，在 0 时点的价值也有相同的关系，$V_0^G \leqslant V_0^H$，即 $c(S, K) \geqslant S - \dfrac{K}{1+r_f}$。证毕■

标的资产可以看成是执行价格为 0 的看涨期权，因此性质 5 的第一个不等式可以归结为性质 2 的特殊情形。我们上面证明的是单期情形下欧式看涨期权的下界，记即期为 t 时，到期日为 T 时，连续复利为 r，则采用单利和连续复利对应的不等式分别为：

$$c(S, K) \geqslant S - \frac{K}{1+r_f} \tag{6.14a}$$

$$c(S, K) \geqslant S - e^{-r(T-t)}K \tag{6.14b}$$

其含义是：欧式看涨期权的价格大于或等于标的资产的即期价格减去执行价格的贴现值。事实上，当我们在连续复利公式中的两个“价格”上各加上一个“百分数权重”$N(d_1)$ 和 $N(d_2)$ 时就可以得到 Black-Shocles 定价公式：

$$c(S, K) = SN(d_1) - e^{-r(T-t)}KN(d_2) \tag{6.15}$$

其中：N(·)是标准正态分布的分布函数，d_1 和 d_2 是分位数：

$$d_1 = \frac{\ln(S/K) + (r + \sigma^2/2)(T-t)}{\sigma\sqrt{T-t}}; \; d_2 = d_1 - \sigma\sqrt{T-t} \tag{6.16}$$

值得说明的是，性质 5 从理论上看对实践具有一定的指导性，因为 c、S 和 K 都是即期可以观察到的，因此性质 5 可以用来判断期权价格的合理性。一个简易的判断标准是：

$$C \geqslant c \geqslant S - K \tag{6.17}$$

其中 C 为标的资产相同、执行价格相同的美式看涨期权，(6.17) 可以用来判断行情报价的合理性。例如，某标的资产即期价格 $S=40$ 元，执行价格 $K=38$ 元，$C=c=1.5$ 元，此时违背了(6.17)，说明期权定价过低，有套利机会。

不过需要注意的是，在现实生活当中套利机会的存在并不意味着套利可以顺利进行，套利顺利实现是基于“市场无摩擦”假设而成立的，如果市场有摩擦则无法实现套利。例如当某股票市场连续几个交易日跌停时，若该股票的看涨期权出现上述情况则无法实现套利，因为套利要求即期卖空标的股票，在连续跌停情形下卖空通常是不被允许的，在此情形下为了收回“残值”，投资者可能愿意以低于 $S-K$ 的价格出售期权，从而短暂出现违背(6.17)的情形。

性质 6(平价关系)：当标的资产不支付红利时，具有相同标的资产、相同执行价格和到期日的欧式看涨期权和欧式看跌期权之间满足如下等量关系，通常称为平价关系：

$$c(S,\ K)+\frac{K}{1+r_f}=p(S,\ K)+S \tag{6.18a}$$

该公式与(6.14a)相隔一个欧式看跌期权的价格，也可以看作将不等式“变为”等式的另一“路径”。证明方法依然是无套利中的组合分析法。

证明：构造投资组合：

组合 I：买 1 份欧式看涨期权，其标的资产的价格为 S，执行价格为 K；

买价值 $\frac{K}{1+r_f}$ 的无风险债券，债券可获得无风险收益率 r_f；

组合 J：买 1 欧式看跌期权，其标的资产和执行价格均与 I 中期权的相同；

买 1 份上述期权的资产。

在到期日 T 时，两组合的价值分别记为 V_T^I 和 V_T^J，则

$$\begin{aligned} V_T^I &= [S_T-K]_+ + K \\ &= \begin{cases} K, & S_T\leqslant K \\ S_T, & S_T>K \end{cases} \end{aligned}$$

$$\begin{aligned} V_T^J &= [K-S_T]_+ + S_T \\ &= \begin{cases} K, & S_T\leqslant K \\ S_T, & S_T>K \end{cases} \end{aligned}$$

因此，$V_T^I=V_T^J$，由定理 5.5 可知，在 0 时点的价值也有相同的关系，$V_0^I=V_0^J$，即 $c(S,\ K)+\frac{K}{1+r_f}=p(S,\ K)+S$。证毕■

上述证明中组合 I 中的债券期初面值加上投资利息到期末累计为 K，标的资产因为不支付红利，期末价格等于其价值。如果标的资产支付红利则比较复杂，此时上述公式改为：

$$c(S,\ K)+\frac{K}{1+r_f}+D=p(S,\ K)+S \tag{6.18b}$$

其中，D 是期权在到期之前(包括到期时)累计支付红利的现值。因此，我们无须追究到底支付了多少次红利，每次支付了多少红利，由此简化问题。此时的证明与性质 6 的证明完全类似，不同之处在于构造投资组合时，在组合 I 中加入价值 D 的债券，即组合 I 改为“购买价值 $K/(1+r_f)+D$ 的无风险债券”，其他的不变。在分析期末的价值

时，组合Ⅰ中期权价值不变，购买债券的部分期末本利累计为 $K+D(1+r_f)$，组合J中由于标的资产产生红利，我们需要指出将所得红利及时投资于利率为 r_f 的无风险资产，因此标的资产红利加上投资收益到期末本利和为 $D(1+r_f)$。结合上述变化，我们将标的资产支付红利时的平价公式留作习题。

有了平价公式，欧式看涨期权和看跌期权之间的价格可以相互推得，因此，只需要给出欧式看涨期权的定价公式就可以容易地得到看跌期权定价公式，正因如此，我们一般只给出看涨期权的相关结论。

三、美式期权与提前执行

到目前为止，我们主要讨论的是欧式期权，由于欧式期权到期才能执行，因此属于典型的两时点单期产品，即使是标的资产支付红利的情形也可以通过将红利折合为期初的现值来转化为单期产品。当标的资产不支付红利时。美式期权也只有两时点产生现金流，但由于美式期权在到期之前都可以执行，因此美式期权比欧式期权复杂，可能涉及最优执行时机。这里我们从是否提前执行的角度简单地分析美式期权的性质。

所谓提前执行是指在期权到期之前就执行合约，由于期权的多头(即期权的持有者或购买期权者)有权力而没有义务，因此期权的多头方有可能选择在到期之前执行合约实现利润。当然期权的多头也可以选择将期权一直持有到期并在到期时点决定是否执行期权，因此，与欧式期权相比，美式期权多出了一份权利：在到期之前的任何时点，当市场行情有利时执行美式期权，欧式期权则只能等待到期日；在任何时点如果不执行美式期权，其作用与欧式期权相同，因此美式期权的价值(价格)总是大于或等于欧式期权的价值(价格)，即：

$$C(S, K) \geqslant c(S, K);\quad P(S, K) \geqslant p(S, K) \tag{6.19}$$

其中，$C(S, K)$、$P(S, K)$ 分别为美式看涨期权和美式看跌期权的价格，相应的小写的分别为欧式看涨期权和欧式看跌期权的价格。(6.19)中是否取大于号关键取决于美式期权是否提前执行。下面依据标的资产是否支付红利，我们将美式期权的提前执行问题分两种情形来展开分析。

(一)标的资产不支付红利的情形

标的资产不支付红利时，标的资产价格的变化相对于支付红利时简单一些，在此情形下分析美式期权也相对简单一些。即便如此，是否提前执行对看涨期权和看跌期权是不相同的。一般地，我们有性质：

定理6.1：如果标的资产不支付红利，美式看涨期权提前执行不是最优的，即美式看涨期权一般不会提前执行，因此，美式看涨期权的价格等于欧式看涨期权的价格。

证明：假设期权的有效期限为$[0, T]$，看涨期权的执行价格为 K，那么，对于任意的 t 满足 $0<t<T$，当标的资产的价格 $S(t)<K$ 时，显然不能在 t 时执行；

当 $S(t)>K$ 时，在 t 时执行获利为 $\Pi_1=S(t)-K$；出售期权获利为 $\Pi_2=c(t)$，由公式(6.17)可知 $\Pi_2 \geqslant \Pi_1$，因此美式看涨期权不应该提前执行。证毕■

定理 6.1 及其证明似乎不太易于理解，我们不妨看下面的例子：

例 6.1：股票 A 即期价格为 $S_0=40$ 元，以股票 A 为标的资产执行价格 $K=40$ 元的美式看涨期权，到期日为 T 时，即期标的资产价格等于执行价格不会执行。如图 6-15 所示在 t_1 时股票 A 的价格涨到 43 元，依据定理 6.1 不应该提前执行，因此继续持有；到 t_2 时股票 A 的价格跌到 36 元，看似失去了一次因执行期权而盈利的机会，继续持有；到 t_3 时 A 的价格再次涨到 46 元，立即执行每股盈利 6 元，依据定理 6.1 不应该提前执行，继续持有；此后股票 A 开始下跌，直到 T 时股价定位于 38 元，再次失去盈利机会。这是否说明定理 6.1 是错误的？

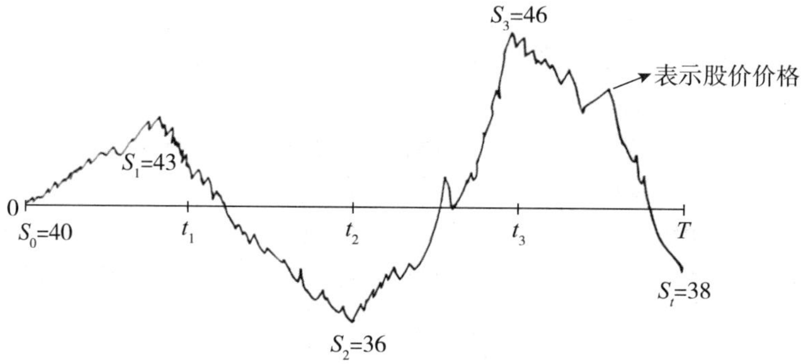

图 6-15　股票 A 的走势

不可否认，无论是在 t_1 时还是在 t_3 时执行期权都是非常不错的选择，定理 6.1 表明不要提前执行并非单纯地等待后面的机会，而是说还存在比提前执行有更好的选择。投资者在 t_1 和 t_3 想提前执行时，在相同的时点至少包括立即执行在内有三种可供选择的策略：

策略 1：立即执行，获利为：$\Pi_1 = S(t) - K$

策略 2：出售看涨期权，获利为：$\Pi_2 = c(t)$

策略 3：卖空标的资产并继续持有期权，等待时机平仓，获利为：$\Pi_3 = \max[S(t) - S(t^*),\ S(t) - K]$。

策略 3 最具有灵活性，等待时机是指捕捉获益更高的机会，如果出现 t^* 比此前任何时刻价格都低而且估计已经到达了最低点，可以考虑此时平仓获利为 $S(t)-S(t^*)$。为了便于理解在此例子中假设持有到 T 时平仓，其收益为 $S(t)-S(T)$；当然也可能出现被卖空的股票提前要求平仓，此时策略 3 也会被动平仓，此时如果股票价格高于执行价格则被迫通过执行期权买入标的股票，收益为 $S(t)-K$。

进一步假设 t_1 时和 t_3 时的期权价格分别为 $C(t_1)=3.5$ 元和 $C(t_3)=6.4$ 元，策略 3 中分别在 t_1 时和 t_3 时卖空股票 A，在 T 时平仓。下面比较三种策略下的获利情况：

在 t_1 时进行交易：$\Pi_1=43-40=3$ 元；$\Pi_2=c(t)=3.5$ 元；$\Pi_3=43-38=5$ 元；

在 t_3 时进行交易：$\Pi_1=46-40=6$ 元；$\Pi_2=c(t)=6.4$ 元；$\Pi_3=46-38=8$ 元。

这个例子说明无论是在 t_1 时还是在 t_3 时“采取行动”，提前执行都是获利最低的一种策略，因此都不是最优策略，还有其他更好的替代策略。值得说明的是，上面的算例为了简便没有考虑时间价值。同时，t_3 时的情形可能在 t_1 时的情形之前发生，我们这里给出的是事后回看的结果，实际交易中每个时刻并不知道其后标的股票的价格走势。此外，例子只是选取了两个特定的时点并对该时点各种策略进行比较，如果 t_1 时点已经采取了策略 1 和策略 2，则期权已经不再持有，在 t_3 时点不能再采取策略 1 和策略 2。我们的目的只是想论证提前执行策略是最"差"的策略，围绕此例还可以进一步讨论什么策略更优。

定理 6.1 考虑的是美式看涨期权，对于美式看跌期权来说则不一定成立，还是在例 6.1 基础上进行讨论。假设其他条件不变，唯一不同的是看跌期权，即在 t 时购买的是执行价格为 $K=40$ 元的看跌期权，我们需要考虑的是 t_2 时进行交易的结果，此时立即执行获利为 $\Pi_1=40-36=4$ 元；出售期权获利为 $\Pi_2=p(t)$。因此，是否提前执行关键看此时的看跌期权的价格，如果 $p(t)<4$ 元则提前执行更优，如果 $p(t)>4$ 元则可以考虑出售期权。从走势图 6.12 中可以看出 t_2 时刻提前执行可能是最优的策略。因此，对于美式看跌期权定理 6.1 不再成立，可以简单地概括为：

$$P(S, K)=\max[K-S, p(S, K)] \tag{6.20}$$

(6.20)的表面含义是，任何时刻的美式看跌期权的价格等于立即执行的价值 $K-S$ 或同一时刻欧式看跌期权的价格中的最大值者，其进一步的含义则是当立即执行的价值 $K-S$ 大于相同条件下的欧式看跌期权的价格时应该立即执行。

当价值 $K-S$ 小于相同条件下的欧式看跌期权的价格时不执行，因为不执行美式期权，此时美式看跌期权等同于欧式看跌期权，因此其价格与欧式看跌期权价格相等。而欧式看跌期权的价格可以由平价关系来确定，因此(6.20)又可以改写为(6.20a)：

$$P(S, K)=\max\left[K-S, \frac{K}{1+r_F}-S+c(S, K)\right] \tag{6.20a}$$

总之，在任何时刻都可以比较 $K-S$ 和 $K/(1+r_F)-S+c(S, K)$ 值的大小，前者大意味着立即执行更优，后者大则应该继续持有以等待时机。

(二)标的资产支付红利的情形

基于上面的分析，我们很容易分析标的资产支付红利时的情形。在期权到期之前标的资产支付多次红利与只支付一次红利的情形是类似的，所以我们可以假设只有一次红利支付。又因为对于看涨期权而言，只要标的资产不支付红利，提前执行就不是最优策略，因此我们可以假定标的资产在即期(即 $t=0$)支付红利 D，记支付红利后标的股票的价格为 S，执行价格为 K，到期日为 T。由上面的分析可知在 $t=0$ 尚未支付红利时，标的股票价格为 $S+D$，支付红利后价格为 S，此后由于标的资产不支付红利，其间美式看涨期权不会提前执行，美式看跌期权则依据具体情形决定是否提前执行。

对美式看涨期权，是否提前执行取决于红利支付之前的 $t=0$ 时，此时美式看涨期权的价格不仅与执行价和标的资产即期价格有关，还与支付的红利有关，因此可以表示为 $C(S, D, K)$，此时有：

$$C(S, D, K)=\max[S+D-K, c(S, D, K)] \tag{6.21}$$

(6.21)的含义是，当 $K-S-D$ 大于相应的欧式看涨期权的价格时，类似的方法可以证明此时美式看涨期权的价格必定等于 $K-S-D$，即 $C(S, D, K)=K-S-D$，否则存在套利机会；当 $K-S-D$ 小于相应的欧式看涨期权的价格时，继续持有的美式期权与欧式期权价值相等，从而(6.21)成立。该方程也表明：$K-S-D$ 大于相应的欧式看涨期权的价格时应立即执行期权，反之继续持有期权。类似地，对于看跌期权同样有：

$$P(S, D, K) = \max[K - S - D, p(S, D, K)] \quad (6.22)$$

(6.22)给出了提前执行的条件。

四、有限状态下的期权定价

无套利原理在期权定价中的应用为无套利原理的应用提供了一个很好的例子。Black 和 Scholes(1973)在连续情形下推导出了欧式看涨期权的定价公式，这就是著名的 Black-Scholes-Merton 期权定价公式，该成果获得 1997 年诺贝尔经济学奖。其实该定价公式在此前早一些时候就已经被他们推导出来并向学术期刊投稿，但是由于该论文涉及随机微分方程等比较复杂的数学知识从而显得晦涩难懂而影响了论文发表的速度，直到 Cox、Ross 和 Rubinstein(1979)(简称 CRR)从一个简单的情形下重新给出了该期权定价公式的推导才逐渐让读者读懂并理解了这一诺贝尔奖成果。CRR 建立的是一种期末只有两状态的模型，通常称为二叉树模型。二叉树模型虽然看上去假设过于简单似乎十分不合理，但它能很好地展示期权定价所包含的思想。

(一)两状态下的期权定价——二叉树模型

两状态下的期权定价模型又包括单期模型、两期模型和多期模型。事实上，CRR 从单期出发并推广到两期乃至多期。假设市场上有两类资产：作为风险资产的股票和无风险资产的债券，同时还包含以股票为标的资产的欧式看涨期权，除了这些条件外该模型还包括如下核心假设：

假设 1：标的资产——股票从期初到期末只有两种变化(也称为两种状态)——上涨或下跌，多期情形下上涨或下跌的幅度保持不变；

假设 2：不存在套利机会。

1. 单期模型

单期模型涉及两时点 0 和 T，标的股票在 0 时的价格记为 S，在 T 时股票价格有两种结果：上涨到 uS，或下跌到 dS，即上涨和下跌的相对收益分别为 u 和 d，而且 $u>d$；以股票为标的的欧式看涨期权期初的价格为 c，期末的价格分别记为 C_u 和 C_d；无风险利率为 r_F。为了直观可以给出价格变化的二叉树，见图 6-16。

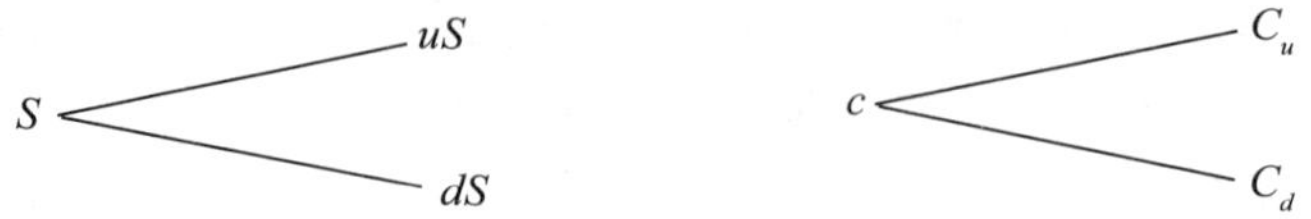

图 6-16　价格变化的二叉树

根据看涨期权的性质显然有：

$$C_u = [uS - K]_+ \quad C_d = [dS - K]_+ \tag{6.23}$$

显然，从期初到期末期权的价值与股票的价值同向变化，即股票价格上涨，期权价格也上涨；股票价格下跌则期权价格也下跌，由此我们构造投资组合：

投资组合：h 股的标的股票的空头；

1 份欧式看涨期权的多头。

该组合在期初的价值变化为：

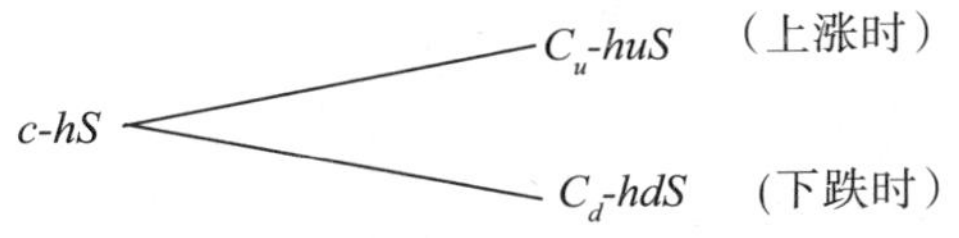

图 6-17　投资组合的价值变化二叉树

选择组合中的 h，使得 $C_u-huS=C_d-hdS$，这种 h 称为**完全对冲的对冲比**。易证 $u>d$ 时完全对冲比总是存在的，它的存在意味着我们构造的投资组合完全无风险，复制了无风险资产。无套利条件下必有：

$$(c - hS)(1 + r_F) = C_u - huS = C_d - hdS \tag{6.24}$$

解(6.24)得到期权定价公式：

$$c = \frac{1}{1 + r_F}\left[\frac{1 + r_F - d}{u - d}C_u + \frac{u - (1 + r_F)}{u - d}C_d\right] \tag{6.25}$$

记

$$q_u = \frac{1 + r_F - d}{u - d}; \quad q_d = \frac{u - (1 + r_F)}{u - d} \tag{6.26}$$

无套利要求 $d < 1 + r_F < u$，从而 $0 < q_u < 1$；$0 < q_d < 1$；$q_u + q_d = 1$，因此可以将它们分别看作上涨和下跌的概率，我们称之为"风险中性概率"，此时定价公式改写为：

$$c = \frac{q_u C_u + q_d C_d}{1 + r_F} \equiv \frac{E^Q[\widetilde{C}_T]}{1 + r_F} \tag{6.25a}$$

第一个等式可以解读为股票以"概率 q_u"上涨，以"概率 q_d"下跌，从而形成一类只有两种结果的不确定模型，在概率论中该模型称为贝努利试验，因此有了第二个等式的形式，上标 Q 表示该处的期望不是以真实的概率求出的期望，而是以风险中性概率 $Q=\{q_u, q_d\}$ 求得的期望，Q 也称为等价鞅测度。

上述期权定价过程中采用了无套利思想，该思想具体体现在两个方面：(1)完全对冲风险的思想：通过反向持有股票和看涨期权使两者的不确定性完全消除；(2)资产复制的思想：完全对冲风险组合的形成意味着对无风险资产的复制，从而可以利用一价律进行定价。此外，定价公式(6.25a)体现的是风险中性定价思想，通过构造风险中性概率后，只需要将期权期末的价值以风险中性概率计算期望并用无风险利率贴现就可以得到期权的价格。

2. 多期模型

假设时间区间[0，T]保持不变，股票价格从 0 时到 T 时经历两次变化，形成时间长度相等的前后相继的并涉及三个时点的两个单期，股票在每一期的变化只有两种结果：以相对收益 u 上涨或以相对收益 d 下跌，形成的价格变化二叉树如图 6-18 所示，图中也给出了相应的看涨期权价格变化的二叉树：

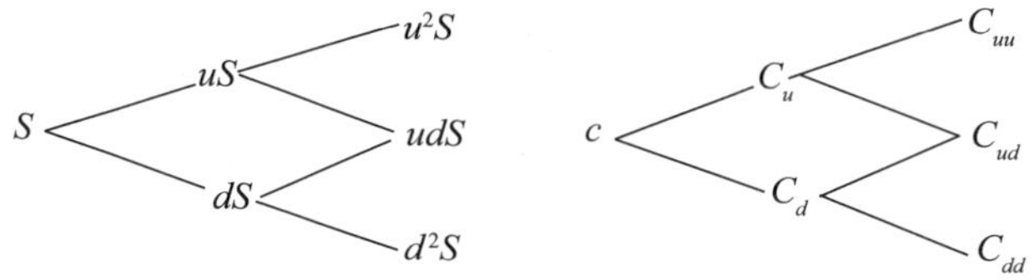

图 6-18　两期情形下股票和期权价格变化的二叉树

类似地：$C_{uu}=[u^2S-K]_+$，$C_{ud}=[udS-K]_+$，$C_{dd}=[d^2S-K]_+$。

为了对期权定价，我们对上述二叉树进行分解，分解为下列三个单期二叉树(见图 6-19)：

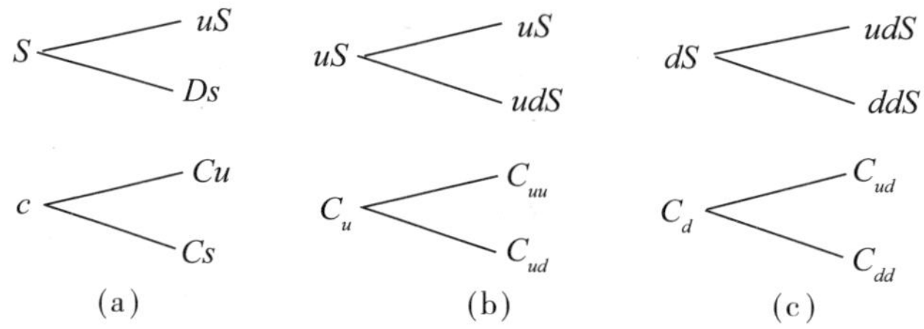

图 6-19　分解后的三个单期二叉树

[0，T]包含三个时点形成的两个时间长度相同的单期，每个单期无风险利率为 $r_F/2$。从图 6-16 可以看出三个单期(a)、(b)、(c)与上面的单期高度相似，因此它们的定价与前面单期模型下的定价是完全相同的，我们可以先对(b)、(c)定价，然后再对(a)定价，容易得到：

$$C_u=\frac{q_uC_{uu}+q_dC_{ud}}{1+0.5r_F};\ h_u=\frac{C_{uu}-C_{ud}}{u-d}\tag{6.27a}$$

$$C_d=\frac{q_uC_{ud}+q_dC_{dd}}{1+0.5r_F};\ h_d=\frac{C_{ud}-C_{dd}}{u-d}\tag{6.27b}$$

$$c=\frac{q_uC_u+q_dC_d}{1+0.5r_F};\ h=\frac{C_u-C_d}{u-d}\tag{6.28}$$

这里的风险中性概率不同于单期情形，主要是单期内的无风险利率发生变化：

$$q_u=\frac{1+0.5r_F-d}{u-d};\ q_d=\frac{u-(1+0.5r_F)}{u-d}\tag{6.29}$$

将(6.27a)(6.27b)代入(6.28)得：

$$c=\frac{q_u^2C_{uu}+2q_uq_dC_{ud}+q_d^2C_{dd}}{(1+0.5r_F)^2}\equiv\frac{E^Q[\widetilde{C}_T]}{(1+0.5r_F)^2} \tag{6.30}$$

如果将 q_u 看作上涨的概率，等式(6.30)中第一个等式的分子的含义就是从 0 时到 T 时股票经过两次变化得到三种结果的概率与相应状态下看涨期权价格的乘积之和，因此其值为基于风险中性概率的期望值，由此有了第二个等式，它表明两期情形下风险中性定价依然成立。该价格变化过程服从典型的二重贝努利分布，此结果还可以推广到 n $(n>2)$期情形：假设$[0, T]$期间股票经过了 n 次变化，最终有 $n+1$ 种可能的结果，相应的定价公式为：

$$c=\frac{1}{(1+r_F/n)^n}\sum_{i=0}^{n}C_n^iq_u^iq_d^{n-i}C_{u^id^{n-i}}\equiv\frac{E^Q[\widetilde{C}_T]}{(1+r_F/n)^n} \tag{6.31}$$

相应的证明见 Cox，Ross 和 Rubinstein(1979)的文章。

2. 多状态下的期权定价

两状态下的定价模型称为二叉树模型，类似地可以假定每期末有三种状态发生：上涨、居中、下跌，从而形成三叉树模型。沿着这一思路还可以构造四叉树、五叉树模型等，但是这些依据多状态而设置的多叉树模型除了形式更加复杂之外没有额外的创新，这可以从已有的三叉树模型可以看出。从另一个角度来看，前面特定的二叉树模型实际上包含了多状态情形：当上涨时的收益 u 和下跌时的收益 d 保持不变时，两期的二叉树对应的刚好是三状态结果，期末股票价格分别为 u^2S、udS、d^2S；n 期二叉树对应的是 $n+1$ 状态，期末价格分别为：

$$u^nS,\ u^{n-1}dS,\ \cdots,\ u^{n-r}d^rS,\ \cdots,\ d^nS$$

显然，利用类似于二叉树模型中的方法处理三叉树及其他多状态情形下的定价问题是比较复杂的，一个更简洁的方法是采用 Arrow-Debrue 框架下的方法。首先复制 A-D 证券，然后计算 A-D 证券的价格，最后由 A-D 证券价格结合期权期末支付来定价。下面我们以二叉树为例说明此方法。

两状态下的 A-D 证券的价格和支付如图 6-20 所示。

图 6-20　两状态下的 A-D 证券树形图

由股票和期权的二叉树图形容易得到：

$$\begin{cases}S=uS\phi_u+dS\phi_d\\ B=\phi_u+\phi_d=\dfrac{1}{1+r_F}\\ c=C_u\phi_u+C_d\phi_d\end{cases}$$

由此方程组解得状态价格和期权价格：

$$\phi_u = \frac{1}{1+r_F}\frac{1+r_F-d}{u-d} = \frac{q_u}{1+r_F};\ \phi_d = \frac{1}{1+r_F}\frac{u-(1+r_F)}{u-d} = \frac{q_d}{1+r_F} \tag{6.32}$$

$$c = \frac{q_u Cu + q_d C_d}{1+r_F} = \frac{E^Q[\widetilde{C}_T]}{1+r_F} \tag{6.33}$$

该结果与前面的结论完全一致，其他多状态情形也可以采用此类方法定价。需要说明的是我们这里采取的定价方法的前提条件是市场是完全的，完全市场下可以复制 A-D 证券，并由状态价格对期权进行定价。

第三节　期权与市场完全化

对作为衍生证券的期权我们通常是用无套利原理进行定价的：在多层次的资本市场上，当期权是冗余证券时，它可以被标的证券和债券等原生证券复制，从而可以用无套利方法对其进行定价。反之，如果期权不是冗余证券而且市场为不完全市场，我们可能无法采用无套利原理定价。但是，在特定条件下可以通过构造期权使市场完全化，由此还能得出标的证券价格与期权价格之间的关系。

一、利用期权完全化市场

利用期权完全化市场需要具备一定的条件，即市场上存在**状态分离**(state separating)**支付**，也称为**状态指数化证券**(state-index security)。所谓**状态分离支付**是指一类特殊的证券，它在期末的任何两个不同状态下的支付互不相同，即：考虑有限状态情形下某证券的支付为 $\boldsymbol{X}^{\mathrm{T}} = (x_1, x_2, \cdots, x_\omega, \cdots, x'_\omega, \cdots, x_S)$，$\forall \omega, \omega' \in \Omega$，若 $\omega \neq \omega'$ 则必有 $x_\omega \neq x_{\omega'}$，此时称该证券为状态指数化证券。为了论述的方便，我们不妨假设若 $\omega < \omega'$ 则必有 $x_\omega < x_{\omega'}$，这样我们有：

$$x_1 < x_2 < \cdots < x_\omega < \cdots < x_{\omega'} < \cdots < x_S \tag{6.34}$$

接下来，我们利用该状态指数化证券来构造欧式看涨期权，从而使市场完全化，我们称该证券为 $\boldsymbol{X}$：

(1)以 $\boldsymbol{X}$ 为标的，以 0 为执行价的欧式看涨期权；

(2)以 $\boldsymbol{X}$ 为标的，以 x_1 为执行价的欧式看涨期权；

(3)以 $\boldsymbol{X}$ 为标的，以 x_2 为执行价的欧式看涨期权；

……

(S)以 $\boldsymbol{X}$ 为标的，以 x_{S-1} 为执行价的欧式看涨期权。

由此我们构造了 S 个看涨期权，其中第一个实际上是标的资产本身，由这 S 个期权形成的资本市场的市场结构为：

$$\begin{bmatrix} x_1 & 0 & 0 & \cdots & 0 \\ x_2 & x_2 - x_1 & 0 & \cdots & 0 \\ x_3 & x_3 - x_1 & x_3 - x_2 & \cdots & 0 \\ \vdots & \vdots & \vdots & \vdots & \vdots \\ x_S & x_S - x_1 & x_S - x_2 & \cdots & x_S - x_{S-1} \end{bmatrix}$$

由(6.34)可知，该支付矩阵主对角线上的元素全部大于零，从而矩阵是满秩的、市场是完全的。由此我们通过构造欧式看涨期权使市场完全化，显然，构造看跌期权也能达到目的。

不仅可以使市场完全化，我们还可以利用所得到的市场结构复制所有的 A-D 证券，即利用状态指数化证券及其为标的的期权形成特定的组合，从而复制 A-D 证券。为简单起见，我们取 $x_i = i\delta$，δ 为常数，此时：

$$\boldsymbol{X}^{\mathrm{T}} = (\delta,\ 2\delta\cdots,\ \omega\delta\cdots,\ S\delta) \tag{6.35}$$

市场结构简化为：

$$\begin{bmatrix} \delta & 0 & 0 & \cdots & 0 \\ 2\delta & \delta & 0 & \cdots & 0 \\ 3\delta & 2\delta & \delta & \cdots & 0 \\ \vdots & \vdots & \vdots & \vdots & \vdots \\ S\delta & (S-1)\delta & (S-2)\delta & \cdots & \delta \end{bmatrix}$$

进一步我们记：

$$\boldsymbol{Y} \equiv (\boldsymbol{Y}_0,\ \boldsymbol{Y}_1,\ \cdots,\ \boldsymbol{Y}_{S-1}) \equiv \begin{bmatrix} \delta & 0 & 0 & \cdots & 0 \\ 2\delta & \delta & 0 & \cdots & 0 \\ 3\delta & 2\delta & \delta & \cdots & 0 \\ \vdots & \vdots & \vdots & \vdots & \vdots \\ S\delta & (S-1)\delta & (S-2)\delta & \cdots & \delta \end{bmatrix} \tag{6.36}$$

式中用矩阵 $\boldsymbol{Y}$ 表示市场结构，用 $\boldsymbol{Y}_i$ 表示执行价格为 $i\delta$ 的欧式看涨期权的支付向量，由市场结构 $\boldsymbol{Y}$ 容易复制 A-D 证券：

(1)状态 S 的纯证券(A-D 证券)可通过购买 $1/\delta$ 份的第 S 个期权来得到，它们之间的支付关系为：

$$\boldsymbol{1}_S = \frac{1}{\delta}\boldsymbol{Y}_{S-1} \tag{6.37a}$$

(2)状态 $S-1$ 的纯证券(A-D 证券)可通过购买 $1/\delta$ 份的第 $S-1$ 个期权并出售 $2/\delta$ 份的第 S 个期权来得到，即：

$$\boldsymbol{1}_{S-1} = \frac{1}{\delta}[\boldsymbol{Y}_{S-2} - 2\boldsymbol{Y}_{S-1}] \tag{6.37b}$$

(3)状态 $S-2$ 的纯证券(A-D 证券)可通过购买 $1/\delta$ 份的第 $S-2$ 个和第 S 个期权并出售 $2/\delta$ 份的第 $S-1$ 个期权来得到：

$$\boldsymbol{1}_{s-2} = \frac{1}{\delta}[\boldsymbol{Y}_{S-3} - 2\boldsymbol{Y}_{S-2} + \boldsymbol{Y}_{S-1}] \tag{6.37c}$$

(4)状态 ω 的纯证券(A-D 证券)可通过购买 $1/\delta$ 份的第 ω 个和第 $\omega+2$ 个期权并出售 $2/\delta$ 份的第 $\omega+1$ 个期权来得到：

$$\mathbf{1}_{\omega}=\frac{1}{\delta}[\boldsymbol{Y}_{\omega-1}-2\boldsymbol{Y}_{\omega}+\boldsymbol{Y}_{\omega+1}] \tag{6.38}$$

其中 $\omega=1，2，3，\cdots，S-2$。状态 S 和 $S-1$ 状态证券之外，其他的状态证券都是通过购买一份执行价格高的和一份执行价格低的欧式看涨期权并出售 2 份执行价格居中的欧式看涨期权而得到，这是典型的蝶形价差，具体策略在《金融工程》或《衍生证券》课程中会详细讲解。

二、标的证券价格与期权价格

上述构造期权的方法不但使市场完全化，而且还复制了各种状态证券，由此还说明标的股票与特定的期权之间的价格也存在特定的关系。以此为基础，我们可以进一步讨论标的股票价格与期权之间的关系。为此我们假设标的股票价格取值范围为 $[0，M]$，即在最坏的情形下股票期末价格为 0，在最好的情形下股票期末价格为 M。将取值范围离散化，即将 $[0，M]$ 分成 n 等份使得 $M=n\delta$，并假设股票在期末的价格可能取值为 0，δ，2δ，3δ，$\cdots$，$n\delta$，则该股票的期末支付向量为：

$$\boldsymbol{X}^{\mathrm{T}}=(\delta，2\delta\cdots，\omega\delta\cdots，n\delta)$$

记以 $i\delta$ 为执行价格的欧式看涨期权的价格为 $c(K_i)$，该期权在期末的支付为 Y_i，由期末收益的线性关系(6.38)可知，期权的价格为：

$$\phi_i=\frac{1}{\delta}[c(K_{i-1})-2c(K_i)+c(K_{i+1})] \tag{6.39}$$

如果 $c(\cdot)$ 关于 K 二阶可导，$\delta=K_i-K_{i-1}$，(6.39)等式右边在 δ 趋于 0 时极限存在：

$$\begin{aligned}\lim_{\delta\to 0}\frac{\phi_i}{\delta}&=\lim_{\delta\to 0}\frac{1}{\delta^2}[c(K_{i-1})-2c(K_i)+c(K_{i+1})]\\&=\lim_{\delta\to 0}\frac{1}{\delta^2}[(c(K_{i-1})-c(K_i))-(c(K_i)-c(K_{i+1}))]\\&=\frac{\partial^2 c(K)}{\partial K^2}\Big|_{K=K_i}\end{aligned}$$

另外，任意一期初价格为 S，期末支付向量为 X 的股票的关系为：

$$\begin{aligned}S&=\sum_{i=1}^{n}\phi_i X(K_i)\\&=\sum_{i=1}^{n}\frac{[c(K_{i-1})-2c(K_i)+c(K_{i+1})]}{\delta^2}\cdot\boldsymbol{X}(K_i)\cdot\delta\end{aligned} \tag{6.40}$$

其中 $\boldsymbol{X}(K_i)$ 表示状态 i 发生时股票的支付。当 n 趋于无穷大时得到连续情形下的股票价格：

$$S=\int_0^M\frac{\partial^2 c(K)}{\partial K^2}\boldsymbol{X}(K)\mathrm{d}K=\int_0^{\infty}\frac{\partial^2 c(K)}{\partial K^2}\boldsymbol{X}(K)\mathrm{d}K \tag{6.41}$$

公式(6.41)给出了欧式股票看涨期权价格与标的股票价格之间的关系，可用于理论上分析看涨期权价格的性质。$\boldsymbol{X}(K)=1$ 时为债券，则有：

$$B=\int_0^{\infty}\frac{\partial^2 c(K)}{\partial K^2}\mathrm{d}K \tag{6.42}$$

由(6.39) $n\to\infty$ 时，$\phi_i\to\partial^2 c(K)/\partial K^2$，回顾离散情形下风险中性概率的定义，当 n 趋于无穷大时得到资产定价的鞅等式：

$$\frac{S}{B}=\int_0^{\infty}q(K)X(K)\mathrm{d}K \tag{6.43}$$

其中，$q(K)$ 为风险中性概率：

$$q(K)=\frac{\phi(K)}{B}=\frac{\partial^2 c(K)}{\partial K^2}\Big/\int_0^{\infty}\frac{\partial^2 c(K)}{\partial K^2}\mathrm{d}K \tag{6.44}$$

◎ 本章小结

衍生证券一般包括远期、期货、期权、互换以及其他的混合证券。它们有着一些共同的特点，就是其价值依赖一些更基础的资产，我们通常称之为标的资产。衍生证券看起来丰富多彩而非常复杂，但实际上它们又具有一些共同的特征。一个比较突出的特色是，它们几乎都能利用无套利原理来进行定价。无套利原理在衍生证券定价中又可以形象地表示为“积木分析法”，即将一些基本的衍生证券依据其损益图或盈亏图看成是积木，把同一衍生证券的空头和多头看作不同的积木，将这些“积木”进行组合形成一些新的“积木”(新的损益图)，从而对衍生证券进行定价或形成一些新的交易策略。

在所有衍生证券当中，期权非常具有代表性。依据执行时点的不同规定将期权分为欧式期权和美式期权，依据买卖权利的不同分为看涨期权和看跌期权。结合上一章的无套利原理以及由无套利原理导出的定理对不同期权的性质展开分析，得到了期权定价性质、期权的平价关系和美式期权是否提前执行的性质。

无套利定价在期权上的应用还体现在二叉树模型中的应用，结合状态价格使定价更简单和直观。同时，利用状态分离指数化证券构造期权还可以使市场完全化。

◎ 重要概念

衍生证券　远期　期货　期权　积木分析法　实值期权　虚值期权　内在价值　时间价值　平价关系　美式期权　欧式期权　看涨期权　看跌期权　二叉树模型　风险对冲　状态指数化证券

◎ 思考题

1. 什么是衍生证券？衍生证券通常包括哪些种类？
2. 什么是积木分析法？它是如何体现无套利思想的？
3. 如何确定期权的价值？什么是内在价值？什么是时间价值？
4. 什么是状态指数化证券？为什么利用它能够使市场完全化？如何使市场完

全化？

5. 以二叉树模型为例，说明期权定价有哪些核心思想。

6. 分别说明美式期权在支付红利和不支付红利两种情形下是否提前执行。说明理由。

7. 以期权价格的上下界为例说明这些等量关系和不等量关系成立的前提条件。

◎ 练习题

1. 证明期权性质 1 至性质 6。

2. 假设 c_1、c_2 和 c_3 分别表示执行价格分别为 X_1、X_2 和 X_3 的欧式看涨期权的价格，其中 $X_1<X_2<X_3$，并且 $X_3-X_2=X_2-X_1$。三个期权的标的资产相同、到期日相同。证明：$2c_2\leqslant(c_1+c_3)$。

3. 蝶形看涨价差是由标的资产相同、到期日相同而执行价格不相同的欧式看涨期权形成的期权组合：(1)买入一份执行价格为 $K-\delta$ 的看涨期权和一份执行价格为 $K+\delta$ 的看涨期权；(2)卖出 2 份执行价格为 K 的看涨期权。请画出蝶形价差的损益图，并证明当 K 给定而 δ 不同时，δ 越大，蝶形价差的价格高越高。

4. 考虑一个二叉树模型，股票 A 的期初价格为 10 元，上涨和下跌等概率，而且 $u=20\%$，$d=-20\%$，以 A 产为标的欧式看涨期权，无风险利率为 10%。

(1)画出股票 A 和执行价格为 9 元的欧式看涨期权的二叉树图形，计算期权在期初的价格；

(2)假如得到新的利好的消息：股票上涨的概率大于 0.5，股票期初价格仍为 10 元。请问你愿意购买看涨期权还是看跌期权？为什么？

5. 在第 4 题的基础上考虑三时点两期的二叉树模型，上涨和下跌率保持不变，无风险利率也不变。

(1)画出标的股票和欧式看涨期权的二叉树图形，并计算各节点的期权价格；

(2)若期权为美式看涨期权，画出看涨期权的二叉树图形，计算各节点的期权价格。

6. 同样考虑三时点(0、1、2 时点)两期二叉树模型，标的资产期初价格为 $S_0=4$ 元，$u=2$，$d=1/2$。无风险利率为 25%。以该股票为标的资产的亚式看涨期权，期权最终价值为：$c_2=\max[(S_1+S_2)/2-5,\ 0]$，即执行价格为 5 元，以股票在时间点 1 和 2 处的价格 S_1、S_2 的算术平均值来结算。请计算期权的期初无套利价格。

7. 假定期末有 4 个不同的状态发生，假设股票 A 的支付向量为$(1,\ 2,\ 3,\ 4)^{\mathrm{T}}$，请你以股票 A 为基础构造欧式看涨期权使市场完全化。用记号表示期权和股票的价格，用这些符号表示出状态价格。

◎ 参考书目与推荐阅读

1. 王江. 金融经济学. 北京：中国人民大学出版社，2007.

2. Debreu. Theory of value. New York：Wiley，1959.

3. Huang Chi-fu，Litzenberger，Robert. Foundations for Financial Economics，

Elsevier Science Co, 1988.

4. Cox, Ross, Rubinstien M. Option Pricing: A Simplified Approach. Journal of Financial Economics, 1979: 229-263.

第七章　基于消费的投资组合理论

◎ 学习目标

- 了解基于消费组合的一般性质
- 了解消费组合向组合选择问题的转化
- 掌握最优组合选择的性质
- 掌握特定情形下最优组合的求解

投资组合理论是金融经济学的基本理论之一，马科维兹(Markowitz)的组合理论是金融经济学的标志性成果和理论基石，该理论的创立标志金融经济学的诞生。在介绍马科维兹组合理论之前，我们从一般的角度来探讨投资组合问题。我们从最一般的消费-组合问题出发，研究最优消费-组合问题解的存在性及其特征；然后，将消费组合问题转化为纯粹的投资组合问题；当问题转化为投资组合问题之后，我们从单一风险资产加无风险资产的两资产情形出发，研究投资组合选择的一般原则，并试图推广到多资产情形；我们在特定情形下给出投资组合的显示解，为下一章介绍马科维兹组合理论的前提条件做好基础性准备。

第一节　投资组合的选择

马科维兹的组合问题可以从一般的消费-组合问题转化而来。所谓消费-组合问题是指最优消费计划和最优投资组合选择问题的全称，通常将投资组合简称为组合，两者不加区分。前面我们在 A-D 框架下讨论了经济人的一般均衡问题，其中首先是经济人各自选择自身的消费计划使其效用极大化，该问题在一般框架下等价于消费-组合问题。

一、消费-组合问题

假设市场上存在 N 个证券，不存在冗余证券，它们的价格向量和支付矩阵分别为 $\boldsymbol{S}^{\mathrm{T}}=(S_1,\ S_2,\ \cdots,\ S_N)$ 和 $\boldsymbol{X}=(\boldsymbol{X}_1,\ \boldsymbol{X}_2,\ \cdots,\ \boldsymbol{X}_N)$。假设期末有 S 个状态，每个证券的支付向量可以表示为 S 维向量，支付矩阵为 $S\times N$ 的列满秩矩阵。假设经济中有 K 个经济人，每个经济人都具有状态独立时间可加的期望效用函数。因为每一个经济人都面临相同的优化问题，为了描述的方便暂时不加脚标，在后面需要区别时再加脚标。同样假设经济人的禀赋为 $(e_0,\ \boldsymbol{e}_1)$，则每个经济人的决策包括两个层面：其一是选择期初的消费水平；其二是将剩余的财富分散到 N 个不同的投资机会（N 个证券）上，N 个投资机会的选择由组合向量 $\boldsymbol{\theta}$ 来表示，因此，该问题称为消费-组合问题。该问题可以概括为：

$$
\begin{aligned}
&\max_{\theta} u_0(c_0)+\sum_{\omega=1}^{S}\pi_{\omega}u_1(c_{1\omega})\\
&\text{s. t}\quad c_0=e_0-\sum_{i=1}^{N}S_i\theta_i\\
&\qquad\ \ c_1=e_1+\sum_{i=1}^{N}\theta_i\boldsymbol{X}_i\\
&\qquad\ \ c_0,\ c_1\geqslant 0
\end{aligned}
\tag{7. P1}
$$

问题(7. P1)实际上包含两个层次的选择：第一个层次是期初和期末的消费水平的选择；第二个层次是为了实现期末消费水平，如何将期初的“财富”投资到不同的资产上去，即组合 $\boldsymbol{\theta}$ 的选择，因此称为“消费-组合选择”。从(7. P1)的预算约束可以看出，一旦确定了组合 $\boldsymbol{\theta}$，则很容易计算得到最优消费水平 $(c_0,\ \boldsymbol{c}_1)$，因此在问题(7. P1)中我们没有给出作为控制变量的消费水平的选择。进一步如果可以将经济人的禀赋折合为以期初消费品为计量单位的财富 w，那么，问题(7. P1)等价于：

$$
\begin{aligned}
&\max_{\{c,\ \theta\}} u_0(c_0)+\sum_{\omega=1}^{S}\pi_{\omega}u_1(c_{1\omega})\\
&\text{s. t}\quad c_0=W_0-\sum_{i=1}^{N}S_i\theta_i\\
&\qquad\ \ c_1=W_1=\sum_{i=1}^{N}\theta_i\boldsymbol{X}_i
\end{aligned}
\tag{7. P2}
$$

其选择层次可以用图 7-1 表示：

0 ———————————————— 1

期初的财富水平：　W

期初的消费水平：　c_0

期初的投资水平：　$W-c_0$　　　　得到的期末财富水平：　W_1

图 7.1　消费-组合问题

由图示可知，经济人首先需要确定的是期初的消费水平，剩余的部分用于投资，投资在期末得到的财富水平等于期末的消费水平。所以，第一个层次是期初的消费选择；第二个层次是将期初消费剩余财富作为可投资资本分配到 N 个不同的资产上去，形成组合决策。同样地，从预算约束中容易看出，只要解出最优投资组合就能推算出最优消费水平。在完全市场上问题可简化为：

$$\begin{aligned}&\max_{\theta} u_0(c_0)+\sum_{\omega=1}^{S}\pi_\omega u_1(c_{1\omega})\\&\text{s.t}\quad c_0+\sum_{\omega=1}^{S}\phi_\omega c_{1\omega}=e_0+\sum_{\omega=1}^{S}\phi_\omega e_{1\omega}\equiv W\end{aligned}\tag{7. P3}$$

我们在这里给出了三个相互等价的优化问题，根据实际需要我们可以选择易于处理的问题。

二、解的存在性

我们在第四章已经证明，在完全市场下问题(7. P1)和(7. P2)是等价的。在进一步分析消费-组合问题的性质之前，我们来讨论该问题的解的存在性。事实上有：

定理 7.1：证券市场记为 $\{\boldsymbol{X}, \boldsymbol{S}\}$，如果效用函数满足：$u'(\cdot)\geqslant 0$，$u(\cdot)''\leqslant 0$，那么当且仅当资本市场不存在套利机会时，(7. P1)或(7. P2)有解，即优化问题有解的充分必要条件是资本市场不存在套利机会。

证明：我们选择问题(7. P1)进行证明，(7. P2)的证明完全相同。

充分性：证明若资本市场不存在套利机会，则问题(7. P1)有解。

由于 $u'(\cdot)\geqslant 0$；$u''(\cdot)\leqslant 0$，目标函数连续可导，因此只需证明预算约束集为有界闭集即可。由于不存在套利机会，根据资产定价基本定理可知，存在严格为正的状态价格向量 $\boldsymbol{\phi}$ 使得 $\boldsymbol{S}^{\mathrm{T}}=\boldsymbol{\phi}^{\mathrm{T}}X$，从而预算约束集可以表示为：

$$B(\boldsymbol{e},(\boldsymbol{X},\boldsymbol{S}))=\{(c_0,\boldsymbol{c}_1):c_i\geqslant 0,\ i=0,1,2;\ c_0=e_0-\boldsymbol{S}^{\mathrm{T}}\boldsymbol{\theta},\ \boldsymbol{c}_1=\boldsymbol{e}_1+\boldsymbol{X}\boldsymbol{\theta}\}$$

我们需要证明该预算约束集为有界闭集，其前提是经济人的禀赋是有界的，从而期初的投资和期末的支付都是有限的。因为 $c_0>0$，所以

$$c_0=e_0-\boldsymbol{S}^{\mathrm{T}}\boldsymbol{\theta}=e_0-\boldsymbol{\phi}^{\mathrm{T}}(\boldsymbol{X}\boldsymbol{\theta})\geqslant 0$$

$$0\leqslant\boldsymbol{\phi}^{\mathrm{T}}(\boldsymbol{X}\boldsymbol{\theta})=(\boldsymbol{\phi}^{\mathrm{T}}\mathbf{1})[\mathbf{1}^{\mathrm{T}}(\boldsymbol{X}\boldsymbol{\theta})]=B[\mathbf{1}^{\mathrm{T}}(\boldsymbol{X}\boldsymbol{\theta})]\leqslant e_0-c_0$$

故

$$\mathbf{1}^{\mathrm{T}}(\boldsymbol{X}\boldsymbol{\theta})\leqslant\frac{e_0-c_0}{B}\equiv d$$

即期末各个状态支付之和上有界，其中 B 为面值为 1 的无风险证券即期价格。又因为 $\boldsymbol{c}_1>\mathbf{0}$，所以期末支付($\boldsymbol{X\theta}$)向量的每一个分量下有界，从而每个分量也是上有界的，所以预算约束集为有界闭集。

必要性：需证明若问题(7. P1)有解，则不存在套利机会。

可采用反证法。若存在套利机会，而且问题(7. P1)的最优解为 $\boldsymbol{\theta}^*$，相应的最优消费为($\boldsymbol{c}_0^*$，$\boldsymbol{c}_1^*$)。因为存在套利机会，不妨假设存在第一类套利机会，所以存在一套利

组合 $\boldsymbol{\theta}'$ 使得：

$$\begin{cases}\boldsymbol{S}^{\mathrm{T}}\boldsymbol{\theta}' < 0\\ \boldsymbol{X}\boldsymbol{\theta}' = 0\end{cases}，\text{从而}\begin{cases}c_0' = e_0 - \boldsymbol{S}^{\mathrm{T}}(\boldsymbol{\theta}^* + \boldsymbol{\theta}') = c_0^* - \boldsymbol{S}^{\mathrm{T}}\boldsymbol{\theta}' > c_0^*\\ \boldsymbol{c}_1' = \boldsymbol{e}_1 + \boldsymbol{X}(\boldsymbol{\theta}^* + \boldsymbol{\theta}') = \boldsymbol{c}_1^*\end{cases}$$

所以，$(\boldsymbol{c}_0', \boldsymbol{c}_1')$ 比 $(\boldsymbol{c}_0^*, \boldsymbol{c}_1^*)$ 更优，这与 $(\boldsymbol{c}_0^*, \boldsymbol{c}_1^*)$ 为最优解矛盾，从而不存在套利机会。证毕■

我们给出了定理 7.1 的证明，实际上定理背后的直觉也是显然的。首先，从充分性来看，由于效用函数是连续函数，无套利机会使得所有状态价格为正，当投资者的财富有限时必定使得投资者的购买能力受到限制，其预算约束形成一个有界的闭的集合，也就是说投资者的消费选择被限制在一定的范围之内。由多元微积分知识可知定义于有限集合上的连续函数必有最大值和最小值。如果效用函数在整个定义域上为凹函数，则必有最大值。其次，必要性是显然的，如果存在套利机会，意味着存在"免费午餐"，即存在一种无须支付更多的财富但可以获得更高的消费水平的途径，使得"喜多厌少"的投资者无法达到最优的消费水平。

定理 7.1 实际上解决了消费-组合问题最优解的存在性问题，包括后面的章节讨论证券市场一般均衡价格时，我们不再对最优解的存在性提出质疑，而是直接假定均衡分析中"各自优化"是有意义的，即各自优化有解。我们在上面的证明中是以问题(7.P1)为对象来展开的，实际上对更一般的效用函数我们都有：

只要效用函数关于消费水平是连续的，对各时点消费水平的一阶偏导数大于零——投资者具有"不满足性"，二阶偏导数形成的海塞矩阵负定——投资者具有凹偏好或者边际效用递减，则最优解总是存在的。

三、问题的转化

最优解的存在性解决了，但问题依然存在：同时关注期初的消费和为期末消费而进行的投资似乎比较复杂，我们可以进一步将问题简化，转化为单纯的组合选择问题。回到问题(7.P2)，记期初的投资为 $I_0=e_0-c_0$，问题改写为：

$$\begin{aligned}&\max_{\theta}\{u_0(e_0 - I_0) + E[u_1(c_1)]\}\\ &\text{s.t}\quad I_0 = \sum_{i=1}^{N} S_i\theta_i\\ &\qquad\ \boldsymbol{c}_1 = \boldsymbol{e}_1 + \sum_{i=1}^{N}\theta_i X_i\\ &\qquad\ c_0,\ \boldsymbol{c}_1 \geqslant 0\end{aligned}\tag{7.P4}$$

问题(7.P4)是从数学角度来描述消费-组合问题，该问题等价于两步决策问题：第一步在期初首先确定最优的期初消费水平 c_0，由此确定最优投资水平 I_0；第二步通过解问题(7.P5)确定最优组合：

$$\begin{aligned}&\boldsymbol{v}(I_0) = \max_{\theta} E[u_1(c_1)]\\ &\text{s.t}\quad I_0 = \sum_{i=1}^{N} S_i\theta_i,\quad \boldsymbol{c}_1 = \boldsymbol{e}_1 + \sum_{i=1}^{N}\theta_i \boldsymbol{X}_i\\ &\qquad\ c_0,\ \boldsymbol{c}_1 \geqslant 0\end{aligned}\tag{7.P5}$$

其中，$v(I_0)$为间接效用函数。这样，问题(7. P5)可以改写为：

$$\max_{I_0}\{u_0(e_0 - I_0) + v(I_0)\}$$
$$\text{s. t}\quad I_0 = \sum_{i=1}^{N} S_i\theta_i \tag{7. P6}$$

显然(7. P6)的充要条件为：

$$u'_0(e_0 - I_0) = v'(I_0) \tag{7. 1}$$

问题(7. P5)属于单纯的投资组合问题。为了分析问题的方便，我们将投资组合问题单独分离出来重点讨论。

第二节　两资产情形下最优投资组合的性质

将消费-组合问题化归为组合问题后，分析问题更加方便。本节我们首先研究两资产情形下最优组合的一般性质，然后结合特殊效用函数来研究最优投资组合的性质。所谓的两资产情形是指市场上存在一个风险资产和一个无风险资产，有时也称为单资产情形，实质是指单风险资产情形。我们希望从一般的角度了解决定风险资产投资数量的因素是什么。

一、决定风险资产买卖的原则

考虑一个简单的投资组合模型。市场上只有一个风险资产和一个无风险资产，风险资产的收益率为$\tilde{x}_0$，无风险资产的收益率为r_f。投资者期初可用来投资的财富为W，其效用函数为$u(w)$，满足：

$$u'(w) > 0,\quad u''(w) < 0 \tag{7. 2}$$

即：经济人具有不满足性(一阶导数大于零)和风险厌恶的特征(二阶导数小于零，具有凹的效用函数)。

这里，我们用投资到每个资产上的资金数量来表示投资组合。两资产情形下，由于总的可投资资金数量固定，因此只需要用一个变量就可以表示投资组合。假设投资者将财富中数量为α的部分用于投资风险资产，则投资组合可以表示为行向量$(\alpha, W-\alpha)$。α的性质可以完全代表投资组合的性质。表 7-1 给出了投资的收益具体情况：

表 7-1　**单个风险资产下的投资收益**

	期初投资额	期末价值
风险资产	α	$\alpha(1+\tilde{x}_0)$
无风险资产	$W-\alpha$	$(W-\alpha)(1+r_f)$
合计	W	$W(1+r_f)+\alpha(\tilde{x}_0-r_f)$

记 $w_0 = W(1+r_f)$，$\tilde{x} = \tilde{x}_0 - r_f$，则期末财富总额为：

$$W_T = w_0 + \alpha\tilde{x} \tag{7.3}$$

我们通常称 $\tilde{x} = \tilde{x}_0 - r_f$ 为风险资产的超额收益(excess return)，投资者的组合问题归结为：

$$\max_{\alpha} V(\alpha) = E[u(W_T)] \tag{7.P7}$$

该优化问题的一阶条件和二阶条件如下：

F. O. C：

$$V'(\alpha) = E[u'(W_T) \times \tilde{x}] = 0 \tag{7.4}$$

S. O. C：

$$V''(\alpha) = E[u''(W_T) \times \tilde{x}^2] \leqslant 0 \tag{7.5}$$

(7.4)是最优解的必要条件；(7.5)是由效用函数为凹函数这一性质决定的，因此二阶条件自然满足，一阶条件成为充要条件。为了以示区别，我们用 α^* 表示最优风险资产投资额，我们有下列性质：

定理 7.2(最优的风险资产买卖原则)：当市场上只存在一个风险资产和一个无风险资产，而且经济人具有单调递增和凹的效用函数时：

当且仅当风险资产的超额收益率的期望值大于零时，其最优投资数量为正；

当且仅当风险资产的超额收益率的期望值小于零时，其最优投资数量为负；

当且仅当风险资产的超额收益率的期望值等于零时，其最优投资数量为零。

用数学语言表述为：

$$\alpha^* > 0 \Leftrightarrow E(\tilde{x}) > 0 \tag{7.6a}$$

$$\alpha^* < 0 \Leftrightarrow E(\tilde{x}) < 0 \tag{7.6b}$$

$$\alpha^* = 0 \Leftrightarrow E(\tilde{x}) = 0 \tag{7.6c}$$

证明：我们只证明第一个结论，另外两个的证明方法类似。

由上述二阶条件(7.5)可知函数 $V'(\alpha)$ 关于 α 是单调递减的函数，因此：$\alpha^* > 0$ 当且仅当 $V'(\alpha^*) < V'(0)$。

又因为：$V'(\alpha^*) = 0$ 且 $V'(0) = E[u'(w_0)\tilde{x}] = u'(w_0) \times E[\tilde{x}]$，$u'(w_0) > 0$

所以：$V'(\alpha^*) < V'(0)$ 当且仅当 $0 = V'(\alpha^*) < E[u'(w_0)\tilde{x}] = u'(w_0) \times E[\tilde{x}]$

即当且仅当 $0 < E[\tilde{x}]$。证毕■

风险资产的超额收益率的期望值等于风险资产收益的期望值与无风险利率之差 $E[x_0] - r_f$，该期望值通常被称为风险溢价(risk premium)。定理 7.2 含义是：假设效用函数可微、投资者为风险厌恶者，在标准的组合问题中，当且仅当风险资产的风险溢价为正时，对风险资产的最优投资数量为正，即最优原则要求经济人必须持有风险资产；当且仅当风险资产的风险溢价为负时，对风险资产的最优投资数量为负，即最优原则要求必须卖空风险资产。这一结论似乎违反常理，我们可能会猜想：若某资产的超额收益为正但期末支付结果非常不确定时，可能不投资该风险资产更好一些。也就是说当风险资产具有较大的风险时，最优策略应该是对风险资产既不持有也不卖空。后面的算例实际上是支持这一直觉的，因为现实生活中投资风险资产需达到一定规模才能实现，比如股票的最小交易单位通常是100股，交易规模小于一定的数值时近似于风险资产的投资为零。

尽管如此，定理7.2的结论显得有些抽象，我们希望知道更多的关于风险资产最优投资数量的性质。实际上，在一些特殊情形下我们可以得到最优投资数量的显示解(以公式的形式给出的解)，从而获得关于最优投资数量的更多的信息。

二、小风险情形的最优投资规则

我们首先来看小风险情形。“小风险”的含义在这里比较模糊，我们这里主要是指一类可以进行类似泰勒展开近似的情形。由定理7.2可以看出，风险资产的最优投资数量与风险溢价或超额收益的期望值有关，即$E[x]$越大，投资数量越多。为此我们从超额收益入手，取：

$$\tilde{x} = k\mu + \tilde{\varepsilon} \tag{7.7}$$

其中，$E[\tilde{\varepsilon}]=0$，所以$E[\tilde{x}]=k\mu$。我们用$\tilde{x}=k\mu+\tilde{\varepsilon}$代替$\tilde{x}=E[\tilde{x}]+\tilde{\varepsilon}$的目的是通过设定固定的$\mu$和可以变动的$k$来描述期望超额收益率的变化，从而便于分析最优组合的性质。需要说明的是，这对于非小风险情形而言可能是不成立的。

在此设定下可以假设风险资产的最优投资数量将关于k单调递增地变化，为方便有时省略星号但仍表示最优组合，即：

$$\alpha^* = \alpha^*(k);\ \alpha'^*(k) > 0;\ \alpha^*(0) = 0 \tag{7.8}$$

依据上述的分析，结合一阶条件我们可以得到：

定理7.3：小风险情形下，最优投资数量与风险资产的超额收益成正比例，与超额收益的方差成反比例，与绝对风险厌恶系数成反比例。

证明：由(7.7)和(7.8)，一阶条件$V'(\alpha)=E[u'(W_T)\times\tilde{x}]=0$可以改写为：

$$V'(\alpha^*(k)) = E\{u'[w_0 + \alpha^*(k)(k\mu + \tilde{\varepsilon})](k\mu + \varepsilon)\} = 0 \tag{7.9}$$

(7.12)两边对k求导得：

$$E\{u''(\cdot)[\alpha'^*(k)(k\mu + \varepsilon)^2 + \alpha^*(k)\mu(k\mu + \varepsilon)] + u'(\cdot)\mu\} = 0$$

$k=0$时上式改写为：

$$E\{u''(w_0)[\alpha'^*(0)\varepsilon^2 + u'(w_0)\alpha^*(k)\mu]\} = 0$$

解出$\alpha^*{}'(0)$得：

$$\alpha^*{}'(0) = \frac{u'(w_0)\mu}{u''(w_0)E[\varepsilon^2]} \tag{7.10}$$

对$\alpha^*(k)$在$k=0$处进行Taylor展开：

$$\alpha^*(k) = \alpha^*(0) + \alpha^*{}'(0)k + \text{h.o.t}$$

式中h.o.t是指高阶项(higher order terms)，由此可知：

$$\alpha^*(k) \approx \frac{u'(w_0)k\mu}{u''(w_0)E[\varepsilon^2]} = \frac{E[\tilde{x}]}{A(w_0)\mathrm{var}(\tilde{x})} \tag{7.11}$$

证毕■

公式(7.11)的经济意义概括形成定理7.3，该公式非常简洁地给出了最优风险资产的投资数量与风险资产的收益、风险以及经济人自身风险态度之间的关系，具有一定的启发性。

注意式中 $w_0 = W(1 + r_f)$，因此一般情形下它不等于初始财富 W，而是初始财富按无风险利率投资时的期末财富值，或者风险资产为公平博弈下期末财富水平下的绝对风险厌恶。此外，式中用到了 $E[\tilde{x}] = k\mu$ 和 $\mathrm{var}(\tilde{x}) = \mathrm{var}(\varepsilon^2)$。

该结果的含义比较符合我们的直观，因此可以作为我们分析问题的一种基准情形，但由于采用了Taylor展开并且只近似到了一阶导数，似乎并不严密。在一些特殊情形下，我们无须近似就可以得到这一结论。

三、特殊偏好下的最优组合选择

定理7.3是在小风险情形下得出的近似解，为了进一步弄清楚风险资产投资额度的决定因素，我们可以考虑特殊情形下的结果。事实上，特殊的效用函数及相应的假设下可以得出更加精确的结论，尤其是对最常用的效用函数。这里我们主要考察CARA偏好和CRRA偏好。

(一) CARA 偏好加正态分布

我们在两资产情形下加入两个特殊的假设：

假设1：投资者具有CARA偏好，即：

$$u(W_T) = -\mathrm{e}^{-AW_T} = -\exp\{-A(w_0 + \alpha\tilde{x})\} \tag{7.12}$$

假设2：风险资产的收益服从正态分布，即 x_0 服从正态分布，从而 $\tilde{x}_0$ 乃至 $\tilde{x} = \tilde{x}_0 - r_f$ 和 $-A(w_0 + \alpha\tilde{x})$ 都服从正态分布。

为了求解最优组合，我们引进一个非常有用的引理，该引理对化简一类服从正态分布或对数正态分布的组合问题非常有效，它可以将复杂的非线性问题转化为一类线性问题：

引理7.1：若随机变量 X 服从正态分布，即 $X \sim N(\mu_X, \sigma_X^2)$，则：

$$E[e^X] = \mathrm{e}^{E[X] + \frac{1}{2}\mathrm{var}(X)} = e^{\mu_X + \frac{1}{2}\sigma_X^2} \tag{7.13}$$

该引理的另一个版本是：

若随机变量 $Y = \mathrm{e}^X$ 服从对数正态分布，即 $\ln Y \sim N(\mu_X, \sigma_X^2)$ 则：

$$\ln E[Y] = E[\ln Y] + \frac{1}{2}\mathrm{var}(\ln Y) \tag{7.14}$$

在假设1下，投资组合问题为：

$$\max_{\alpha} V(\alpha)=E[u(W_T)]=E[-\mathrm{e}^{-A\widetilde{W}_T}]$$
$$\text{s.t}\quad W_T=w_0+\alpha\tilde{x} \tag{7. P8}$$

引进 CARA 效用函数，该组合问题等价于下列组合问题：

$$\min_{\alpha} V(\alpha)=E[\mathrm{e}^{-A\widetilde{W}_T}] \tag{7. P9}$$

由引理可知该问题进一步等价于问题：

$$\max_{\alpha} E[A\widetilde{W}_T]-\frac{1}{2}\mathrm{var}(\widetilde{W}_T)=A(w_0+\alpha E[\tilde{x}])+\frac{1}{2}A^2\alpha^2\mathrm{var}(\tilde{x}) \tag{7. P10}$$

F. O. C：

$$V'(\alpha)=AE[\tilde{x}]+A^2\alpha\mathrm{var}(\tilde{x})=0$$

由此可得最优解：

$$\alpha^*=\frac{E[\tilde{x}]}{A\mathrm{var}(\tilde{x})} \tag{7. 15}$$

(7. 15)与(7. 11)的区别在于前者为近似等于，后者为精确地等于。因此两者的经济含义高度相似，可以概括为定理 7. 4：

定理 7. 4：在本章描述的两资产情形下，如果投资者具有 CARA 偏好而且风险资产的收益率服从正态分布，则投资者对风险资产的最优投资数量与风险资产的收益(超额收益率)成正比例，与风险资产的风险(风险资产的方差)成反比例，与投资者的绝对风险厌恶成反比例。

该结论(7. 15)公式简洁直观，给出了最优风险资产投资额的决定因素和量的关系，可以作为投资组合选择的一种基准，但同时该结论似乎与直觉相违背：依据该结论，如果投资者的风险态度不变(绝对风险厌恶系数为常数)，无论其财富有多少，投资于风险资产的数量保持不变。例如，如果投资者具有 CARA 偏好，当他拥有 100 万元财富时会将 80 万元投资于风险资产，那么，当他财富涨到 1000 万元时，他投资于风险资产的财富依然只有 80 万元，这显然不符合人们的直觉。当然，你可以说财富从 100 万元涨到 1000 万元，其风险厌恶也随之而发生变化。但是，短期内财富的急剧增加是有可能的，风险厌恶是否急剧增加则值得考虑。

(二) CRRA 偏好加对数正态分布

CRRA 偏好比 CARA 偏好似乎更加符合直觉，我们接下来考察 CRRA 偏好下两资产的组合问题。为了便于求解，我们同样给出附加假设。两个正态分布的随机变量的线性组合依然服从正态分布，但是由于对数正态分布不再具备正态分布的这种性质，因此，我们给出假设：

假设 3：基于两资产组合的期末财富 W_{t+1}服从对数正态分布。

为了论述的方便，我们将期末的财富记为 W_{t+1}，由于期末的消费等于期末的财富，即 $c_{t+1}=W_{t+1}$，所以在 CRRA 偏好下投资者的优化问题为：

$$\max_{\theta_{t+1}} E_t\left[\frac{W_{t+1}^{1-\gamma}}{1-\gamma}\right] \tag{7. P11}$$
$$\text{s. t} \quad W_{t+1} = W_t(1+R_{p,\ t+1})$$

其中，γ 是相对风险厌恶系数，W_t 是期初的财富值，$R_{p,t+1}$是投资组合的收益率，θ_{t+1}是组合中投资于风险资产的权重，R_{t+1}是风险资产的收益率，$R_{f,t+1}$是无风险资产的收益率，$R_{p,\ t+1}=\theta_{t+1}R_{t+1}+(1-\theta_{t+1})R_{f,\ t+1}$。

当$\gamma>1$ 时，$1-\gamma<0$，不能对式(7.16)中条件期望中的中括号内的部分取对数，但我们可以通过提取符号使得求期望后中括号内的部分大于零，然后处理；$\gamma<1$ 时，$1-\gamma>0$ 则可以直接取对数。我们以后者为例进行讨论，实际上 $\gamma>1$ 时的处理方法类似。在期末财富 W_{t+1}服从对数正态分布假设下，由引理 7.1 可知：

$$\begin{aligned}\ln E_t\left[\frac{W_{t+1}^{1-\gamma}}{1-\gamma}\right] &= E_t\left[\ln\frac{W_{t+1}^{1-\gamma}}{1-\gamma}\right]+\frac{1}{2}\mathrm{var}_t\left[\ln\frac{W_{t+1}^{1-\gamma}}{1-\gamma}\right] \\ &=(1-\gamma)E_t[w_{t+1}]+\frac{1}{2}(1-\gamma)^2\mathrm{var}_t[w_{t+1}]-\ln(1-\gamma)\end{aligned} \tag{7.16}$$

其中，$w_{t+1}=\ln W_{t+1}$因此，问题(7. P11)等价于：

$$\max_{\theta_{t+1}} E_t[w_{t+1}]+\frac{1}{2}(1-\gamma)\mathrm{var}_t[w_{t+1}] \tag{7. P12}$$
$$\text{s. t} \quad w_{t+1}=w_t+r_{p,\ t+1}$$

其中，$r_{p,\ t+1}=\ln(1+R_{p,\ t+1})$，$w_t=\ln W_t$， 相应地 $r_{t+1}=\ln(1+R_{t+1})$ 和 $r_{f,\ t+1}=\ln(1+R_{f,\ t+1})$， 在没有特殊说明的情况下，我们在本章用小写的变量表示相应的大写变量的对数值。由于对数正态分布不满足线性性，即对数正态分布加非零常数不再是对数正态分布，因此投资组合收益率不再服从对数正态分布。

当然，对投资组合的选择还依赖于相对风险厌恶水平 γ。当 $\gamma>1$ 时，问题(7. P12)中的目标函数的第二项为负，此时投资组合问题等于最大化期末财富对数值的期望，并以期末财富对数值的方差作为惩罚项——通常风险资产份额越高，期望值越高，但同时方差也越高。这种惩罚促使经济人选择更安全的组合；当 $\gamma<1$ 时，目标函数的第二项为正，经济人可以通过更高的方差来提高其效用，因此，此时追求高的风险组合；当 $\gamma=1$ 时，惩罚项没有了，目标函数等于极大化期末财富对数值的期望。此时经济人表现为对数效用函数，因此，对数效用函数下的最优投资组合也称为增长最快组合(growth optimal portfolio，简称 GOP)。(7. P12)也表明 $\gamma=1$ 是一个很有趣的分界线，当经济人呈现比较高度的风险厌恶时，风险惩罚项促使投资者选择低风险组合；当经济人呈现低度的风险厌恶时，风险不再构成惩罚项，反而促使投资者适度追逐风险；对于单位相对风险厌恶者，则只关心其财富的最快增长。

尽管(7. P12)相对于原问题(7. P11)简单且更具有经济含义，但在求最优解时仍然非常困难，需要进一步化简，此时需要利用泰勒(Taylor)展开来处理。注意到：

$$\begin{aligned}r_{p,\ t+1}-r_{f,\ t+1} &= \ln(1+R_{p,\ t+1})-\ln(1+R_{f,\ t+1}) \\ &=\ln\frac{1+R_{p,\ t+1}}{1+R_{f,\ t+1}}=\ln\frac{1+\theta_{t+1}R_{t+1}+(1-\theta_{t+1})R_{f,\ t+1}}{1+R_{f,\ t+1}}\end{aligned}$$

$$= \ln\left(1 + \theta_{t+1}\frac{R_{t+1} - R_{f,\ t+1}}{1 + R_{f,\ t+1}}\right) = \ln\left[1 + \theta_{t+1}\left(\frac{1 + R_{t+1}}{1 + R_{f,\ t+1}} - 1\right)\right] \tag{7.17}$$
$$= \ln[1 + \theta_{t+1}(\exp\{r_{t+1} - r_{f,\ t+1}\} - 1)]$$

当 $x \equiv r_{t+1} - r_{f,\ t+1}$ 趋于零时，取 $f(x) = \ln[1 + \theta(e^x - 1)]$，$f(x)$ 在 $x=0$ 处进行泰勒展开：

$$f(x)=f(0) + f'(0)x + \frac{1}{2}f''(0)x^2 + \text{h. o. t}$$
$$= \theta x + \frac{1}{2}\theta(1 - \theta)x^2 + \text{h. o. t} \tag{7.18}$$

利用(7.18)省去高阶项化简(7.17)得到：

$$r_{p,\ t+1} - r_{f,\ t+1} \approx \theta_{t+1}(r_{p,\ t+1} - r_{f,\ t+1}) + \frac{1}{2}\theta_{t+1}(1 - \theta_{t+1})(r_{p,\ t+1} - r_{f,\ t+1})^2$$

为了论述的方便，我们再次采用简单的记号：

$$\sigma^2_{p,\ t+1} \equiv \text{var}_t(r_{p,\ t+1});\quad \sigma^2_t \equiv \text{var}_t(r_{t+1}) \tag{7.19}$$

当 $x \equiv r_{t+1} - r_{f,\ t+1} \to 0$ 时，$x^2 \equiv (r_{t+1} - r_{f,\ t+1})^2 \to \sigma^2_t$，结合 $w_{t+1} = w_t + r_{p,\ t+1}$，所以：

$$E_t[w_{t+1}] = w_t + E_t[r_{p,\ t+1}]$$
$$\approx w_t + r_{f,\ t+1} + \theta_{t+1}(E_t[r_{t+1} - r_{f,\ t+1}]) + \frac{1}{2}\theta_{t+1}(1 - \theta_{t+1})\text{var}_t[r_{t+1}] \tag{7.20}$$

$$\text{var}_t[w_{t+1}] = \text{var}_t[r_{p,\ t+1}] \approx \theta^2_{t+1}\ \text{var}_t[r_{t+1}] \tag{7.21}$$

所以，问题(7. P11)等价于下列问题：

$$\max_{\theta_{t+1}}\theta_{t+1}E_t[r_{t+1} - r_{f,\ t+1}] + \frac{1}{2}[\theta_{t+1}(1 - \theta_{t+1}) + (1 - \gamma)\theta^2_{t+1}]\sigma^2_t \tag{7. P13}$$

易证，该问题是典型的均值-方差组合问题的最优解：

$$\theta^*_{t+1} = \frac{E_t[r_{t+1}] - r_{f,\ t+1} + \sigma^2_t/2}{\gamma\sigma^2_t} \tag{7.22}$$

类似的方法可以证明：

$$\theta^*_{t+1} \approx \frac{E_t[R_{t+1}] - R_{f,\ t+1}}{\gamma\sigma^2_t} \tag{7.23}$$

经过以上较为复杂的证明过程，得出一个与直观比较切合的结论：

定理 7.5：在本章描述的两资产情形下，如果投资者具有 CRRA 偏好而且通过构造投资组合期末财富服从对数正态分布，则投资者对风险资产的最优投资比例或权重近似地与风险资产的收益(超额收益率)成正比例，与风险资产的风险(风险资产的方差)成反比例，与投资者的相对风险厌恶成反比例。

该命题的结论与我们的直观比较一致，如果投资者的相对风险厌恶系数恒定不变，而且风险资产期望收益和方差保持不变，那么投资与风险资产的份额也恒定不变。同时，决定风险资产的投资份额的因素分别为风险资产的超额收益、风险资产的风险以及投资者的风险厌恶程度。此外，该结论与莫顿(Merton，1969)在连续时间情形得出的结论完全一致。

(三)HARA偏好下的投资组合

我们在前面曾经证明，无论CARA还是CRRA都是HARA的特殊情形，但由于HARA偏好过于复杂，似乎无法得出有意义的结论。Gollior(2001)给出了一个有启发性的结论。

假设投资者的偏好为：

$$u(W_T)=\xi\left(\eta+\frac{\alpha\widetilde{W}_T}{\gamma}\right)^{1-\gamma} \tag{7.24}$$

则投资者的组合问题可以归结为：

$$\max_{\alpha}V(\alpha)=E[u(W_T)]=E\left[\xi\left(\eta+\frac{\widetilde{W}_T}{\gamma}\right)^{1-\gamma}\right] \tag{7.P14}$$

$$\text{s.t}\quad W_T=w_0+\alpha\widetilde{x}$$

该组合也可以简单描述为：

$$\max_{\alpha}V(\alpha)=E[u(W_T)]=E\left[\xi\left(\eta+\frac{w_0+\alpha\widetilde{x}_T}{\gamma}\right)^{1-\gamma}\right] \tag{7.P15}$$

F. o. c：

$$V'(\alpha^*)=\xi(1-\gamma)\frac{1}{\gamma}E\left[\widetilde{x}\left(\eta+\frac{w_0+\alpha^*\widetilde{x}_T}{\gamma}\right)^{-\gamma}\right]=0 \tag{7.25}$$

化简为：

$$E\left[\widetilde{x}\left(\eta+\frac{w_0+\alpha^*\widetilde{x}_T}{\gamma}\right)^{-\gamma}\right]=0 \tag{7.26}$$

则：

$$\left(\eta+\frac{w_0}{\gamma}\right)^{-\gamma}E\left[\widetilde{x}\left(1+\frac{a\widetilde{x}_T}{\gamma}\right)^{-\gamma}\right]=0 \tag{7.27}$$

其中：

$$\alpha^*=a\left(\eta+\frac{w_0}{\gamma}\right)\text{ 或 }a=\frac{\alpha^*}{\eta+w_0/\gamma} \tag{7.28}$$

简单的数学式中包含一些含义：

(1) a 的含义：当方程(7.28)中 $\eta+\dfrac{w_0}{\gamma}=1$ 时 a 是问题(7.P15)的最优解，因为它满足最优解的一阶条件。效用函数为凹函数，从而一阶必要条件也是充分条件。其中(7.P15)为：

$$\max_{\alpha}V(\alpha)=E[u(W_T)]=E\left[\left(1+\frac{\alpha\widetilde{x}_T}{\gamma}\right)^{1-\gamma}\right] \tag{7.P16}$$

(2)由于 η 是常数，a 的值与 w_0 和 γ 有关。在 HARA 偏好中，γ 也是常数，因此 a 决定于 w_0。

(3)给定偏好下(η 和 γ 为常数)，风险资产的最优投资数量与 a 呈线性关系，若 $a > 0$，$\eta + \dfrac{w_0}{\gamma}$ 值越大，投资到风险资产上的金额越多。

(4)HARA 偏好下求最优组合的一种可能的方法是，先求出 a，然后得到最优数量。

(5)进一步我们还有：$\eta=0$ 时 HARA 偏好变成了 CRRA 偏好，此时投资于风险资产上的份额 α^*/w_0 为常数 a/γ；$\gamma \to \infty$ 时 HARA 偏好变成了 CRAR 偏好，投资于风险资产上的数量 α^* 为常数 $a\eta$。

四、最优组合的一般性质

特殊效用下通过两资产组合选择的显示解可以发现一些特殊关系：CRAR 偏好下最优组合数量保持不变，小风险情形下也有类似的结果，而 CRRA 偏好下近似地投资于风险资产的份额不变，那么投资的金额将随财富的增加而减少。遗憾的是，这些性质都需要对风险资产的分布做一些特定假设。从直觉上看，如果度量投资者风险态度的绝对风险厌恶系数不变，则表明投资者风险态度恒定不变，投资于风险资产的金额也不变；投资者的风险厌恶随财富的增加而降低，投资者投资于风险资产的数量应该随财富的增加而增加；反之，投资者的风险厌恶随财富的增加而增加，投资者投资于风险资产的数量应该随财富的增加而减少。

事实上，上述直觉是正确的，而且可以证明出来，我们将其概括为定理 7.6：

定理 7.6：当且仅当经济人具有递减的绝对风险厌恶偏好(DARA)时，其最优风险资产的持有数量随着其财富水平的增加而增加；当且仅当经济人具有递增的绝对风险厌恶偏好(IARA)时，其最优风险资产的持有数量随着其财富水平的增加而减少；当且仅当经济人具有定常的绝对风险厌恶偏好(CRAR)时，其最优风险资产的持有数量保持恒定，不随着其财富水平的变化而变化。

用数学语言表述为：

$$\alpha *'(w) > 0 \Leftrightarrow A'(w) < 0 \tag{7.29}$$

$$\alpha *'(w) < 0 \Leftrightarrow A'(w) > 0 \tag{7.30}$$

$$\alpha *'(w) = 0 \Leftrightarrow A'(w) = 0 \tag{7.31}$$

证明：两资产最优问题(7. P7)的一阶条件(7.4)可以改写为：

$$V'(\alpha^*(w)) = E\{u'[\widetilde{W}_T]\tilde{x}\} = E\{u'[w(1+r_f) + \alpha^*(w)\tilde{x}]\tilde{x}\} = 0 \tag{7.32}$$

注意(7.32)的联系，其中 $w_0 = w(1+r_f)$，$\tilde{x} = \tilde{r} - r_f$，$w$ 才是初始财富，我们假设最优组合是初始财富 w 的函数。(7.32)两边对 w 求导：

$$E\{u''(\widetilde{W}_T)[(1+r_f) + \alpha'^*(w)\tilde{x}]\tilde{x}\} = 0 \tag{7.33}$$

化简得：

$$\begin{aligned}\frac{d\alpha^*}{dw} &= -\frac{E[u''(\widetilde{W}_T)\widetilde{x}(1+r_f)]}{E[u''(\widetilde{W}_T)\widetilde{x}^2]} \\ &= -\frac{E\{A(\widetilde{W}_T)[-u'(\widetilde{W}_T)]\widetilde{x}\}(1+r_f)}{E[u''(\widetilde{W}_T)\widetilde{x}^2]}\end{aligned} \tag{7.34}$$

其中，$A(\widetilde{W}_T)$为绝对风险厌恶系数。由效用函数的性质可知(7.34)的分母小于零，分子取决于$E\{A(\widetilde{W}_T)[u'(\widetilde{W}_T)]\widetilde{x}\}$的符号。

当且仅当$A'(w)=0$时，$A(\widetilde{W}_T)=k$，故$E\{A(\widetilde{W}_T)[u'(\widetilde{W}_T)]\widetilde{x}\}=kE\{[u'(\widetilde{W}_T)]\widetilde{x}\}=0$，即$\alpha*'(w)=0\Leftrightarrow A'(w)=0$。

假设$\alpha>0$，当且仅当$A'(w)>0$时，$\widetilde{W}_T=w_0+\alpha\widetilde{x}$，故：

当$\widetilde{x}>0$时，$\widetilde{W}_T=w_0+\alpha\widetilde{x}>w_0$，则$A(\widetilde{W}_T)>A(w_0)$
从而有

$$A(\widetilde{W}_T)[u'(\widetilde{W}_T)]\widetilde{x}>A(w_0)u'(\widetilde{W}_T)\widetilde{x}$$

故：$E\{A(\widetilde{W}_T)[u'(\widetilde{W}_T)]\widetilde{x}\}>A(w_0)E\{[u'(\widetilde{W}_T)]\widetilde{x}\}=0$；

当$\widetilde{x}<0$时，$\widetilde{W}_T=w_0+\alpha\widetilde{x}<w_0$，则$A(\widetilde{W}_T)<A(w_0)$，从而有$A(\widetilde{W}_T)\widetilde{x}>A(w_0)\widetilde{x}$，进而$A(\widetilde{W}_T)u'(\widetilde{W}_T)\widetilde{x}>A(w_0)u'(\widetilde{W}_T)\widetilde{x}$

故：$E\{A(\widetilde{W}_T)[u'(\widetilde{W}_T)]\widetilde{x}\}>A(w_0)E\{[u'(\widetilde{W}_T)]\widetilde{x}\}=0$；此时，分子大于零，从而$\alpha*'(w)<0$，即$\alpha*'(w)<0\Leftrightarrow A'(w)>0$。

类似可以证明$\alpha*'(w)>0\Leftrightarrow A'(w)<0$。证毕■

上述结论中，DARA 偏好似乎比较符合直觉，财富越多，投资者投资于风险资产的资金越多，CRRA 刚好是一类特殊的 DARA 偏好。进一步随着相对风险厌恶程度的不同，投资者对财富的投资需求也不同。一个容易联想到的概念是弹性系数。我们将最优投资数量对财富水平的弹性定义为：

$$e(w)\equiv\frac{d\ln\alpha}{d\ln w}=\frac{w}{\alpha}\times\frac{d\alpha}{dw} \tag{7.35}$$

弹性越大，单位财富水平的变化将使投资者将更多的资产投入风险资产；反之弹性越小，财富的增加对风险资产的投资影响相对越弱；完全缺乏弹性意味弹性系数为零，风险资产的投资数量不受财富变化的影响。相应地我们有：

定理 7.7：当且仅当经济人具有递减的相对风险厌恶偏好(DRRA)时，投资者对风险资产的投资需求富有弹性；当且仅当经济人具有递增的相对风险厌恶偏好(IRRA)时，投资者对风险资产的投资需求缺乏弹性；当且仅当经济人具有定常的绝对风险厌恶偏好(CRRA)时，投资者对风险资产的投资需求单位弹性。

用数学语言表述为：

$$e(w) > 1 \Leftrightarrow R'(w) < 0 \tag{7.36}$$

$$e(w) < 1 \Leftrightarrow R'(w) > 0 \tag{7.37}$$

$$e(w) = 1 \Leftrightarrow R'(w) = 0 \tag{7.38}$$

证明：由(7.34)和(7.35)

$$e(w) \equiv \frac{d\ln\alpha}{d\ln w} = \frac{w}{\alpha} \times \frac{d\alpha}{dw} = -\frac{w(1+r_f)}{\alpha}\frac{E[u''(\widetilde{W}_T)\tilde{x}]}{E[u''(\widetilde{W}_T)\tilde{x}^2)]}$$

因为 $w(1+r_f) = w_0 = \widetilde{W}_T - \alpha\tilde{x}$，所以

$$e(w) = -\frac{E[u''(\widetilde{W}_T)w_0\tilde{x}]}{\alpha E[u''(\widetilde{W}_T)\tilde{x}^2]} = -\frac{E[u''(\widetilde{W}_T)(\widetilde{W}_T - \alpha\tilde{x})\tilde{x}]}{\alpha E[u''(\widetilde{W}_T)\tilde{x}^2]}$$

$$= -\frac{E[u''(\widetilde{W}_T)\widetilde{W}_T\tilde{x}]}{\alpha E[u''(\widetilde{W}_T)\tilde{x}^2]} + \frac{E[u''(\widetilde{W}_T)\alpha\tilde{x}\cdot\tilde{x}]}{\alpha E[u''(\widetilde{W}_T)\tilde{x}^2]} = 1 - \frac{E[u''(\widetilde{W}_T)\widetilde{W}_T\tilde{x}]}{\alpha E[u''(\widetilde{W}_T)\tilde{x}^2]}$$

$$= 1 - \frac{E[\{u''(\widetilde{W}_T)\widetilde{W}_T/u'(\widetilde{W}_T)\} \times u'(\widetilde{W}_T)\tilde{x}]}{\alpha E[u''(\widetilde{W}_T)\tilde{x}^2]} = 1 - \frac{E[R(\widetilde{W}_T) \times (-u'(\widetilde{W}_T))\tilde{x}]}{\alpha E[u''(\widetilde{W}_T)\tilde{x}^2]}$$

$$= 1 + \frac{E[R(\widetilde{W}_T)u'(\widetilde{W}_T)\tilde{x}]}{\alpha E[u''(\widetilde{W}_T)\tilde{x}^2]}$$

故

$$e(w) - 1 = \frac{E[R(\widetilde{W}_T)u'(\widetilde{W}_T)\tilde{x}]}{\alpha E[u''(\widetilde{W}_T)\tilde{x}^2]} \tag{7.39}$$

类似于定理7.6，将 $A(\widetilde{W}_T)$ 换成 $R(\widetilde{W}_T)$，用同样的方法可以证明该定理。证毕■

上述两个定理表明，绝对风险厌恶系数关于财富的单调性决定了最优风险资产投资“需求函数”的单调性；而相对风险厌恶系数关于财富的单调性则决定了最优风险资产投资的需求弹性。

第三节　多资产情形下最优投资组合的性质

下面我们试图将两资产情形下的结果向多资产情形推广。两资产情形下通常假设两资产中有一个风险资产和一个无风险资产，推广到多资产情形时同样假定有一个无风险资产加上多个风险资产。因此我们希望单一风险资产的结果能够推广到多风险资产情形。

一、多资产情形下的问题描述

假设资本市场上有 n 个风险资产和一个无风险资产，即投资者面临 $n+1$ 个投资机会，投资者期初的可用于投资的财富为 W，投资于第 i 个风险资产的金额为 α_i，($i=1$，2，…，n)，投资于无风险资产的金额为 $W-\sum_{i=1}^{n}\alpha_i$，第 i 个风险资产的收益率为 r_i，无风险利率为 r_F，则期末的财富水平 W_T 为：

$$
\begin{aligned}
\widetilde{W}_T &= \sum_{i=1}^{n}\alpha_i(1+\tilde{r}_i)+\left(W-\sum_{i=1}^{n}\alpha_i\right)(1+r_F) \\
&= W(1+r_F)+\sum_{i=1}^{n}\alpha_i(\tilde{r}_i-r_F) \qquad (7.40)\\
&\equiv w_0+\sum_{i=1}^{n}\alpha_i\tilde{x}_i
\end{aligned}
$$

其中，我们依然将 $W(1+r_F)$ 记为 w_0；风险证券的超额收益 r_i-r_F 记为 x_i。此时，投资者的最优资金配置问题可归结为：

$$
\max_{\{\alpha_1,\ \alpha_2,\ \cdots,\ \alpha_n\}} V(\alpha_1,\ \alpha_2,\ \cdots,\ \alpha_n)=E[u(\widetilde{W}_T)] \qquad (7.\mathrm{P}16)
$$

即：求最优的资金分配模式，使期末财富效用极大化，因为期末总财富等于期末总消费，所以也等价地使期末消费效用极大化。

二、多风险资产情形下风险资产的投资原则

与单风险资产情形类似，我们从最优组合的一阶条件出发分析风险资产的投资原则。但是多风险资产情形显然比单一风险资产情形复杂，多风险资产情形下目标函数为多元函数，也是关于期末财富值的一元函数。假设优化问题(7. P16)中的效用函数 $u(\cdot)$ 满足通常条件，则该问题的一阶条件 F. O. C 形成最优的充分必要条件：

$$
\frac{\partial V}{\partial \alpha_i}=E[u'(\widetilde{W}_T)\tilde{x}_i]=0 \quad i=1,\ 2,\ \cdots,\ n \qquad (7.41)
$$

由一阶条件可知，若 $\alpha_1=\alpha_2=\cdots=\alpha_n=0$ 为最优解，此时 $u'(\widetilde{W}_T)=u'(w_0)$，所以：

$$
E[u'(w_0)\tilde{x}_i]=u'(w_0)E[\tilde{x}_i]=0 \quad i=1,\ 2,\ \cdots,\ n \qquad (7.42)
$$

故 $E[\tilde{x}_i]=0 \quad i=1,\ 2,\ \cdots,\ n$。

反之，若 $E[\tilde{x}_i]=0 \quad i=1,\ 2,\ \cdots,\ n$，则有 Jensen 不等式：

$$
E[u(\widetilde{W}_T)]\leqslant u(E[\widetilde{W}_T])=u(w_0) \qquad (7.43)
$$

(7.43)表明 w_0 为最优投资组合下的财富水平，所以 $\alpha_1=\alpha_2=\cdots=\alpha_n=0$ 是最优解，又由效用函数的单调性可知原组合选择问题的最优解为 $\alpha_1=\alpha_2=\cdots=\alpha_n=0$。这一结论

可以表示为：

定理 7.8：当且仅当所有风险资产的超额收益的期望值为零的时，所有风险资产的最优投资额为零，即当且仅当 $E[\tilde{x}_i]=0(i=1, 2, \cdots, n)$ 有 $\alpha_i=0(i=1, 2, \cdots, n)$。

定理 7.8 表明如果所有风险资产的超额收益的期望值为零，该结果与单一风险资产情形下的结果相同，那么当风险资产超额收益的期望值不全为零时结果是否会与单风险资产情形下一致呢？答案是否定的，事实上我们有：

定理 7.9：(1) 当且仅当所有风险资产的超额收益的期望值大于零时，所有风险资产的最优投资额均大于零；

(2) 当且仅当所有风险资产的超额收益的期望值小于零时，所有风险资产的最优投资额均小于零；

(3) 当且仅当至少有一个风险资产的超额收益的期望值大于零时，最优投资策略中至少对某一风险资产的持有为正。

我们将证明留作习题。

三、特殊情形下的组合问题

由于多资产情形下"对任意的 i，$\alpha_i=0$ 当且仅当 $E[\tilde{x}_i]=0$；$\alpha_i>0$ 当且仅当 $E[\tilde{x}_i]>0$；以及 $\alpha_i<0$ 当且仅当 $E[\tilde{x}_i]<0$"不再成立，单风险资产小风险情形下的投资组合的结果一般不能推广到多风险资产情形。CRRA 情形下的泰勒展开推广到 n 个风险资产也有难度，下面我们考察 CARA 情形下的结果。

假设投资者具有 CARA 偏好，即满足(7.12)：

$$u(W_T)=-\mathrm{e}^{-AW_T}=-\exp\left\{-A\left(w_0+\sum_{i=1}^{n}\alpha_i\tilde{x}_i\right)\right\} \tag{7.44}$$

假定风险资产的收益率 r_i 服从联合正态分布，则 $x_i=r_i-r_F$ 和 W_T 也服从正态分布。由引理 7.1 可以化简效用函数：

$$E[u(W_T)]=E[-\mathrm{e}^{-AW_T}]=-\exp\left\{-A\left[E(\widetilde{W}_T)-\frac{1}{2}AVar(\widetilde{W}_T)\right]\right\}$$

所以：

$$\max_{\{\alpha_1, \alpha_2, \cdots, \alpha_n\}} V(\alpha_1, \alpha_2, \cdots, \alpha_n)=E[u(\widetilde{W}_T)] \tag{7.P17}$$

等价于：

$$\max_{\{\alpha_1, \alpha_2, \cdots, \alpha_n\}} E[\widetilde{W}_T]-\frac{1}{2}A\mathrm{Var}[\widetilde{W}_T] \tag{7.P18}$$

由于 $\widetilde{W}_T=w_0+\sum_{i=1}^{n}\alpha_i\tilde{x}_i$，故有：

$$E[\widetilde{W}_T]=w_0+\sum_{i=1}^{n}\alpha_iE[\tilde{x}_i];\ \mathrm{Var}[\widetilde{W}_T]=\sum_{i=1}^{n}\sum_{j=1}^{n}\alpha_i\alpha_j\sigma_{ij}\equiv\boldsymbol{\alpha}^{\mathrm{T}}\boldsymbol{\Omega}\boldsymbol{\alpha}$$

所以(7. P16)等价于(7. P17)：

$$\max_{\{\alpha_1, \alpha_2, \cdots, \alpha_n\}} \sum_{i=1}^{n} \alpha_i E[\tilde{x}_i] - \frac{1}{2} A \sum_{i=1}^{n} \sum_{j=1}^{n} \alpha_i \alpha_j \sigma_{ij} \tag{7. P19}$$

(7. P19)的求解留给读者自己完成。由于引理 7.1 将效用极大化问题转化为(7. P19)之类的“二次函数”极值问题，因此大大简化了极值的求解方法，很容易得到显示解。换言之，两资产情形下的结论可以推广到“CARA+正态分布”情形，“CARA+正态分布”假设确保多个风险资产情形下的问题可以得到显示解，而且该假设下的问题同样可以转化为一个非常简单的二次函数极值问题，因此很多文献热衷于采用 CARA 偏好。但由于 CARA 偏好假设个人风险厌恶程度不随自身财富水平的变化而变化，由 CARA 偏好得出的结果不一定有说服力。

◎ 本章小结

马柯维兹的投资组合理论虽然是独立地提出来的，但是依然可以从最一般的情形找到理论依据。为了更好地理解这个理论，我们回到最基本的情形：在两时点单期情形下，投资者在自身禀赋约束下通过资本市场的交换重新配置资源，从而使其效用极大。为了追求其“一生”效用的极大化，资源需要在两时点重新配置，因此投资者问题归结为消费-组合问题。一方面，我们研究了消费-组合问题最优解的存在性；另一方面，在状态有限、市场完全下我们将问题化简为单纯的投资组合问题。

为了分析组合问题最优解的性质，我们首先分析了两资产情形下最优解的性质，得到了“最优风险资产买卖原则”：当且仅当风险资产的超额收益为正时，最优的策略是购买若干风险资产；当且仅当风险资产的超额收益为负时，最优的策略是卖空若干风险资产；当且仅当风险资产的超额收益为零时，最优的策略是全部持有无风险资产。

由于“最优风险资产买卖原则”不太符合直觉，我们在特定情形下分析了风险资产的选择问题。小风险情形下风险资产的最优投资数量近似地与风险资产超额收益成正比例，与风险成反比例，与绝对风险厌恶系数成反比例，这一结论在“CRAR 加正态分布”情形是准确地成立的。进一步在“CRRA 加对数正态分布”情形下讨论得出最优风险资产的权重与风险资产超额收益成正比例、与风险成反比例、与相对风险厌恶系数成反比例。这些结论具有明确的经济含义并形成我们分析投资组合问题的“基准”。两资产情形下的部分结论可以推广到多资产情形时，发现除了少数情形下可以得到显示解，大多情形下问题变得比较复杂。特别需要强调的是“CRAR 加正态分布”情形可以推广到多元情形，三个及以上的风险资产满足该假设条件时也能得到显示解，因此很多文献喜欢采用 CARA 偏好。

◎ 重要概念

消费-组合问题　风险资产买卖原则　小风险情形　投资需求弹性

◎ 思考题

1. 我们在分析消费-组合问题时为什么要转化为纯组合问题？这样对经济人的优化问题的求解是否产生影响？

2. 在分析小风险情形后为什么还要讨论 CARA 偏好下的情形？

3. CARA 偏好下一般能够得出显示解，为什么我们通常不假设 CARA 偏好？

4. HARA 偏好下的组合问题与 CARA 和 CRRA 偏好下的组合问题有何异同？

5. 两资产情形下的组合问题的结论哪些能够推广到多资产情形？

◎ 练习题

1. 两资产情形下(一个风险资产和一个无风险资产)，假设经济人具有对数效用函数，并且风险资产的收益率以等概率取无风险利率的 4 倍和负的无风险利率。求投资者对风险资产的投资在其初始财富中所占的比例：A/W_0。

2. 假设投资者具有 CARA 偏好，绝对风险厌恶系数 $a>0$。投资者的期末财富服从正态分布，则投资者的确定性等价财富水平是多少？

3. 同第 1 题一样，考虑两资产情形：无风险资产收益率为 r_F，风险资产收益率为 $\tilde{r}$，其均值和方差分别为 $\bar{r}$ 和 σ^2：

(1)在二次效用假设下求最优投资组合；并讨论最优组合与无风险利率 r_F、风险利率的期望值 $\bar{r}$ 以及方差 σ^2、偏好系数 a 的关系。给出其经济学解释。此时效用函数为：

$$U = E\left[\widetilde{W}_1 - \frac{1}{2}a\widetilde{W}_1^2\right]$$

(2)在 CRAR 偏好下重复(1)中的计算和分析。此时效用函数为：

$$U = E[-\mathrm{e}^{-a\widetilde{W}_1}]$$

4. 证明定理 7.8。

5. 两资产情形下期末财富为 $W = w + a\tilde{x}$（如公式(7.3)所示），$R(w)$为相对风险厌恶系数，$a(w)$为最优投资选择，即：

$$wa(w) = \mathrm{argmax}E[u(w + a\tilde{x})]$$

满足条件 $w > 0$，$E[x] > 0$，$u'(\cdot) > 0$，$u''(\cdot) \leqslant 0$。证明以下命题：

(1)若 $\lambda>1$，且对于给定的效用函数 u 有 $R'(w) \geqslant 0$。定义：

$$u_1(w) \equiv u(\lambda w),\ u_2(w) = u(w)$$

证明 $R_1(w) \geqslant R_2(w)$。

(2)给定以上结论，我们有 $a_1(w) \leqslant a_2(w)$。其中 $a_1(w)$、$a_2(w)$ 分别是 $u_1(\cdot)$、$u_2(\cdot)$ 对应的最优投资选择。

(3)定义 $\hat{a}(w) \equiv a(w)/w$，则，对于 $w_1 \leqslant w_2$ 有 $\hat{a}(w_1) \geqslant a(w_2)$（提示：令 $\lambda = w_2/w_1$）

◎ 参考书目与推荐阅读

1. 王江. 金融经济学. 北京：中国人民大学出版社，2007.

2. Debreu. Theory of value. New York：Wiley，1959.

3. Huang Chi-fu，Litzenberger，Robert. Foundations for Financial Economics. Elsevier Science Co.，1988.

第八章　马科维兹投资组合理论

◎ 学习目标

- 了解均值-方差标准的理论基础
- 掌握马科维兹组合理论
- 了解最优投资组合前沿的推导
- 掌握马科维兹投资组合的性质

马科维兹(Markowitz)的投资组合理论(portfolio theory)首次采用数学方法研究证券投资问题，为金融经济学的研究开辟了方向。所谓投资组合理论是指当投资者面临多个投资机会时，如何将自身可用来投资的资金分配到这些不同的投资机会上去的理论。当市场上有 N 个交易的证券时，意味着投资者面临着 N 个投资机会。马科维兹投资组合理论正是在 N 个投资机会的前提下研究如何构造最优的投资组合。他将证券投资分为三个步骤：证券分析、组合分析和组合选择。证券分析是对每个证券未来的前景进行预测，分析各证券的未来可能的支付以及各证券之间的相互关系；组合分析则是分析各证券形成不同组合的期望收益和投资组合收益的方差；组合选择则是基于投资组合收益的期望值和方差值选择最优的投资组合。马科维兹组合理论在后面经常简称为马氏组合理论。本章在上一章的基础上介绍马科维兹组合理论，内容包括马氏组合选择标准的理论基础、马氏组合理论的主要内容、马氏组合理论的严密推导以及马氏投资组合的性质。

第一节　均值-方差标准的理论基础

马科维兹投资组合理论的核心之一是均值-方差标准，即用投资组合收益的期望值度量组合的收益，用投资组合收益的方差或标准差度量组合的风险。投资者在构造投资组合时追求高收益低风险，即给定收益构造组合使组合的风险最低；给定风险构造组合使组合的收益最高。等价地，给定投资组合的期望值使组合的方差或标准差最小，给定组合方差或标准差使组合的期望值最大。在均值-方差标准下，马科维兹将证券投资组合归结为简单的数学问题。

一、证券投资组合

(一)收益与收益率

依然假定市场上有 N 个证券，意味着投资者面临 N 个投资机会。两时点单期情形下投资者期初和期末的财富分别记为 W_0 和 $\widetilde{W}_T$，第 i 个证券的收益率记为 $r_i(i=1,2,\cdots,N)$。在介绍投资组合理论之前，我们对资产的收益进行界定。证券 i 在期初的价格记为 S_i，期末的支付记为 X_i，则证券 i 的**相对收益**(relative return) 记为 R_i，并定义为：

$$R_i = \frac{X_i}{S_i} \tag{8.1}$$

证券 i 的**收益率**(the rate of return)记为 r_i，并定义为：

$$r_i = \frac{X_i - S_i}{S_i} = R_i - 1 \tag{8.2}$$

无风险资产一般可分为广义的和狭义的两类。广义的无风险资产是指期末支付不因状态的变化而变化的证券，一般将没有违约风险的债券称为无风险证券；狭义的无风险资产是指有效期或生命期与投资者的投资期限相同的零息国库券，这样在投资期末可以确定地回收面值。我们将零息国库券的期初价格记为 B，期末支付面值为 1，则无风险收益和收益率分别定为：

$$R_f = \frac{1}{B}; \quad r_f = \frac{1-B}{B} = R_f - 1 \tag{8.3}$$

值得说明的是：在很多文献中将相对收益和收益率不加区分地统称为收益(return)，甚至在符号的使用上不加区分，即有时用大写的 R 既表示收益率也表示相对收益；有时又同时使用小写的 r 表示两者。所以，在具体条件下要结合上下文判断相应的文献中收益的具体含义。无风险收益也有类似情形，同时在符号的选择上可能采用角标 f，也可能采用头标 f。此外，在第七章中使用大写的 R 表示相对收益，小写的 r 则表示大写 R 的对数值，此时的利率是连续复利。在没有特殊说明的情形下，都用大写的 R 表示相对收益，小写的 r 表示收益率。

(二)投资组合的概念

回顾第一章对投资组合的定义，所谓的**投资组合**是指投资者将其期初用于投资的财富 W_0 分配在 N 个不同的投资机会上的方式，为了方便描述这种投资方式通常用向量表示。显然，当我们从不同角度来描述投资组合时，投资组合将会呈现不同的形式，最常见的有三类：

(1)以证券的投资金额表示的投资组合：

$$\boldsymbol{W}^{\mathrm{T}} \equiv (W_{1,0},\ W_{2,0},\ \cdots,\ W_{N,0})$$

其中，$W_{i,0}$ 是投资于证券 i 上的金额，显然有：

$$W_0 = \sum_{i=1}^{N} W_{i,\,0} \text{ 或 } W_0 = \boldsymbol{W}^{\mathrm{T}}\mathbf{1} \tag{8.4}$$

(2)以证券的投资数量(shares)表示的投资组合：

$$\boldsymbol{\theta}^{\mathrm{T}} \equiv (\theta_1,\ \theta_2,\ \cdots,\ \theta_N)$$

其中，θ_i 是投资于证券 i 上的数量，投资股票时其含义是购买了 θ_i 股第 i 个股票。如果证券的价格为 $\boldsymbol{S} \equiv (S_1,\ S_2,\ \cdots,\ S_N)$，则有：$W_{i,0} = \theta_i \times S_i$。也就是说如果知道证券的价格，可以很容易由投资数量型的投资组合得到投资金额型的投资组合。

(3)以证券的投资权重或份额表示的投资组合：

$$\boldsymbol{\omega}^{\mathrm{T}} \equiv (\omega_1,\ \omega_2,\ \cdots,\ \omega_N)$$

其中，ω_i 是投资于证券 i 的金额占所有投资金额的百分比或投资权重，当初始总投资金额 W_0 不为 0 时有：

$$\omega_i = \frac{W_{i,\,0}}{W_0} = \frac{W_{i,\,0}}{\sum_{k=1}^{N} W_{k,\,0}}$$

$$\boldsymbol{\omega}^{\mathrm{T}}1 = \sum_{i=1}^{N} \omega_i = 1 \tag{8.5}$$

由此可见，三种常用的投资组合在一定条件下可以相互转化。

证券投资组合理论关注的焦点问题是如何构造最优的投资组合。上一章基于证券投资数量从最一般的角度考虑最优组合选择问题。马科维兹组合理论基于证券的组合权重考虑最优组合的选择，这一角度的选取无须考虑初始投资金额，实际上是关注所构成的投资组合的收益和风险。为此，需要研究单个证券和若干证券构成投资组合的收益和风险情况。

(三)收益与风险的度量

“收益”的含义通常比较丰富，一方面它是指前面定义的收益(return)或收益率(the rate of return)；另一方面它是指财富或价值的增加，也就是资产带来的“好处”。风险资产面临期末支付(payoff)的不确定性，该资产的收益具有不确定性，依期末状态的不同而不同，这里“收益”的含义是指前者；但另一方面我们非常关心该风险资产从整体上带来的收益、“好处”或价值的增加，这里的“收益”的含义是指后者。两种含义需结合具体的环境而确定。

那么，对于风险资产该如何确定其整体收益和风险呢？

马科维兹的投资组合理论中选择将证券或证券组合收益率的期望值作为收益的衡量标准，将证券或证券组合的方差或标准差作为风险度量的标准。

证券或证券组合的期望值或预期值是证券或证券组合收益在理论上的平均值，用理论平均值衡量不确定性资产带来的“好处”。实际上，除期望值之外，还可以采用众数来度量结果的好坏。

标准差是方差的算术平方根，方差和标准差具有非常类似的作用，它们都是用来度量期末结果的分散程度的，所以在后面的分析中有时基于方差进行分析，有时基于标准差进行分析。理论上采用方差或标准差没有本质区别，所以很多时候不加区分地使用。文献中作为风险的度量工具除了方差(标准差)之外，还可以采用绝对离差、极差以及在值风险(the Value at Risk，简称 VaR)。绝对离差、极差也是度量随机变量的分散程度，极差比较粗糙，绝对离差含绝对值，所以两者均不及方差(标准差)普遍。在值风险有特殊的含义，是指在确定期限内资产以某种概率(置信度)在最坏的情形下所产生损失的量。

假设证券 i 的期末支付的期望值和方差都存在，即皆为有限值，相应的收益率 $r_i = X_i/S_i - 1$ 的期望和方差也存在。由于证券期初价格是已知的，讨论证券的期末支付和收益率的支付是等价的。我们以收益率为代表讨论证券的收益和风险：

$$E[r_i] = \frac{1}{S_i}E[X_i] - 1;\ \operatorname{var}[r_i] = \frac{1}{S_i^2}\operatorname{var}[X_i] \tag{8.6}$$

我们构造证券组合同样需要考察组合期末的支付或组合的收益率，我们用下标 p 表示证券组合对应的量，易知：

$$W_{p,0} = W_0 = \sum_{i=1}^{N} W_{i,0};\ \widetilde{W}_T \equiv \widetilde{W}_{p,T} = \sum_{i=1}^{N} \widetilde{W}_{i,T} = \sum_{i=1}^{N} W_{i,0}(1+\tilde{r}_i) \tag{8.7}$$

$$\tilde{r}_p = \frac{\widetilde{W}_{p,T}}{W_0} - 1 = \sum_{i=1}^{N} \frac{\widetilde{W}_{i,T}}{W_0} - 1 = \sum_{i=1}^{N} \omega_i \tilde{r}_i \tag{8.8}$$

(8.8)的含义是：投资组合的收益率等于组成投资组合的证券的收益率的加权平均，各证券收益率的权重等于投资于该证券的资金占总投资的百分比。

相应地，由期望和方差的性质可知证券投资组合的收益和风险分别为：

$$E[\tilde{r}_p] = \sum_{i=1}^{N} \omega_i E[\tilde{r}_i] \tag{8.9}$$

$$\operatorname{var}[\tilde{r}_p] \equiv E[\tilde{r}_p - E(\tilde{r}_p)]^2 = \sum_{i=1}^{N}\sum_{j=1}^{N} \omega_i\omega_j \operatorname{cov}(\tilde{r}_i,\ \tilde{r}_i) \tag{8.10}$$

其中，$\operatorname{var}(X) = E[X - E(X)]^2$ 是随机变量 X 的方差；$\operatorname{cov}(X,\ Y) = E[X-E(X)][Y-E(Y)]$ 是随机变量 X 和 Y 的协方差。(8.9)和(8.10)有一些简单的记法，一是用简单的符号表示期望和方差(协方差)；另一个方法是用向量语言给出一个等价的表达法，向量语言的使用使得复杂的等式变得简洁明了，同时便于利用线性代数知识处理问题。

为了表述的简便，记 $E[r_i] = \bar{r}_i$，$\operatorname{var}(r_i) = \sigma_i^2$；$\operatorname{cov}(r_i,\ r_j) = \sigma_{ij}$ 时，上面公式记为：

$$\bar{r}_p = \sum_{i=1}^{N} \omega_i \bar{r}_i \tag{8.9a}$$

$$\sigma_p^2 = \sum_{i=1}^{N}\sum_{j=1}^{N} \omega_i\omega_j\sigma_{ij} = \sum_{i=1}^{N}\sum_{j=1}^{N} \omega_i\omega_j\sigma_i\sigma_j\rho_{ij} \tag{8.10a}$$

(8.10a)中第二个等式是基于协方差 σ_{ij} 的定义和相关系数 ρ_{ij} 的定义得出来的，σ_i 是标准差，它们的关系为：

$$\sigma_i = \sqrt{\sigma_i^2}\,;\qquad \rho_{ij} = \frac{\operatorname{cov}(r_i,\ r_j)}{\sqrt{\operatorname{var}(r_i)}\ \sqrt{\operatorname{var}(r_j)}} = \frac{\sigma_{ij}}{\sigma_i\sigma_j}$$

若用下列向量和矩阵来表示期望收益率：

$$\boldsymbol{E}^{\mathrm{T}} \equiv (\bar{r}_1,\ \bar{r}_2,\ \cdots,\ \bar{r}_N) \tag{8.11}$$

$$\boldsymbol{\Sigma} \equiv \begin{bmatrix} \sigma_1^2 & \sigma_{12} & \cdots & \sigma_{1N} \\ \sigma_{21} & \sigma_2^2 & \cdots & \sigma_{2N} \\ \vdots & \vdots & \vdots & \vdots \\ \sigma_{N1} & \sigma_{N2} & \cdots & \sigma_N^2 \end{bmatrix} \tag{8.12}$$

则(8.9)和(8.10)用简洁的向量语言表示为：

$$\bar{r}_p = \boldsymbol{E}^{\mathrm{T}}\omega = \boldsymbol{\omega}^{\mathrm{T}}\boldsymbol{E} \tag{8.9b}$$

$$\sigma_p^2 = \boldsymbol{\omega}^{\mathrm{T}}\boldsymbol{\Sigma}\boldsymbol{\omega} \tag{8.10b}$$

由协方差定义可知，(8.12)中协方差矩阵为对称矩阵，(8.10)或(8.10a)、(8.10b)中等式右边为典型的二次型，由方差的定义可知 $\boldsymbol{\Sigma}$ 是半正定的，若该矩阵为非退化(即可逆矩阵)矩阵，则 $\boldsymbol{\Sigma}$ 是正定的。

二、均值-方差标准及其理论基础

分析了证券组合的收益和风险，我们回到马氏组合理论。马氏组合理论首先明确其组合证券选择的标准：

(1)其他条件不变时，投资组合收益的期望值越大越好；

(2)其他条件不变时，投资组合收益的标准差越小越好。

换言之：

给定 $\bar{r}_p$，极小化 σ_p^2；给定 σ_p^2，极大化 $\bar{r}_p$。

这就是所谓的**“均值-方差”标准**。该标准要表达的含义是：**给定收益，风险极小；给定风险，收益极大**。

均值-方差标准能够等价于最优的证券投资组合所满足的特性吗？其背后必须满足一定的条件。我们下面沿着从一般到特殊的路径来进行分析。

(一)一般框架下的理论基础

所谓一般框架是回到上一章基于消费的组合问题(7.P5)：

$$v(I_0) = \max_{\theta} E[u_1(c_1)]$$

$$\text{s.t}\quad I_0 = \sum_{i=1}^{N} S_i\theta_i,\qquad c_1 = e_1 + \sum_{i=1}^{N}\theta_i X_i \tag{7.P5}$$

$$\boldsymbol{c}_0,\ \boldsymbol{c}_1 \geqslant 0$$

由于期末的消费等于期末的财富值，围绕选择的标准，我们略去预算约束，问题可以改写为：

$$\max E[u(\widetilde{W}_T)]$$

对效用函数在期末财富均值处进行泰勒展开：

$$u(\widetilde{W}_T)=u(\overline{W}_T)+u'(\overline{W}_T)(\widetilde{W}_T-\overline{W}_T)+\frac{1}{2}u''(\overline{W}_T)(\widetilde{W}_T-\overline{W}_T)^2+\sum_{n=3}^{\infty}\frac{1}{n!}u^{(n)}(\overline{W}_T)$$

$$(\widetilde{W}_T-\overline{W}_T)^n+\text{h. o. t}$$

所以：

$$E[u(\widetilde{W}_T)]=u(\overline{W}_T)+\sum_{n=1}^{\infty}\frac{1}{n!}u^{(n)}(\overline{W}_T)E(\widetilde{W}_T-\overline{W}_T)^n \tag{8.13}$$

(8.13)中，$E(\widetilde{W}_T-\overline{W}_T)^n$ 是期末财富的 n 阶中心矩，由概率论知识可知：

一阶中心矩必为0，因为期望值就是随机变量的“中心”，记为 μ_W；

二阶中心矩定义为方差，度量随机变量的分散程度，记为 σ_W^2；

三阶中心矩定义为偏度，对称分布的偏度为0，值大于0为正偏，反之为负偏；

四阶中心矩定义为峰度，度量分布密度形状是否“陡峭”。

财富 W 的偏度和峰度的定义如下：

$$S_W=\frac{E[\widetilde{W}-\mu_W]^3}{\sigma_W^3},\quad K_W=\frac{E[\widetilde{W}-\mu_W]^4}{\sigma_W^4}$$

若三阶以上的中心矩取值非常小，即它们都属于“高阶无穷小”，则(8.13)近似地满足：

$$E[u(\widetilde{W}_T)]\approx u(\overline{W}_T)+\frac{1}{2}u''(\overline{W}_T)E(\widetilde{W}_T-\overline{W}_T)^2=v(\overline{W}_T,\ \sigma_{W_T}) \tag{8.14}$$

即期望效用是期末财富的均值和方差(标准差)的函数，而且满足：

$$\frac{\partial E[u(\widetilde{W}_T)]}{\partial \overline{W}_T}>0;\qquad \frac{\partial E[u(\widetilde{W}_T)]}{\partial \sigma_{W_T}}<0 \tag{8.15}$$

命题8.1：当投资组合期末财富水平三阶以上中心矩取值非常小时，投资组合问题符合均值-方差标准，即在进行投资组合选择时，只需要关注财富的均值和方差，并且给定均值极小化方差；给定方差极大化期望。

命题8.1要求三阶以上的中心矩非常小，如果不能满足此条件则可能破坏该标准。有文献专门研究基于高阶矩的投资组合和资产定价问题。下面进一步给出特殊情形下的均值-方差标准。

(二)特殊情形下的理论基础

托宾(Tobin，1965)给出了两种典型的例子，形成均值-方差标准成立的两个充分条件。该结论的核心是：

如果效用函数为二次效用函数，或者风险资产收益率服从联合正态分布，则均值-

方差标准成立。

我们将这一核心结论概括为两个定理并予以证明：

定理 8.1：当效用函数为二次函数时，投资者选择的偏好满足均值-方差标准。

证明：效用函数为二次函数，则可以表示为：

$$u(\widetilde{W}_T)=\widetilde{W}_T-\frac{1}{2}a\widetilde{W}_T^2 \tag{8.16}$$

由效用函数的性质，效用函数的位似变换不改变效用函数的性质，从而在设定的效用函数中不含常数项，1/2 的设定通常是因为效用函数对财富求导可以化简的缘故，同时 $a>0$。此时：

$$E[u(\widetilde{W}_T)]=\overline{W}_T-\frac{1}{2}aE[\widetilde{W}_T^2]=\overline{W}_T-\frac{1}{2}a[\sigma_{W_T}^2+\overline{W}_T^2]$$

$$=\left(1-\frac{a}{2}\overline{W}_T\right)\overline{W}_T-\frac{a}{2}\sigma_{W_T}^2$$

因此，此时满足均值-方差标准，即满足(8.15)。证毕■

值得说明的是，(8.16)作为抛物线只有当 $W\leqslant 1/a$ 时才满足效用对财富单调递增的性质，即只有抛物线的左侧才能作为效用函数的近似。抛物线的右侧随着财富的增加效用反而下降，不符合常识和直觉。所以，虽然选择二次效用函数(8.16)非常容易处理并得到显示解，但通常比较少见选择抛物线作为效用函数。

另一方面，如果从证券的分布入手，还可以得到一些相应的结论：

定理 8.2(Tobin)：如果证券的支付服从联合正态分布，则投资者的偏好满足均值-方差标准。

证明：在联合正态分布假设下，因为：

$$\widetilde{W}_{p,T}=\sum_{i=1}^{N}\widetilde{W}_{i,T}=\sum_{i=1}^{N}\theta_i\widetilde{X}_i=W_0\sum_{i=1}^{N}\omega_i(1+\tilde{r}_i)=W_0(1+\tilde{r}_p)$$

所以 W_T 和 r_p 服从正态分布，不妨记 $E[r_p]=\bar{r}_p$，$\mathrm{var}(r_p)=\sigma_p^2$，则 $\tilde{r}_p\sim N(\bar{r}_p,\ \sigma_p^2)$，对其进行标准化，即令 $\widetilde{Z}=\dfrac{\tilde{r}_p-\bar{r}_p}{\sigma_p^2}$，则 $\widetilde{Z}\sim N(0,\ 1)$，此时有：

$$E[u(\widetilde{W}_T)]=\int_{-\infty}^{+\infty}u(W_0(1+\tilde{r}_p))\times\frac{1}{\sqrt{2\pi}\,\sigma_p}\exp\left\{-\frac{1}{2\sigma_p^2}(\tilde{r}_p-\bar{r}_p)^2\right\}\mathrm{d}r_p$$

将 Z 替换 r_p 得：

$$E[u(\widetilde{W}_T)]=\int_{-\infty}^{+\infty}u(W_0(1+\sigma_pZ+\bar{r}_p))\times\frac{1}{\sqrt{2\pi}}\mathrm{e}^{-\frac{1}{2}Z^2}\mathrm{d}Z \tag{8.17}$$

(8.17)表明期望效用 $E[u(W)]$ 是投资组合收益率均值和方差的函数，进一步取期望收益为常数从而对应于投资者在权衡均值和方差时的无差异曲线，此时可以设定投资组合的均值是相应标准差的函数，无差异曲线方程为：

$$\int_{-\infty}^{+\infty}u(W_0(1+\sigma_pZ+\bar{r}_p))\times\frac{1}{\sqrt{2\pi}}\mathrm{e}^{-\frac{1}{2}Z^2}\mathrm{d}Z=c \tag{8.18}$$

(8.18)两边对标准差求导得：

$$\int_{-\infty}^{+\infty} u'(W_T)W_0\left(Z+\frac{\mathrm{d}\bar{r}_p}{\mathrm{d}\sigma_p}\right)\times\frac{1}{\sqrt{2\pi}}\mathrm{e}^{-\frac{1}{2}Z^2}\mathrm{d}Z=0 \tag{8.19}$$

故：

$$\frac{\mathrm{d}\bar{r}_p}{\mathrm{d}\sigma_p}=-\frac{\int_{-\infty}^{+\infty} u'(W_T)\times\frac{Z}{\sqrt{2\pi}}\mathrm{e}^{-\frac{1}{2}Z^2}\mathrm{d}Z}{\int_{-\infty}^{+\infty} u'(W_T)\times\frac{1}{\sqrt{2\pi}}\mathrm{e}^{-\frac{1}{2}Z^2}\mathrm{d}Z}$$

因为 $u'(W)$ 为随机变量函数且大于零，所以其期望值必大于零，从而分母为正。

$$\begin{aligned}\text{分子}&=\int_0^{+\infty} u'(W_T)\times\frac{Z}{\sqrt{2\pi}}\mathrm{e}^{-\frac{1}{2}Z^2}\mathrm{d}Z+\int_{-\infty}^{0} u'(W_T)\times\frac{Z}{\sqrt{2\pi}}\mathrm{e}^{-\frac{1}{2}Z^2}\mathrm{d}Z\\&=\int_0^{+\infty} u'(W_0(1+1+\sigma_pZ+\bar{r}_p))\times\frac{Z}{\sqrt{2\pi}}\mathrm{e}^{-\frac{1}{2}Z^2}\mathrm{d}Z-\int_0^{+\infty} u'(W_0(1-\sigma_pY+\bar{r}_p))\times\frac{Y}{\sqrt{2\pi}}\mathrm{e}^{-\frac{1}{2}Y^2}\mathrm{d}Y\\&=\int_0^{+\infty}\{u'(W_0(1+1+\sigma_pZ+\bar{r}_p))-u'(W_0(1-\sigma_pY+\bar{r}_p))\}\times\frac{Z}{\sqrt{2\pi}}\mathrm{e}^{-\frac{1}{2}Z^2}\mathrm{d}Z\end{aligned}$$

上式中第二个等式的后半部分进行了变量替换 $Y=-Z$，由于效用函数是凹函数，所以效用函数的一阶导数函数是递减函数，从而被积分函数小于0，从而分子也小于0。所以：

$$\frac{\mathrm{d}\bar{r}_p}{\mathrm{d}\sigma_p}>0 \tag{8.20}$$

进一步，在(8.19)两边再次对标准差求导并化简得：

$$\frac{\mathrm{d}^2\bar{r}_p}{\mathrm{d}(\sigma_p)^2}=-\frac{\int_{-\infty}^{+\infty} u''(W_T)\left(Z+\frac{\mathrm{d}r_p}{\mathrm{d}\sigma_p}\right)^2\times\frac{Z}{\sqrt{2\pi}}\mathrm{e}^{-\frac{1}{2}Z^2}\mathrm{d}Z}{\int_{-\infty}^{+\infty} u'(W_T)\times\frac{1}{\sqrt{2\pi}}\mathrm{e}^{-\frac{1}{2}Z^2}\mathrm{d}Z}$$

易证

$$\frac{\mathrm{d}^2\bar{r}_p}{\mathrm{d}(\sigma_p)^2}<0 \tag{8.21}$$

从而投资者偏好满足均值-方差标准。证毕■

由(8.20)表明在 σ-E 平面内的无差异曲线上投资组合的期望收益 $\bar{r}_p$ 关于标准差 σ_p 单调递增；(8.21)则表明期望收益 $\bar{r}_p$ 关于标准差 σ_p 下凸，因此在标准差-均值平面(σ-E 平面或 $\sigma_p-\bar{r}_p$ 平面)内形成的无差异曲线形状呈单调递增且下凸的曲线，如图 8-1 所示。

凹的效用函数对应于风险厌恶者。图 8-1 是常用的描述风险-收益的坐标平面，横轴是标准差，我们也称为 **σ 轴**，纵轴是期望收益，也称为 **E 轴**，该图表明：风险厌恶者在均值-标准差平面内的无差异曲线是一族不相交的单调且下凸的曲线，沿西北方向效用逐渐增加，即越靠西北方向效用越高。

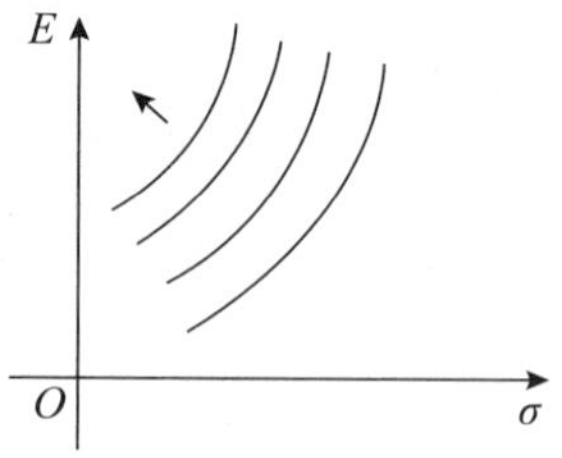

图 8-1　均值-标准差平面内的无差异曲线

第二节　均值-方差标准下的组合选择

马科维兹投资组合理论是在均值-方差标准下展开分析，用简单直观的方法给出了由多个证券形成的可行集、组合前沿和有效集，其后默顿(Merton)用数学规划方法给出了最优有效前沿的严格证明。

一、马科维兹版组合理论

马科维兹版本的组合理论直观而易于理解，从两资产情形入手，进而分析由多种资产构成投资组合形成的可行集合和有效集。所谓**可行集**是指通过构造投资组合可以得到收益(组合均值)和风险(组合方差或标准差)，将每个组合所对应的均值和标准差在均值-标准差平面内描点，从而形成特定的区域或集合，反之该区域或集合内的每一点的坐标对应的均值和标准差都可以通过构造某一特殊的组合而得到，因此称为可行集。**有效集**则是满足均值-方差标准的组合对应的点的集合。下面我们通过引进记号用数学语言来描述或推导马科维兹的组合理论。

(一)两风险资产情形

假设资本市场包含两个风险资产，我们称之为资产 1 和资产 2，它们的收益率分别为 $\widetilde{r_1}$ 和 $\widetilde{r_2}$，相应的收益分别表示为它们的期望值 $\bar{r}_1$ 和 $\bar{r}_2$，风险表示为它们的方差 σ_1^2 和 σ_2^2，投资于两资产的权重分别为 ω 和 $1-\omega$，投资组合的收益率为 $\widetilde{r_p}$，相应地投资组合的收益 $\bar{r}_p$ 和风险 σ_p^2 满足：

$$\bar{r}_p = \omega\bar{r}_1 + (1-\omega)\bar{r}_2 \tag{8.22}$$

$$\sigma_p^2 = \omega^2\sigma_1^2 + 2\omega(1-\omega)\sigma_{12} + (1-\omega)^2\sigma_2^2 \tag{8.23}$$

其中 σ_{12} 为两资产收益率的协方差，$\sigma_{12}=\sigma_1\sigma_2\rho_{12}$，$\rho_{12}$ 为相关系数，联立(8.22)(8.23)去掉参数 ω 得到 $\bar{r}_p$ 和 σ_p^2 的关系式。由于它们的关系式比较复杂，我们从简单的情形入手：

(1)当 $\rho=1$ 时，理论上两风险资产线性相关。此时若限定 $0<\omega<1$，则：

$$\sigma_p=\omega\sigma_1+(1-\omega)\sigma_2 \tag{8.24}$$

联立(8.22)得收益与风险之间的关系：

$$\frac{\bar{r}_p-\bar{r}_2}{\bar{r}_1-\bar{r}_2}=\frac{\sigma_p-\sigma_2}{\sigma_1-\sigma_2} \tag{8.25a}$$

或

$$\bar{r}_p=\frac{\bar{r}_1-\bar{r}_2}{\sigma_1-\sigma_2}\sigma_p+\frac{\sigma_1\bar{r}_2-\sigma_2\bar{r}}{\sigma_1-\sigma_2} \tag{8.25b}$$

此时，收益 $\bar{r}_p$ 与风险 σ_p 呈直线关系，证券 1 和 2 的收益风险形成的坐标 $(\sigma_1,\ \bar{r}_1)$ 和 $(\sigma_2,\ \bar{r}_2)$ 都在直线上，如图 8.2 所示。

(2)当 $\rho=-1$ 时，两风险资产线性负相关，两种资产可以形成对冲关系。此时(8.23)化简为：

$$\sigma_p=\pm[\omega\sigma_1-(1-\omega)\sigma_2] \tag{8.26}$$

两不同符号分别对应于两条相交于纵轴的射线(8.27)和(8.28)形成的折线型的收益与风险关系，如图 8-2 所示。注意此时两射线的方程为：

$$\bar{r}_p=\frac{\bar{r}_1-\bar{r}_2}{\sigma_1+\sigma_2}\sigma_p+\frac{\sigma_1\bar{r}_2+\sigma_2\bar{r}}{\sigma_1+\sigma_2} \tag{8.27}$$

$$\bar{r}_p=-\frac{\bar{r}_1-\bar{r}_2}{\sigma_1+\sigma_2}\sigma_p+\frac{\sigma_1\bar{r}_2+\sigma_2\bar{r}}{\sigma_1+\sigma_2} \tag{8.28}$$

(3)当 $0<\rho<1$ 时，直接由(8.22)和(8.23)得到收益与风险的关系：

$$\sigma_p^2=\frac{\sigma_1^2-2\sigma_{12}+\sigma_2^2}{(\bar{r}_1-\bar{r}_2)^2}(\bar{r}_p-\bar{r}_2)^2+\frac{2(\sigma_{12}+\sigma_2^2)}{\bar{r}_1-\bar{r}_2}(\bar{r}_p-\bar{r}_2)+\sigma_2^2 \tag{8.29}$$

方程(8.29)表明 $\bar{r}_p$ 与 σ_p 呈双曲线，或者 $\bar{r}_p$ 与 σ_p^2 呈抛物线。由于方差和标准差的非负性，因此选择双曲线的右半支。如图 8-2 所示。

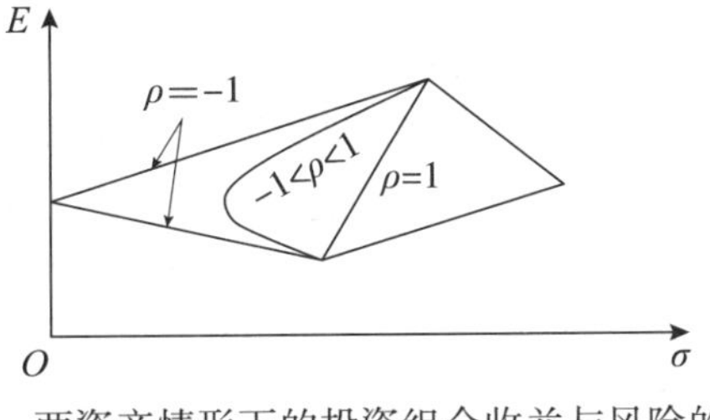

图 8-2　两资产情形下的投资组合收益与风险的关系

图 8-2 中，风险有两种表示方式：一是标准差 σ，二是方差 σ^2，用方差表示时横轴称为 σ^2 轴。

(二)多风险资产情形

1. 多风险资产对风险的分散性

当市场上存在 $N(N>2)$ 个风险资产时，由前面的记号可知，证券 $i(i=1, 2, \cdots, N)$ 的权重为 ω_i，收益率为 $\tilde{r}_i$，收益率的期望值和方差分别为 $\bar{r}_i$ 和 σ_i^2，则相应的投资组合收益率的期望和方差分别为：

$$\bar{r}_p = \sum_{i=1}^{N} \omega_i \bar{r}_i \tag{8.9a}$$

$$\sigma_p^2 = \sum_{i=1}^{N}\sum_{j=1}^{N} \omega_i\omega_j\sigma_{ij} = \sum_{i=1}^{N}\sum_{j=1}^{N} \omega_i\omega_j\sigma_i\sigma_j\rho_{ij} \tag{8.10a}$$

在分析 N 个资产形成的投资机会之前，我们对整个投资组合的方差进行分解，由此分析整个组合的风险结构。投资组合的方差分解为：

$$\sigma_p^2 = \sum_{i=1}^{N} \omega_i^2\sigma_i^2 + \sum_{i,\ j=1}^{N}\sum_{i\neq j}^{N} \omega_i\omega_j\sigma_{ij} \tag{8.30}$$

组合风险的第一部分 $\sum_{i=1}^{N} \omega_i^2\sigma_i^2$ 的每一项都是由各个资产的方差组成，因为它们都只与单个资产本身有关，因此通常称为**非系统风险**或**特质风险**。

组合风险的第二部分 $\sum_{i,\ j=1}^{N}\sum_{i\neq j}^{N} \omega_i\omega_j\sigma_{ij}$ 的每一项都是由资产 i 与其他资产的协方差组成的，进一步对其进行分拆为：

$$\sum_{i,\ j=1}^{N}\sum_{i\neq j}^{N} \omega_i\omega_j\sigma_{ij} = \sum_{j=1,\ i\neq j}^{N} \left[\omega_j \sum_{i=1}^{N} \omega_i\sigma_{ij}\right] = \sum_{j=1,\ i\neq j}^{N} \left[\omega_j\sigma_{jp}\right] \tag{8.31}$$

(8.31)表明第二项是由每个证券与整个组合的协方差组成的，是各证券与组合协方差的加权平均，它度量了各个证券的收益率与整个投资组合的收益率的相关性，通常被称为**系统性风险**或**非特质风险**。公式(8.31)还可以表述为：

投资组合的总风险=投资组合的系统性风险+投资组合的非系统性风险

取等权组合 $\omega_i = 1/N$ 时容易证明：

$$\lim_{N\to\infty} \sum_{i=1}^{N} \omega_i^2\sigma_i^2 = 0 \tag{8.32}$$

$$\lim_{N\to\infty} \sum_{i,\ j=1}^{N}\sum_{i\neq j}^{N} \omega_i\omega_j\sigma_{ij} = \text{常数} \tag{8.33}$$

(8.32)和(8.33)的含义是投资组合的非系统风险可以被完全分散掉，而系统性风险则无法分散。因此，构造投资组合的目的之一就是尽量分散风险。上述结论在非等权的情形下也能得到，只是需要选取足够多的证券，而且每个证券的权重足够小。

2. 多风险资产情形下的初步分析

以上的分析似乎偏离了主题，仅仅从简单的角度论证这样一个结论：当人们均匀地分配资产时，随着形成投资组合的资产的增加，投资组合的非系统性风险可以被分散，但系统性风险则无法分散。这就告诉我们为什么要尽量构造投资组合，其目的是在收益给定的情形下尽量降低风险，也就是“不要将鸡蛋放在一个篮子里”。尽管如此，我们暂时不准备从数学角度去推导三个及以上多个证券形成的投资组合收益与风险的关系，严格的推导见“Merton 版的组合理论”。从半定性的角度我们可以推测多证券情形下形成的收益与风险的关系，这种关系可以用方程来表示，也可以在均值-标准差（$E-\sigma_p$）

平面内通过描点得到相应的图形，即将每个投资组合的期望收益率作为纵坐标，标准差作为横坐标得到 $E_p - \sigma_p$ 平面内的一个点，这样，每个投资组合对应于平面内的一个点；反之，平面内的某个组合对应的点的横坐标值如果刚好等于某个投资组合的标准差，而且该点的纵坐标刚好等于组合的期望收益，我们称这个点是可行的，所有可行点形成的集合称为可行集。我们在前面给出了两资产情形下的可行集，当两个资产收益率的相关系数等于 1 时，两资产形成的可行集就是两点的连线；当两个资产收益率的相关系数等于-1 时，两资产形成的可行集是经过两点的折线；当两个风险资产的相关系数不等于正负 1 时，两资产形成的可行集时经过两点的双曲线。

对于多个风险资产情形，我们试图分析其可行集。为此，我们可以从两资产开始（见图 8-3）。假设资产 1 和资产 2 的收益率的相关系数不等于正负 1，则两者形成的可行集为双曲线，如图中所示的曲线 AQB。加入资产 3（图中的 C 点），按某一比例组合资产 1 和资产 2 得到 AQB 上的 E_1，假设 E_1 与资产 3 的相关系数不为正负 1，形成的可行集为曲线 E_1C，依次调整资产 1 与资产 2 组合中的比例得到 AQB 上的 E_2，E_3，…，E_n，分别与资产 3 形成可行集曲线 E_2C，E_3C，…，E_nC，当组合权重连续变化时，由此形成图中的阴影区域 $AQ'C$。在此基础上继续加入资产 4，资产 5，…，资产 n，由此推测这些资产形成的可行集为右图中的阴影区域。

我们关心的是该阴影区域的边界。为便于论述，我们遵循上北下南左西右东的规则，阴影部分的最东边的锯齿状是一种近似情形，最西边界 AMD 的形状是我们最关心的，后面的默顿（Merton）组合理论给出了严格的证明，证明最西边界为双曲线（在 $(\sigma_p - E_p)$ 平面内）或抛物线（在 $(\sigma_p^2—E_p)$ 平面内）。右图中最西边界上的点对应的投资组合是所有具有相同收益的组合中风险最低的组合，称为**前沿组合**（frontier），这个边界称为**组合前沿**。其中 M 点对应的组合是所有可行集中风险最小的组合，称最低风险组合。MA 曲线位于组合前沿的上半部分，上面的点对应的组合同时也是风险相同的组合中收益最高的组合，称为**有效组合或有效集**，也是投资者最终所追求的目标。MD 曲线位于组合前沿的下半部分，上面的点都是非有效的组合，因为这些组合同时也是风险相同的组合中收益最低的组合。

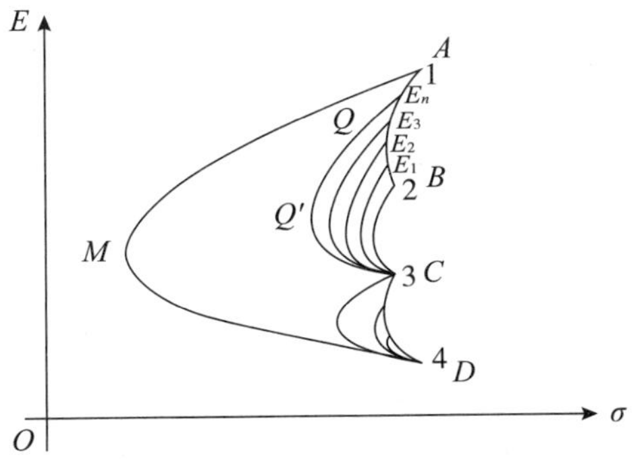

图 8-3 多证券形成的投资组合收益与风险的关系

（三）引进无风险资产

前面的讨论一直没有涉及无风险资产，无风险资产的方差或标准差为零，因此相对而言有点特殊。我们首先依然考虑两资产情形，然后再考虑多资产情形。考虑两资产情形：1 个风险资产 A，1 个无风险资产 F，两者的收益率分别为 $\widetilde{r_A}$ 和 r_f，资产 A 的权重为 ω，无风险资产 F 的权重为 $1-\omega$，则 A 和 F 形成的组合收益为 $\widetilde{r_p}=\omega\widetilde{r_A}+(1-\omega)r_f$，该组合的收益和风险分别为：

$$\overline{r_p}=\omega\overline{r_A}+(1-\omega)r_f \tag{8.34}$$

$$\sigma_p^2=\omega^2\sigma_A^2 \tag{8.35}$$

由标准差的性质可知：

$$\sigma_p=\omega\sigma_A \tag{8.36}$$

所以，投资组合的收益与风险之间满足：

$$\overline{r_p}=r_f+\frac{\overline{r_A}-r_f}{\sigma_A}\sigma_p \tag{8.37}$$

（8.37）表明，风险资产 A 与无风险资产 F 形成的可行集为 AF 直线，由于标准差非负，最终的可行集为 FA 射线，当风险资产的权重 $\omega=0$ 时，组合位于 F 点，当权重 $0<\omega<1$ 时，组合对应于线段 FA，$\omega=1$ 对应的组合位于 A 点，$\omega>1$ 时对应的组合位于 FA 的向右延长线上（如图 8-4 所示）。由此可知，任意一个风险资产与无风险资产形成的可行集都是这个风险资产与无风险资产对应的两个点形成的射线。

接下来考虑 $N+1$ 个资产的情形，其中包括 N 个风险资产（$N\geqslant 2$），1 个无风险资产。无风险资产对应于图中的 F 点。由前面的分析可知，由 N 个风险资产形成的可行集为图中的阴影部分，阴影部分的任意点 P 代表仅由风险资产形成的投资组合，可以看成一个复合风险资产。复合风险资产 P 与无风险资产 F 形成的组合位于射线 FP 上。阴影中的每一点与 F 形成的射线形成 $N+1$ 个资产得到的可行集，该集合为夹在射线 FT 和 FT' 之间的锥形区域，FT 为有效集，FT 和 FT' 形成组合前沿。

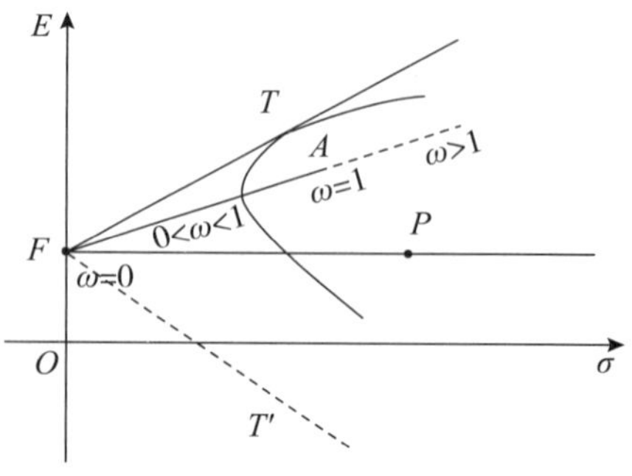

图 8-4 含无风险资产的可行集

二、Merton 版组合理论

默顿(Merton，1971)用严密的数学工具证明了多风险资产情形下组合前沿是双曲线(r_p 与 σ_p) 或抛物线 (r_p 与 σ_p^2)，同时还给出了引入无风险资产情形下的结果。因此，下面的相关证明为上一节的分析提供了理论依据。

(一) N 个风险资产情形

1. 组合前沿的推导

沿用前面的记号，默顿将投资组合问题归结为下列数学规划问题(8. P1)，该问题的含义是给定投资组合的收益使投资组合的方差最小。依据前面的定义，该数学规划问题的最优解得出的是前沿组合，所有前沿组合的集合形成组合前沿：

$$\begin{aligned} &\min \frac{1}{2}\sigma_p^2 = \frac{1}{2}\sum_{i=1}^{N}\sum_{j=1}^{N}\omega_i\omega_j\sigma_{ij} \\ &\text{s. t} \quad \sum_{i=1}^{N}\omega_i\bar{r}_i = \bar{r}_p \\ &\qquad \sum_{i=1}^{N}\omega_i = 1 \end{aligned} \tag{8. P1}$$

由于在求最优组合时需要将目标函数 σ_p^2 对各资产的组合权重 ω_i 求导，求导的每一项的系数都是 2，为了推导的方便在原目标函数前乘 $\frac{1}{2}$，不影响最优解。进一步为了论述的方便，用 $\boldsymbol{E}$ 表示期望收益向量，即 $\boldsymbol{E}=(E[r_1], E[r_2], \cdots, E[r_N])^{\mathrm{T}}$；以及 $\boldsymbol{I}=(1, 1, \cdots, 1)^{\mathrm{T}}$，并采用向量语言将问题(8. P1)描述为：

$$\begin{aligned} &\min \frac{1}{2}\boldsymbol{\omega}^{\mathrm{T}}\boldsymbol{\Sigma}\boldsymbol{\omega} \\ &\text{s. t} \quad \boldsymbol{\omega}^{\mathrm{T}}\boldsymbol{E} = \bar{r}_p \\ &\qquad \boldsymbol{\omega}^{\mathrm{T}}\boldsymbol{I} = 1 \end{aligned} \tag{8. P2}$$

令拉格朗日函数为：

$$L = \frac{1}{2}\boldsymbol{\omega}^{\mathrm{T}}\boldsymbol{\Sigma}\boldsymbol{\omega} + \lambda[\bar{r}_p - \boldsymbol{\omega}^{\mathrm{T}}\boldsymbol{E}] + \gamma[1 - \boldsymbol{\omega}^{\mathrm{T}}\boldsymbol{I}] \tag{8.38}$$

其中 γ 和 λ 是拉格朗日乘数，则一阶条件为：

$$\frac{\partial L}{\partial \omega} = \boldsymbol{\Sigma}\boldsymbol{\omega} - (\lambda\boldsymbol{E} + \gamma\boldsymbol{I}) = 0 \tag{8.39}$$

$$\frac{\partial L}{\partial \lambda} = \bar{r}_p - \boldsymbol{\omega}^{\mathrm{T}}\boldsymbol{E} = 0 \tag{8.40}$$

$$\frac{\partial L}{\partial \gamma} = 1 - \boldsymbol{\omega}^{\mathrm{T}}\boldsymbol{I} = 0 \tag{8.41}$$

通常假设协方差矩阵是可逆的。可以证明：如果协方差矩阵不可逆，则必定存在冗余证券，此时要么存在套利机会，要么可以去掉冗余证券而不影响结果，因此在无套利假设下可以设定协方差矩阵可逆。进一步，在(8.39)的基础上经变形和左乘协方差的逆矩阵可以得到最优组合，为了以示区别我们加星号和角标(星号表示最优解，角标表示是关于投资组合的解)：

$$\boldsymbol{\omega}_p^* = \lambda(\boldsymbol{\Sigma}^{-1}\boldsymbol{E}) + \gamma(\boldsymbol{\Sigma}^{-1}\boldsymbol{I}) \tag{8.42}$$

由于协方差矩阵是可逆矩阵，同时又是对称矩阵，因此上面的一阶必要条件也是充要条件，也就是说投资组合位于组合前沿的充要条件是满足方程(8.42)。将(8.42)代入(8.40)、(8.41)，解出待定系数后可以得到最终的前沿组合，即：

$$\bar{r}_p = \lambda(\boldsymbol{E}^{\mathrm{T}}\boldsymbol{\Sigma}^{-1}\boldsymbol{E}) + \gamma(\boldsymbol{E}^{\mathrm{T}}\boldsymbol{\Sigma}^{-1}\boldsymbol{I})$$
$$1 = \lambda(\boldsymbol{I}^{\mathrm{T}}\boldsymbol{\Sigma}^{-1}\boldsymbol{E}) + \gamma(\boldsymbol{I}^{\mathrm{T}}\boldsymbol{\Sigma}^{-1}\boldsymbol{I})$$

解得：

$$\lambda = \frac{C\bar{r}_p - A}{D}, \qquad \gamma = \frac{B - A\bar{r}_p}{D} \tag{8.43}$$

其中：

$$A = \boldsymbol{I}^{\mathrm{T}}\boldsymbol{\Sigma}^{-1}\boldsymbol{E} = \boldsymbol{E}^{\mathrm{T}}\boldsymbol{\Sigma}^{-1}\boldsymbol{I};\quad B = \boldsymbol{E}^{\mathrm{T}}\boldsymbol{\Sigma}^{-1}\boldsymbol{E};\quad C = \boldsymbol{I}^{\mathrm{T}}\boldsymbol{\Sigma}^{-1}\boldsymbol{I};\quad D = BC - A^2 \tag{8.44}$$

因为协方差矩阵是正定的，所以 $B>0$，$C>0$，又因为：

$$(A\boldsymbol{E} - B\boldsymbol{I})^{\mathrm{T}}\boldsymbol{\Sigma}^{-1}(A\boldsymbol{E} - B\boldsymbol{I}) = B(BC - A^2) = BD > 0$$

所以 $D>0$。

问题(8.P2)对应的最优解表示的**投资组合向量**为：

$$\boldsymbol{\omega}_p^* = \frac{B(\boldsymbol{\Sigma}^{-1}\boldsymbol{I}) - A(\boldsymbol{\Sigma}^{-1}\boldsymbol{E})}{D} + \frac{C(\boldsymbol{\Sigma}^{-1}\boldsymbol{E}) - A(\boldsymbol{\Sigma}^{-1}\boldsymbol{I})}{D}E[\tilde{r}_p] \tag{8.45}$$

该组合的方差为：

$$\sigma^2(\tilde{r}_p) = \boldsymbol{\omega}_p^{*\mathrm{T}}\boldsymbol{\Sigma}\boldsymbol{\omega}_p^* \tag{8.46}$$

将(8.45)代入(8.46)并化简得**最小方差边界所对应的曲线方程**：

$$\frac{\sigma^2(\tilde{r}_p)}{1/C} - \frac{(E[\tilde{r}_p] - A/C)^2}{D/C} = 1 \tag{8.47}$$

在 $\sigma_p - r_p$ 平面内，σ_p 是自变量 x，r_p 是因变量 y，因此，方程(8.47)是 r_p 关于 σ_p 的双曲线，由于标准差是方差的算术平方根，因此非负，从而方程是双曲线的右半支；在 $\sigma_p^2 - r_p$ 平面内，σ_p^2 是自变量 x，r_p 依然是因变量 y，因此，方程(8.47)同时也是 r_p 关于 σ_p^2 的抛物线。由于它位于所有可以得到的投资组合的最左侧或最西边，因此被称为组合前沿(portfolio frontier)，组合前沿上的每一个点对应的组合称为前沿组合(frontier portfolio)。到此，我们证明了图 8-3 中最西边界的真实形状。

2. 组合前沿的性质

公式(8.42)给出了判断一个投资组合是否前沿组合的充要条件，以此为出发点还可以发现前沿组合很多有趣的性质。将(8.43)代入(8.42)得到不带参数的前沿组合，我们将其概括为定理：

定理 8.3：假设 N 个风险资产的协方差矩阵可逆，则由 N 个资产形成的投资组合是前沿组合的充分必要条件是该组合满足：

$$\boldsymbol{\omega}_p^* = \boldsymbol{g} + hE[\tilde{r}_p] \tag{8.48}$$

其中：

$$\boldsymbol{g} = \frac{1}{D}[B(\boldsymbol{\Sigma}^{-1}\boldsymbol{I}) - A(\boldsymbol{\Sigma}^{-1}\boldsymbol{E})]$$

$$h = \frac{1}{D}[C(\boldsymbol{\Sigma}^{-1}\boldsymbol{E}) - A(\boldsymbol{\Sigma}^{-1}\boldsymbol{I})]$$

定理8.3表明，任何一个投资组合如果能够表示成(8.48)的形式就是前沿组合，反之，所有的前沿组合必定能够表示成(8.48)的形式。该定理还可以作为证明组合为前沿组合的依据。(8.48)本质上就是(8.45)，只是引入了新的记号 $\boldsymbol{g}$ 和 $\boldsymbol{h}$，它们都比较复杂，实际上我们有：

定理8.4：(1) $\boldsymbol{g}$ 是前沿组合中期望收益为0的组合之权重向量；$\boldsymbol{g}+\boldsymbol{h}$ 是前沿组合中期望收益为1的组合之权重向量；

(2)全部组合前沿都可以由组合 $\boldsymbol{g}$ 和 $\boldsymbol{g}+\boldsymbol{h}$ 生成，即任何一个前沿组合都可以表示为 $\boldsymbol{g}$ 和 $\boldsymbol{g}+\boldsymbol{h}$ 的线性组合。

证明：(1)由(8.44)可知，在组合前沿上，当 $E[\tilde{r}_p]=0$ 时，$\boldsymbol{\omega}_p^* = \boldsymbol{g} + \boldsymbol{h}\times 0 = \boldsymbol{g}$；当 $E[\tilde{r}_p] = 0$ 时，$\boldsymbol{\omega}_p^* = \boldsymbol{g} + \boldsymbol{h} \times 1 = \boldsymbol{g} + \boldsymbol{h}$；

(2)对组合前沿上的任意一个组合 q，若其期望收益为 $E[\tilde{r}_q]$，则它必定满足(8.44)。另一方面我们构造 $\boldsymbol{g}$ 和 $\boldsymbol{g}+\boldsymbol{h}$ 的投资组合(α，$1-\alpha$)，则该组合的权重为：$\boldsymbol{\omega}_p = \alpha\boldsymbol{g} + (1-\alpha)(\boldsymbol{g}+\boldsymbol{h}) = \boldsymbol{g} + (1-\alpha)\boldsymbol{h}$，当 $\alpha = 1 - E[\tilde{r}_q]$ 时，$\omega_p = \omega_q$，从而组合 $\boldsymbol{g}$ 和 $\boldsymbol{g}+\boldsymbol{h}$ 复制了前沿组合 q，由组合 q 的任意性可知 $\boldsymbol{g}$ 和 $\boldsymbol{g}+\boldsymbol{h}$ 可以生成全部组合前沿。证毕■

我们在前面说 $\boldsymbol{g}$ 和 $\boldsymbol{h}$ 比较复杂，实际上它们各自有其丰富的含义，分别代表不同的投资组合，$\boldsymbol{g}$ 和 $\boldsymbol{g}+\boldsymbol{h}$ 都是前沿组合向量，通过将两个前沿组合任意“线性组合”可以形成所有的前沿组合。$\boldsymbol{g}$ 的期望收益为0应该位于非有效组合集之中，$\boldsymbol{g}+\boldsymbol{h}$ 的期望收益为1应该属于有效组合。定理8.4中选择两个特殊的前沿组合生成了组合前沿集，我们将该方法推广。用类似的方法还可以证明：

定理8.5：(1)全部组合前沿都可以由任何两个不同的前沿组合生成；

(2)任何前沿组合的线性组合均为前沿组合。

定理8.5的证明留作习题。该定理表明组合前沿具有一个非常有趣的结论：**任何两个互不相同的前沿组合能够生成全部的前沿组合，因此，只要知道两个不同的前沿组合就可以推出所有的前沿组合。**

此外，在组合前沿中，有一个最特殊的组合，其方差最小，我们称之为**最小方差组合**(minimum variance portfolio)，简称为 **mvp**。易知 mvp 具有下列特性：

(1)mvp 组合为：

$$\boldsymbol{\omega}_{\text{mvp}} = \frac{\boldsymbol{\Sigma}^{-1}\boldsymbol{I}}{\boldsymbol{I}^{\mathrm{T}}\boldsymbol{\Sigma}^{-1}\boldsymbol{I}} \tag{8.49}$$

(2)mvp 组合的期望和方差分别为：

$$E[\tilde{r}_{\mathrm{mvp}}] = \frac{A}{C} \tag{8.50}$$

$$\mathrm{var}[\tilde{r}_{\mathrm{mvp}}] \equiv \sigma_{\mathrm{mvp}}^2 = \frac{1}{C} \tag{8.51}$$

从图形看，最小方差组合(mvp)位于组合前沿图形的最西端，是由所有风险资产构成的投资组合中方差最小的组合。以最小方差组合为界，在组合前沿上期望收益超过该组合的前沿组合称为有效组合，我们以定义的形式给出：

定义 8.1：组合前沿上所有期望收益大于 mvp 期望收益的投资组合称为有效投资组合(efficient portfolio)，所有的有效组合形成有效前沿；所有期望收益低于 mvp 收益的非 mvp 组合称为非有效组合(inefficient portfolio)。

由有效投资组合的定义可知，投资者在进行组合选择时需要在有效前沿中选择一个符合自己偏好的投资组合，非有效组合则不符合投资者的选择目标。有效组合也具有前沿组合类似的性质：

定理 8.6：有效组合的任意凸组合都是有效组合，有效组合的集合为凸集。

实数 $\alpha_i(i=1, 2, \cdots, n)$ 满足 $\sum_{i=1}^{n}\alpha_i = 1$，$\alpha_i \geq 0$，则向量 $\boldsymbol{X}_i$ 的凸组合是指 $\sum_{i=1}^{n}\alpha_i\boldsymbol{X}_i$。上述定理的证明依然作为习题。

3. 零协方差组合

在所有前沿组合中最小方差组合 mvp 扮演了一个非常重要的角色，它可以用来区分组合前沿上的组合是否有效。除此之外，还有一种前沿组合也比较重要，它就是零协方差组合。

定义 8.2：在投资组合前沿上，任何一个异于最小方差组合(mvp)的前沿组合 p 都存在一个前沿组合，它与组合 p 的协方差为零，记为 $\mathrm{zc}(p)$，称为 p 的**零协方差前沿组合**，简称**零协方差组合**。

容易证明零协方差组合的存在性与唯一性。事实上，对于组合前沿上的任意两个组合 p 和 q，我们有：

$$\mathrm{cov}(\tilde{r}_p, \tilde{r}_q) = \boldsymbol{\omega}_p^{\mathrm{T}}\boldsymbol{V}\boldsymbol{\omega}_q = \frac{C}{D}\left(E[\tilde{r}_p] - \frac{A}{C}\right)\left(E[\tilde{r}_q] - \frac{A}{C}\right) + \frac{1}{C} \tag{8.52}$$

上式中将 $\mathrm{zc}(p)$ 替代 q 并取协方差值为零，解得：

$$E[\tilde{r}_{\mathrm{zc}(p)}] = \frac{A}{C} - \frac{D/C^2}{E[\tilde{r}_p] - A/C} \tag{8.53}$$

由于组合前沿是抛物线或双曲线的右半支，因此在前沿组合中期望收益等于给定值的组合存在且唯一，由(8.53)从量化上定义了前沿组合 p 的零协方差组合。

此外，将(8.50)代入(8.52)可知，最小方差组合(mvp)与任何前沿组合的协方差都等于其自身的方差，因此，最小方差组合(mvp)不存在与之协方差为零的前沿组合。

若前沿组合 p 为有效组合，则其期望收益高于最小方差组合的期望收益 A/C，由(8.53)可知 $\mathrm{zc}(p)$ 必为非有效组合，反之亦然。因此我们有：

性质 8.1：

(1)组合前沿上的任一组合 p(除 mvp 之外)，存在唯一的前沿组合 $\text{zc}(p)$ 与之协方差为零；

(2)若 p 为有效组合，则 $\text{zc}(p)$ 必为非有效组合；若 p 为非有效组合，则 $\text{zc}(p)$ 必为有效组合；

(3)前沿组合 p 的零协方差前沿组合的零协方差前沿组合为组合 p，即：

$$\text{zc}(\text{zc}(p)) = p \tag{8.54}$$

给定投资组合容易确定其零协方差组合，我们有如下结论(见图 8-5，图 8-6)：

性质 8.2：(1)在 σ-E 平面内，任何有效前沿组合 p 的零协方差组合 $\text{zc}(p)$ 可以通过如下方式得到：过 p 对应的点作组合前沿的切线，切线在 E 轴(期望收益轴)上的截距即为零协方差组合的期望收益 $E[r_{\text{zc}(p)}]$，即组合前沿上期望收益等于 $E[r_{\text{zc}(p)}]$ 对应的点，即为 $\text{zc}(p)$；

(2)在 σ^2-E 平面内，任何有效前沿组合 p 的零协方差组合 $\text{zc}(p)$ 可以通过如下方式得到：p 与最小方差组合(mvp)的连线在 E 轴的截距即为零协方差组合的期望收益 $E[r_{\text{zc}(p)}]$，即组合前沿上期望收益等于 $E[r_{\text{zc}(p)}]$ 对应的点，即为 $\text{zc}(p)$。

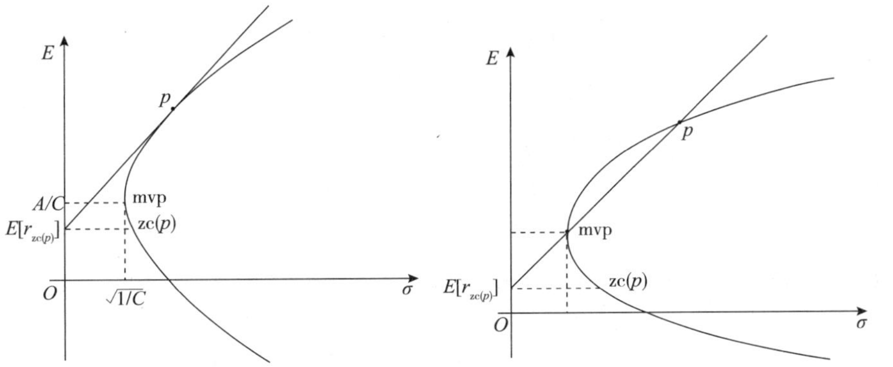

图 8-5　前沿组合的零协方差组合的画法

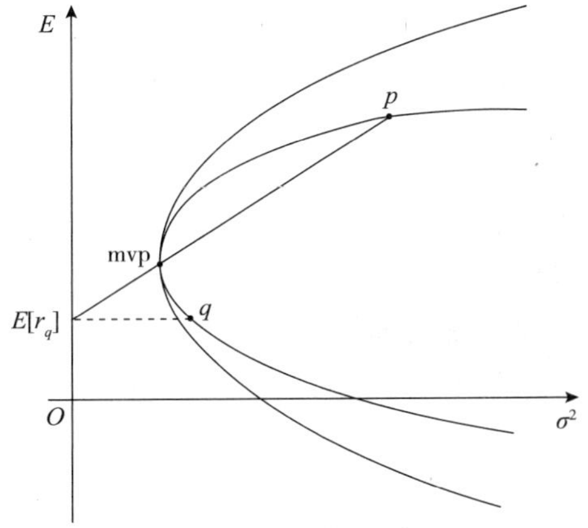

图 8-6　非前沿组合的零协方差组合的画法

性质的证明留作习题，实际上我们有更一般的结论：

定理 8.7：在 σ^2-E 平面内，任何非前沿组合 p 与最小方差组合(mvp)的连线在 E 轴的截距等于组合 q 的期望收益，组合 q 与 p 具有零协方差，是所有与 p 具有零协方差的组合中方差最小的组合，即 q 是 p 与 mvp 形成的组合前沿上与 p 具有零协方差的组合，而 p 与 mvp 形成的组合前沿位于所有资产形成的组合前沿内部。

证明：依据条件我们构造下列优化组合问题，只需证明其最优解的组合 q 的期望收益满足定理中的条件即可：

$$\begin{aligned} &\min_{\omega_q} \frac{1}{2}\boldsymbol{\omega}_q^{\mathrm{T}}\boldsymbol{\Sigma}\boldsymbol{\omega}_q \\ &\text{s.t} \quad \boldsymbol{\omega}_q^{\mathrm{T}}\boldsymbol{\Sigma}\boldsymbol{\omega}_p = 0 \\ &\qquad\quad \boldsymbol{\omega}^{\mathrm{T}}\boldsymbol{I} = 1 \end{aligned} \tag{8.P3}$$

通过引进拉氏乘子可以解得组合 q 可表示为：

$$\boldsymbol{\omega}_q = \frac{1}{1 - C\sigma^2(r_p)}\boldsymbol{\omega}_p + \frac{C\sigma^2(r_p)}{C\sigma^2(r_p) - 1}\boldsymbol{\omega}_{\text{mvp}} \tag{8.55}$$

其中，$\boldsymbol{\omega}_{\text{mvp}}$为最小方差组合 mvp 的组合权重，式的含义是：投资组合等于投资组合与 mvp 的线性组合。

另一方面，若 p 为任一异于 mvp 的前沿组合，q 为另一个任一投资组合，则类似于(8.51)有：

$$\begin{aligned} \mathbf{cov}(\tilde{r}_p, \tilde{r}_q) = \boldsymbol{\omega}_p^{\mathrm{T}}\boldsymbol{\Sigma}\boldsymbol{\omega}_q &= (\lambda \boldsymbol{E}^{\mathrm{T}}\boldsymbol{\Sigma}^{-1} + \gamma \boldsymbol{I}^{\mathrm{T}}\boldsymbol{\Sigma}^{-1})\boldsymbol{\Sigma}\boldsymbol{\omega}_q \\ &= \lambda \boldsymbol{E}^{\mathrm{T}}\boldsymbol{\Sigma}^{-1}\boldsymbol{\Sigma}\boldsymbol{\omega}_q + \gamma \boldsymbol{I}^{\mathrm{T}}\boldsymbol{\Sigma}^{-1}\boldsymbol{\Sigma}\boldsymbol{\omega}_q \\ &= \lambda \boldsymbol{E}^{\mathrm{T}}\boldsymbol{\omega}_q + \gamma \boldsymbol{I}^{\mathrm{T}}\boldsymbol{\omega}_q = \lambda E[r_q] + \gamma \end{aligned} \tag{8.56}$$

由(8.43)将 λ 和 γ 代入上式并化简，结合(8.53)可以得到：

$$\begin{aligned} E[r_q] &= E[r_{zc(p)}] + \beta_{qp}(E[r_p] - E[r_{zc(p)}]) \\ &= (1 - \beta_{qp})E[r_{zc(p)}] + \beta_{qp}E[r_p] \end{aligned} \tag{8.57}$$

其中

$$\beta_{qp} = \frac{\text{cov}(r_p, r_q)}{\text{var}(r_p)} \tag{8.58}$$

证毕■

方程(8.57)的含义是：

任何一个投资组合的收益率都可以表示为组合前沿上某一个异于最小方差组合(mvp)的组合和该组合的零协方差组合等两个组合的收益率的线性组合。

这一结论非常接近下一章所说的零贝塔 CAPM。实际上，只需要将 p 换成市场投资组合即为零贝塔 CAPM 的证券市场线。

(二)引进无风险资产情形

在 N 个风险资产的基础上引进收益率为 r_F 的无风险资产，形成 $N+1$ 个投资机会时，经济人的最优组合问题转化为：

$$\begin{aligned}&\min_{\omega_p} \frac{1}{2}\boldsymbol{\omega}_p^{\mathrm{T}}\boldsymbol{\Sigma}\boldsymbol{\omega}_p\\&\text{s.t}\quad \boldsymbol{\omega}_p^{\mathrm{T}}\boldsymbol{E}+(1-\boldsymbol{\omega}^{\mathrm{T}}\boldsymbol{I})r_f=E[r_p]\end{aligned} \tag{8.P4}$$

引进拉氏乘数后由一阶条件可得最优解为：

$$\boldsymbol{\omega}_p^{*}=\boldsymbol{\Sigma}^{-1}(\boldsymbol{E}-r_f\boldsymbol{I})\frac{E[r_p]-r_f}{H} \tag{8.59}$$

其中，$H=(\boldsymbol{E}-r_f\boldsymbol{I})\boldsymbol{\Sigma}^{-1}(\boldsymbol{E}-r_F\boldsymbol{I})=B-2Ar_F+Cr_F^2$，易证$\boldsymbol{H}>0$。此时，最优组合$p$的方差为：

$$\sigma_p^2(r_p)=\boldsymbol{\omega}_p^{\mathrm{T}}\boldsymbol{\Sigma}\boldsymbol{\omega}_p=\frac{(E[r_p]-r_f)^2}{H} \tag{8.60}$$

等价地：

$$\sigma(r_p)=\begin{cases}\dfrac{E[r_p]-r_f}{\sqrt{H}} & E[r_p]\geqslant r_f\\[2ex]-\dfrac{E[r_p]-r_f}{\sqrt{H}} & E[r_p]<r_f\end{cases} \tag{8.61}$$

在σ-E平面内，有效前沿表现为两条射线围成的锥形，见图8-7。

情形一：$r_f<A/C$时，有效前沿为图中的锥形

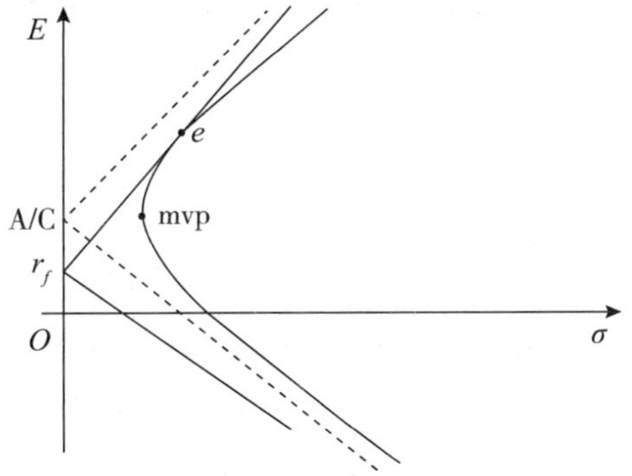

情形二：$r_F>A/C$时，有效前沿为图中的锥形

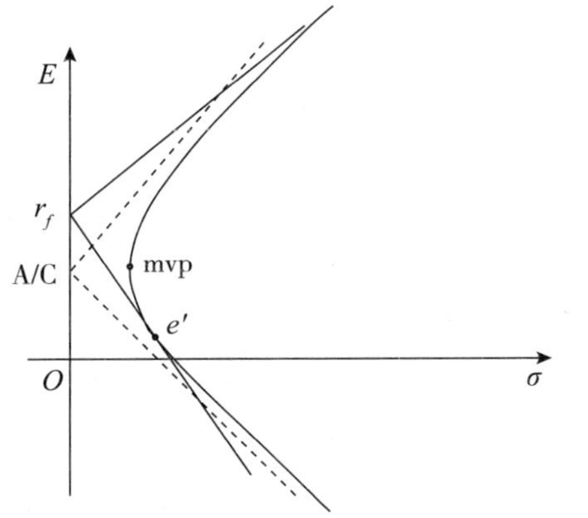

情形三：$r_F = A/C$ 时，有效前沿为图中的锥形

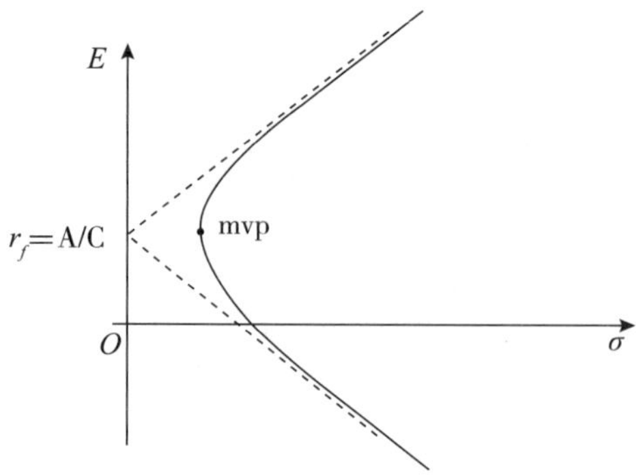

图 8-7　N+1 个资产对应的组合前沿

◎ 本章小结

马柯维兹最早建立了投资组合理论，他用投资组合收益的期望值度量组合的收益，用方差或标准差度量组合的风险，从而提出了均值-方差标准。托宾则证明了均值-方差标准的适用条件：如果投资者的效用函数是二次函数或者风险资产服从联合正态分布，则均值方差标准有效。

在均值方差标准下，从两资产到多资产情形可以得到投资组合形成的可行集和有效集，即所有投资组合的收益与风险在均值-方差平面形成的集合，可行集为所有可以实现的投资组合对应的点。在这些可行组合中收益相同且风险最低的组合称为组合前沿，组合前沿上风险相同而收益最高的组合为有效组合。通常在均值-方差平面内的组合前沿为抛物线，或者在均值-标准差平面内为双曲线的右半支。引入无风险资产后的组合前沿是过无风险资产并与组合前沿相切的直线，均衡条件下形成了资本市场线。

在进行投资组合分析时，有马克维兹的直观分析，也有莫顿的严格数学分析。莫顿的分析给出了组合前沿组合、最小方差组合以及零协方差组合的计算公式。依照莫顿的结果可知：任何两个异于最小方差组合的前沿组合可以生成整个组合前沿；任何几个前沿组合或有效组合的凸组合依然是前沿组合或有效组合。

◎ 重要概念

收益　收益率　相对收益　投资组合　风险　均值-方差标准　系统性风险　非系统风险　特质风险　组合前沿　前沿组合　有效组合　有效集　可行集　资本市场线　最小方差组合　零协方差组合　协方差矩阵

◎ 思考题

1. 什么是相对收益？什么是收益率？两者之间有何关系？
2. 如何计算投资组合的收益率？
3. 什么是均值-方差标准？什么条件下该标准成立？

4. 两风险资产情形下，什么时候组合前沿为曲线？什么情形下组合前沿是折线？

5. 什么是系统性风险？什么是非系统性风险？其中哪一种风险可以被分散化？如何分散？

6. 在 N 个风险资产中引入无风险资产后对投资组合的可行集和有效前沿有何影响？

◎ 练习题

1. 假设 N 个风险资产，收益率为 $r_i(i=1, 2, \cdots, N)$，它们是独立同分布的。对于一个具有不满足性和凹性效用函数的投资者，计算他的最优投资组合。并求均值-方差标准下的最优组合。

2. 已知市场上有三个证券，其协方差矩阵为：

$$\begin{bmatrix} 24 & -10 & 9 \\ -10 & 75 & 3 \\ 9 & 3 & 12 \end{bmatrix}$$

(1) 计算等权重投资组合的方差。

(2) 计算如下两个投资组合的方差：

组合 1：$(0.1, 0.8, 0.1)^T$

组合 2：$(1.25, -0.1, -0, 15)^T$

3. 假设市场上有两项资产。资产 1 收益率的期望值为 0.3，方差为 5.9，资产 2 收益率的期望值为 0.08，方差为 0.05，两资产的协方差为-0.01。

(1) 求由上述两个资产形成的可行集；

(2) 求最小方差集的组合向量。

4. 三种资产的期望收益率向量和协方差矩阵为：

$$ER = \begin{bmatrix} 10.1\% \\ 7.8\% \\ 5\% \end{bmatrix} \qquad V = \begin{bmatrix} 2.1 & 0.6 & 0 \\ 0.6 & 0.9 & 0 \\ 0 & 0 & 0 \end{bmatrix}$$

(1) 三种资产中哪一个是无风险资产？为什么？

(2) 计算组合 (0.5, 0.5, 0) 和组合 (0.4, 0.4, 0.2) 的期望收益和标准差。

5. 证明定理 8.6，定理 8.7 和性质 8.2。

◎ 参考书目与推荐阅读

1. 王江. 金融经济学. 北京：中国人民大学出版社，2007.

2. Debreu. Theory of value. New York：Wiley，1959.

3. Huang Chi-fu，Litzenberger，Robert. Foundations for Financial Economics. Elsevier Science Co.，1988.

第九章 资本资产定价模型

◎ 学习目标

- 了解 CAPM 的主要假设
- 掌握 CAPM 的主要内容和主要结论
- 了解资本市场线的主要形式和含义
- 了解证券市场线的推导和含义
- 了解 CAPM 的一般推广
- 了解 CAPM 的实证分析

资本资产定价模型(capital asset pricing model)简称 CAPM，该理论是金融经济学的经典内容，也是投资组合理论的自然延伸，是由威廉·夏普于 1964 提出，同一时期 Lintner 和 Mossin 也独立得出了该结论，因此被并称为 Sharpe-Lintner-Mossin 资本资产定价模型。CAPM 与现代投资组合理论一起获得了 1990 年的诺贝尔经济学奖。CAPM 与马科维兹的投资组合理论是投资学课程的核心内容之一，熟悉的读者可以将两者内容跳过不影响对后文的阅读。本章在投资组合理论基础上重点介绍 CAPM，包括 CAPM 的基本假设、核心内容以及一般推广和实证方法。CAPM 早在 20 世纪 70 年代就提出来了，它是金融经济学标志性成果，其后很多研究围绕着该理论的基础和推广展开，这些研究为 CAPM 提供了更坚实的理论基础。我们在前面的章节中所介绍的理论，包括不确定条件下的选择理论、投资组合理论等都属于这类研究成果。本章所介绍的内容与前面的内容部分重叠，为了完整性我们对这些内容进行了重复。

第一节 基本假设

CAPM的一个较为显著的特点是该模型有数量众多的假设。由于CAPM是投资组合的直接延伸，因此CAPM的假设包含了投资组合理论中的相关假设，同时还包含了期望效用理论的部分假设，在威廉·夏普等的《投资学》中列举了下列10个假设：

"1. 投资者通过投资组合在某一段时期内的预期回报率和标准差来评价这个投资组合。

2. 投资者永不满足，因此，当面其他条件相同的两种选择时，他们将选择具有较高预期回报率的那一种。

3. 投资者是风险厌恶的，因此，当面临其他条件相同的两种选择时，他们将选择具有较小标准差的那一种。

4. 每一个资产都是无限可分的，意味着，如果投资者愿意的话，他们可以购买一个股票的一部分。

5. 投资者可以一个无风险利率贷出(即投资)或借入资金。

6. 税收和交易成本均忽略不计。

7. 所有投资者都有相同的投资期限。

8. 对于所有投资者，无风险利率相同。

9. 对于所有投资者，信息是免费的并且是立即可得的。

10. 投资者具有相同的预期，即他们对预期回报率、标准差和证券之间的协方差具有相同的理解。"

从表面上看这些假设似乎太过于理想化，细心分析不难发现这些假设是具有代表性的，而且部分假设可以放松。为了便于理解，我们将这些假设进行合并和归类，将假设分为主观层面和客观层面的假设。

一、主观层面的假设

我们假设资本市场上有 K 个经济人或投资者，同样标记为 $k=1, 2, \cdots, K$。所谓主观层面的假设是指投资者面对客观的投资机会进行投资选择时所表现出来的特征。投资者特征的严格描述在不确定条件下的选择和行为金融研究中有具体研究，我们这里尽量提供一些易于理解的假设，并简化问题的分析。CAPM中关于投资者主观的假设比较多，简单概括如下：

假设9.1：所有投资者都是同质的(homogeneous)。

所谓同质性投资者是指投资者在诸多方面是完全相同的，具体体现在如下几个方面：

1. 投资期限相同，即众多的投资者具有相同投资的初始时点、终止时点和相同的时间跨度，都只考虑两时点单期投资问题；

2. 同质信念或相同的概率预期，即所有投资者对所有风险资产在期末的支付的预期相同，表现为对每个风险资产收益率的概率分布具有完全相同的认知，并与实际分布相同，所以投资者都是合理预期者。与同质信念对应的是异质信念(heterogeneous beliefs)，也称为意见差异(diverse opinion)。

此外，所有投资者都是风险厌恶的，并且都具有不满足性。

假设 9.2：所有投资者对风险资产或资产组合的评价标准相同。

所有投资者对风险资产或风险资产的投资组合的评价标准都是均值-方差标准：均值衡量资产或资产投资组合的收益，方差或标准差衡量资产或资产投资组合的风险。

假设投资者具有不满足性，在此假设下对于给定的风险投资者追求收益极大化；假设所有投资者都是风险厌恶的，在此假设下给定收益他们追求风险极小。当风险和收益均不相同时，他们对评价标准可以由均值-方差(或均值-标准差)平面内的无差异曲线表示出来。如果用纵轴表示收益、横轴表示风险，无差异曲线在收益-风险平面内呈单调递增、下凸的光滑曲线，如图 9-1 所示。

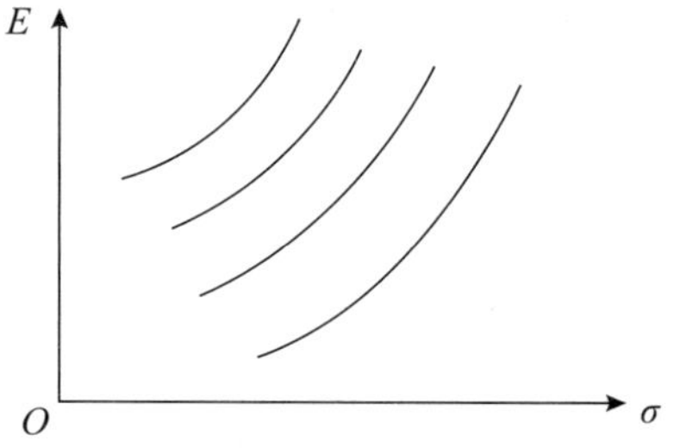

图 9-1　均值-方差标准下的无差异曲线

我们在前面已经证明：当所有资产都服从联合正态分布或投资者具有二次效用函数时，风险资产或投资组合的收益可以表示成其风险 σ 的函数，该函数关于 σ 单调递增、下凸，因此有图 9-1 中的无差异曲线。进一步还可以将投资者分为不同程度的风险厌恶者。如图 9-2 所示，投资者可以分为适度风险厌恶者、轻度风险厌恶者和高度风险厌恶者，分别对应于图 9-2 中的(a)、(b)和(c)。

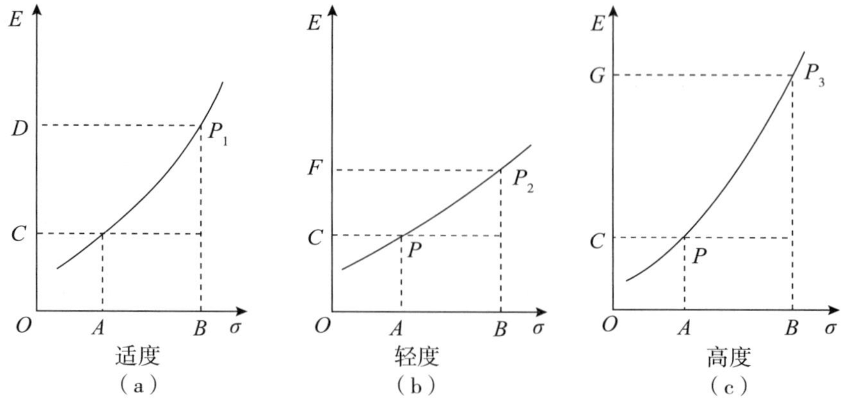

图 9-2　不同程度风险厌恶者

图中(a)作为适度风险厌恶者，无差异曲线上的两点 P 和 P_1 对应的资产或资产组合对投资者的“效用”相同，从 P 到 P_1，风险增加了 AB，收益补偿了 CD。换言之，从 P 到 P_1 风险增加了 AB，因为给予了收益补偿 CD，所以两资产组合“一样好”。(b)中 P 和 P_2 位于同一根无差异曲线上，相同的风险增量 AB，只需要低于 CD 的风险补偿 CE，当 CD 为适度收益补偿时，低于 CD 的收益补偿表明投资者具有轻度的风险厌恶，CE 越小，风险厌恶程度越低。(c) 中无差异曲线上从 P 到 P_3，相同的风险承担 AB 需要更多的收益补偿 CF，CF 高于 CE 表明投资者是高度的风险厌恶者，CF 越大，风险厌恶程度越高。

主观层面的假设从表面上只是给出了投资者对资产的选择标准，实际上这些选择标准决定了投资者对各资产的需求。

二、客观层面的假设

所谓客观层面的假设是指对投资者面对的“投资环境”或投资机会所作出的假设。我们通常假设资本市场上有 $N+1$ 个证券即 $N+1$ 个投资机会，其中有 N 个风险证券和 1 个无风险证券。对于风险证券有如下假设：

假设 9.3：假设 N 个风险资产服从联合正态分布。

风险资产 i 的收益率 r_i 服从正态分布，即 $r_i \sim N(\mu_i, \sigma_i^2)$；$N$ 个风险资产的收益率向量服从联合正态分布。在第八章中已经证明了，当 N>2 时投资者所面临的投资机会在均值-方差平面内可以描述为图 9-3。

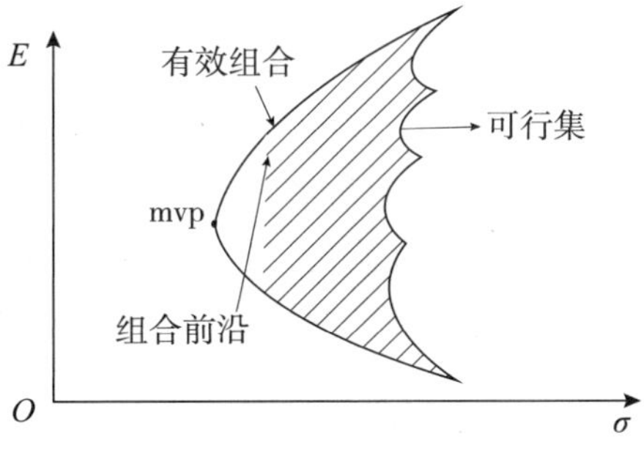

图 9-3　N 个风险资产情形下的投资机会

联合正态分布的假设并不是图 9-3 中投资机会的必要条件，即图中的投资机会对任何分布都是成立的。联合分布是图 9-1 中无差异曲线的充分条件，同时也是投资组合收益服从正态分布的充分条件。

假设 9.4：存在一个无风险资产，或存在一个无风险的借贷市场，借贷利率相等。

无风险证券的存在与有相等的借贷利率的存在是等价的。所以，在假设 9.4 下意味着市场存在 $N+1$ 个证券，即 N 个风险资产和 1 个无风险资产。同样由上一章的证明可知，$N+1$ 个资产条件下的投资机会在均值-方差平面内可以描述为图 9-4。

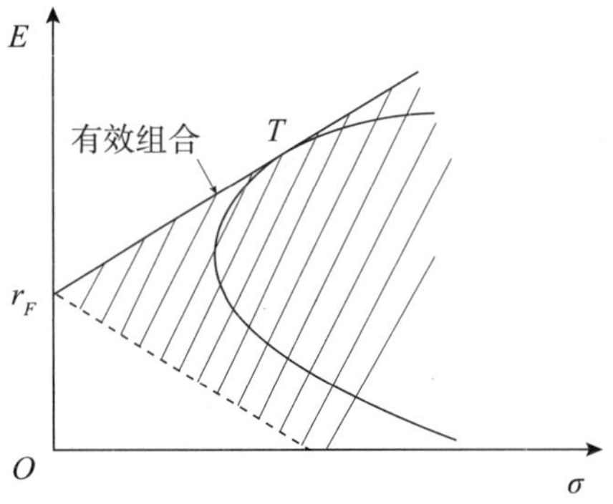

图 9-4　$N+1$ 个风险资产情形下的投资机会

同质信念假设下，每个投资者都确信自己所面临的投资机会集是图 9-4 所展示的锥形。因此，他们有相同的可行集、有效集。在 $N+1$ 个资产情形下所有投资者的有效组合都位于射线 AT 上，其中 T 是射线与双曲线的切点。

假设 9.5：无税收、无交易成本；市场无摩擦；市场是自由竞争的。

假设 9.5 实际包含三个层次：一是为了简化分析可以暂不考虑税收和交易成本问题，实际上考虑税收和交易成本不会对结论产生本质性的影响；二是市场无摩擦，其含义是所有投资者都可以按照市场价格买卖一定数量的资产，而且交易迅速完成；三是市场是自由竞争的，这意味着任何一个投资者的交易行为都不可能对资产价格产生影响。这里还隐含一个假设，即所有投资者没有太大差异，他们几乎平均地占有初始禀赋，因此任何投资者都无法操纵市场。三个层次的假设都是为了分析的简化。

假设 9.6：资产可以无限细分。

资产可以无限细分意味着投资者可以购买任意数额股份的股票，包括小数甚至是无理数，但现实交易中通常是以 1 手为单位(1 手等于 100 股)进行交易的。无限细分假设避免了对投资组合最优解的“四舍五入”，从图形上看可行集中任何一个点都是可以交易得到的，射线 AT 上的每一个点都有可能是投资者的最优组合。

此外，我们还假设市场上有足够多的投资者，而且每个投资者的初始财富彼此差异不大，这样，任何一个投资者的买卖决策都不能影响证券的价格，从而形成自由竞争的市场。同时，市场信息有效，即所有投资者可以及时免费获得充分的市场信息。在此假设下投资者保持同质的、理性预期的信念。

第二节　证券市场的均衡定价

给出了理论的基本假设后，我们来分析一些基本结论。我们采用一般均衡分析法。由于市场是自由竞争的，因此我们利用微观经济学中的一般均衡分析法来分析各个证券的定价问题。

一、证券市场的一般均衡

我们知道，一般均衡分析包括两个方面：供给和需求。

(一)供给

从供给方面来看，我们假设每个股票标准化为 1，也就是假设每个股票只有 1 股，那么，每个投资者持有的量就是占该股票的百分比，并用小数表示。例如投资者 i 对股票 A 的持有量为 0.02，其含义是投资者 i 持有 2%的股票 A。因此，所有投资者对股票 A 的持有量之和为 1，即 100%。从后面的分析可以看出，对每个股票的供给“标准化为 1”并不是必要的，只要在研究期内股票的总供给是固定的就不影响结果，通常是为了分析方便才假定净供给为 1。所以，从供给方面来看，我们假设每个股票或证券的数量是固定不变的，这意味着在研究期间没有新的股票增发，也没有原有的股票退市。从整体上看，市场上有 N+1 个资产，其中有 N 个风险资产和 1 个无风险资产，每个资产的净供给数量给定。

以上只是证券市场供给的一个初步印象，实际上我们可以从整体上理解证券市场的供给。从整体上看，N+1 个证券形成特定的投资机会，这个投资机会可以理解为“供给”的总体，其实质从整体上给出了所有投资者所面临的“供给”。回顾前面马科维兹投资组合理论，N+1 个证券形成的投资机会如图 9-5 所示。A 点对应的投资组合只包含无风险资产，或者说组合中无风险资产的权重为 1，其他资产的权重全为 0，我们记为 $\boldsymbol{\omega}_A$，过 A 点向 N 个风险资产形成的组合前沿曲线作切线，切点为 T，我们称为切点组合，记为 $\boldsymbol{\omega}_{\mathrm{T}}$。切点组合是由 N 个风险资产形成的纯风险资产组合，不包含无风险资产，也就是说该组合中无风险资产的权重为 0，其他资产的权重不一定为 0。射线 AT 和 AT' 形成的锥形区域为可行集，投资者可以从可行集中选择任何一点对应的投资组合。因此，我们说可行集形成了总体供给。值得说明的是，这里我们假设无风险利率水平使得 A 点位于双曲线的渐近线与纵轴的交点之下。

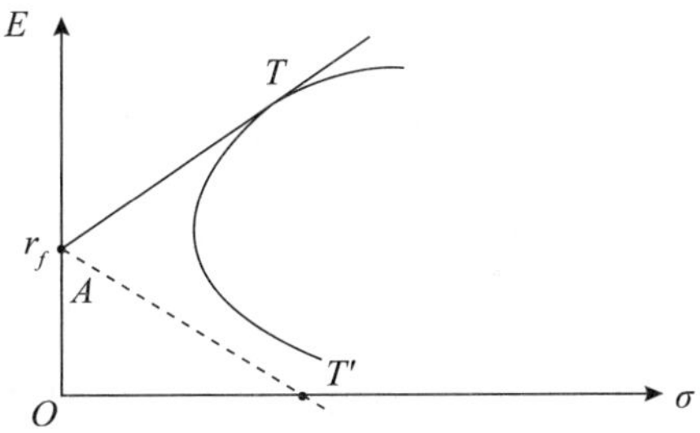

图 9-5　N+1 个证券形成的整体“供给”

(二)需求

再看需求方，类似于前面所描述的“整体供给”，我们同样从整体上考察投资者的需求，即所有投资者面对投机机会时在证券需求上的共性。在同质信念下，每个投资者面对相同的投资机会，但他们的偏好可能是互不相同的。投资者的偏好可以由无差异曲线来描述，同一曲线上的组合具有相同的“满意程度”，不同的曲线互不相交。在均值-方差平面内无差异曲线单调递增且凸向东南方。对每一个投资者而言，其最终的最优组合必须满足两个条件：

其一，它必须是可行的，即必须位于图 9-5 中的锥形区域内；

其二，它必须是最优的，即无差异曲线必须尽量靠近西北方。

满足上述两个条件的组合必定是无差异曲线与射线 AT 的切点，因此都位于切线 AT 上。从总体上看，所有投资者对证券的需求都位于切线 AT 上。不同投资者由于偏好不同而形成不同的无差异曲线，从而他们最终的最优投资需求位于切线的不同位置，无论具体位置在什么地方，都可以表示为 A 点组合和 T 点组合的线性组合：

$$\boldsymbol{\omega}_p = \alpha\boldsymbol{\omega}_A + (1-\alpha)\boldsymbol{\omega}_T \tag{9.1}$$

$\alpha=1$ 时，对应于 A 点组合，此时只持有无风险资产；

$\alpha=0$ 时，对应于 T 点组合，此时只持有风险资产；

$0<\alpha<1$ 时，对应于 A 点和 T 点之间的某一组合，两种组合都有一个正的权重；

$\alpha<0$ 时，对应于 AT 延长线上的某一组合，此时以无风险利率融资并将所有资金用于投资组合 T。

(三) 市场均衡

从前面的分析可知，射线 AT 既反映了 $N+1$ 个资产情形下的总供给，又反映了该情形下的总需求，即：AT 射线上的所有点都是市场提供给投资者的投资机会，同时，每个投资者的投资需求最终又位于该射线上，可能位于 A、T 点，或者 AT 之间的某个 P 点，或者位于 AT 延长线上的某个 Q 点。那么，均衡条件具有什么特征呢？实际上，从图 9-5 中无法看出均衡的特征。证券市场的均衡可以简单地分为无风险证券和风险证券的均衡。在同质信念假设下，所有投资者对风险资产期末的支付有着相同的预期，他们依据各证券期初的价格推算各证券的期望收益率和收益率的方差，从而得出各种价格下证券市场形成的投资机会，然后根据投资机会结合各自的风险偏好形成自己的投资需求。各投资者在不同价格下的投资需求反过来推动价格的变化，直到市场达到均衡状态并确定最后的均衡价格。市场均衡时，$N+1$ 个证券中的每一个证券的总供给等于总需求。此时，所有投资者面临相同的投资机会，他们的投资需求都可以描述为公式(9.1)，因此，等价于所有投资者的最终投资组合等于组合 A 和组合 T 的线性组合。将组合 A 和组合 T 看成两个投资基金，则所有投资者都选择这两个基金，不同的是投资于两基金的资金比率不同，即(9.1)中的 α 取不同的值。组合 T 是由所有风险资产形成的组合，由于我们前面假设每个风险证券的总供给大于零，因此组合 T 必定包括所有的风险证券，而且每个证券的组合权重必定大于零，否则该证券无法达到均衡。至此，我们可以将证券市场的均衡特征总结如下：

特征一：所有的 $N+1$ 个证券的总供给等于总需求；

特征二：切点组合 T 包含了 N 个风险证券，而且每个证券的权重大于零。

值得说明的是，公式(9.1)中的 α 并不是投资者对无风险资产和风险资产的投资需求，其确切含义是该投资者的所有初始投资资金中投资于两“基金”的部分所占的比率。利用各自的比率 α_k 和初始投资金额 $W_{k,0}$ 以及证券 j 的均衡价格 S_j 可以计算投资者对证券的投资需求。

二、分离定理与资本市场线

均衡条件下，投资者的最优投资组合都位于射线 AT 上，公式(9.1)给出了投资者的最优选择。因此，无论投资者的风险偏好是否相同，其最终的最优选择等价于将投资资金在组合 A 和组合 T 之间进行分配。这两个投资组合通常被称为投资“基金”，用 $N+1$ 维向量表示为：

投资组合 A：$\boldsymbol{\omega}_A=(1,\ 0,\ \cdots,\ 0)'$

投资组合 T：$\boldsymbol{\omega}_T=(0,\ \omega_1^T,\ \cdots,\ \omega_N^T)'$

所有投资者无论风险偏好如何，最终都将投资资金在两个“基金”中进行配置的性质称为分离定理：

定理 9.1：分离定理：在假设 9.1 至假设 9.6 下，无论投资者的风险偏好如何，其最优组合选择都可以分解为两个投资“基金”，一个由无风险资产组成，一个由切点组合组成。两基金与投资者的偏好无关。进一步，所有投资者对风险资产的“投资模式”都相同，它由切点组合决定，风险资产的“投资模式”与个人偏好无关。

定理 9.1 的含义是：对任何一个理性的投资者，尽管他或她的最终投资组合选择不相同，但对风险资产的选择是相同的：每个投资者以无风险利率借或贷，然后把所筹集到的或所剩下的资金按相同的比例投资到不同的风险资产上。这一相同的比例由切点 T 表示的投资组合来决定。由于对风险资产的选择与个人偏好分离，因此它被称为分离定理。分离定理的含义还包含两个投资基金与个人偏好无关。

分离定理表明：在一定条件下专家理财具有合理性，因为个人与专家的偏好虽然不同，但最优的风险投资方式是相同的。不同的是个人寻找最优风险资产投资方式的能力往往低于专家，因此可以委托专家代理投资。这一定理还表明，一定条件下投资基金存在是必要的，因为投资基金正是专家理财的产物，包含了最优风险资产投资模式的信息。当然，分离定理成立是有条件的，它要求专家与个人有相同的信念。同时，常常要求所有投资者的投资期限相同，异质性投资期限下可能导致分离定理的不成立。此外，个人时间跨度比较大的长时期投资组合的构造一般比较复杂，长投资期限的投资组合问题称为资产配置。从长期资产配置的角度来看，分离定理可能也会失效，例如 Canner、Mankin 和 Weil.(1997)提出的资产配置之谜直接对分离定理提出了质疑。

分离定理表明，所有投资者都选择按照基金 T 的模式投资风险资产，容易证明，在此前提下切点组合等于市场投资组合(market portfolio)。所谓**市场投资组合**是指由所有资本市场上交易的证券组成的组合，用权重型投资组合表示时，每个证券的权重等于其相对市值，即等于该证券的市值与组成该组合的所有证券市值和的百分比。也可以简单理解为由市场确定的投资组合，其计算方式比较简单：首先将每个证券的市场价格乘以该证券的流通量得到该证券的市场价值，即市值；然后将所有证券的市值相加得到整个市场的市值；最后将单个证券的市值与整个市场的市值相除得到各自的权重，形成市场投资组合。市场投资组合通常记为组合 M，分离定理成立时，市场投资组合 M 等于前面所说的切点组合 T，我们后面用 M 而不用 T 表示。理论上，市场投资组合应该包括所有投资机会，包括普通股票、各类债券、优先股等，甚至包含房地产投资等。

在前面的假设下，市场投资组合 M 与无风险资产 A 组成的射线 AM 形成了有效组合：所有的有效组合位于射线 AM 上，反之射线 AM 上的每一点对应的组合均为有效组合。均值-标准差平面内的这条射线 AM 称为资本市场线（capital market line，简称 CML），如图 9-6 所示。

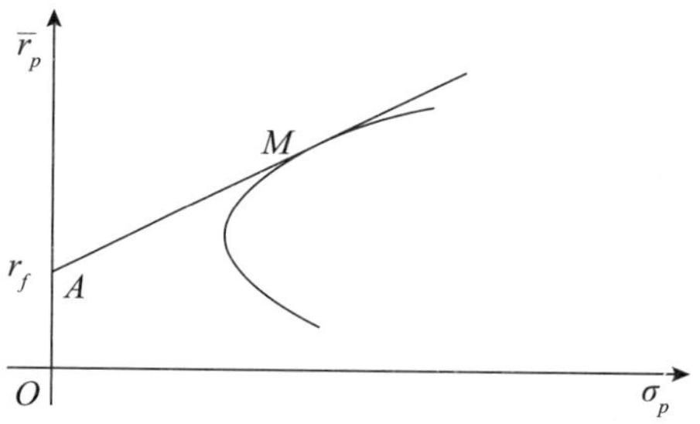

图 9-6　资本市场线（CML）

由图 9-6 很容易写出资本市场线对应的方程：

$$\bar{r}_p = r_f + \frac{\bar{r}_M - r_f}{\sigma_M}\sigma_p \tag{9.2}$$

其中，$\bar{r}_p$ 和 $\bar{r}_M$ 分别为投资组合和市场投资组合的期望收益率，σ_p 和 σ_M 分别为投资组合和市场投资组合的标准差。无风险利率、市场投资组合的收益和风险均为常数，因此投资组合的收益 $\bar{r}_p$ 和风险 σ_p 呈线性关系。直线方程(9.2)为有效投资组合满足的方程，其含义是：任何投资组合的收益 $\bar{r}_p$ 和风险 σ_p 若满足方程(9.2)则必为有效投资组合。反之，有效投资组合的收益和风险必须满足方程(9.2)。这里用投资组合的标准差来度量其风险。

投资者为风险厌恶者的假设下，市场投资组合的期望收益率高于无风险利率，所以收益与风险的直线方程(9.2)的斜率大于零，表明有效投资组合的收益与风险呈线性关系，而且风险越高，收益越高。

第三节　资本资产定价

资本市场线给出了投资组合是否有效的判断标准，同时还阐明了投资组合的风险与收益正相关的关系。对单个资产而言其收益与风险之间的关系是否也具有相同的关系呢？下面我们进一步探讨单个证券的情形。

一、证券市场线

通常情况下单个证券的期望收益和标准差一般不满足方程(9.2)，因为单个风险证券通常不是有效投资组合，因此通常位于资本市场线的下方，而且单个证券收益率的标准差不能度量其风险。为了进一步分析单个证券的作用，我们分析均衡条件下市场投资组合中的单个证券对整个市场风险的“贡献”。我们用下标 M 表示市场投资组合，为了便于分析我们选取市场投资组合的方差代替其标准差：

$$\sigma_M^2 = \sum_{i=1}^{N}\sum_{j=1}^{N}\omega_{iM}\omega_{jM}\sigma_{ij} \tag{9.3}$$

对市场投资组合的方差进行分解：

$$\sigma_M^2 = [\omega_{1M}\sum_{j=1}^{N}\omega_{jM}\sigma_{1j} + \omega_{2M}\sum_{j=1}^{N}\omega_{jM}\sigma_{2j} + \cdots + \omega_{iM}\sum_{j=1}^{N}\omega_{jM}\sigma_{ij} + \cdots + \omega_{NM}\sum_{j=1}^{N}\omega_{jM}\sigma_{Nj}] \tag{9.4}$$

又因为

$$\begin{aligned}\sigma_{iM} &= \mathrm{cov}(\tilde{r}_i,\ \tilde{r}_M) = \mathrm{cov}(\tilde{r}_i,\ \sum_{j=1}^{N}\omega_{jM}\tilde{r}_j) = \sum_{j=1}^{N}\omega_{jM}\mathrm{cov}(\tilde{r},\ \tilde{r}_j)\\ &= \sum_{j=1}^{N}\omega_{jM}\sigma_{ij}\end{aligned}$$

所以

$$\sigma_M^2 = [\omega_{1M}\sigma_{1M} + \omega_{2M}\sigma_{2M} + \cdots + \omega_{iM}\sigma_{iM} + \cdots + \omega_{NM}\sigma_{NM}] \tag{9.5}$$

(9.5)的含义是：市场投资组合的风险等于 N 个风险资产的风险之和，而每个风险资产 i 的风险等于该资产在市场投资组合中的组合权重 ω_{iM} 与该资产与市场投资组合的协方差 σ_{iM} 之乘积 $\omega_{iM}\sigma_{iM}$，该乘积为风险证券 i 对总风险的贡献，因此单个证券 i 的风险应该与协方差 σ_{iM} 有关。

一般情形下，单个风险证券不能构成有效的投资组合，因为 N 个风险资产形成的组合前沿是双曲线，而且每个风险证券都不在双曲线之上。因此，在均值-标准差平面内(或 $\sigma_p-\bar{r}_p$ 平面)，任何单个证券 i 必定位于直线 AM 的下方、N 个风险资产形成的双曲线之内。用市场投资组合 M 和风险证券 i(表示为点 B)构造投资组合，权重分别为$(1-a)$和 a，新的投资组合收益率为：

$$\tilde{r}_p = a\tilde{r}_i + (1-a)\tilde{r}_M \tag{9.6}$$

该组合的收益和风险分别为：

$$\bar{r}_p = a\bar{r}_i + (1-a)\bar{r}_M \tag{9.7}$$

$$\sigma_p = \sqrt{a^2\sigma_i^2 + (1-a)^2\sigma_M^2 + 2a(1-a)\sigma_{iM}} \tag{9.8}$$

联立(9.7)(9.8)消去参数 a 可以得到新组合在均值-标准差平面内的可行集。由于市场投资组合 M 已经包含了风险证券 i，市场均衡条件下单个的风险证券 i 不可能构成效用投资组合，因此证券 i 与市场投资组合 M 的相关系数不可能为正负 1，从而新的投资组合形成的可行集为过 B 和 M 的双曲线，该双曲线与 N 个风险证券形成的组合前沿双曲线只有一个交点 M，因此内切于组合前沿曲线，从而在 M 点有共同的切线，切线的斜率等于 CML 的斜率，如图 9-7 所示。

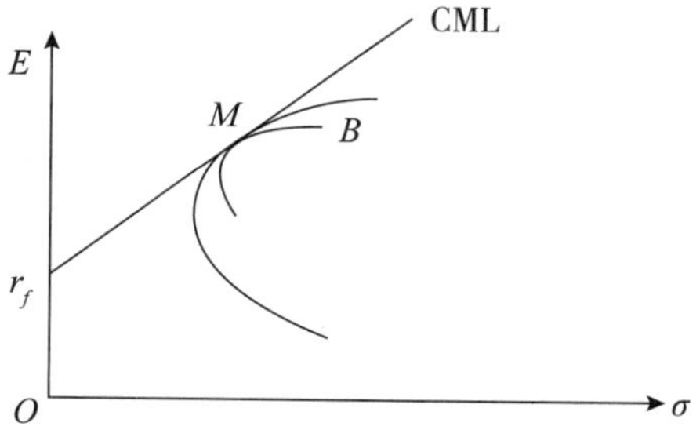

图 9-7　证券 i 与组合 M 形成的组合前沿

新组合在 M 点的切线斜率 k 等于该曲线在 M 点($a=0$)的导数：

$$k=\frac{\mathrm{d}\bar{r}_p}{\mathrm{d}\sigma_p}\Big|_{a=0} \tag{9.9}$$

资本市场线 CML 的斜率等于 k，其值为：

$$k=\frac{\bar{r}_M-r_f}{\sigma_M} \tag{9.10}$$

利用参数方程求极限的方法可知：

$$k=\frac{\mathrm{d}\bar{r}_p}{\mathrm{d}\sigma_p}=\frac{\mathrm{d}\bar{r}_p/\mathrm{d}a}{\mathrm{d}\sigma_p/\mathrm{d}a}$$

结合(9.7)、(9.8)、(9.9)和(9.10)化简可得：

$$\bar{r}_i-r_f=\frac{\bar{r}_M-r_f}{\sigma_M^2}\sigma_{iM} \tag{9.11a}$$

$$\bar{r}_i=r_f+\beta_{iM}[\bar{r}_M-r_f] \tag{9.11b}$$

其中，β_{iM} 称为贝塔系数，一般用来度量单个证券的风险，它是单个证券与市场投资组合的协方差并由市场投资组合方差标准化，也称为证券的系统性风险，其定义为：

$$\beta_{iM}\equiv\frac{\sigma_{iM}}{\sigma_M^2} \tag{9.12}$$

方程(9.11a)或(9.11b)称为**证券市场线**(security market line 简称 SML)，也称为**贝塔定价方程**(beta pricing equation)，它是资本资产定价的核心结论之一，是风险证券的定价公式。(9.11a)用协方差度量单个风险证券的风险，(9.11b)则用标准化了的贝塔系数度量单个证券的风险，两者含义相同但后者更常用，换言之，我们通常所说的证券市场线往往都是指(9.11b)。

证券市场线(SML)的含义是：

(1)均衡条件下单个证券的风险溢价 $(\bar{r}_i-r_f)$ 与市场投资组合的风险溢价 $(\bar{r}_M-r_f$，也称为股权溢价)呈线性关系，贝塔系数大于零时，单个证券的风险溢价随股权溢价的增加而增加，反之则随股权溢价的增加而减小。

(2)单个证券的风险由该证券的贝塔系数度量，贝塔系数大于零时，该证券的收益率与市场投资组合的收益率正相关，此时该证券的期望收益率高于无风险利率；贝塔系数等于零时，该证券的收益率与市场投资组合的收益率不相关，此时该证券的期望收益率等于无风险利率；贝塔系数小于零时，该证券的收益率与市场投资组合的收益率负相关，此时该证券的期望收益率低于无风险利率，由于该证券能够对冲风险，投资者对该证券的需求增加，价格高于具有同样收益率水平的无风险证券。

(3)单个证券的收益率完全由市场投资组合收益率确定，并呈线性关系，其变化趋势同样由贝塔系数确定。

证券市场线是市场均衡确定的关系，当市场达到均衡时，在贝塔-收益平面内(或$\beta - E$平面)所有证券对应的点都落在证券市场线上。否则意味着证券定价被扭曲：落在证券市场线上方的证券(如A点)被低估，落在证券市场线下方的证券(如B点)被高估，两种情形都意味着存在套利机会，如图9-8所示。

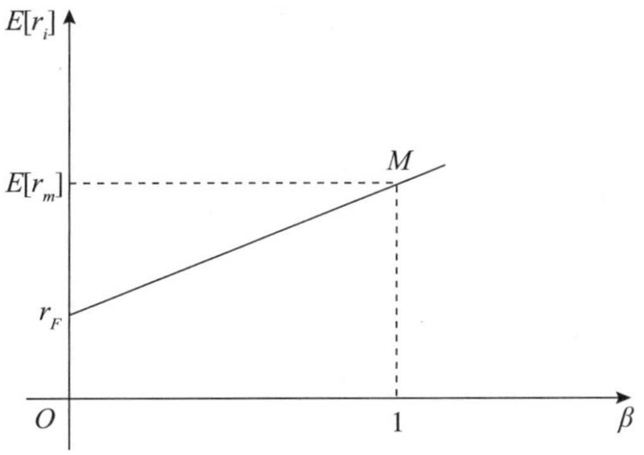

图9-8　证券市场线(SML)

不仅对单个证券上述结论成立，对任何投资组合也成立，即当市场达到均衡状态时，所有证券投资组合的贝塔和期望收益率对应的点都位于证券市场线上，否则市场上的若干证券出现高估或低估的现象。要证明这一点，考虑N个风险证券的任意投资组合$(\omega_1, \omega_2, \cdots, \omega_N)$，(9.11b)是均衡条件下单个证券满足的方程，我们在方程的两边同乘ω_i并求和得：

$$\sum_{i=1}^{N} \omega_i \bar{r}_i = \sum_{i=1}^{N} \omega_i r_f + \sum_{i=1}^{N} \omega_i \beta_{iM} [\bar{r}_M - r_f] \tag{9.13}$$

因为：

$$\bar{r}_p = \sum_{i=1}^{N} \omega_i \bar{r}_i; \quad \sum_{i=1}^{N} \omega_i r_f = r_f \sum_{i=1}^{N} \omega_i = r_f; \quad \sum_{i=1}^{N} \omega_i \beta_{iM} [\bar{r}_M - r_f] = [\bar{r}_M - r_f] \sum_{i=1}^{N} \omega_i \beta_{iM}$$

$$\sum_{i=1}^{N} \omega_i \beta_{iM} = \sum_{i=1}^{N} \omega_i \frac{\mathrm{cov}(\tilde{r}_i, \tilde{r}_M)}{\sigma_M^2} = \frac{\mathrm{cov}(\sum_{i=1}^{N} \omega_i \tilde{r}_i, \tilde{r}_M)}{\sigma_M^2} = \frac{\mathrm{cov}(\tilde{r}_p, \tilde{r}_M)}{\sigma_M^2} = \frac{\sigma_{pM}}{\sigma_M^2} \equiv \beta_{pM}$$

所以：

$$\bar{r}_p = r_f + \beta_{pM}[\bar{r}_M - r_f] \tag{9.14}$$

上述过程中我们还证明了这样一个结论：证券的任何投资组合的贝塔等于组成组合的各证券贝塔的加权平均或凸组合。用数学语言表述为：

$$\beta_{pM} = \sum_{i=1}^{N} \omega_i \beta_{iM} \tag{9.15}$$

因此，均衡条件下任何投资组合也满足 *SML*。

二、*SML*、*CML* 与特征线

到此为止我们得到了两个非常重要的直线：资本市场线 *CML* 和证券市场线 *SML*。这两条直线看上去非常相似，但其含义是不同的。

首先，两直线描述的对象是不同的。资本市场线 *CML* 描述的是 N 个风险资产加 1 个无风险资产形成的有效集，所有的有效组合必定位于 *CML*。单个的风险证券一般不在 *CML* 上，因为在均衡条件下单个风险证券通常位于 N 个风险证券形成的有效前沿包围的可行集中。证券市场线 *SML* 描述的是均衡条件下单个证券或任何投资组合的收益与其贝塔度量的风险之间的线性关系，当市场达到均衡状态时，任何证券或投资组合都必定位于 *SML*。单个的风险证券必定位于 *SML* 但一般不在 *CML* 上；投资组合也必定位于 *SML*，但只有在其对应的投资组合是有效组合时才位于 *CML*。

其次，两直线中度量风险的指标不同。*CML* 中用标准差度量投资组合的风险，此时强调投资组合期末收益的分散程度，持有投资组合的投资者自然关心期末投资组合收益的分布情况。*SML* 中用协方差或者贝塔系数度量风险，此时强调的是单个风险证券或投资组合作为整体对整个市场投资组合风险的"贡献"，或者是单个证券或投资组合的期末收益与整个市场投资组合的收益的相关性。以单个风险证券为例，其风险特征主要体现在是增加整个市场的波动性还是对冲或减弱整个市场的波动性，前者表现为风险证券收益率与市场投资组合收益率正相关，后者则表现为负相关。当然还有完全不相关的情形，此时该证券与无风险证券类似被"认为"是无风险的。

从最直接的角度来看，*CML* 是均值-标准差平面内(或 $\sigma_p - \bar{r}_p$ 平面)的直线；而 *SML* 是贝塔-收益平面内(或 $\beta_{iM} - \bar{r}_i$ 平面)的直线。当然，它们也有一些共同点，其核心点在于两者成立的前提假设相同，而且都假设市场处于均衡状态。

CML 也是资产配置线，投资者沿着 *CML* 配置的资产是最优的；*SML* 方程则被认为是资产定价公式：对任意风险资产 i，其期初价格记为 S_i，期末支付记为 X_i，则收益率为 $r_i=[X_i-S_i]/S_i$，代入 *SML* 并化简得：

$$S_i = \frac{\bar{X}_i}{1 + r_f + \beta_{iM}[\bar{r}_M - r_f]} = \frac{E[\widetilde{X}_i]}{1 + E[\tilde{r}_i]} \tag{9.16}$$

(9.16)的含义是：风险证券的价格等于期末支付期望值的折现，折现率为该证券要求的回报率，分母中给出了要求的收益率。因此，得到了风险证券要求的回报率就能够确定其价格，也就等于给风险资产定价。(9.16)仅仅是将收益率代入方程(9.11b)左

边化简得到的，进一步还可以将收益率同时代入(9.11b)右边的协方差中并化简得：

$$S_i = \frac{\overline{X}_i - [\bar{r}_M - r_f]\mathrm{cov}(\widetilde{X}_i,\ \tilde{r}_M)/\sigma_M^2}{1 + r_f} \equiv \frac{E[\widetilde{X}_i] - Q}{1 + r_f} \tag{9.17}$$

其中，$Q = E[\tilde{r}_M - r_f]\mathrm{cov}(\widetilde{X}_i,\ \tilde{r}_M)/\sigma_M^2$。(9.17)的含义是风险证券的价格等于期末支付的确定性等价用无风险利率折现的现值，其中分子的整体理解为有风险的期末支付的确定性等价值。

比较(9.16)和(9.17)，任何风险证券的期初价格都可以用期末的收益进行折现而得到，由于所有经济人是风险厌恶的，因此选择期望值作为期末的收益则需要采用相应风险下要求的收益率来折现；反之，若采用无风险利率折现则需要用相应支付的确定性等价作为期末收益。两公式还表明采用证券市场线公式(9.11b)作为定价公式更加简洁美观。

最后，我们介绍另外一种比较适用的直线——**证券特征线**(security characteristic line，简称 SCL)作为 *CML* 和 *SML* 的比较。所谓证券特征线也可以看作证券市场线的另一视角形成的直线，有时简称特征线。在方程(9.11)中将证券的收益率 $\bar{r}_i$ 看作证券的系统风险 β_{iM} 的函数，在 $\beta - E$ 平面内的直线称为证券市场线；将证券的收益率 $\bar{r}_i$ 看作市场投资组合收益的函数，横轴为市场投资组合超额收益、纵轴为证券的超额收益的直线称为证券特征线。证券特征线方程为：

$$\bar{r}_i - r_f = \beta_{iM}(\bar{r}_M - r_f) \tag{9.18a}$$

或改写为：

$$\overline{R}_i^e = \beta_{iM}\overline{R}_M^e \tag{9.18b}$$

其中，$\overline{R}_i^e \equiv \bar{r}_i - r_f$，$\overline{R}_M^e \equiv \bar{r}_M - r_f$ 分别为证券和市场投资组合的超额收益率，如图 9-9 所示。

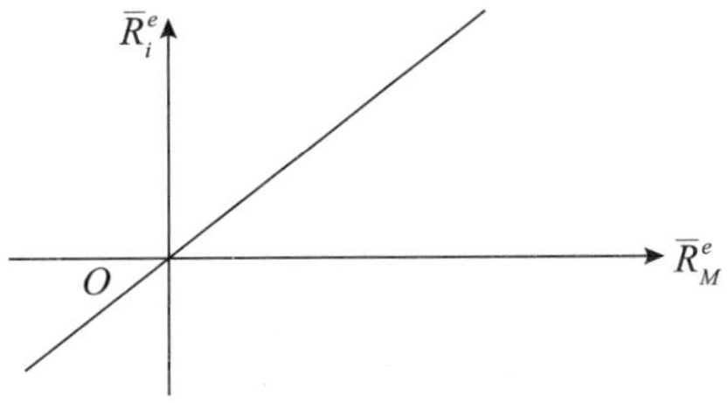

图 9-9 证券市场特征线

同证券市场线一样，证券特征线对单个证券和投资组合都成立，即将(9.18a)(9.18b)中的证券化换成投资组合依然成立。证券特征线是下列回归方程的回归结果：

$$\tilde{r}_i - r_f = a_i + b_i[\tilde{r}_M - r_f] + \tilde{\varepsilon}_i \tag{9.19}$$

显然，若证券市场线成立，则回归的截距 a_i 的值为零。

三、零贝塔 CAPM

CAPM 有一个假设是“所有投资者都可以按照相同的无风险利率进行借贷，并且借贷利率相等”。Black(1972)给出了不存在无风险利率条件下的定价模型——零贝塔资本资产定价模型。上一章已经证明“在投资组合前沿上，任何一个异于最小方差组合(mvp)的前沿组合 p 都存在一个前沿组合，它与组合 p 的协方差为零，记为 zc(p)。”在组合前沿上有个特殊的有效组合——市场投资组合，该组合的零协方差组合记为 zc(M)，则有：

$$\bar{r}_i = \bar{r}_{zc(M)} + \beta_{iM}(\bar{r}_M - \bar{r}_{zc(M)}) \tag{9.20}$$

其中，$\bar{r}_{zc(M)}$ 为投资组合 zc(M)的期望收益率，方程(9.20)即为零贝塔证券市场线。当市场存在无风险资产时，$\bar{r}_{zc(M)}$ 等于无风险利率。

第四节　资本资产定价模型的实证分析

资本资产定价模型认为资产的期望收益率与其系统性风险之间呈一种简洁而优美的直线关系，这种直线关系易于实证检验。早期的实证工作形成了经典的研究方法，随后的实证分析提出了大量的异象，近期的研究则将重点转移到因子模型的实证分析上来。

一、早期经典的实证分析

早期的实证分析主要围绕证券市场线而展开。从前面的分析可知，资本资产定价模型得出了两个非常重要的直线：*CML* 与 *SML*。*CML* 给出的是有效组合所满足的直线，显然要对 *CML* 展开实证分析还需要一个关键的前提——什么是有效的投资组合，判断组合有效性虽然有著名的 GRS 实证方法，但在此已偏离主题。本节的重点是对 *SML* 的实证，我们主要介绍 BJS 和 Fama MacBeth 的经典方法，我们在记号上尽量保持与原文一致，所以在下面的论述中用大写的 R 表示收益率，超额收益率则加上 e 表示。

(一) BJS 方法

BJS 方法是由 Black、Jensen 和 Scholes(1972)提出来的旨在从时间序列和截面数据两个角度来验证 *SML* 的实证方法。此前 Jensen(1968，1969)的实证结果基本支持 *SML*，Miller 和 Scholes(1972)则认为实证结果不能支持 *SML* 所描述的证券收益与风险之间的线性关系，他们同时还发现利用历史数据估算贝塔值时容易出现偏倚。为了检验 *SML*，依据 *SML* 提出回归方程：

$$\widetilde{R}_i^e = \alpha_i + \beta_{iM}\widetilde{R}_M^e + \widetilde{\varepsilon}_i \tag{9.21}$$

若 *SML* 成立，则回归结果的截距项 α_i 为零；否则，若截距项 α_i 显著不为零说明 *SML* 不成立。然而，在对(9.21)进行检验时，Miller 和 Scholes(1972)还发现对贝塔值 β_{iM} 进行排序后，高贝塔 β_{iM} 值往往对应负的截距项 α_i，低贝塔 β_{iM} 值往往对应正的截距项 α_i，这说明在估计中存在偏倚(bias)。为了克服这种弊端，Black、Jensen 和 Scholes(1972)通过构造适当的投资组合的方式替代单个股票进行实证分析。BJS 的实证期间为 1926 年 1 月到 1966 年 3 月，具体地按如下步骤得到实证分析的数据序列：

第一步：计算各股票的贝塔值 β_{j0}：利用 NYSE 上市交易的所有符合条件的股票从 1926 年 1 月到 1930 年 12 月共 5 年累计 60 个月度的收益率数据(到 1931 年 1 月初为止至少有 24 个月度数据的股票才被选入为合格的样本)，对方程(9.21)回归来计算各股票的贝塔值 β_{j0}；

第二步：构造投资组合并计算每个组合的收益率：对贝塔值 β_{j0} 进行排序，由大到小排序，最大的 10%分为第一组，接下来的 10%是第二组，依次第三组……最小的 10%为第十组，形成 10 个投资组合，并标注为 p_1，p_2，…，p_{10}。然后用同时期无风险利率计算 10 个组合在接下来 1 年(即 1931 年的 12 个月)的月度超额收益率 $\widetilde{R}^e_{p_i}$；

第三步：完成组合收益率时间序列的计算：从 1932 年 1 月开始重复第一步和第二步，得到 1932 年的 10 个投资组合的月度超额收益率，该过程在 1933 年 1 月、1934 年 1 月直到 1965 年 1 月重复。由此得到 35 年共 420 个月的月度超额收益率的时间序列 $\{\widetilde{R}^e_{t,\,p_i},\ t=1,\ 2,\ \cdots,\ 420,\ i=1,\ 2,\ \cdots,\ 10\}$。

通过上述方法得到数据后可以正式开始进行实证分析了，BJS 的实证包括两个部分：时间序列回归和截面回归。

1. 时间序列回归

时间序列回归的目标是检验方程(9.22)是否成立。存在的困难在于：其一是股票的贝塔值存在偏倚，其二是单个股票的残差项的协方差不为零 $\mathrm{cov}(\varepsilon_{it},\ \varepsilon_{jt})\neq 0$，因此采用前述方法构造 10 个投资组合进行实证分析。概括为：

实证检验方程(9.22)：

$$\widetilde{R}^e_{kt}=\alpha_k+\beta_k\widetilde{R}^e_{Mt}+\widetilde{\varepsilon}_{kt},\ (k=p_1,\ p_2,\ \cdots,\ p_{10}) \tag{9.22}$$

零假设 H_0: $\alpha_k=0$

检验结果：分别用 10 个投资组合的 35 年 420 个月的月度超额收益以及同一时期市场投资组合的超额收益形成的时间序列对(9.22)进行最小二乘回归，即：$\widetilde{R}^e_{Mt}$ 对 $\widetilde{R}^e_{kt}(t=1,\ 2,\ \cdots,\ 420)$ 回归，回归结果表明 10 个组合中的 3 个回归的 t 值大于 1.85，其余的 t 值都非常小。而且截距项的估计值都非常小从而无法拒绝零假设 H_0。进一步将 35 年分为四个长度相等的子期(每个 105 个月)来对时间序列方程(9.22)进行最小二乘估计，组合 1 到 5 的 t 值都非常小，截距项的估计值也都非常小从而无法拒绝零假设 H_0，拒绝零假设就是拒绝 *SML*。

2. 截面回归

截面回归是从另一个角度来检验 *SML*，是检验在同一时期具有不同贝塔值的股票或者股票投资组合的贝塔值与超额收益的关系。理论上应该选择有效样本(N 个)的每一个证券，计算其贝塔值和超额收益，然后进行截面回归。但由于估计出来的贝塔值存在偏差，因此选择构造10个投资组合来替代单个的证券。BJS的截面回归首先采用的是方程：

$$\widetilde{R}_j^e = \gamma_0 + \gamma_1\beta_j + \widetilde{\varepsilon}_j \tag{9.23}$$

$$H_0:\ \gamma_0 = 0 \quad \gamma_1 = \overline{R}_M^e$$

分别通过构造的10个组合35年的月度数据和4个105个月子期的数据检验上述方程，并计算贝塔估计值10个组合的贝塔值（β_j，$j = p_1$，p_2，…，p_{10}）和超额收益值（$\overline{R}_j^e$，$j = p_1$，p_2，…，p_{10}）描点画近似直线。由于存在偏倚，检验γ_0和$\gamma_1 - \overline{R}_M^e$显著不为零，拟合的直线没有经过原点，而且直线斜率彼此不相同(斜率等于$\overline{R}_M^e$)，从而基本上拒绝了(9.23)。在35年的跨度中，每一年的无风险利率可能是时变的，因此可以考虑用Black(1970)的零贝塔资本资产定价模型来替代通常的CAPM，从而提出了一个两因子模型：

$$\overline{R}_i = \overline{R}_{zc(M)} + \beta_{iM}(\overline{R}_M - \overline{R}_{zc(M)}) \tag{9.20}$$

或

$$\widetilde{R}_i = \widetilde{R}_{zc(M)}(1 - \beta_{iM}) + \beta_{iM}\widetilde{R}_M + \widetilde{\varepsilon}_i \tag{9.23}$$

采用基本类似的方法进行检验，继续采用10个组合，甚至将子期限改为17个两年24个月的数据进行实证，结果基本不变。

(二)Fama和MacBeth截面回归

另一个经典的方法是Fama和MacBeth截面回归。Fama和MacBeth截面回归已经成为金融实证分析中的一种经典检验方法，该方法直到现在仍普遍应用于金融的实证分析中。该方法是由砝码和贝克麦斯(Fama和MacBeth，1973)在发表于《政治经济学》杂志的题为"Risk，Return，and Equilibrium：Empirical Tests"的论文中提出来的。

1. 实证目标与实证假设

该论文的实证目标是检验CAPM的主要结论是否成立，即证券市场线(SML)是否描述了风险证券的收益与风险之间的关系：

$$\overline{R}_i = \overline{R}_0 + \beta_{iM}(\overline{R}_M - \overline{R}_0) \tag{9.24}$$

其中$\overline{R}_0$为与市场投资组合协方差为零的组合的收益率或者无风险利率。基于该模型提出了三个实证检验目标：

C1：形成有效市场组合的任何一个证券，其期望收益与贝塔系数β成线性关系；

C2：贝塔系数β完全度量了单个证券的风险；

C3：对风险厌恶者，风险越高，相应的收益越高。

由此形成关于收益的随机模型式的实证模型：

$$\widetilde{R}_{it} = \widetilde{\gamma}_{0t} + \widetilde{\gamma}_{1t}\beta_i + \widetilde{\gamma}_{2t}\beta_i^2 + \widetilde{\gamma}_{3t}s_i + \widetilde{\varepsilon}_{it} \tag{9.25}$$

这里允许$\widetilde{\gamma}_{0t}$，$\widetilde{\gamma}_{1t}$，$\widetilde{\gamma}_{2t}$，$\widetilde{\gamma}_{3t}$随时间变化而变化。实证检验的目标分别对应于：

C1 要求：$E[\tilde{\gamma}_{2t}]=0$，即 β 的二次项系数为零；

C2 要求：$E[\tilde{\gamma}_{3t}]=0$，即 s_i 的系数为零，s_i 表示除 β 外的其他风险；

C3 要求：$E[\tilde{\gamma}_{1t}]=E[\tilde{R}_{Mt}]-E[\tilde{R}_{0t}]>0$，$R_0$ 的随机性表明它随着时间变化而变化；

此外，Sharp-Lintner 假设要求：$E[\tilde{\gamma}_{0t}]=R_{Ft}$。

综合起来检验零假设为：

$$H_0: E[\tilde{\gamma}_{2t}]=0;\ E[\tilde{\gamma}_{3t}]=0;\ E[\tilde{\gamma}_{1t}]=E[\tilde{R}_{Mt}]-E[\tilde{R}_{0t}]>0;\ E[\tilde{\gamma}_{0t}]=R_{Ft}$$

2. 实证步骤

从总体上看 Fama 和 MacBeth 实证方法分为两大步，因此通常称为两步法（two-pass regression method）：第一步利用时间序列回归估计贝塔风险 β 和其他风险 s_i；第二步对模型进行截面回归，两步法的每一步又分为若干步。

第一步：估计贝塔风险 β 和其他风险 s_i。

同样因为存在变量误差"errors-in-the-variables"，即高估计值 $\hat{\beta}_i$ 往往高于真实的 β_i 值，低估计值 $\hat{\beta}_i$ 往往低于真实的 β_i 值，因此采用组合来代替单个证券，具体地：

①Step1：将 N 个证券分为 20 个数量基本相同的组合。用第一个 4 年（1926—1929 年，共 48 个月）的月度数据（到 1929 年底有不少于两年记录的股票才能选入作为 N 个股票之一）估计 $\hat{\beta}_i$，并依 $\hat{\beta}_i$ 从大到小排序，分成 20 个组，形成等权组合。$\hat{\beta}_i$ 的估计方法可以是 48 个月度收益的时间序列数据对同期市场投资组合收益的回归斜率，也可以按照下列公式计算得到：

$$\hat{\beta}_i \equiv \frac{\widehat{cov}(\tilde{R}_i,\ \tilde{R}_M)}{\hat{\sigma}^2(\tilde{R}_M)} \tag{9.26}$$

②Step2：估计 20 个投资组合的贝塔值 $\hat{\beta}_{pt}$ 和其他风险。用接下来 5 年（1930—1934 年，60 个月）的月度数据重新计算 $\hat{\beta}_i$，并计算 20 个组合的贝塔值 $\hat{\beta}_{pt}$ 用于风险收益检验。Step1 中时间序列回归的残差的标准差 s_i 即为其他风险。

$$\tilde{R}_{it}=\alpha_i+\beta_i\tilde{R}_{Mt}+\tilde{\varepsilon}_{it} \tag{9.27}$$

$$\begin{aligned}\sigma^2(\tilde{R}_i)&=\beta_i^2\sigma(\tilde{R}_M)+\sigma^2(\tilde{\varepsilon}_i)+2\beta_i\mathrm{cov}(\tilde{R}_M,\ \tilde{\varepsilon}_i)\\&=\beta_i^2\sigma(\tilde{R}_M)+\sigma^2(\tilde{\varepsilon}_i)\end{aligned} \tag{9.28}$$

由（9.28）解得的 $\sigma(\tilde{\varepsilon}_i)$ 即为其他风险 $s(\tilde{\varepsilon}_i)$，同样可以得到组合的其他风险 $s(\tilde{\varepsilon}_p)$。

第二步：截面回归

由第一步的时间序列回归得到解释变量后可以展开实证分析，具体地计算接下来的 4 年（1935—1938 年）20 个组合的逐月收益按（9.29）进行截面回归：

$$\tilde{R}_{pt}=\hat{\gamma}_{0t}+\hat{\gamma}_{1t}\hat{\beta}_{p,\ t-1}+\hat{\gamma}_{2t}\hat{\beta}^2_{p,\ t-1}+\hat{\gamma}_{3t}\bar{s}_{p,\ t-1}+\hat{\varepsilon}_{pt},\ p=1,\ 2,\ \cdots,\ 20 \tag{9.29}$$

注意回归方程的角标，被解释变量比解释变量滞后一期。由此自 1926 年经历 4 年的“组合形成期”、5 年的“初始估计期”和 4 年的“检验期”，完成一个检验周期。在最后 4 年“检验期”逐月截面回归，得到 48 个回归系数，计算相应的均值 $\bar{\hat{\gamma}}_i(i=0, 1, 2, 3)$、标准差 $s(\bar{\hat{\gamma}}_i)(i=0, 1, 2, 3)$、$t$ 值 $t(\bar{\hat{\gamma}}_i)(i=0, 1, 2, 3)$ 等。为了保证检验期的前后相继并提高效率，从第二个周期开始“组合形成期”改为 7 年。总共 9 个周期。所得数据最终形成 1 个全期(1935 年到 1968 年)和 3 个含 10 年的长期、6 个 4 年期的子期。沿着上述方法并分别对提出的四个假设进行检验，其结果不能拒绝零假设 H_0，从而 CAPM 基本成立，即不能拒绝收益与风险正相关假设；不能拒绝证券收益与风险呈线性性；不能拒绝市场价格完全反映信息。

二、罗尔批判与金融异象

一般认为，金融经济学是以 20 世纪 60 年代马科维兹投资组合理论的创立为标志，70 年代提出的 CAPM 则一直是金融经济学的核心和热点。由于 CAPM 的核心结论——证券市场线(SML)简洁而易于实证，围绕 SML 的实证文献大量涌现，至今未有停止的迹象。早期文献如上述的 BJS 和 Fama-MacBeth 大多在一定程度上支持 CAPM 的理论结果，但随着研究的深入，越来越多的结论对理论提出了挑战。这些挑战形成了“**金融异象**”(anomalies)。所谓异象是指对资本市场上的资产价格实证分析的结果对资产定价理论的偏离。

(一)罗尔批判

在进行实证分析时，我们首先从理论出发构建实证模型，然后对相关变量或代理变量进行量化，收集数据展开实证分析。针对 CAPM 的实证，Roll(1977)提出了著名的**“罗尔批判”**(Roll Critique)。罗尔批判包括两条：其一是任何均值-方差有效的投资组合必定满足 CAPM。因此，均值-方差有效是满足 CAPM 的同义反复，前者从数学上可以证明出后者，实证检验 CAPM 等价于实证市场投资组合是均值-方差有效的；其二是市场投资组合是不可观测的。它应当包含一切投资机会，包括证券、房地产、贵金属乃至珠宝等任何有价值的物品的购买。因此，市场投资组合是不可观测的，从而 CAPM 是不可检验的。许多研究者和实践者在提到“Roll 批判”时一般指第二条“市场投资组合不可观测”。

此外，当我们将市场投资组合限制于资本市场上交易的证券时，或更狭义地将市场投资组合中的风险资产限定为股票交易所内交易的股票和场外交易的股票，此时市场投资组合是完全可以观测，甚至可以用指数取代的，此时 CAPM 可以检验。即使 CAPM 是可以检验的，从逻辑上看验证 CAPM 的正确性等价于下面两个命题同时成立：一是“市场是有效的”，即资产价格反映了市场信息；二是“CAPM 模型是正确的”。因此，如果实证结果表明 CAPM 不成立，则有可能是因为样本期资产价格没有正确地反映信息，也可能因为 CAPM 确实不成立，因此，CAPM 或资产定价模型的实证检验是一个非常复杂的问题，实证结果偏离理论结果也就在所难免了。这也就导致了 20 世纪 80 年代开始涌现的大量金融异象，下面我们挑选一些著名的异象进行介绍。

(二)金融异象

金融异象是实证结果对金融理论的偏离，这种偏离可能是由于投资者的非理性行为而产生的，也可能是因为资产定价模型的不够完善而形成的。前者形成暂时的错误定价，后者则需要拓展定价模型。CAPM 认为市场投资组合是决定股票收益的唯一因素，当市场有效时其他因素不能对股票收益的预测提供有价值的信息。然而，一些实证结果表明，某些特定的因素或指标对股票等风险资产的收益提供了一定的预测能力，我们称之为某效应。

1. 规模效应(size effect)

本茨(Banz，1981)在对股票收益与风险进行截面回归时发现，股票的期望收益与股权市值之间呈负向的关系。股权市值即为上市公司的规模(size)，规模对股票收益具有可预测性，称之为规模效应(size effect)。本茨(Banz，1981)利用美国 1931—1975 年的数据检验如下模型：

$$\widetilde{R}_{it} = a_{i0} + a_{i1}\beta_i + a_{i2}s_i + \widetilde{\varepsilon}_{it} \tag{9.30}$$

其中，s_i 为股票的“size”，β_i为贝塔系数。实证表明平均的股票收益与规模显著地负相关。通过对股票依据规模从小到大进行分组，平均最小规模组合与最大规模组合的收益差年化收益即规模溢价，为 8.8%。分组后各组合的贝塔系数之间的变化幅度不大。其后，研究人员发现这种规模效应在美国的场外市场(OTC)以及世界其他国家或地区也存在，如比利时、加拿大、法国、伊朗、日本、墨西哥、西班牙、瑞典和英国等股票市场，只是不同的市场具有不同的组织和结构，从而使得规模溢价表现出一定的差异。

2. 盈利—收益效应(E/P effect)

长期以来投资领域的实践者非常关注股票的盈利或盈余(earning)，依据盈利形成策略是一种长期传统。格莱姆和多德(Graham & Dodd，1940)指出“必要但非充分的条件是市场价格—平均盈利达到一个合理的比率”，因此，有理由认为盈利对收益产生影响。巴尔(Ball，1978)认为盈利相关的变量如盈利价格比(E/P，E 为盈利，P 为价格)是期望收益的代理，如果 CAPM 不能完全解释资产收益，则盈利价格比(E/P)应该能部分地解释风险资产的期望收益。事实上，通常称 P/E 为市盈率，巴苏(Basu，1977)将 P/E 纳入模型解释 CAPM 是否成立，发现 P/E 与平均收益之间存在正向关系，即存在 E/P 效应。值得说明的是人们在研究时出于方便在 E/P 和 P/E 之间选择，因为者两者互为倒数，具有等效性，谁做分母没有本质的影响。巴苏用美国 1957 年到 1975 年的数据，构造投资策略：每年依 P/E 排序，购买低分为数(quintile)的股票组合并卖空高分位数的组合，则平均每年异常收益(除去成本之前的收益率)可达 6.75%。同样这种 E/P 效用在其他国家或地区的资本市场也被发现，如英国、日本、新加坡，但在新西兰和韩国则不显著。

盈利或盈余虽然是广大投资者所关注的焦点之一，但由于会计盈利可能存在错误，再者会计盈利也是股东关心的经济盈利的有偏估计，因此可以用其他变量来替代 E/P，典型的有现金流—价格比(CF/P)和价格—销售比(P/S)，这些都是盈利收益比的变种。

现金流—价格比(CF/P)：由于每月现金流与盈利相比具有的可操纵性低，所以偏倚也低一些。不同国家资本市场的上市公司在报告盈利和现金流时存在一些差异，但现金流不易操纵，而会计盈利则可能会依据不同的目的而采用不同的方法。例如在日本要求所有的上市公司采用相同的折旧，上市公司为了规避税收常采用加速折旧，这种折旧方式减少了公司税收，但降低了向股东报告的会计盈利，实现了股东利益极大化。美国公司则可以对折旧方式进行选择，有些公司出于税收的目的采用加速折旧从而减少公司税收，但向股东提供的会计盈利较低；有的公司则采用直线折旧，这种折旧虽然缴税较多但形成的会计盈利报告更能使股东满意。这些折旧方式的选择形成对盈利的“操纵”，折旧的差异可能导致 P/CF 与 P/E 之间出现更大的差异。因此，用现金流代替盈利并考察“CF/P”效应比“E/P 效应”更客观。

价格—销售比(P/S)：有证据表明每个资本市场存在 P/S 效应。依据 P/S 每年对股票进行排序，日本股票市场最低分位数(quintile)的投资组合的平均月收益率比最高分位数(quintile)的投资组合的平均月收益率高 1.86%。

价格—账面值效应(P/B)：除了上述效应之外，价格—账面效应也具有类似的特征。从理论上讲，价格应该与理论价值保持一致，当价格偏离理论价值一定程度时可能意味着盈利机会。事实上，利用美国股票市场的数据发现在美国资本市场上市存在价格—账面效应。基于账面价值(book value)构建价格与账面价值的比率，并依据比率对股票排序，构造基于 P/B 的投资组合，投资组合的 P/B 值与投资组合的收益呈显著的负相关，我们称之为价格—账面值效应。

3. 动量效应

动量效应是短期动量(momentum)效应和长期反转(reversals)效应的统称。德伯特和塞纳(DeBondt & Thaler, 1985, 1987)发现基于 NYSE 的股票前 3 到前 5 年的数据构造的最大亏损(the biggest losers)和最大盈利(the biggest winners)的投资组合，在接下来的相同时间长度的持有期内，平均地分别获得最高的期望收益率和最低的期望收益率，这种由最高亏损组合获利最高、最大盈利组合获利最低的现象称为**反转效应**，所构造的两种组合分别称为**最大输者组合**和**最大赢者组合**。

动量效应则是源自贾根迪西和提特曼(Jegadeesh&Titmaan, 1993)的研究。他们在每月的月末依据过去 3 到 12 个月的股票收益率对股票排序并将股票分成 10 组，同样将最大亏损的组合称为输者组合，最大盈利组合称为赢者组合。采取纯多头策略或构造多空组合策略——购买赢者组合并卖空输者组合，卖空组合为购买的投资组合融资，因此该多头与空头并存的策略为零成本策略。实证表明无论是这种多空组合还是纯多头组合(只买赢者组合)都可以获得显著的正的收益。经过调节规模、市场贝塔和季节性等常见的因素后正的超额收益依然存在。动量策略表明在适度的期限内股票表现为“强者仍强，弱者仍弱”。

4. 其他异象

一般地，用理论无法解释的若干现象称为异象。理论上无法预测股票收益的某些特征或变量，如果在实证结果中表现出对股票结果具有显著的预测能力，我们都称之为异象。在过去的几十年间实证发现了大量的异象，例如一类称为日历异象的效应，这些效应包括：周末效应（weekend effect），一月效应（the January effect），月度效应（the monthly effect），假日效应（holiday effect）和日内效应（intraday effect）。

◎ 本章小结

资本资产定价模型简称 CAPM，是建立在大量假设基础之上的理论，我们可以将假设分为关于主观和客观两个方面的假设。在主观假设下得到均值-方差（标准差）平面上的无差异曲线，在客观假设下可以得到同样平面内的组合前沿，两者结合可以得到单个投资者的最优组合选择。当所有投资者具有同质信念，同时资本市场具有 N 个风险资产和一个无风险资产时，市场均衡使得过无风险资产并与 N 个风险资产组合前沿相切的切点组合与市场投资组合重合，从而形成均衡条件下的资本市场线和证券市场线。

所谓资本市场线（CML）是指均衡条件下 $N+1$ 个证券组成的所有有效组合所形成的直线，换言之，直线上的每个点代表的组合是有效组合；反之，每一个有效组合必定位于 *CML* 直线上。所谓证券市场线（SML）是指均衡条件下所有证券或组合的收益与风险在均值-贝塔平面内形成的直线。换言之，均衡条件下凡是偏离 *SML* 的点所代表的证券或组合，其定价就出现错误。

SML 给出了单个证券或证券组合的定价方程，它表明任何证券或证券组合的收益与其风险（贝塔系数）成直线关系。*SML* 方程的简洁给实证分析带来了方便。传统的实证方法包括截面回归和时间序列回归，实证结果与理论模型的不完全一致推动了资本市场定价理论的发展和完善。

◎ 重要概念

同质信念　无差异曲线　分离定理　资本市场线（CML）　证券市场线（SML）　证券特征线　贝塔系数　零贝塔 CAPM　Fama 和 MacBeth 截面回归　金融异象　罗尔批判　Fama-French 三因子模型

◎ 思考题

1. 什么是同质信念？为什么要强调同质信念？

2. 我们将假设分为关于主观的假设和关于客观的假设，请问两部分假设各自与此前哪些章节的内容相关？

3. 为什么说 CAPM 是一般均衡定价？

4. 什么是分离定理？分离定理中的“分离”是指什么与什么的分离？该定理在实践中所隐含的意义是什么？

5. 什么是资本市场线（CML）？其含义是什么。

6. 什么是证券市场线（SML）？CML、SML 以及证券特征性彼此有何区别？

7. 什么是零贝塔 CAPM？

8. 简单列举资本资产定价模型实证的经典方法。

9. 在 BJS 实证分析中计算各股票的贝塔值 β_{j0} 采用的是对(9.21)的回归，这与利用贝塔公式计算的贝塔值有何异同？

10. 什么是金融异象？金融异象对金融理论的发展有何作用？

◎ 练习题

1. 如果市场上无风险利率为 5%，市场投资组合的收益率为 15%，标准差为 20%，则期望收益率为 20%的证券其贝塔系数为多少？其标准差是多少？它与市场投资组合的相关系数是多少？如果另外一个股票的期望收益率为 25%，方差为 52%，则该股票的系统性风险和非系统性风险各是多少？

2. 资产 X 与 Y 的期望收益和协方差矩阵为：

$$ER = \begin{bmatrix} 0.2 \\ 0.1 \end{bmatrix} \qquad V = \begin{bmatrix} 0.01 & 0 \\ 0 & 0.0064 \end{bmatrix}$$

(1)市场投资组合的权重为 X 和 Y 各占 50%，求零贝塔组合的期望收益。

(2)求全局最小方差组合的组合权重。

(3)求全局最小方差组合与零贝塔组合的协方差。

(4)给出证券市场线的方程。

3. 假设均值-方差机会集由两个资产 A 和 B 构成，其期望收益和方差-协方差矩阵为：

$$ER = \begin{bmatrix} 30\% \\ 20\% \end{bmatrix} \qquad V = \begin{bmatrix} 0.0081 & 0 \\ 0 & 0.0025 \end{bmatrix}$$

(1)假设投资者 I 选择的“市场投资组合”为(0.75, 0.25)，J 选择不同的“市场投资组合”(0.5, 0.5)，在此背景下每个投资者计算的 A 的贝塔值是多少？

(2)在此条件下两投资者对 A 要求的收益率各是多少？

(3)对于每一个投资者，计算他们认定的零贝塔组合和证券市场线的方程。

4. 某证券的市价为 40 元，该证券的期望收益率等于 13%，无风险利率等于 7%，市场风险溢价(市场投资组合期望收益率与无风险利率之差)为 8%，如果该证券在未来的支付保持不变，但它与市场投资组合的协方差变为原来的两倍，则证券的价格应该为多少？

◎ 参考书目与推荐阅读

1. 威廉. 夏普，戈登·亚历山大，杰弗里·贝利. 投资学. 第五版. 北京：中国人民大学出版社，2013.

2. Debreu. Theory of value. New York：Wiley，1959.

3. Huang Chi-fu，Litzenberger，Robert. Foundations for Financial Economics. Elsevier Science Co.，1988.

4. 张雪莹，金德环. 金融计量学教程. 上海：上海财经大学出版社，2005.

第十章　因子模型与套利定价理论

◎ 学习目标

- 掌握市场模型的基本思想
- 掌握单因子模型的基本思想
- 了解多因子模型的基本思想
- 掌握无套利定价理论(APT)
- 了解因子模型的实证方法

CAPM用简洁的定价公式给出了证券市场在均衡条件下每个证券或资产的定价公式。定价公式表明每个证券的收益由市场投资组合的收益唯一确定。无论是经济直觉还是实证结果都表明这一结论似乎过于简单，在此基础上，人们提出了因子模型，包括单因子模型和多因子模型，并试图从更多的角度来解释确定证券收益的要素。罗斯(ROSS)在多因子模型基础上提出了套利定价理论(APT)。与CAPM相比，APT需要的假设更少，沿着该方向，研究人员建立了众多的因子模型并广泛地用于指导投资形成“因子投资”。本章首先以市场因子为典型介绍单因子模型，然后将单因子模型推广到多因子模型，并在多因子模型基础上介绍罗斯的APT，最后简单地介绍因子模型的实证分析。

第一节　单因子模型

本章的因子(factor)也称为因素或要素，是指对证券市场上众多证券同时产生作用的经济变量。因子模型是用来解释证券或股票(在没有特殊说明的情况下我们不加区别地使用“风险证券”或“股票”，它们指相同的研究对象)收益产生过程(return-generating process)的一种假说，即通过该假说来解释证券收益是由哪些因素决定的，以及如何决定。在所有因子模型中，单因子模型是最简单的一类，它假设所有证券都是由共同的、单一的因子来决定。

一、市场模型

在所有单因子模型中，市场模型是最具经济背景的，它是 CAPM 的直接延伸。CAPM 的核心结论是证券市场线(SML)，证券市场线描述的是均衡条件下每个证券的期望收益率与市场投资组合期望收益率之间的线性关系：

$$E[\tilde{r}_i] = r_f + \beta_i(E[\tilde{r}_m] - r_f) \quad (i = 1, 2, \cdots, N) \tag{10.1}$$

我们将(10.1)改写为：

$$E[\tilde{r}_i] = (1 - \beta_i)r_f + \beta_i E[\tilde{r}_m] \tag{10.2}$$

由此可以构造市场模型如下：

假设

$$\tilde{r}_i = \alpha_i + \beta_{im}\tilde{r}_m + \tilde{\varepsilon}_i \tag{10.3a}$$

或

$$\tilde{r}_i = \alpha_i + \beta_{iI}\tilde{r}_I + \tilde{\varepsilon}_i \tag{10.3b}$$

其中 r_m 为市场投资组合的收益率，通常用特定的市场指数收益率 r_I 来代替 r_m。α_i 是截距项，β_{im} 为证券 i 对市场投资组合的敏感性，而且 α_i 和 β_{im} 均为常数；ε_i 为随机项，它是用市场投资组合收益率解释证券收益率的残差项。并且满足：

(1)误差项 ε_{it} 和市场投资组合收益率(或指数收益率)都有有限的期望值和方差；

(2) $\mathrm{cov}(\tilde{r}_m, \tilde{\varepsilon}_i) = 0$ 或 $\mathrm{cov}(\tilde{r}_I, \tilde{\varepsilon}_i) = 0$，即所有证券的随机项与市场投资组合(或指数)收益率相互独立；

(3) $\mathrm{cov}(\tilde{\varepsilon}_i, \tilde{\varepsilon}_j) = 0(i \neq j)$，即不同证券的误差项彼此独立。

该模型核心假设是：市场上所有证券的收益都是由唯一的因素确定，这个因素就是市场整体的收益即市场投资组合的收益率，而且每个证券的收益率与市场投资组合收益率之间呈线性关系。方程(10.3a)或(10.3b)也称为收益的产生过程，它表明每个证券的收益是由市场投资组合或市场指数收益唯一决定的。由于市场投资组合收益的计算比较复杂，一个简单的方法是由市场指数来替代市场投资组合，因此该模型被称为**市场模型**，r_m 或 r_I 称为**市场因子**。利用市场因子能够比较容易地计算证券的期望收益和风险。

例 10.1：某股票 A 的贝塔系数为 0.8，市场指数收益率的期望收益率为 6%，标准差为 12.5%，无风险利率为 3%，则股票 A 的收益和风险分别为：

$$E[\tilde{r}_A] = r_f + \beta_{AI}(E[\tilde{r}_I] - r_f) = 3\% + 0.8(6\% - 3\%) = 5.4\%$$

$$\sigma_A^2 = \mathrm{var}[\tilde{r}_A] = \beta_{AI}^2\sigma_I^2 + \sigma_{A\varepsilon}^2 = 0.8^2 \times (12.5\%)^2 + \sigma_{A\varepsilon}^2 = 1\% + \sigma_{A\varepsilon}^2$$

进一步，若股票A的标准差为32%，则其特质风险为：

$$\sigma_{A\varepsilon}^2 = \sigma_A^2 - 1\% = (32\%)^2 - 1\% = 9.24\%$$

二、单因子模型

市场模型潜在的假设是投资组合或市场指数收益完全反映了决定证券收益的所有经济因素，包括宏观因素和微观因素。当然，有人认为股票收益更主要的是由宏观因素决定的，常言“股票是经济的晴雨表”，因此有理由相信股票收益与宏观经济增长有密切的关系，比如GDP。假设决定股票的因子为GDP增长率，即假设：

$$\tilde{r}_{it} = \alpha_i + b_i \tilde{r}_{\mathrm{GDP},t} + \tilde{\varepsilon}_{it} \tag{10.4}$$

其中$r_{\mathrm{GDP},t}$为GDP增长率，α_i是截距项，b_i为股票对GDP增长的敏感性。在因子模型中通常采用b_i而不是β_i表示敏感性，其目的是说明敏感性与SML中的贝塔系数略有区别，但有时候又相同。α_i和b_i均为常数；ε_i为随机项，它们与模型(10.3a)、(10.3b)中的相应参数满足相同的性质。

市场模型(10.3a，b)和GDP模型(10.4)有一个共同的特征，它们都假设证券收益由单一的因子决定，而且这些因子都具有很强的经济含义和直观背景。将(10.3a，b)和(10.4)一般化可以形成单因子模型：

假设：

$$\tilde{r}_{it} = \alpha_i + b_i \tilde{F}_t + \tilde{\varepsilon}_{it} \quad (i = 1, 2, \cdots, N) \tag{10.5}$$

其中，F_t为决定证券收益的唯一**因子**(factor)，b_i为证券对因子的敏感性，也称为**因子暴露**(factor exposure)或**因子载荷**(factor loading)。对给定的时期t，截距项α_i和因子载荷b_i是常数，当市场处于平稳状态时，通常假设截距项和因子载荷不因时间的变化而变化，因此两者的角标中没有时间角标t，从严格意义上讲它们也是随时间变化而变化的。ε_{it}为随机项或误差项，是指用$\alpha_i + b_i \tilde{F}_t$确定证券i的收益时产生的误差。同时假设满足：

(1)误差项ε_{it}和因子F_t都有有限的期望值和方差，而且$E[\tilde{\varepsilon}_{it}] = 0$；

(2) $\mathrm{cov}(\tilde{F}_t, \tilde{\varepsilon}_{it}) = 0$，即所有证券的随机项与因子相互独立；

(3) $\mathrm{cov}(\tilde{\varepsilon}_{it}, \tilde{\varepsilon}_{jt}) = 0 (i \neq j)$，即不同证券的误差项彼此独立。

上述假设条件(1)说明因子和误差的风险是可以度量的，误差项的均值为零易于理解，若$E[\tilde{\varepsilon}_{it}] \neq 0$，则可取$\tilde{\varepsilon}'_{it} = \tilde{\varepsilon}_{it} - E[\tilde{\varepsilon}_{it}]$；$\alpha'_i = \alpha_i + E[\tilde{\varepsilon}_{it}]$从而标准化。事实上利用相同的方法也可以将因子$F_t$标准化为均值为零，后面多因子模型中我们再介绍。值得说明的是，有的文献为了方便假设误差项服从零均值的正态分布。条件(2)保证了因子F_t全面地确定证券收益，否则随机项也包括了共同影响所有证券的因子，从而单因子模型不成立；条件(3)说明不同证券除了受共同的因子F_t影响外，没有其他的共同决定因素。

单因子模型(10.5)的含义是：所有证券的收益都由一个共同的因子决定，该因子可能是市场指数，可能是 GDP 增长率，也可能是某个可以合成的单一因子。也可以理解为所有证券的收益率可由单一的因子 F_t“生成”，随着期末状态的不同，因子取不同的值，证券收益率与因子 F_t 的值呈线性关系。不同证券收益率除了受同一因子的影响之外，没有其他别的共同影响因素，表现为不同证券的误差项彼此不相关。

在前面的投资组合理论中，我们往往需要计算很多个证券收益率的期望、方差和不同证券之间的协方差，N 个证券需要计算 N 个期望收益、N 个方差和$(N^2-N)/2$ 个协方差，共$(N^2+3N)/2$ 个参数；给定截距项和敏感性或因子载荷后，单因子模型只需要计算 $N+1$ 个参数，在模型(10.5)和相应的假设下可以计算各证券的收益和风险：

$$\bar{r}_{it} = \alpha_i + b_i \bar{F}_t \quad (i = 1,\ 2,\ \cdots,\ N) \tag{10.6}$$

$$\sigma_i^2 = b_i^2 \sigma_F^2 + \sigma_{\varepsilon i}^2 \quad (i = 1,\ 2,\ \cdots,\ N) \tag{10.7}$$

$$\sigma_{ij} = b_i b_j \sigma_F^2 \quad (i \neq j,\ \ i,\ j = 1,\ 2,\ \cdots,\ N) \tag{10.8}$$

其中，$\bar{r}_{it}$、$\bar{F}_t$ 分别表示 $E[\tilde{r}_{it}]$、$E[\widetilde{F}_t]$，为了方便我们经常采用该简便方法表示期望值；类似地方差和协方差简洁地表示为 $\sigma_i^2 \equiv \mathrm{var}(\tilde{r}_{it})$，$\sigma_F^2 \equiv \mathrm{var}(\widetilde{F}_t)$，$\sigma_{\varepsilon i}^2 \equiv \mathrm{var}(\varepsilon_{it})$ 和 $\sigma_{ij} \equiv \mathrm{cov}(\tilde{r}_{it},\ \tilde{r}_{jt})$。

(10.7)度量的是单个证券的总风险，等式右边表明证券 i 的总风险可以分解为两个部分，右边的第一项是系统性风险，包含所有证券共同拥有的成分 σ_F^2，它等于 b_i^2 与 σ_F^2 的乘积，该乘积也称为**因子风险**(factor risk)；第二项为误差的方差，称为**非因子风险**(non-factor risk)，也叫**特质风险**(idiosyncratic risk)或**非系统风险**。

单因子模型下，投资组合 $\omega^{\mathrm{T}} = (\omega_1,\ \omega_2,\ \cdots,\ \omega_N)$ 的收益可通过在(10.5)两边同乘 ω_i 并求和得到：

$$\tilde{r}_{pt} = \alpha_p + b_p \widetilde{F}_t + \tilde{\varepsilon}_{pt} \tag{10.9}$$

其中，$\alpha_p \equiv \sum_{i=1}^{N} \omega_i \alpha_{it}$，$b_p \equiv \sum_{i=1}^{N} \omega_i b_i$ 和 $\varepsilon_{pt} \equiv \sum_{i=1}^{N} \omega_i \varepsilon_{it}$。类似地有：

$$\bar{r}_{pt} = \alpha_p + b_p \bar{F}_t \tag{10.10}$$

$$\sigma_p^2 = b_p^2 \sigma_F^2 + \sigma_{\varepsilon p}^2 \tag{10.11}$$

其中 $\sigma_p^2 \equiv \mathrm{var}(\tilde{r}_p)$，$\sigma_{\varepsilon p}^2 \equiv \mathrm{var}(\varepsilon_{pt})$。投资组合的风险依然由两部分组成：因子风险 $b_p^2\sigma_F^2$ 和非因子风险 $\sigma_{\varepsilon p}^2$。同样可以证明，当投资组合足够分散时，非因子风险是可以分散掉的。所谓投资组合足够分散可表示为：

$$\lim_{N\to\infty} |\omega_i| = 0,\ (i = 1,\ 2,\ \cdots,\ N) \tag{10.12}$$

不妨取 $\omega_i = \dfrac{1}{N}$，$(i = 1,\ 2,\ \cdots,\ N)$，则：

$$b_p = \sum_{i=1}^{N} \omega_i b_i = \frac{1}{N}\sum_{i=1}^{N} b_i \equiv \bar{b} \tag{10.13}$$

$$\varepsilon_{p\varepsilon} = \sum_{i=1}^{N} \omega_i \varepsilon_{it} = \frac{1}{N}\sum_{i=1}^{N} \varepsilon_{it} \tag{10.14}$$

故

$$\sigma_{p\varepsilon}^2 = \frac{1}{N^2}\sum_{i=1}^{N}\sigma_{i\varepsilon}^2 \tag{10.15}$$

取 $\underline{\sigma}^2 = \min\{\sigma_{1\varepsilon}^2, \sigma_{2\varepsilon}^2, \cdots, \sigma_{N\varepsilon}^2\}$，$\bar{\sigma}^2 = \max\{\sigma_{1\varepsilon}^2, \sigma_{2\varepsilon}^2, \cdots, \sigma_{N\varepsilon}^2\}$，则

$$\frac{1}{N}\underline{\sigma}^2 \leqslant \sigma_{p\varepsilon}^2 = \frac{1}{N^2}\sum_{i=1}^{N}\sigma_{i\varepsilon}^2 \leqslant \frac{1}{N}\bar{\sigma}^2$$

所以

$$\lim_{N\to\infty}\sigma_{p\varepsilon}^2 = 0;\ \lim_{N\to\infty}\sigma_p^2 = \bar{b}^2\sigma_F^2 \tag{10.16}$$

(10.16)的含义是：当市场上存在足够多的证券时，由这些证券形成的足够分散的投资组合只剩下系统性风险，非系统性风险则几乎被全部分散掉。

第二节　多因子模型

证券收益的决定因素是复杂的，用单因子解释众多证券的收益一般比较困难，实证也表明，仅仅凭单一因子很难较好地描述收益产生过程，一种可行的办法是将单因子模型推广到多因子模型。实际上，在模型(10.5)中，若不同证券的误差项之间的协方差不为零，可能意味着除了模型中给出的因子之外，还存在其他的共同因子。下面我们试图将单因子模型推广到多因子模型。

一、两因子模型

当单因子模型不足以解释证券收益的产生过程时，我们可以考虑将单因子模型扩张成多因子模型，我们构造如下两因子模型：

假设决定证券收益的因子有 F_1 和 F_2 两个，并且满足：

$$\tilde{r}_{it} = \alpha_i + b_{i1}\tilde{F}_{1t} + b_{i2}\tilde{F}_{2t} + \tilde{\varepsilon}_{it}\quad (i = 1, 2, \cdots, N) \tag{10.17}$$

其中，F_{1t}和 F_{2t}是决定证券收益的因子，b_{i1}和 b_{i2}是因子载荷。对给定的 t，截距项 α_i 和因子载荷 b_{i1}和 b_{i2}是常数。ε_{it}为随机项或误差项，所有的随机项都有有限的期望和方差，且 $E[\tilde{\varepsilon}_{it}] = 0$，同时还满足：

(1) $\text{cov}(\tilde{F}_{1t}, \tilde{F}_{2t}) = 0$：两因子互不相关或相互正交；

(4) $\text{cov}(\tilde{F}_{1t}, \tilde{\varepsilon}_{it}) = 0$，$\text{cov}(\tilde{F}_{2t}, \tilde{\varepsilon}_{it}) = 0$：所有的随机项与因子相互独立；

(5) $\text{cov}(\tilde{\varepsilon}_{it}, \tilde{\varepsilon}_{jt}) = 0(i \neq j)$：不同证券的误差项彼此独立。

类似于单因子情形，两因子模型假设下，单个股票的收益和风险也易于计算，此时证券 i 的收益和风险：

$$\bar{r}_{it} = \alpha_i + b_{i1}\bar{F}_{1t} + b_{i2}\bar{F}_{2t}\quad (i = 1, 2, \cdots, N) \tag{10.18}$$

$$\sigma_i^2 = b_{i1}^2\sigma_{F_1}^2 + b_{i2}^2\sigma_{F_2}^2 + \sigma_{\varepsilon i}^2 \quad (i = 1,\ 2,\ \cdots,\ N) \tag{10.19}$$

$$\sigma_{ij} = b_{i1}b_{j1}\sigma_{F_1}^2 + b_{i2}b_{j2}\sigma_{F_2}^2 \quad (i \neq j,\ \ i,\ j = 1,\ 2,\ \cdots,\ N) \tag{10.20}$$

同样地，投资组合 $\omega^{\mathrm{T}} = (\omega_1,\ \omega_2,\ \cdots,\ \omega_N)$ 的收益率为：

$$\tilde{r}_{pt} = \alpha_p + b_{p1}\widetilde{F}_{1t} + b_{p2}\widetilde{F}_{2t} + \tilde{\varepsilon}_{pt} \tag{10.21}$$

其中，$\alpha_p \equiv \sum_{i=1}^{N}\omega_i\alpha_{it}$，$b_{p1} \equiv \sum_{i=1}^{N}\omega_i b_{i1}$；$b_{p2} \equiv \sum_{i=1}^{N}\omega_i b_{i2}$，$\varepsilon_{pt} \equiv \sum_{i=1}^{N}\omega_i\varepsilon_{it}$。类似地有：

$$\bar{r}_{pt} = \alpha_p + b_{p1}\overline{F}_{1t} + b_{p2}\overline{F}_{2t} \tag{10.22}$$

$$\sigma_p^2 = b_{p1}^2\sigma_{1F}^2 + b_{p2}^2\sigma_{2F}^2 + \sigma_{\varepsilon p}^2 \tag{10.23}$$

其中 $\sigma_{iF}^2 \equiv \mathrm{var}(\widetilde{F}_{it})$，$i = 1,\ 2$。投资组合的风险依然由因子风险和非因子风险两部分组成，同样可以证明分散化投资可以将非因子风险分散，而因子风险无法分散。

例 10.2：假定决定证券收益的因子有两个：市场指数和 GDP 增长率，并满足：

$$\tilde{r}_{it} = \alpha_i + b_{i1}\tilde{r}_{It} + b_{i2}\tilde{r}_{GDP,\ t} + \tilde{\varepsilon}_{it} \quad (i = 1,\ 2,\ \cdots,\ N)$$

若某股票 A 的截距项等于 2%，市场指数收益率和 GDP 增长率的期望值分别为 6% 和 3%，股票 A 对两者的敏感性分别为 0.8 和 0.4，则股票 A 的期望收益为：$\bar{r}_{it} = 2\% + 0.8\times6\% + 0.4\times3\% = 8\%$。

二、多因子模型

当两因子依然无法很好地解释证券收益的产生过程时，一种可能的方法是推广到两个以上的多因子模型：

假设确定证券收益的因子有 K 个($K>2$)，而且对于每个证券 i 满足：

$$\tilde{r}_{it} = \alpha_i + b_{i1}\widetilde{F}_{1t} + b_{i2}\widetilde{F}_{2t} + \cdots + b_{iK}\widetilde{F}_{Kt} + \tilde{\varepsilon}_{it} \tag{10.24}$$

其中，F_{kt}($k=1,\ 2,\ \cdots,\ K$)是决定证券收益的 K 个因子，b_{ik}($k=1,\ 2,\ \cdots,\ K$)是因子载荷。对给定的 t，截距项 α_i 和因子载荷 b_{ik} 是常数。ε_{it} 为随机项或误差项，所有的随机项都有有限的期望和方差，且 $E[\tilde{\varepsilon}_{it}] = 0$，同时还满足：

(1) $\mathrm{cov}(\widetilde{F}_{jt},\ \widetilde{F}_{kt}) = 0(j \neq k)$：任何两个不同的因子互不相关；

(2) $\mathrm{cov}(\widetilde{F}_{kt},\ \tilde{\varepsilon}_{it}) = 0(k = 1,\ 2,\ \cdots,\ K,\ i = 1,\ 2,\ \cdots,\ N)$：所有的随机项与因子相互独立；

(3) $\mathrm{cov}(\tilde{\varepsilon}_{it},\ \tilde{\varepsilon}_{jt}) = 0(i \neq j)$：不同证券的误差项彼此独立。

多因子模型的收益产生过程(10.24)假设确定资产收益的有 K 个不同的因子，这些因子彼此正交或不相关，从而具有很强的代表性。这些因子具体是指什么还有待从实际的经济背景出发来确定。有了上述假设，容易得到单个股票的收益和风险：

$$\begin{cases}\bar{r}_{it}=\alpha_i+b_{i1}\bar{F}_{1t}+b_{i2}\bar{F}_{2t}+\cdots+b_{iK}\bar{F}_{Kt} & (i=1,\ 2,\ \cdots,\ N)\\ \sigma_i^2=b_{i1}^2\sigma_{F_1}^2+b_{i2}^2\sigma_{F_2}^2+\cdots+b_{iK}^2\sigma_{F_K}^2+\sigma_{\varepsilon i}^2 & (i=1,\ 2,\ \cdots,\ N)\\ \sigma_{ij}=b_{i1}b_{j1}\sigma_{F_1}^2+\cdots+b_{iK}b_{jK}\sigma_{F_K}^2 & (i\neq j,\ \ i,\ j=1,\ 2,\ \cdots,\ N)\end{cases} \tag{10.25}$$

同样地，投资组合 $\omega^{\mathrm{T}}=(\omega_1,\ \omega_2,\ \cdots,\ \omega_N)$ 的收益为：

$$\tilde{r}_{pt}=\alpha_p+b_{p1}\tilde{F}_{1t}+b_{p2}\tilde{F}_{2t}+\cdots+b_{pK}\tilde{F}_{Kt}+\tilde{\varepsilon}_{pt} \tag{10.26}$$

其中，$\alpha_p\equiv\sum_{i=1}^{N}\omega_i\alpha_{it}$，$b_{pk}\equiv\sum_{i=1}^{N}\omega_i b_{ik}$；和 $\varepsilon_{pt}\equiv\sum_{i=1}^{N}\omega_i\varepsilon_{it}$。类似地有：

$$\bar{r}_{pt}=\alpha_p+b_{p1}\bar{F}_{1t}+b_{p2}\bar{F}_{2t}+\cdots+b_{pK}\bar{F}_{Kt} \tag{10.27}$$

$$\sigma_p^2=b_{p1}^2\sigma_{1F}^2+\cdots+b_{pK}^2\sigma_{KF}^2+\sigma_{\varepsilon p}^2 \tag{10.28}$$

其中 $\sigma_{kF}^2\equiv\mathrm{var}(\tilde{F}_{kt})$，$k=1,\ 2,\ \cdots,\ K$。投资组合的风险依然由因子风险和非因子风险两部分组成，同样可以证明分散化投资可以将非因子风险分散，而因子风险无法分散。方程(10.28)中，等式右边最后一项为非因子风险，其余的 F 项共同组成因子风险。

第三节　套利定价理论

罗斯(Ross，1976)在多因子模型基础上给出了无套利条件下确定证券收益的公式，它形成了套利定价理论(arbitrage pricing theory，简称 APT)的核心结论。与一般均衡定价的 CAPM 相比，APT 以更少的假设得出了定价公式，而且定价结论易于实证检验。

一、APT 的假设

APT 的核心假设是无套利机会，在第五章我们给出了套利的纯数学定义，套利的本质是在没有任何成本和风险的条件下获得确定的收益。套利定价理论讨论的是不存在套利机会的条件下证券的价格(收益)的确定。为了定价，我们先给出相关的假设：

假设 10.1：均衡市场上不存在套利机会。

第一个假设实际就是无套利思想，当市场达到均衡时，不存在套利机会，否则具有不满足性的投资者必定利用投资机会进行套利，从而无法使市场达到均衡。

假设 10.2：投资者具有不满足性，而且市场无摩擦。

第二个假设本质上是保证第一个假设成立的两个必要条件。投资者具有不满足性意味着对于投资者而言财富越多越好或者获得的消费品越多效用水平越高；而市场无摩擦意味着只要存在套利机会就可以利用市场实现套利。当市场有摩擦时，即使偶尔出现套利机会，也可能无法依据市场价格进行交易从而锁定利润。换言之，在有摩擦的市场上，最终实现的交易价格不同于市场价格，而是某种不利于交易者的价格，因此，理论上的套利利润无法实现，甚至出现亏损。

假设 10.3：多因子模型(10.24)成立，即任何证券的收益率满足下列方程：

$$\tilde{r}_{it} = \alpha_i + b_{i1}\widetilde{F}_{1t} + b_{i2}\widetilde{F}_{2t} + \cdots + b_{iK}\widetilde{F}_{Kt} + \tilde{\varepsilon}_{it} \tag{10.24}$$

为了便于分析，进一步对(10.24)进行化简，具体地，将(10.24)减去(10.25)中的第一个方程，得：

$$\tilde{r}_{it} - \bar{r}_{it} = b_{i1}(\widetilde{F}_{1t} - \overline{F}_{1t}) + b_{i2}(\widetilde{F}_{2t} - \overline{F}_{2t}) + \cdots + b_{iK}(\widetilde{F}_{Kt} - \overline{F}_{Kt}) + \tilde{\varepsilon}_{it}$$

显然，$E[\widetilde{F}_{kt} - \overline{F}_{kt}] = 0$，$k = 1, 2, \cdots, K$，故可令：

$$\widetilde{F}'_{kt} \equiv \widetilde{F}_{kt} - \overline{F}_{kt},\ k = 1, 2, \cdots, K \tag{10.26}$$

则有：

$$\tilde{r}_{it} = \alpha'_i + b_{i1}\widetilde{F}'_{1t} + b_{i2}\widetilde{F}'_{2t} + \cdots + b_{iK}\widetilde{F}'_{Kt} + \tilde{\varepsilon}_{it} \tag{10.27}$$

满足：$E[\widetilde{F}'_{kt}] = 0$，$\mathrm{var}[\widetilde{F}'_{kt}] = \mathrm{var}[\widetilde{F}_{kt}]$，$k = 1, 2, \cdots, K$。为了表述的方便，我们去掉“′”，得到标准化的多因子模型：

$$\tilde{r}_{it} = \alpha_i + b_{i1}\widetilde{F}_{1t} + b_{i2}\widetilde{F}_{2t} + \cdots + b_{iK}\widetilde{F}_{Kt} + \tilde{\varepsilon}_{it}$$

除了满足(10.24)中的假设条件外，还满足：$E[\widetilde{F}_{kt}] = 0$，$(k = 1, 2, \cdots K)$，即所有因子的均值为零。这一标准化是对原多因子模型的简化，目的是为了证明的方便，由标准化中的假设易证 $\alpha_{it} = E[\tilde{r}_{it}]$，因此，多因子模型也可以改写为：

$$\tilde{r}_{it} = E[\tilde{r}_{it}] + b_{i1}\widetilde{F}_{1t} + b_{i2}\widetilde{F}_{2t} + \cdots + b_{iK}\widetilde{F}_{Kt} + \tilde{\varepsilon}_{it} \tag{10.28}$$

除了上述假设外，我们还假设：

假设 10.4：证券数量远大于因子的数量，即 $N \gg K$。

假设 10.4 表明证券的个数远多于因子的个数，在此条件下可以通过比较法确定证券之间的收益或价格。

二、精确因子模型的定价

在推导 APT 的定价结论之前，我们来看一种特殊情形，即假设每个证券的收益能够由 K 个因子精确地描述，此时的误差项为 0，即 $\tilde{\varepsilon}_{it} = 0$。由于不存在随机项，证券的收益由 K 个因子“精确”地确定，因此称之为“**精确因子**(exact factor)”，该模型表示为：

$$\tilde{r}_{it} = E[\tilde{r}_{it}] + b_{i1}\widetilde{F}_{1t} + b_{i2}\widetilde{F}_{2t} + \cdots + b_{iK}\widetilde{F}_{Kt} \tag{10.29}$$

下面我们讨论精确因子模型下的定价问题，为了便于理解，我们先讨论单因子情形，然后推广到多因子情形。

(一)单因子精确因子模型

单因子模型不仅形式最简单，而且很容易从中理解其定价思想。单因子模型下，收益率满足：

$$\tilde{r}_{it} = E[\tilde{r}_{it}] + b_i\widetilde{F} \tag{10.30}$$

(10.30)表明，证券的收益由两部分组成：第一部分为固定的截距项 α_{it}，其值等于该证券的期望收益 $\alpha_{it}=E[\tilde{r}_{it}]$；第二部分为随机项 $b_i\widetilde{F}$，该随机项由各自的因子载荷 b_i 与共同的因子项 $\widetilde{F}$ 组成，因此相同的因子载荷意味着具有相同的风险。进一步假定存在两个不同的证券 i 和 j 满足 $b_i \neq b_j$，且 b_i，$b_j \neq 0$。

显然，这一条件是容易满足的，首先，若 $b_i=0$ 则 $\tilde{r}_{it}=E[\tilde{r}_{it}]$，这表明证券 i 为无风险证券，由假设 10.4，证券个数远大于 1，因此必定存在两个或两个以上的风险证券，从而所有的风险证券的敏感系数 b_i 均不为零，从而满足 b_i，$b_j \neq 0$。其次，若 $b_i=b_j$ 则 $b_i\widetilde{F}=b_j\widetilde{F}$，这表明证券 i 和 j 具有完全相同的风险，无套利条件下收益必定相等，因此这两个证券等价于同一个证券，同样假设 10.4 意味着有多个不同的风险证券，因此必定存在两个不同的证券 i 和 j 满足 $b_i \neq b_j$。

在上述假设下，我们首先由证券 i 和 j 构造投资组合 (ω_i, ω_j)，其收益为：

$$\begin{aligned}\tilde{r}_p &= \omega_i\tilde{r}_{it} + \omega_j\tilde{r}_{jt} \\ &= [\omega_i\bar{r}_{it} + \omega_j\bar{r}_{jt}] + [\omega_i b_i + \omega_j b_j]\widetilde{F}\end{aligned} \tag{10.31}$$

选择 (ω_i, ω_j) 使 $[\omega_i b_i + \omega_j b_j]=0$，从而抵消风险项，此时投资组合收益为：

$$\tilde{r}_p = \omega_i\bar{r}_{it} + \omega_j\bar{r}_{jt} \tag{10.32}$$

无套利条件下必有投资组合的收益率等于无风险利率，即 $\tilde{r}_p = r_F$，由

$$\begin{cases}\omega_i b_i + \omega_j b_j = 0\\ \omega_i + \omega_j = 1\end{cases}$$

解得：$\omega_i = b_j/(b_j - b_i)$ 并代入(10.32)得：

$$\frac{b_j}{b_j-b_i}\bar{r}_i - \frac{b_i}{b_j-b_i}\bar{r}_j = r_F \tag{10.33}$$

化简得到该模型的结论：

$$\frac{\bar{r}_i - r_F}{b_i} = \frac{\bar{r}_j - r_F}{b_j} \tag{10.34}$$

公式(10.34)的含义是：任何两个单因子载荷或因子敏感性不同的证券，其超额收益率与其因子载荷之比为常数。记该常数为 λ，则有：

$$\bar{r}_i = r_F + b_i\lambda \quad (i=1, 2, \cdots, N) \tag{10.35}$$

从公式(10.34)来看，常数 λ 为单位因子载荷或风险暴露所要求的超额收益率，而(10.35)进一步表明 λ 是单位因子载荷所产生的收益，因此我们称它为**风险价格**。因子载荷可以理解为风险暴露，是特定证券暴露给公共因子的风险，也是特定证券对公共因子的敏感性。

为了进一步理解定价公式的含义，再次取投资组合 (ω'_i, ω'_j) 使得，$\omega'_i b_i + \omega'_j b_j = 1$，结合 $\omega'_i + \omega'_j = 1$ 解得 $\omega'_i = (1-b_j)/(b_i-b_j)$，将其代入(10.31)得：

$$\tilde{r}_p = [r_F + \lambda] + \widetilde{F} \tag{10.36}$$

这里的投资组合（ω'_i，ω'_j）具有单位因子风险，称之为**因子组合**，它的风险溢价为 $E[\tilde{r}_p] - r_F = \lambda$，因此 λ 也叫**因子溢价**，也就是风险因子的风险价格，即单位风险（$b=1$ 时）的风险溢价。我们强调（10.35）的含义：

b 是因子载荷；λ 是风险因子的风险价格，即单位风险的风险溢价，也叫因子溢价。

总之，精确单因子模型下，对任何证券 i，必有方程（10.35）成立，（10.35）正是单因子情形下的定价方程。

（二）多因子精确因子模型

单因子精确模型可以推广到多因子模型，此时的模型同样假设由 K 个因子精确地描述为：

$$\tilde{r}_{it} = E[\tilde{r}_{it}] + b_{i1}\widetilde{F}_{1t} + b_{i2}\widetilde{F}_{2t} + \cdots + b_{iK}\widetilde{F}_{Kt} \tag{10.29}$$

同时假设在 N 个证券中至少存在 $n>K$ 个互不相同的风险证券，即在这 n 个风险证券中不存在证券 i 和 j 使得 $b_{ik}=b_{jk}$，（$k=1, 2, \cdots, K$）。在此假设下利用这 n 个风险证券构造投资组合（ω_1，ω_2，…，ω_n），此时该投资组合的收益率为：

$$\tilde{r}_{pt} = \sum_{i=1}^{n}\omega_i\bar{r}_i + \left(\sum_{i=1}^{n}\omega_i b_{i1}\right)\widetilde{F}_{1t} + \left(\sum_{i=1}^{n}\omega_i b_{i2}\right)\widetilde{F}_{2t} + \cdots + \left(\sum_{i=1}^{n}\omega_i b_{iK}\right)\widetilde{F}_{Kt} \tag{10.37}$$

选择组合（ω_1，ω_2，…，ω_n）满足：

$$\omega_1 + \omega_2 + \cdots + \omega_n = 0 \tag{10.38}$$

同时满足：

$$\begin{cases} \sum_{i=1}^{n}\omega_i b_{i1} = 0 \\ \sum_{i=1}^{n}\omega_i b_{i2} = 0 \\ \vdots \\ \sum_{i=1}^{n}\omega_i b_{iK} = 0 \end{cases} \tag{10.39}$$

满足（10.38）的投资组合也叫**套利组合**，其本质是对原始投资组合进行调整，既不追加新的投资，也没有从原始投资中撤走资金，属于零成本的投资，也叫**自融资投资组合**（self-financing portfolio）。满足（10.39）的投资组合的含义是构造适当的投资组合使得投资组合对每个风险因子的敏感性为零。从数学上就是试图消去随机项。是否能达到目的，要看方程组是否有非零的解。方程组是否有非零的解呢？我们不妨将方程组改写成矩阵形式，从而利用线性代数的知识来分析判断：

$$\begin{bmatrix} 1 & 1 & 1 & \cdots & 1 \\ b_{11} & b_{21} & b_{31} & \cdots & b_{n,1} \\ b_{12} & b_{22} & b_{32} & \cdots & b_{n,2} \\ \vdots & \vdots & \vdots & \cdots & \vdots \\ b_{1K} & b_{2K} & b_{3K} & \cdots & b_{n,K} \end{bmatrix} \begin{bmatrix} \omega_1 \\ \omega_2 \\ \omega_3 \\ \vdots \\ \omega_n \end{bmatrix} = \begin{bmatrix} 0 \\ 0 \\ 0 \\ \vdots \\ 0 \end{bmatrix} \tag{10.40}$$

(10.40)为齐次线性方程组，系数矩阵为$(K+1)\times n$阶矩阵，由于$n>K+1$，所以系数矩阵的秩小于未知数的个数n，从而必定有非零的解。也就是说存在符合要求的投资组合$(\omega_1,\ \omega_2,\ \cdots,\ \omega_n)$，使得投资组合对各因子的敏感性系数都为零，从而消除了所有的风险。因此该组合是无风险组合，将(10.40)代入(10.37)，并由无套利原理得到：

$$\tilde{r}_p = \sum_{i=1}^{n} \omega_i \bar{r}_i = 0 \tag{10.41}$$

换言之，方程组(10.40)的解必为方程(10.41)的解，或者说方程组(10.40)必为下列方程组(10.42)的解：

$$\begin{bmatrix} \bar{r}_1 & \bar{r}_2 & \bar{r}_3 & \cdots & \bar{r}_n \\ 1 & 1 & 1 & \cdots & 1 \\ b_{11} & b_{21} & b_{31} & \cdots & b_{n,1} \\ b_{12} & b_{22} & b_{32} & \cdots & b_{n,2} \\ \vdots & \vdots & \vdots & \cdots & \vdots \\ b_{1K} & b_{2K} & b_{3K} & \cdots & b_{n,K} \end{bmatrix} \begin{bmatrix} \omega_1 \\ \omega_2 \\ \omega_3 \\ \vdots \\ \omega_n \end{bmatrix} = \begin{bmatrix} 0 \\ 0 \\ 0 \\ \vdots \\ 0 \end{bmatrix} \tag{10.42}$$

由此可以断定，齐次线性方程组(10.42)的系数矩阵中，第一行必定可以表示为其他行的线性组合，即存在$K+1$个常数$\lambda_0,\ \lambda_1,\ \cdots,\ \lambda_K$，使得下式成立：

$$\bar{r}_i = \lambda_0 + b_{i1}\lambda_1 + b_{i2}\lambda_2 + \cdots + b_{iK}\lambda_K,\ (i = 1,\ 2,\ \cdots,\ n) \tag{10.43}$$

或者改写为：

$$\bar{r}_i = \lambda_0 + \sum_{k=1}^{K} b_{ik}\lambda_k \quad (i = 1,\ 2,\ \cdots,\ n) \tag{10.43a}$$

值得说明的是，若N个证券中没有任何两个证券完全相同，则$n=N$；若存在两个相同的证券，或者存在“冗余证券”，易知这些相同证券或者“冗余证券”的期望收益率也满足上述定价方程(10.43)，因此对证券定价方程中$n=N$依然成立，因此可以将上述方程中小写的n改为大写的N，此时写成向量形式为：

$$\begin{bmatrix} \bar{r}_1 \\ \vdots \\ \bar{r}_i \\ \vdots \\ \bar{r}_N \end{bmatrix} = \lambda_0 \begin{bmatrix} 1 \\ \vdots \\ 1 \\ \vdots \\ 1 \end{bmatrix} + \begin{bmatrix} b_{11} & b_{12} & b_{13} & \cdots & b_{1K} \\ \vdots & \vdots & \vdots & \vdots & \vdots \\ b_{i1} & b_{i2} & b_{i3} & \cdots & b_{iK} \\ \vdots & \vdots & \vdots & \cdots & \vdots \\ b_{N1} & b_{N2} & b_{N3} & \cdots & b_{NK} \end{bmatrix} \begin{bmatrix} \lambda_1 \\ \lambda_2 \\ \lambda_3 \\ \vdots \\ \lambda_K \end{bmatrix} \tag{10.43b}$$

或简单地记为：

$$\bar{r} = \lambda_0 \mathbf{1}^{\mathrm{T}} + \boldsymbol{B}^{\mathrm{T}}\boldsymbol{\lambda} \tag{10.43b}$$

其中，$\bar{r}$ 为向量 $(\bar{r}_1,\ \bar{r}_2,\ \cdots,\ \bar{r}_N)^{\mathrm{T}}$，$B$ 为向量因子载荷矩阵，λ 为向量

$(\lambda_1, \lambda_2, \cdots, \lambda_K)^T$。由方程(10.43a)可以进一步分析定价方程的经济含义：

第一，$b_{ik}(k=1, 2, \cdots, K)$ 是证券 i 对第 k 个因子的敏感性，前面称之为因子载荷，它是证券 i 暴露在第 k 个因子上的风险；其他条件不变，证券 i 在因子载荷 b_{ik} 上每增加 1 个单位，其收益就增加 λ_k 个单位，因此 λ_k 是单位风险所要求的回报率，我们称之为风险价格，$(\lambda_1, \lambda_2, \cdots, \lambda_K)$ 为风险价格向量，是不同风险因子的风险价格。

第二，在(10.43a)中，若 $b_{ik}=0(k=1, 2, \cdots, K)$，则证券不存在因子风险，无套利条件下必有 $\bar{r}_i=\lambda_0=r_F$。

第三，若存在某投资组合使得某特定的 k 满足 $b_{ik}=1$，而且 $b_{ik'}=0$，$k'\neq k$，则：

$$\bar{r}_i=\lambda_0+b_{ik}\lambda_k=r_F+\lambda_k\equiv\delta_k \tag{10.44}$$

则：

$$\lambda_k=\delta_k-r_F \tag{10.45}$$

显然，λ_k 为单位 k 因子载荷所要求的收益率，因为它表示为与无风险利率的差，所以称为因子 k 的风险溢价(risk premium)。同时，由(10.44)可知，δ_k 是只对 k 因子具有单位敏感性的投资组合的期望收益。将(10.45)代入定价方程(10.43a)得：

$$\bar{r}_i-r_F=(\delta_1-r_F)b_{i1}+(\delta_2-r_F)b_{i2}+\cdots+(\delta_K-r_F)b_{iK}\quad(i=1, 2, \cdots, N) \tag{10.46}$$

该定价方程的含义是：

证券的风险溢价等于证券在各因子上的风险(因子载荷)与相应风险的风险溢价乘积的和，或者在各因子上的风险与相应风险的风险价格乘积的和。

b_{ik}是 k 因子载荷；λ_k 是风险因子 k 的风险价格，也称因子 k 的风险溢价，或 k 因子溢价，δ_k 为只对第 k 个因子有单位敏感性的投资组合的期望收益率。

三、极限套利与 ATP

精确因子模型假设 K 个因子能够准确地预测证券的收益，显然该假设过于理想，通常情形下，证券收益的预测是有误差的，即：

$$\tilde{r}_{it}=E[\tilde{r}_{it}]+b_{i1}\widetilde{F}_{1t}+b_{i2}\widetilde{F}_{2t}+\cdots+b_{iK}\widetilde{F}_{Kt}+\tilde{\varepsilon}_{it} \tag{10.28}$$

与精确因子模型相比多出了随机项 $\tilde{\varepsilon}_{it}$。尽管如此，我们仍然能得到相同的定价公式。罗斯(Ross，1976)通过假设不相同的证券数量 N 远大于因子的数量 K，用极限情形来得出定价公式。格林布莱特和缇特曼(Grinblatt 和 Titman，1983)则通过对偏好的特殊设定，在有限情形下得出了定价公式。虽然极限情形看似有点极端，但与现实情形比较相符，因为通常设定的因子个数 K 比较小，而股票市场交易的股票数量 N 比 K 大得多。如设定 $K=6$，$N=4600$，因为我国上市公司已经突破 5000 家，该设定是比较保守的，显然 $N\gg K$。

在(10.28)下，取投资组合 $(\omega_1, \omega_2, \cdots, \omega_N)$ 满足：

(1) 自融资：$\sum_{i=1}^{N}\omega_i=0$；

(2) 足够分散：$\lim\limits_{N\to\infty}\overline{\omega}=0$ 其中 $\overline{\omega}\equiv\max\{|\omega_1|,\ |\omega_2|,\ \cdots,\ |\omega_N|\}$；

(3) 对冲风险：$\sum\limits_{i=1}^{N}\omega_i b_{ik}=0\quad(k=1,\ 2,\ \cdots,\ K)$。

同样，条件(1)表明投资组合是零投资组合，可以理解为对原始组合的一种调整，严格地说，写成增量的形式 $(\Delta\omega_1,\ \Delta\omega_2,\ \cdots,\ \Delta\omega_N)$ 更容易理解，但增量形式没有非增量形式方便；条件(2)表明投资组合足够分散，成本为零的投资组合意味着组合各权重的取值部分为正值、部分为负值，当所有组合权重的绝对值的上界趋于零时，则所有组合权重的绝对值趋于零，这意味着投资组合足够分散；条件(3)表明，组合消除了各个因子的影响，用增量形式的投资组合则表明投资组合的调整不改变原始组合对各因子的敏感性，也就是经调整后投资组合的风险暴露没有发生变化，从而收益也不会发生变化。

当 $N\gg K$ 时，条件(1)和条件(3)同时成立所形成的齐次线性方程组必有非零的解，此时组合的收益为：

$$\begin{aligned}\tilde{r}_{pt}&=\sum_{i=1}^{N}\omega_i\bar{r}_i+\left(\sum_{i=1}^{N}\omega_i b_{i1}\right)\widetilde{F}_{1t}+\left(\sum_{i=1}^{N}\omega_i b_{i2}\right)\widetilde{F}_{2t}+\cdots+\left(\sum_{i=1}^{N}\omega_i b_{iK}\right)\widetilde{F}_{Kt}+\sum_{i=1}^{N}\omega_i\varepsilon_{it}\\&=\sum_{i=1}^{N}\omega_i\bar{r}_i+\sum_{i=1}^{N}\omega_i\varepsilon_{it}=0\end{aligned}\tag{10.47}$$

下面我们证明极限情形下随机项的值趋于零，其条件是每个随机项的均值为零，方差有限，我们以正态分布为例来证明（实际上正态分布也不是必须的）。假设随机项服从正态分布，即 $\tilde{\varepsilon}_{it}\sim N(0,\ \sigma_i^2)$，若所有随机项的方差有上界，则有：

$$E\left[\sum_{i=1}^{N}\omega_i\varepsilon_{it}\right]=0,\quad 且\ \lim_{N\to\infty}\mathrm{var}\left[\sum_{i=1}^{N}\omega_i\varepsilon_{it}\right]=\lim_{N\to\infty}\sum_{i=1}^{N}\omega_i^2\sigma_i^2=0$$

因此

$$\lim_{N\to\infty}\left[\sum_{i=1}^{N}\omega_i\varepsilon_{it}\right]=0$$

所以当 $N\to\infty$ 时必有：

$$\tilde{r}_p=\sum_{i=1}^{N}\omega_i\bar{r}_i$$

无套利条件下必有：$\sum\limits_{i=1}^{N}\omega_i\bar{r}_i=0$

由此可以得到精确因子情形下类似的结果，即存在非零的解 $(\omega_1,\ \omega_2,\ \cdots,\ \omega_N)$ 同时满足条件(1)和条件(3)，它是下列方程组的解：

$$\begin{bmatrix}1&1&1&\cdots&1\\b_{11}&b_{21}&b_{31}&\cdots&b_{N,1}\\b_{12}&b_{22}&b_{32}&\cdots&b_{N,2}\\\vdots&\vdots&\vdots&\cdots&\vdots\\b_{1K}&b_{2K}&b_{3K}&\cdots&b_{N,K}\end{bmatrix}\begin{bmatrix}\omega_1\\\omega_2\\\omega_3\\\vdots\\\omega_N\end{bmatrix}=\begin{bmatrix}0\\0\\0\\\vdots\\0\end{bmatrix}\tag{10.40a}$$

而且方程组(10.40a)的解必为下列方程组(10.42a)的解：

$$\begin{bmatrix} \bar{r}_1 & \bar{r}_2 & \bar{r}_3 & \vdots & \bar{r}_N \\ 1 & 1 & 1 & \vdots & 1 \\ b_{11} & b_{21} & b_{31} & \cdots & b_{N,1} \\ b_{12} & b_{22} & b_{32} & \cdots & b_{N,2} \\ \vdots & \vdots & \vdots & \cdots & \vdots \\ b_{1K} & b_{2K} & b_{3K} & \cdots & b_{N,K} \end{bmatrix} \begin{bmatrix} \omega_1 \\ \omega_2 \\ \omega_3 \\ \vdots \\ \omega_N \end{bmatrix} = \begin{bmatrix} 0 \\ 0 \\ 0 \\ \vdots \\ 0 \end{bmatrix} \tag{10.42a}$$

因此方程组(10.42a)的系数矩阵的第一行必然可以表示为其他行的线性组合，即必定存在 $K+1$ 个常数 λ_0，λ_1，…，λ_K，使得下式成立：

$$\bar{r}_i = \lambda_0 + b_{i1}\lambda_1 + b_{i2}\lambda_2 + \cdots + b_{iK}\lambda_K \quad (i = 1,\ 2,\ \cdots,\ N) \tag{10.43}$$

或者改写为向量形式为：

$$\begin{bmatrix} \bar{r}_1 \\ \vdots \\ \bar{r}_i \\ \vdots \\ \bar{r}_N \end{bmatrix} = \lambda_0 \begin{bmatrix} 1 \\ \vdots \\ 1 \\ \vdots \\ 1 \end{bmatrix} + \begin{bmatrix} b_{11} & b_{12} & b_{13} & \cdots & b_{1K} \\ \vdots & \vdots & \vdots & \vdots & \vdots \\ b_{i1} & b_{i2} & b_{i3} & \cdots & b_{iK} \\ \vdots & \vdots & \vdots & \cdots & \vdots \\ b_{N1} & b_{N2} & b_{N3} & \cdots & b_{NK} \end{bmatrix} \begin{bmatrix} \lambda_1 \\ \lambda_2 \\ \lambda_3 \\ \vdots \\ \lambda_K \end{bmatrix} \tag{10.43b}$$

或简单地记为：

$$\bar{\boldsymbol{r}} = \lambda_0 \mathbf{1} + \boldsymbol{B}^{\mathrm{T}} \lambda \tag{10.43b}$$

其中，$\bar{r}$ 和 B 以及 λ 与精确因子情形下的含义相同。此时的定价方程同样表示为：

$$\bar{r}_i - r_F = (\delta_1 - r_F) b_{i1} + (\delta_2 - r_F) b_{i2} + \cdots + (\delta_K - r_F) b_{iK} \quad (i = 1,\ 2,\ \cdots,\ N) \tag{10.46}$$

注意到上述极限套利与 APT 所得到的与“多因子精确因子模型”所得到的结果完全相同，事实上精确因子模型结果的推导就是给 APT 提供线索和借鉴，因子 APT 的结果与前述的结果完全相同，在此不再赘述。方程组(10.40)与(10.40a)、(10.42)与(10.42a)在形式上是完全相同的，只是得出的背景略有不同，因此加入“a”来标记。

四、ATP 与 CAPM

APT 和 CAPM 分别在不同的假设下得到了定价结果，下面我们讨论一种情形，即如果 APT 和 CAPM 的假设同时成立，其结果如何？由于 APT 依赖于因子模型，我们分两种情形来分析，其一是在单因子模型假设下的分析；其二是两因子模型假设下的分析。多于两因子的因子模型可以用类似的方法展开分析。

(一) 单因子模型情形

假设 APT 和 CAPM 同时成立，而且风险资产的收益率由单因子模型生成。我们分两种情况讨论：

情形一：单因子是市场投资组合，此时 APT 的前提假设和结论分别为：

$$\tilde{r}_i = \alpha_i + b_i\tilde{F} + \tilde{\varepsilon}_i \quad (i=1,\ 2,\ \cdots,\ N) \tag{10.47}$$

和

$$\bar{r}_i = r_F + b_i\lambda = r_F + b_i(\delta - r_F) \tag{10.48}$$

需要说明的是(10.47)作为单因子模型与(10.30)略有不同，后者是经过标准化之后的单因子模型从而因子的期望值为零，前者因子的期望值不一定为零，但两者没有本质的区别。因此可以取单因子 F 是市场投资组合的收益率 r_M，此时：

$$\beta_{iM} = \frac{\mathrm{cov}(\tilde{r}_i,\ \tilde{r}_M)}{\sigma_M^2} = \frac{\mathrm{cov}(\alpha_i + b_i\tilde{r}_M + \tilde{\varepsilon}_i,\ \tilde{r}_M)}{\sigma_M^2} = b_i\frac{\mathrm{cov}(\tilde{r}_M,\ \tilde{r}_M)}{\sigma_M^2} = b_i \tag{10.49}$$

又因为 CAMP 成立，所以有：

$$\bar{r}_i = r_F + \beta_{iM}(\bar{r}_M - r_F) \tag{10.50}$$

将 $b_i=\beta_{iM}$代入(10.48)并比较(10.50)可得 $\delta=E[r_m]$。

事实上 F 为市场投资组合收益率，因此 $\delta=E[F]=E[r_m]$，代入(10.48)并结合(10.49)，从而 APT 成立时必定 CAPM 成立。

情形二：单因子不是市场投资组合，重新计算贝塔系数：

$$\beta_{iM} = \frac{\mathrm{cov}(\tilde{r}_i,\ \tilde{r}_M)}{\sigma_M^2} = \frac{\mathrm{cov}(\alpha_i + b_i\tilde{F} + \tilde{\varepsilon}_i,\ \tilde{r}_M)}{\sigma_M^2} = b_i\frac{\mathrm{cov}(\tilde{F},\ \tilde{r}_M)}{\sigma_M^2} \tag{10.51}$$

若 APT 和 CAPM 同时成立，把(10.51)代入(10.50)得：

$$\bar{r}_i = r_F + \left[(\bar{r}_M - r_F)\frac{\mathrm{cov}(\tilde{F},\ \tilde{r}_M)}{\sigma_M^2}\right]b_i \tag{10.52}$$

比较(10.48)可得风险价格：

$$\lambda = \left[(\bar{r}_M - r_F)\frac{\mathrm{cov}(\tilde{F},\ \tilde{r}_M)}{\sigma_M^2}\right] \equiv (\bar{r}_M - r_F)\beta_{FM} \tag{10.53}$$

因此，$\mathrm{cov}(\tilde{F},\ \tilde{r}_M) > 0$ 时风险价格为正，因子载荷 b_i 越高，证券的期望收益越高；$\mathrm{cov}(\tilde{F},\ \tilde{r}_M) < 0$ 时风险价格为负，因子载荷 b_i 越高，证券的期望收益越低。

(二)两因子模型情形

两因子模型下若 APT 和 CAPM 同时成立，APT 表明：

$$\tilde{r}_i = \alpha_i + b_{i1}\tilde{F}_1 + b_{i2}\tilde{F}_2 + \tilde{\varepsilon}_i \quad (i=1,\ 2,\ \cdots,\ N) \tag{10.54}$$

$$\bar{r}_i = r_F + b_{i1}\lambda_1 + b_{i2}\lambda_2 = r_F + b_{i1}(\delta_1 - r_F) + b_{i2}(\delta_2 - r_F) \tag{10.55}$$

同样可以计算贝塔系数：

$$\beta_{iM} = b_{i1}\frac{\mathrm{cov}(\tilde{F}_1,\ \tilde{r}_M)}{\sigma_M^2} + b_{i2}\frac{\mathrm{cov}(\tilde{F}_2,\ \tilde{r}_M)}{\sigma_M^2} \equiv b_{i1}\beta_{F_1M} + b_{i2}\beta_{F_2M} \tag{10.56}$$

同样由 CAPM 可以计算风险价格：

$$\begin{cases} \lambda_1 = \left[(\bar{r}_M - r_F) \dfrac{\mathrm{cov}(\widetilde{F}_1, \tilde{r}_M)}{\sigma_M^2} \right] \equiv (\bar{r}_M - r_F)\beta_{F_1M} \\ \lambda_2 = \left[(\bar{r}_M - r_F) \dfrac{\mathrm{cov}(\widetilde{F}_2, \tilde{r}_M)}{\sigma_M^2} \right] \equiv (\bar{r}_M - r_F)\beta_{F_2M} \end{cases} \tag{10.57}$$

若其中有一个因子为市场投资组合，不妨假设因子 1 为市场投资组合收益，则有 $\beta_{iM} = b_{i1}$，此时：

$$\bar{r}_i = r_F + \beta_{iM}(\bar{r}_M - r_F) + b_{i2}(\delta_2 - r_F) \tag{10.58}$$

方程(10.58)与下文的 Fama-French 因子模型类似。

第四节　因子模型的实证分析

因子模型的实证与 CAPM、APT 的实证紧密相关，著名的因子模型包括三因子、四因子和五因子模型。从某种角度来说，因子模型的实证主要源自 CAPM 的实证分析，它是 CAPM 实证分析的一种拓展。经典的 CAPM 认为风险资产的收益由市场投资组合的收益唯一确定，即代表市场因子的市场投资组合唯一决定风险资产的收益，从而形成单因子模型，对 CAPM 的实证即是对单因子模型的实证。上一章最后给出了基于 CAPM 实证形成的各种异象，研究人员从这些异象中抽象出了其他的因子形成新的多因子模型并展开实证。

一、Fama-French 三因子模型

Fama-French 三因子模型是具有开创性的因子模型，该模型源自 Fama 和 French (1992)与 Fama 和 French(1993)。

(一)因子的确定

Fama 和 French(1992)首先介绍了与 Sharpe-Lintber-Black(SLB) 模型相违背的实证工作并从中总结出具有代表性的异象，包括：

(1)Banz(1981)的规模效应，指出反映规模的股权市场价值(ME，即 market equity =价格×股份)有助于解释截面收益，对于给定的 β 值，低 ME 的股票或股票组合将获得高于理论预测的收益，高 ME 的股票或投资组合将获得低于理论预测的收益；

(2)Bhandari(1988)的杠杆(leverage)效应，指出杠杆与风险和收益相关，但 SLB 模型中杠杆风险被市场 β 涵盖，即卖空无风险资产意味着杠杆，但实证发现在含 ME 和含 β 的模型中杠杆有助于解释截面收益；

(3)Stattman(1980)、Rosenberg 等(1985)发现美国股票的平均收益与公司的股权账面价值 BE 除以市场价值 ME 所得到的比值(BE/ME)正相关，BE/ME(即 book-to-market equity）通常称为账市比。Chan 等（1991）也发现日本股票市场股权的账市比 BE/ME 在解释截面平均收益时有很强的作用；

（4）Basu（1983）的实证表明盈利—价格比（E/P）连同规模（size，ME）和贝塔值（β）有助于解释美国股票市场的截面平均收益，Ball（1978）则认为 E/P 可以“捕捉”预期收益中所有其他无名因子的代理变量——那些高风险和高预期收益的股票，无论其无名的风险源是什么，其 E/P 可能会更高（价格相对于盈利较低）。Ball 关于 E/P 作为代理变量的论证可能适用于规模（ME）、杠杆以及权益的账面市值比（book-to-market equity），所有这些变量都可以被看作衡量股票价格的不同方法，并从股票价格中提取风险和期望收益的信息（Keim，1988）。

基于以上的分析，E/P、ME、杠杆和 BE/ME 都是测量价格的不同“模式”，因此可以预计其中的某些变量对于描述或预测平均收益率是冗余的，我们需要评估这些变量包括β值、规模、E/P、杠杆和股权的账市比作为定价因子在 NYSE，AMEX 和 NASDAQ 等股票市场截面收益的预测中的联合作用，最终提取代表性因子。

Fama 和 French（1992）的主要结果是：联合起来看，规模加上账市比能够解释平均的截面收益；单独利用因子时，规模、市盈率、杠杆和账市比对股票收益都有一定的解释力，但市场贝塔具有较少的信息。总之，在 1963—1990 年，规模（ME）和账市比（BE/ME）“捕捉”了与规模（ME）、市盈率（E/P）、账市比（BE/ME）和杠杆等因素相关的平均股票收益的截面变化。因此可以筛选出三个因子：

贝塔（β）；规模（ME）；账市比（BE/ME）

（二）因子模型的构建

在上述结论的基础上，Fama 和 French（1993）构造了三因子模型。文章最初构造了 5 个共同因子（common factors），含 3 个股票共同因子和 2 个债券共同因子，因此包含两个实证模型，一个是债券的实证模型，一个是股票的实证模型：

$$\tilde{r}_{i,t} - r_{F,t} = \alpha_i + m_i \mathrm{TERM}_t + d_i \mathrm{DEF}_t + \tilde{\varepsilon}_i \quad (i = 1, 2, \cdots, N) \tag{10.59}$$

$$r_{i,t} - r_{F,t} = \alpha_i + b_i(\tilde{r}_{Mt} - r_{Ft}) + s_i \mathrm{SMB}_t + + h_i \mathrm{HML}_t + \tilde{\varepsilon}_{i,t} \quad (i = 1, 2, \cdots, N) \tag{10.60}$$

其中，第一个方程是用来检验债券市场定价因子的，包含期限因子和违约因子两因子；第二个方程是用来检验股票市场的定价因子的，包含市场因子、规模因子和账市比因子三因子，后者也是最流行的检验方程。TERM 是期限因子，为长期国债收益与 1 个月短期国债（T-bill）收益的差；DEF 是违约因子，为长期公司债券收益与长期国债组合收益之差。在股票市场的定价因子中，SMB 是规模因子，HML 是账市比因子。市场因子由市场投资组合的收益与无风险利率因子之差构成。为了构造后面两个因子，首先依规模（即市值 ME，为股票价格乘流通股票的数量）的中位数将股票分成两组：大规模组和小规模组；再将各组依据账面价值 BE 与市值 ME 之比将每一组分为 3 组：低比值（最低的 30%）、中比值（中间的 40%）和高比值（最高的 30%）共计 6 个组，并记为 S/L、S/M、S/H、B/L、B/M、B/H 组，S 表示小规模（small），B 表示大规模（big）；L、M 和 H

分别表示低(low)、中(medium)和高(high)比值。6个组合的等权收益分别用上述字母的角标表示，由此组成SMB和HML因子：

$$SMB = \frac{r_{S/L} + r_{S/M} + r_{S/H}}{3} - \frac{r_{B/L} + r_{B/M} + r_{B/H}}{3} \tag{10.61}$$

$$SMB = \frac{r_{S/H} + r_{B/H}}{2} - \frac{r_{S/L} + r_{B/L}}{2} \tag{10.62}$$

以上是经典的三因子模型，基于该思想Carhart(1997)和Novy-Marx(2013)分别推出了四因子模型，Fama和French(2015)推出了五因子模型。Hou、Xue和Zhang(2015)则基于托宾Q理论推出了Q因子。

(三)实证分析

Fama和French(1993)的实证表明，在股票市场和债券市场存在5个共同因子；股票市场上的3个因子在政府债券和公司债券市场上的作用比较小。Fama和French(1992，1993)从时间序列回归和截面回归两个维度对资产定价模型展开实证分析，并开创了近几十年资产定价实证分析的基准模式。无论是建立在三因子模型上的四因子模型、五因子模型还是其他更多因子模型，都采用基本相似的方法展开实证。同时，针对因子构建方法、时间序列和截面回归孰优孰劣等问题展开了讨论，并推动了资产定价实证分析的发展。

◎ 本章小结

CAPM表明，均衡条件下，任何证券或证券组合的期望收益与市场投资组合的期望收益率呈线性关系，由此形成证券市场线(SML)。SML表明任何证券的收益由市场投资组合这个单一的因子决定，该关系形成市场因子，即证券收益由市场单一因子决定。推而广之，证券收益由某个单一因子决定的模型即是单因子模型。因子模型在求证券期望收益和方差及协方差时大大简化。当单一因子模型不能很好地解释证券收益时，需要将单因子模型推广到两因子乃至多因子模型。多因子模型同样能简化证券收益和风险的确定。

在多因子模型基础上，罗斯提出了套利定价模型(APT)，套利定价建立在较少的假设基础上。为了推导定价方程，我们先研究了精确因子模型，然后得到极限套利和套利定价模型的定价方程。

套利定价理论或多因子定价模型非常利于实证分析，因子模型的实证分析本质上是资本资产定价模型实证分析的延伸，经典的实证分析包括Fama-French三因子模型、五因子模型和其他的多因子模型。

◎ 重要概念

市场模型　单因子模型　多因子模型　因子暴露　因子载荷　因子风险　非因子风险　APT　精确因子　因子溢价　风险价格　极限套利　因子构建

◎ 思考题

1. 什么是市场模型？市场模型下证券的收益和风险如何确定？

2. 什么是多因子模型？多因子模型下证券的收益如何确定？证券的风险如何分解？

3. APT 有哪些假设？

4. 简述 APT 与 CAPM 的联系与区别。

5. Fama-French 三因子模型如何构造决定证券收益的因子？

6. 如果 CAPM 和 APT 都是正确的资产定价理论，那么与市场投资组合负相关的因子的风险溢价必定是负的，为什么？从数值和直观上进行解释。

7. 有学者认为市场投资组合是不能被测定的，因此 CAPM 是不可检测的。也有学者认为 APT 既未明确因子的数目也未明确因子的内容，从而也是不可检测的。如果这些观点都是正确的，这意味着这些理论毫无价值吗？解释之。

8. 虽然 APT 未明确有关因子的内容，多数套利定价理论的实证研究集中在某些类型的因子上，这些因子的共同特征是什么？

◎ 练习题

1. 在单因子模型下，市场上有两个风险资产 A 和 B，两证券的风险载荷分别为 0.20 和 3.5；两者的特质风险(方差)分别为 49%和 100%，当两资产组成的投资组合为(40%，60%)时分别回答下列各问题：

(1) 如果单因子的标准差为 15%，则投资组合的因子风险是多少？

(2) 组合的非因子风险和组合的总风险各是多少？

(3) 如果无风险资产、A 和 B 组成的投资组合为(10%，36%，54%)，分别回答上述两问。

2. 在两因子模型下，市场上有两个证券 A 和 B，它们对因子 1 的敏感性分别为 1.5 和 0.7，对因子 2 的敏感性分别为 2.6 和 1.2，两证券的特质风险用方差表示分别为 25%和 16%，因子 1 和因子 2 的标准差分别为 20%和 15%，因子间协方差为 2.25%。计算两个证券的标准差和它们之间的协方差。

3. 单因子模型下，假设无风险利率为 2%，一个具有单位敏感性的投资组合的期望收益率为 4.5%。假设有两个风险证券 A 和 B 的风险载荷分别为 4.0 和 2.6，根据套利定价理论，求这两种证券组成组合(30%，70%)的均衡期望收益率。

4. 假设证券收益由两因子模型生成。两个风险证券和无风险资产对每个因子的敏感性及每种证券的期望收益率见下表。

证券	b_{i1}	b_{i2}	期望收益率(%)
A	0.50	0.80	5.2
B	1.50	1.40	7.6
C	0.00	0.00	2

(1)如何你有100元用于投资，卖空50元证券B买入150元证券A，你的投资组合对两个因子的敏感性是多少？

(2)如果你以无风险利率借入100元，并将该资金与原来的钱合并按(1)中的比例投资于资产A和B，则该组合对两个因子的敏感性各为多少？求该组合的期望收益率。

(3)因子2的期望风险溢价是多少？

5. 假设CAPM成立，证券的收益由单因子模型生成。给定如下信息：

$$\sigma_M^2 = 4.00\%，b_A = 0.70，b_B = 1.10，\mathrm{cov}(F，r_M) = 3.70\%$$

(1)计算证券A和B的贝塔系数；

(2)如果无风险利率为2%，市场投资组合的期望收益率为6%，证券A和B的均衡期望收益率各是多少？

6. 假设CAPM成立，证券的收益由两因子模型生成。给定如下信息：

$$\sigma_M^2 = 3.24\%，b_{A1} = 0.80，b_{B1} = 1.00，\mathrm{cov}(F_1，r_M) = 1.56\%$$

$$b_{A2} = 1.10，b_{B2} = 0.70，\mathrm{cov}(F_2，r_M) = 5.00\%$$

在上述条件下回答第5题中的两问。

7. 假设资产A、B、C的收益服从精确两因子模型：

$$r_A = a_A + b_{A,1}\widetilde{F}_1 + b_{A,2}\widetilde{F}_2$$

$$r_B = a_B + b_{B,1}\widetilde{F}_1 + b_{B,2}\widetilde{F}_2$$

$$r_C = a_C + b_{C,1}\widetilde{F}_1 + b_{C,2}\widetilde{F}_2$$

其中，两个因子$F_i^{(i=1,2)}$是均值为0、方差为1的因子，为r_F无风险利率，无套利条件下a、b应该满足什么条件？

◎ 参考书目与推荐阅读

1. 威廉·夏普，戈登·亚历山大，杰弗里·贝利，投资学. 第五版. 北京：中国人民大学出版社，2013.

2. Huang Chi-fu，Litzenberger，Robert. Foundations for Financial Economics. Elsevier Science Co，1988.

3. 弗兰克·法博齐，埃德温·尼夫，周国富. 金融经济学. 北京：机械工业出版社，2015.

4. 石川，刘洋溢，连祥斌. 因子投资：方法与实践. 北京：中国工信出版集团，2022.

第十一章 完全市场下的资源配置与资产定价

◎ 学习目标

- 掌握一般均衡分析在金融市场上的应用
- 掌握 Pareto 最优的含义
- 了解福利经济学定理与金融市场上的资源配置
- 代表性经济人的概念

前面我们在 A-D 框架下讨论了一般均衡问题，在此基础上，本章我们进一步讨论更一般框架下的一般均衡问题。第三章基于 A-D 框架的分析属于一种初步的分析，本章是第三章的延续。当市场完全时，由于 A-D 证券市场与原始证券市场等价，我们在分析问题时依然尽量将原始市场转化为 A-D 证券市场来展开分析。我们首先给出完全市场下一般均衡的分析框架，并给出一些简单的性质；然后给出多人参与经济的最优标准——Pareto 最优，以及相关的福利经济学第一定理和第二定理，利用 Pareto 最优解的性质定义经济人的风险分担规则并分析风险分带规则的性质、线性分担规则的条件；最后定义代表性经济人并分析其性质。

值得强调的是，直到目前为止我们都是在纯交换经济情形下展开分析的，包括第三章和本章的内容都不考虑生产。我们在第十四章专门将分析框架拓展到引进生产的经济。

第一节 完全市场下经济人的决策问题

完全市场是一种特殊情形，意味着任何有限的消费计划(即任何时点的消费水平都是非负的有限实数)都是市场化的，即可以通过构造适当的投资组合而得到。无套利情形下，完全市场又可以转化为等价的 A-D 情形。虽然完全市场下原始证券市场和 A-D 证券市场可能意味着不同的优化问题，但它们之间是等价的。

一、完全市场下的投资机会与禀赋

我们依然在单期有限状态的简单情形下讨论问题。假设经济系统中存在 K 个经济人，我们标之以 k，$k=1$，2，…，K。期末有 S 个状态，市场上有 N 个证券，每个证券的期末支付都可以表示为一个 S 维支付向量，责任有限假设下，任何一个支付向量都是非负的。我们依旧将 N 个证券形成的市场结构 $\boldsymbol{X}$ 称为原始市场结构，它们的价格向量为 $\boldsymbol{S}$，原始市场可以描述为$(\boldsymbol{S}, \boldsymbol{X})$，其中：

$$\boldsymbol{S}^{\mathrm{T}} = (S_1, S_2, \cdots, S_N)$$

$$\boldsymbol{X} = (X_1, X_2, \cdots, X_N)$$

N 个证券形成 N 个投资机会，经济人可以利用这 N 个投资机会对其资源进行重新配置，从而达到其效用极大化。在完全市场下，市场结构 $\boldsymbol{X}$ 的秩等于状态数 S，即 $\mathrm{rank}(\boldsymbol{X})=S$，任何有限的可行消费计划都可以通过适当配置资源而得到，因此任何有意义的最优解都是可行解，因此我们在后面的分析中无须考虑如何通过市场实现最优消费计划，只需要确定什么是最优的消费计划。

最优消费计划是消费者的需求，而禀赋则是消费者所拥有的。通常假设经济人的资源禀赋以两种形式出现：其一是以消费品出现的实物禀赋，即在不同时点不同状态下都有拥相应的消费品，我们在后面将“实物禀赋”和“消费品禀赋”不加区分；其二是期初的消费品加证券禀赋，即经济人在期初除了拥有一定的期初消费品之外还拥有一定数量的证券，这些证券可以带来期末的消费品。这两种形式的禀赋可以用数学语言描述。

(一)实物禀赋

假设经济人的禀赋只以实物的形式出现，即禀赋表现为不同时点、不同状态下先天赋予的消费品。若经济人 $k(k=1, 2, \cdots, K)$ 的实物禀赋表示为 $\{(e_{k,0}, e_{k,\omega}), \omega \in \boldsymbol{\Omega}\}$，或用向量表示为：

$$\boldsymbol{e}_k = (e_{k,0}, \boldsymbol{e}_{k,1})$$

此时经济的总禀赋$(e_0; \boldsymbol{e}_1)$满足：

$$e_0 = \sum_{k=1}^{K} e_{k,0};\ \boldsymbol{e}_\omega = \sum_{k=1}^{K} \boldsymbol{e}_{k,\omega},\ \omega \in \boldsymbol{\Omega} \tag{11.1}$$

其中，e_0 表示 0 时点的总禀赋，它等于所有经济人在 0 时点的禀赋之和；e_ω 表示期末 ω 状态下的总禀赋，它等于相应时点、相应状态下各经济人的禀赋之和。

(二)实物加证券禀赋

假设经济人的禀赋表现为期初的消费品和一定的证券。具体地将经济人 $k(k=1, 2, \cdots, K)$的禀赋表示为期初的消费品禀赋 $e_{k,0}$ 和证券禀赋 $\bar{\theta}_{k,i}$，$i=1, 2, \cdots, N$，证券禀赋用向量表示为：

$$\bar{\boldsymbol{\theta}}_k=(\bar{\theta}_{k,1},\ \bar{\theta}_{k,2},\ \cdots,\ \bar{\theta}_{k,N})$$

其中，$\bar{\theta}_{k,i}$ 表示经济人 k 初始拥有证券 i 的数量，一般假设 $\bar{\theta}_{k,i}\geqslant 0$。用 $\boldsymbol{e}_\omega$ 表示期末 ω 状态下的总禀赋，则有：

$$\boldsymbol{e}_\omega=\sum_{k=1}^{K}\boldsymbol{e}_{k,\omega}=\sum_{k=1}^{K}\left[\sum_{i=1}^{N}\bar{\theta}_{k,i}X_{i,\omega}\right],\ \omega\in\boldsymbol{\Omega} \tag{11.2}$$

其中，$X_{i,\omega}$ 是指证券 i 在 ω 状态下的支付，(11.2)的含义是第二类禀赋中所有证券型的禀赋在期末 ω 状态下产生的支付之总和等于第一类禀赋中 ω 状态下实物禀赋之和。在第三章 A-D 框架下，我们讨论的是一类简单情形，在那里我们取 $\bar{\theta}_{k,i}=0$，即假设投资者的禀赋中不含证券。容易证明即使 $\bar{\theta}_{k,i}>0$ 也不会对问题产生实质性的影响。那么，是否存在这样一种情况，每个经济人既拥有两期不同时点不同状态下的消费品禀赋，又拥有证券禀赋呢？事实上我们还有：

(三)实物禀赋加证券禀赋

经济人 $k(k=1,\ 2,\ \cdots,\ K)$ 的禀赋表示为消费品禀赋 $\{(e_{k,0},\ e'_{k,\omega}),\ \omega\in\boldsymbol{\Omega}\}$ 和证券禀赋 $\bar{\theta}_{k,i}$，$i=1,\ 2,\ \cdots,\ N$，我们对期末的实物禀赋加撇是为了说明它与(一)中的含义不同，它只是期末实物禀赋中的一部分，另一部分来自证券禀赋的支付，此时期末 ω 状态下的总禀赋 $\boldsymbol{e}_\omega$ 为：

$$\boldsymbol{e}_\omega=\sum_{k=1}^{K}\boldsymbol{e}_{k,\omega}=\sum_{k=1}^{K}e'_{k,\omega}+\sum_{k=1}^{K}\left[\sum_{i=1}^{N}\bar{\theta}_{k,i}X_{i,\omega}\right],\ \omega\in\boldsymbol{\Omega} \tag{11.3}$$

上述分析说明前面两种描述禀赋的方式具有代表性，第三种除了在形式上比较复杂之外，没有实质性的区别，因此我们并不常用第三种方法。第三种方法中证券总禀赋为零时，即 $\sum_{k=1}^{K}\bar{\theta}_{k,i}=0$，$i=1,\ 2,\ \cdots,\ N$ 时即为第一种。

二、经济人的决策问题

经济人依据其自身的禀赋，结合投资机会作出相应的决策。通常用描述经济人"福利"的效用或效用函数来衡量决策好坏的标准，即经济人通过在资本市场上利用 N 个投资机会对其禀赋资源进行重新"组合"，从而使其福利或效用极大。这种利用投资机会对资源进行的"重组"称为资源配置。通常假设经济人单纯追求消费所带来的福利或效用，因此，资源配置以最终形成的消费模式来表示。两时点单期且期末状态有限(S 种状态)情形下的资源配置描述为：

$$\{(c_{k,0},\ c_{k,\omega}),\ \omega\in\boldsymbol{\Omega},\ k=1,\ 2,\ \cdots,\ K\}$$

一个可以实现的资源配置称为**可行的资源配置**，可行的资源配置要求满足每个经济人的预算约束。因此，我们先来看经济人的预算约束。

1. 实物禀赋情形。在$(\boldsymbol{X},\ \boldsymbol{S})$框架下仅仅拥有实物禀赋 $\{(e_{k,0},\ \boldsymbol{e}_{k,\omega}),\ \omega\in\boldsymbol{\Omega}\}$ 的经

济人 k 的预算约束为：

$$\begin{cases} c_{k,0} = e_{k,0} - \sum_{i=1}^{N} \theta_{k,i} S_i \\ c_{k,\omega} = e_{k,\omega} + \sum_{i=1}^{N} \theta_{k,i} \boldsymbol{X}_i \end{cases} \tag{11.4}$$

其含义是明显的。第一个方程的含义是：期初的消费等于期初的禀赋减去期初的投资，投资总额等于购买每个证券的“花费” $\theta_i S_i$ 之和。这里 θ_i 可以为正数，也可以为负数。正数表示真实地购买并持有该证券，负数表示“发行”或出售了该证券。进一步，各证券上的投资之和形成总投资，总投资大于零表示期初净支出；总投资小于零表示期初净“融资”——从期末“借”资源用于期初消费。第二个方程的含义是：期末的消费等于期末的禀赋加上期初投资所产生的收益。由无套利定义可知，如果不存在套利机会，期初的“正”投资可以得到期末“正”的收益；期初的“负”投资将导致期末“负”的收益。

2. 实物禀赋加证券禀赋情形。在($\boldsymbol{X}$, $\boldsymbol{S}$)框架下拥有实物禀赋 $e_{k,0}$ 和证券禀赋 $\bar{\theta}_{k,i}$($i = 1, 2, \cdots, N$) 的经济人 k 的预算约束为：

$$\begin{cases} c_{k,0} = e_{k,0} + \sum_{i=1}^{N} (\bar{\theta}_{k,i} - \theta_{k,i}) S_i \\ \boldsymbol{c}_{k,\omega} = \sum_{i=1}^{N} \theta_{k,i} \boldsymbol{X}_i \end{cases} \tag{11.5}$$

其中两个方程的含义与实物禀赋情形基本相同，不同的是期初的投资表现为对证券禀赋所持有的证券数量进行调整，而且总的投资表现为正的投资，期末的收益必须为正的收益。

上述分析是在($\boldsymbol{X}$, $\boldsymbol{S}$)框架下讨论经济人的预算约束，目的是方便给出此框架下经济人的最优选择问题。另一种方法是，我们希望能将($\boldsymbol{X}$, $\boldsymbol{S}$)框架转化为 A-D 框架，从而简化分析。事实上我们在第五章已经证明了市场完全下两者是等价的，我们这里先回顾一下：完全市场下市场结构 $\boldsymbol{X}$ 的秩等于状态的个数，即 $\text{rank}(X) = S$。若市场无摩擦，则利用 N 个投资机会可以构造特定的投资组合 θ_ω 来复制每一个状态证券，即对任意状态 $\boldsymbol{\omega}$ 都可以构造组合 θ_ω 使得：$\boldsymbol{X\theta}_\omega = 1_\omega$。

无套利情形下状态证券的价格唯一且非负，即存在唯一的价格满足：

$$\boldsymbol{S}^{\mathrm{T}} \boldsymbol{\theta}_\omega = \phi_\omega > 0$$

市场无摩擦且不存在套利机会时，去掉冗余证券不改变投资机会，从而可以设定 $\text{rank}(X) = S = N$(本节后面部分虽然交替使用 S 和 N，但默认 $S = N$，其他地方在没有特殊说明的情况下两者是不相等的)，此时 $\boldsymbol{X}$ 为 $s \times s$ 的可逆矩阵，此时有：

$$\boldsymbol{\theta}_\omega = \boldsymbol{X}^{-1} \mathbf{1}_\omega \tag{11.6}$$

$$\phi_\omega = \boldsymbol{S}^{\mathrm{T}} \boldsymbol{X}^{-1} \mathbf{1}_\omega > 0 \tag{11.7}$$

由此可以证明：市场无摩擦且不存在套利机会时，($\boldsymbol{X}$, $\boldsymbol{S}$)框架下的决策问题等价于($\boldsymbol{X}^{\text{A-D}}$, $\boldsymbol{\phi}$)框架下的决策问题。尽管如此，我们下面还是分别给出两种框架下的决策问题，但我们在后面分析问题时总是选择最简单的一类框架展开分析。

我们先看($\boldsymbol{X}$，$\boldsymbol{S}$)框架下经济人的决策问题：

$$
\begin{aligned}
&\max_{\theta_{k,i}} u_{k,0}(c_{k,0}) + \sum_{\omega \in \Omega} \pi_\omega u_k(c_{k,\omega}) \\
&\text{s.t}\quad c_{k,0} = e_{k,0} - \sum_{i=1}^{N} \theta_{k,i} S_i \\
&\qquad c_{k,\omega} = e_{k,\omega} + \sum_{i=1}^{N} \theta_{k,i} X_{i,w} \\
&\qquad c_{k,0} \geqslant 0, c_{k,\omega} \geqslant 0
\end{aligned}
\tag{11.P1}
$$

或

$$
\begin{aligned}
&\max_{\theta_{k,i}} u_{k,0}(c_{k,0}) + \sum_{\omega \in \Omega} \pi_\omega u_k(c_{k,\omega}) \\
&\text{s.t}\quad c_{k,0} = e_{k,0} + \sum_{i=1}^{N} (\bar{\theta}_{k,i} - \theta_{k,i}) S_i \\
&\qquad c_{k,\omega} = \sum_{i=1}^{N} \theta_{k,i} X_{i,w} \\
&\qquad c_{k,0} \geqslant 0, c_{k,\omega} \geqslant 0
\end{aligned}
\tag{11.P2}
$$

其中，目标函数采用 $u_k(c_{k,\omega})$ 表示期末的效用函数，而没有采用 $u_{k,1}(c_{k,\omega})$ 只是为了在不会产生混淆的前提下尽量采用简便方法来表示。在($\boldsymbol{X}^{\text{A-D}}$，$\boldsymbol{\phi}$)框架下，组合为 $\boldsymbol{\theta}_k = (\theta_{k,1}, \theta_{k,2}, \cdots, \theta_{k,S})$ 的 A-D 证券投资组合，即该组合中包含 $\theta_{k,i}$份的状态 i 证券($i=1, 2, \cdots, S$)，其期末的支付为($\theta_{k,1}$，$\theta_{k,2}$，…，$\theta_{k,S}$)。因此，当投资组合向量的分量满足 $\theta_{k,i}=e_{k,i}$时，该组合的期末支付为：

$$
\begin{pmatrix} e_{k,1} \\ e_{k,2} \\ \vdots \\ e_{k,S} \end{pmatrix}
$$

该支付向量从数量值上与经济人 k 的期末禀赋向量 $\boldsymbol{e}_k$ 完全相同，我们说这个投资组合完全复制了经济人 k 的期末禀赋，该投资组合期初价格 $\sum_{\omega \in \Omega} e_{k,\omega}\phi_\omega$ 可以作为禀赋向量 $\boldsymbol{e}_k$ 在期初的价值。在物物交换经济下可以理解为经济人在期末的禀赋 $\boldsymbol{e}_k$ 折合为期初 $\sum_{\omega \in \Omega} e_{k,\omega}\phi_\omega$ 个单位的消费品。以期初消费品为价格单位(即期初消费品作为法币)，经济人 k 的禀赋($e_{k,0}$，$\boldsymbol{e}_{k,1}$)的总价值为 W_k：

$$
W_k = e_{k,0} + \sum_{\omega \in \Omega} e_{k,\omega}\phi_\omega \tag{11.8}
$$

类似地，禀赋为 $\bar{\theta}_{k,i}$ 的证券期末支付为 $\bar{\theta}_{k,i}\boldsymbol{X}_i$，证券禀赋组合 $\bar{\boldsymbol{\theta}}_k = (\bar{\theta}_{k,1}, \bar{\theta}_{k,2}, \cdots, \bar{\theta}_{k,N})$ 的期末支付为 $\sum_{i=1}^{N} \bar{\theta}_{k,i}\boldsymbol{X}_i$，因此实物禀赋($e_{k,0}$，$\boldsymbol{e}_{k,\omega}$)加证券禀赋 $\bar{\theta}_k$ 的期初价值为：

$$W_k = e_{k,0} + \sum_{\omega \in \Omega} \left[\left(\sum_{i=1}^{N} \bar{\theta}_{k,i} X_{i,\omega} \right) \phi_\omega \right] \tag{11.9}$$

易证，此时也有：

$$W_k = e_{k,0} + \sum_{i=1}^{N} \bar{\theta}_{k,i} S_i \tag{11.10}$$

不失一般性，令 $\bar{\theta}_k = 0$，即 $\bar{\theta}_{k,i} = 0(i = 1, 2, \cdots, N)$，此时只需要考虑方程(11.8)的情形。

在$(X^{\text{A-D}}, \phi)$框架下可以将上述的决策问题简化为：

$$\begin{aligned} &\max_{c_{k,0}, c_{k,\omega}} u_{k,0}(c_{k,0}) + \sum_{\omega \in \Omega} \pi_\omega u_k(c_{k,\omega}) \\ &\text{s. t} \quad c_{k,0} + \sum_{i=1}^{N} c_{k,\omega} \phi_\omega = w_k \\ &\qquad c_{k,0} \geqslant 0, c_{k,\omega} \geqslant 0 \end{aligned} \tag{11. P3}$$

我们在这里列举了三种优化问题，它们彼此间是等价的，即它是同一种问题的三种不同描述方式，完全市场下采用(11. P3)通常最简单。当然，在处理具体问题时可以依据具体的情况来决定，其目标是使处理过程更简单。

三、单个经济人最优决策的若干性质

假定经济人的效用函数满足 Inada 条件，从而经济人的决策问题的最优解为内点解，可以忽略非负约束条件。依据等式约束极值问题的处理方法求解问题(11. P3)，令 k 的拉格朗日(简称拉氏)函数为 L_k，拉氏乘数为 λ_k，则：

$$L_k = \left[u_{k,0}(c_{k,0}) + \sum_{\omega \in \Omega} \pi_\omega u_k(c_{k,\omega}) \right] + \lambda_k \left[w_k - c_{k,0} - \sum_{i=1}^{N} c_{k,\omega} \phi_\omega \right] \tag{11.11}$$

F. O. C：

$$\begin{cases} \dfrac{\partial L_k}{\partial c_{k,0}} = 0 \\ \dfrac{\partial L_k}{\partial c_{k,\omega}} = 0, \quad \omega = 1,2,\cdots,S \\ \dfrac{\partial L_k}{\partial \lambda_k} = 0 \end{cases}$$

即

$$\begin{cases} u'_{k,0}(c_{k,0}) = \lambda_k \\ \pi_\omega u'_k(c_{k,\omega}) = \lambda_k \phi_\omega, \quad \omega = 1,2,\cdots,S \\ c_{k,0} + \sum_{\omega \in \Omega} c_{k,\omega} \phi_\omega = w_k \end{cases} \tag{11.12}$$

由(11. 12)立即可以得到第三章中类似的结果：

$$\begin{cases}\dfrac{\pi_\omega u'_k(c_{k,\omega})}{u'_{k,0}(c_{k,0})}=\phi_\omega \\ \dfrac{\pi_\omega u'_k(c_{k,\omega})}{\pi'_\omega u'_k(c_{k,\omega'})}=\dfrac{\phi_\omega}{\phi'_\omega}, \quad \omega,\omega' \in \Omega\end{cases} \tag{11.13}$$

由于通常假设效用函数是凹的，因此二阶条件总是满足的，在此条件下一阶条件既是必要条件也是充分条件。一阶条件(11.13)可以概括为性质定理：

定理 11.1：若经济人的效用函数满足严格递增和严格凹，即 $u'(\cdot) > 0$，$u''(\cdot) < 0$，则消费决策为最优的充要条件为：

(1)每个经济人的跨期边际替代率都由特定状态的状态价格确定，即期末任意状态 ω 下的边际效用与期初的边际效用之比等于 ω 状态对应的状态价格；

(2)期末跨状态边际替代率均由两特定状态下的状态价格确定，即期末任意两状态 ω 与 ω' 下的边际效用之比都等于两状态的状态价格之比。

由于 $u''(\cdot) < 0$，所以 $u'(\cdot)$ 单调递减，由(11.12)可以将最优消费表示为 $u'(\cdot)$ 的反函数形式：

$$\begin{cases} c_{k,0} = u'^{-1}_{k,0}(\lambda_k) \\ c_{k,\omega} = u'^{-1}_k\left(\dfrac{\lambda_k \phi_\omega}{\pi_\omega}\right), \quad \omega = 1,2,\cdots,S \end{cases} \tag{11.14}$$

代入预算约束方程得：

$$c_{k,0} + \sum_{i=1}^{N} c_{k,\omega}\phi_\omega = u'^{-1}_{k,0}(\lambda_k) + \sum_{\omega\in\Omega} u'^{-1}_k \left(\frac{\lambda_k\phi_\omega}{\pi_\omega}\right) = w_k \tag{11.15}$$

理论上，由(11.15)可以解得经济人的拉氏乘数，从后文的分析可知该乘数从某种程度上反映了其福利。

进一步，由一阶条件(11.12)还可以得到如下性质定理：

定理 11.2：完全市场下若所有参与者都具有状态独立、跨时可加的期望效用函数，并且效用函数严格单调、凹，则对任意的经济人 k，其最优消费决策必定满足：

$$\forall\omega,\ \omega' \in \Omega,\ c_{k,\omega} > c_{k,\omega'} \text{ 当且仅当 } \frac{\phi_\omega}{\pi_\omega} < \frac{\phi_\omega{}'}{\pi_\omega{}'}$$

证明：由经济人的一阶条件(11.12)可知：

$$u'_k(c_{k,\omega}) = \lambda_k \frac{\phi_\omega}{\pi_\omega}$$

因为 $u''(\cdot) < 0$，所以 $u'(\cdot)$ 单调递减；

又因为 $u'(\cdot) > 0$，所以 $\lambda_k = u'_{k,0}(c_{k,0}) > 0$；

所以：$\forall\omega,\ \omega' \in \Omega$，$c_{k,\omega} > c_{k,\omega'}$ 当且仅当 $u'_k(c_{k,\omega}) < u'_k(c_{k,\omega'})$，即

$$\lambda_k \frac{\phi_\omega}{\pi_\omega} < \lambda_k \frac{\phi'_\omega}{\pi'_\omega}$$

当且仅当 $\dfrac{\phi_\omega}{\pi_\omega} < \dfrac{\phi'_\omega}{\pi'_\omega}$。证毕■

定理 11.2 的含义是：对任何经济人，他(她)在任何状态下的最优消费水平取决于相应状态的“价格”，“价格”越高消费越少；“价格”越低消费越多。这里的“价格”不是单纯的状态价格，而是经概率调整后的价格 ϕ_ω/π_ω，即单位概率的状态价格，通常被称为**状态价格密度**(state price density)，也称为**随机贴现因子**(discount factor)或**资产定价的核**(asset pricing kernel)。请注意，我们在前面近似地将其理解为“随机贴现因子”，本质上 ϕ_ω/π_ω 才是真正的随机贴现因素，记为 M_ω，它是一个非常重要的概念，将在下一章介绍。

四、自由竞争经济下的均衡

传统的定价方法之一是一般均衡方法，即由自由竞争来确定各资产的价格。该方法遵循两个核心的步骤或条件：一是经济人各自优化；二是市场出清。

(一)各自优化

依然假设 Inada 条件成立，我们首先简单论证两种框架下的优化问题的等价性，后面的分析中只对容易分析的情形展开分析。问题(11. P1)和问题(11. P2)有类似的处理方法，而且在前面的分析中已经处理过问题(11. P1)和(11. P3)，这里我们以问题(11. P2)为例来展开。在问题(11. P2)中，经济人 k 通过构造投资组合 $\boldsymbol{\theta}_k$，从而实现其最优消费计划($c_{k,0}$，$\boldsymbol{c}_{k,1}$)，所以最优问题是求最优组合：

$$
\begin{aligned}
&\max_{\theta_{k,i}} u_{k,0}(c_{k,0}) + \sum_{\omega\in\Omega}\pi_\omega u_k(c_{k,\omega}) \\
&\text{s. t}\quad c_{k,0} = e_{k,0} + \sum_{i=1}^{N}(\bar{\theta}_{k,i} - \theta_{k,i})S_i \qquad (11.\text{P4}) \\
&\qquad\quad c_{k,\omega} = \sum_{i=1}^{N}\theta_{k,i}X_{i,\omega}
\end{aligned}
$$

将约束条件代入目标函数即可将优化问题转化为无约束极值问题，令 $L_k = u_{k,0}(c_{k,0}) + \sum_{\omega\in\Omega}\pi_\omega u_k(c_{k,\omega})$，相应的一阶条件为：

$$\frac{\partial L_k}{\partial \theta_{k,i}} = 0,\ i = 1,\ 2,\ \cdots,\ N \qquad (11.16)$$

方程(11.16)实质上是随着 i 取不同值形成的方程组。解方程组得最优投资组合：

$$\theta_{k,i}^{*} = \theta_{k,i}^{*}(\boldsymbol{S},\ \boldsymbol{e}_k,\ \bar{\boldsymbol{\theta}}_k) \qquad (11.17)$$

用星号“*”是为了突出它是最优值，括号是用来表示最优投资数量是市场价格 $\boldsymbol{S}$、自身实物禀赋 $\boldsymbol{e}_k$ 和证券禀赋 $\bar{\boldsymbol{\theta}}_k$ 的函数。将(11.17)代入预算约束可以得到最优消费选择：

$$
\begin{cases}
c_{k,0}^{*} = c_{k,0}^{*}(\boldsymbol{S},\ \boldsymbol{e}_k,\ \bar{\boldsymbol{\theta}}_k) \\
c_{k,1}^{*} = c_{k,1}^{*}(\boldsymbol{S},\ \boldsymbol{e}_k,\ \bar{\boldsymbol{\theta}}_k)
\end{cases}
\qquad (11.18)
$$

(二)市场出清

市场出清可以分为两个不同的市场：一是证券市场出清，二是消费品市场出清。证券市场出清是指经济人对各证券的总需求等于各证券的总供给：

$$\sum_{k=1}^{K}\theta_{k,i}^{*}=\sum_{k=1}^{K}\bar{\theta}_{k,i},\ i=1,\ 2,\ \cdots,\ N \tag{11.19}$$

等式中左边是所有经济人的最优投资需求，即投资于证券 i 上的证券数量之总和；等式右边是所有经济人在证券 i 上的禀赋的总和，两者相等并对所有证券都成立，此时证券市场出清。

商品市场出清是指所有经济人对消费品的总需求等于总供给，表示为：

$$\sum_{k=1}^{K}c_{k,\omega}=\sum_{k=1}^{K}e_{k,\omega},\ \omega=0,\ 1,\ 2,\ \cdots,\ S \tag{11.20}$$

等式中左边是每个经济人对各时点、各状态下消费品的消费之和，$\omega=0$ 表示期初；等式右边表示各经济在相应时点、相应状态下的禀赋之和。

在(11. P4) 的框架下存在证券禀赋，此时证券出清条件为(11. 19)，将该方程代入(11. P4)中的预算约束，在 0 时点有：

$$\begin{aligned}\sum_{k=1}^{K}c_{k,0}&=\sum_{k=1}^{K}e_{k,0}+\sum_{k=1}^{K}\left[\sum_{i=1}^{N}(\bar{\theta}_{k,i}-\theta_{k,i})S_i\right]\\&=\sum_{k=1}^{K}e_{k,0}+\sum_{i=1}^{N}\left[\sum_{k=1}^{K}\bar{\theta}_{k,i}-\sum_{K=1}^{k}\theta_{k,i}\right]S_i\\&=\sum_{k=1}^{K}e_{k,0}\end{aligned}$$

由(11. 2)在时点 1 有：

$$\begin{aligned}\sum_{k=1}^{K}c_{k,\omega}&=\sum_{k=1}^{K}\left[\sum_{i=1}^{N}\theta_{k,i}X_{i,\omega}\right]=\sum_{i=1}^{N}\left[\left(\sum_{k=1}^{K}\theta_{k,i}\right)X_{i,\omega}\right]\\&=\sum_{i=1}^{N}\left[\left(\sum_{k=1}^{K}\bar{\theta}_{k,i}\right)X_{i,\omega}\right]=\sum_{k=1}^{K}\left[\sum_{i=1}^{N}\bar{\theta}_{k,i}X_{i,\omega}\right]\\&=\sum_{k=1}^{K}e_{k,\omega}\end{aligned}$$

因此，消费品市场出清。反之，易证消费品市场出清也可以推出证券市场出清，因此两种出清是等价的。很多时候只是采取实物禀赋，即假设证券的总禀赋为零，此时的市场出清就是(11. 20)成立。此时证券市场出清意味着：

$$\sum_{k=1}^{K}\theta_{k,i}^{*}=\sum_{k=1}^{K}\bar{\theta}_{k,i}=0,\ (i=1,\ 2,\ \cdots,\ N) \tag{11.21}$$

其含义是各经济人对各证券的需求的代数和为零——有的人需要持有证券表现为需求为正，有的人出售(发行)从而需求为负。

(三)均衡定价

经济人各自优化是在假定价格外生给定的条件下进行的，即各经济人假定 N 个证券的价格 $S_i(i=1,\ 2,\ \cdots,\ N)$是已知的，在此条件下解得最优消费需求(11. 18)，市场出清得到 $S+1$ 个方程组成的方程组：

$$\begin{cases}\sum_{k=1}^{K} c_{k,0}^{*}(\boldsymbol{S},\ \boldsymbol{e}_k,\ \bar{\boldsymbol{\theta}}_k) = \sum_{k=1}^{K} e_{k,0} \\ \sum_{k=1}^{K} c_{k,\omega}^{*}(\boldsymbol{S},\ \boldsymbol{e}_k,\ \bar{\boldsymbol{\theta}}_k) = \sum_{k=1}^{K} e_{k,\omega} \quad \omega \in \Omega\end{cases} \tag{11.22}$$

解方程组(11.22)得到各证券的价格。连同前面的最优消费水平一起组成一般均衡结果：$\{(c_{k,0}^{*}, c_{k,\omega}^{*}),\ S_i;\ k = 1,\ 2,\ \cdots,\ K,\ \omega \in \Omega,\ i = 1,\ 2,\ \cdots,\ N\}$。

在实际的求解中可能并不遵从上述步骤，比如在各自优化中直接求解最优消费，在没有特别要求的情形下无须求解作为“过渡变量的”最优组合 $\theta_{k,\ i}^{*}$。更多的时候直接转化为 A-D 框架求解状态价格，然后再推导出均衡价格。

例 11.1：考虑期末有两种状态的单期问题，两状态分别为 g 和 b 且等概率发生。市场上有两个证券：债券和股票。债券在两状态下支付均为 1；股票在 g 和 b 状态下的支付分别为 4 和 1。两证券的价格分别为 B 和 S。经济中有两个经济人：分别为经济人 1 和经济人 2，经济人 1 的禀赋为 100 单位的期初消费品，经济人 2 的禀赋为 50 股股票。两经济人均具有 CRRA 偏好，经济人 1 的相对风险厌恶系数为 1；经济人 2 的相对风险厌恶系数为 0.5，他们的时间偏好都为 1。求解该经济的最优资源配置和均衡价格。

解：依题意可知，该经济中的市场结构为：

$$X = \begin{bmatrix} 1 & 4 \\ 1 & 1 \end{bmatrix}$$

因此市场是完全的，由此可以考虑在 A-D 框架下先求状态价格 ϕ_g、ϕ_b，再求均衡解。考虑到两个经济人具有不同的偏好，我们分别求解各自的优化问题。

经济人 1 具有对数效用函数，其优化问题为：

$$\max_{\{c_{1,0}, c_{1,g}, c_{1,b}\}} \ln c_{1,0} + \frac{1}{2}(\ln c_{1,g} + \ln c_{1,b})$$
$$\text{s.t} \quad c_{1,0} + c_{1,g}\phi_g + c_{1,b}\phi_b = w_1$$

令 $L_1 = \ln c_{1,0} + \dfrac{1}{2}(\ln c_{1,g} + \ln c_{1,b}) + \theta_1[w_1 - c_{1,0} - c_{1,g}\phi_g - c_{1,b}\phi_b]$

一阶条件为：

$$\begin{cases}\dfrac{\partial L_1}{\partial c_{1,0}} = 0 \\ \dfrac{\partial L_1}{\partial c_{1,g}} = 0 \\ \dfrac{\partial L_1}{\partial c_{1,b}} = 0\end{cases} \quad \text{化简得} \quad \begin{cases} c_{1,0} = \dfrac{1}{\theta_1} \\ c_{1,g} = \dfrac{1}{2\theta_1\phi_g} \\ c_{1,b} = \dfrac{1}{2\theta_1\phi_b}\end{cases}$$

由经济人 1 的禀赋可知：$w_1 = e_{1,0} + e_{1,g}\phi_g + e_{1,b}\phi_b = 1 + 0 \times \phi_g + 0 \times \phi_b = 100$，而且：

$$w_1 = c_{1,0} + c_{1,g}\phi_g + c_{1,b}\phi_b = \frac{1}{\theta_1} + \frac{1}{2\theta_1\phi_g} \times \phi_g + \frac{1}{2\theta_1\phi_b} \times \phi_b = \frac{2}{\theta_1} \tag{11.23}$$

经济人 2 的效用函数为 $u(z) = 2\sqrt{z}$，其优化问题为：

$$\max_{\{c_{1,0},\, c_{1,g},\, c_{1,b}\}} 2\sqrt{c_{2,0}} + \frac{1}{2}\left(2\sqrt{c_{2,g}} + 2\sqrt{c_{2,b}}\right)$$

$$\text{s. t}\quad c_{2,0} + c_{2,g}\phi_g + c_{2,b}\phi_b = w_2$$

令 $L_2 = 2\sqrt{c_{2,0}} + (\sqrt{c_{2,g}} + \sqrt{c_{2,b}}) + \theta_2[w_2 - c_{2,0} - c_{2,g}\phi_g - c_{2,b}\phi_b]$

一阶条件为：

$$\begin{cases}\dfrac{\partial L_2}{\partial c_{2,0}} = 0\\[2ex] \dfrac{\partial L_2}{\partial c_{2,g}} = 0\\[2ex] \dfrac{\partial L_2}{\partial c_{2,b}} = 0\end{cases} \quad \text{化简得} \quad \begin{cases}c_{2,0} = \dfrac{1}{\theta_2^2}\\[2ex] c_{2,g} = \dfrac{1}{4\,(\theta_2\phi_g)^2}\\[2ex] c_{2,b} = \dfrac{1}{4\,(\theta_2\phi_b)^2}\end{cases}$$

由经济人 1 的特殊性可以大大简化运算，直接由市场出清得到下列方程组：

$$\begin{cases}c_{1,0} + c_{2,0} = 100\\ c_{1,g} + c_{2,g} = 200\\ c_{1,b} + c_{2,b} = 50\end{cases} \quad \text{即} \quad \begin{cases}\dfrac{1}{\theta_1} + \dfrac{1}{\theta_2^2} = 100\\[2ex] \dfrac{1}{2\theta_1\phi_g} + \dfrac{1}{4\,(\theta_2\phi_g)^2} = 200\\[2ex] \dfrac{1}{2\theta_1\phi_b} + \dfrac{1}{4\,(\theta_2\phi_b)^2} = 50\end{cases}$$

由(11.23)得：$\theta_1 = 1/50$ 故，$\theta_2^2 = 1/50$，代入上式解得状态价格：

$$\begin{cases}\phi_g = (1 + \sqrt{17})/16\\ \phi_b = (1 + \sqrt{5})/4\end{cases}$$

进一步求得相应的最优消费和均衡价格：

$$\begin{cases}c_{1,0} = 50\\ c_{1,g} = 25(\sqrt{17} - 1)\\ c_{1,b} = 25(\sqrt{5} - 1)\end{cases};\begin{cases}c_{1,0} = 50\\ c_{1,g} = 25(9 - \sqrt{17})\\ c_{1,b} = 25(3 - \sqrt{5})\end{cases};\begin{cases}B = (5 + 4\sqrt{5} + \sqrt{17})/16\\ S = (2 + \sqrt{17} + \sqrt{5})/4\end{cases}$$

值得说明的是，本例题中经济人 1 的特殊性使求解大大简化，其特殊性在于经济人 1 的禀赋呈现“只有今天没有明天”，经济人 2“只有明天没有今天”，它们唯有相互交换才能提高各自的“福利”。一般情形下的结果比较复杂，比如异质偏好下不一定有显示解，王江(Wang，1996)给出了一类异质偏好下显示解存在的充要条件，从一个角度证明了异质情形下显示解确定的困难。

第二节　完全市场下的最优资源配置与风险分担

上一节从单个人的角度讨论了自由竞争条件下投资者的最优选择问题，同时给出了一般均衡的分析框架，依据该框架可以确定市场价格，该价格称为一般均衡价格。依据均衡价格还能求解各投资者相应的消费水平。这种均衡价格以及各投资者的消费水平有什么性质？或者如何评价这些消费水平的好坏呢？我们还需要从另外的角度来审视。经济学中通常从整个市场的角度对各投资者的消费水平进行评价，常用的评价标准是Parato最优或Parato有效。本节从整个经济系统的视角研究各投资者在市场约束下最终能够获得的最优消费水平，最优消费水平也意味着最终对整个经济系统资源的占用，我们称为资源配置。最优资源配置既是经市场分配的结果，也是在市场约束条件下各经济人对总资源禀赋的最优需求。换言之，本节主要从整体视角研究各投资者的最优需求。

考虑两时点单期情形下的纯交换经济，整个经济系统中只有一个易腐的消费品。期初的消费品作为法币，K个经济人在0时点对当期的消费和投资做出选择。通过选择对每种A-D证券的投资数量来确定期末状态下的消费水平。个人效用函数满足严格单调和严格凹性，效用函数二次可微。在此框架下所有经济人最终得到的消费水平$\{(c_{k,0},c_{k,\omega}),\ \omega\in\Omega,\ k=1,2,\cdots,K\}$称为资源配置，简称配置。其中$c_{k,\omega}$表示经济人$k$在状态$\omega$下才获得的消费水平，也称为状态或有消费(state contingent consumption)。配置$\{(c_{k,0},c_{k,\omega}),\ \omega\in\Omega,\ k=1,2,\cdots,K\}$如果满足下列条件(11.24)和(11.25)则称**为可行配置**(feasible)：

$$\sum_{k=1}^{K}c_{k,0}=\sum_{k=1}^{K}e_{k,0}\equiv C_0 \tag{11.24}$$

$$\sum_{k=1}^{K}c_{k,\omega}=\sum_{k=1}^{K}e_{k,\omega}\equiv C_\omega\quad \omega\in\Omega \tag{11.25}$$

0时点的总消费水平记为C_0，1期状态ω下的总消费水平记为C_ω。严格来说(11.24)和(11.25)中取“≤”也成立，取小于号意味着没有将每期每状态下的总禀赋全部消费，存在“浪费”，在“不满足性”假设下配置不是最优的，因此一般取等号。

一、最优资源配置

对单个经济人来说，两时点消费的期望效用极大化意味着该经济人达到了最优。在总禀赋总资源有限情形下如何衡量多个经济人参与的经济系统的配置是否最优呢？多人参与的经济系统整体的最优性通常用Pareto最优来表示。

定义11.1：满足下列两个条件的配置称为是**Pareto最优**的或**Pareto有效**的：

(1)配置是可行的；

(2)不存在其他可行配置，使得至少有一个经济人的效用严格增加而其他经济人的效用没有任何减少。

Pareto最优作为整体经济系统资源配置有效性的衡量标准，考虑了每个经济人的福利，但是该标准似乎太过于定性，无法用量化方法来进行处理。所幸的是，Varian(1978)给出的福利经济学定理对这一标准给出了一个很好的量化方法。

定理11.3：每个Pareto最优配置，都存在一个非负的数量集$\{\lambda_i\}_{i=1}^{K}$，使得相同的配置可以由下列中央计划者的优化问题得到：

$$\max_{\{c_{k,0},\ c_{k,\omega}\}} \sum_{k=1}^{K} \lambda_k \left[\sum_{\omega \in \Omega} \pi_{k,\omega} u_{k,\omega}(c_{k,0},\ c_{k,\omega}) \right]$$

$$\text{s.t} \quad \sum_{k=1}^{K} c_{k,0} = \sum_{k=1}^{K} e_{k,0} \equiv C_0 \tag{11. P5}$$

$$\sum_{k=1}^{K} c_{k,\omega} = \sum_{k=1}^{K} e_{k,\omega} \equiv C_\omega \quad \omega \in \Omega$$

该问题中我们采用了最一般的效用函数，即经济人的效用函数为：

$$U_k(c_{k,0},\ c_{k,\omega}) = \sum_{\omega \in \Omega} \pi_{k,\omega} u_{k,\omega}(c_{k,0},\ c_{k,\omega}) \tag{11.26}$$

其中 $\pi_{k\omega}$ 是经济人 k 对期末状态发生概率的“看法”，称为对状态的“概率信念”或“信念”(beliefs)。角标 k 表明不同经济人可以具有不同的概率信念，即异质信念(heterogeneous beliefs)。若对任意的经济人 k 都有相同的信念，即 $\pi_{k\omega} = \pi_\omega$，则称为同质信念(homogeneous beliefs)。同质信念下一般认为所有经济人的概率信念都等于真实的概率。$u_{k\omega}(c_{k0},\ c_{k\omega})$ 的角标的含义是经济人 k 在状态 ω 下的效用函数，因此效用函数是状态依赖的。将(11.26)代入(11. P5)问题重新描述为：

$$\max_{\{c_{k,0},\ c_{k,\omega}\}} \sum_{i=1}^{K} \lambda_k U_k$$

$$\text{s.t} \quad \sum_{k=1}^{K} c_{k,0} = \sum_{k=1}^{K} e_{k,0} \equiv C_0 \tag{11. P6}$$

$$\sum_{k=1}^{K} c_{k,\omega} = \sum_{k=1}^{K} e_{k,\omega} \equiv C_\omega \quad \omega \in \Omega$$

此时，目标函数是 K 个经济人效用的加权平均，$\{\lambda_k\}_{k=1}^{K}$ 是各经济人的权重，而且是非负的，即 $\forall k$，$\lambda_k \geq 0$。反之 $\lambda_k = 0$ 意味着“中央计划者”在极大化整个经济系统的福利时不考虑经济人 k 的福利，这在经济人 k 的禀赋大于零时是违背 Pareto 最优的定义的，因为唯有其禀赋等于零才可能导致 $\lambda_k = 0$，否则必有 $\lambda_k > 0$。显然，负的权重 $\lambda_k < 0$ 意味着“中央计划者”“以 k 的苦难为福”，更是违背 Pareto 最优的含义。因此，$\{\lambda_k\}_{k=1}^{K}$ 也称为经济人的福利权重或福利分布，当其他条件不变时，λ_k 越大，k 获得的福利越高，其最终的效用值越大。进一步，由上述最优化问题及其性质可知，目标函数乘以某一非负常数不影响最优解，因此可以将福利权重标准化，取：

$$\lambda_k^* = \frac{\lambda_k}{\sum_{i=1}^{K} \lambda_i} \tag{11.27}$$

必有：$0 \leq \lambda_k^* \leq 1$，$\sum_{k=1}^{K} \lambda_k^* = 1$，$\lambda_k^*$ 可以理解为整个经济系统中经济人 k 所占的百分比。此外，标准化的福利权重也表明 K 个福利权重系数中只有 $K-1$ 个“独立变量”。

回到中央计划者问题，令：

$$L = \sum_{k=1}^{K} \lambda_k U_k + \phi'_0 \left[C_0 - \sum_{k=1}^{K} c_{k,0} \right] + \sum_{\omega \in \Omega} \phi'_\omega \left[C_\omega - \sum_{k=1}^{K} c_{k,\omega} \right]$$

F. O. C:

$$\begin{cases}\dfrac{\partial L}{\partial c_{k,0}}=0, \quad k=1, 2, \cdots, K\\ \dfrac{\partial L}{\partial c_{k,\omega}}=0, \quad k=1, 2, \cdots, K; \ \omega\in\Omega\\ \dfrac{\partial L}{\partial \phi'_0}=0,\\ \dfrac{\partial L}{\partial \phi'_\omega}=0, \quad \omega\in\Omega\end{cases}$$

即

$$\begin{cases}\lambda_k\sum_{\omega\in\Omega}\pi_{k,\omega}\dfrac{\partial u_{k,\omega}(c_{k,0}, c_{k,\omega})}{\partial c_{k,0}}=\phi'_0, \quad k=1, 2, \cdots, K\\ \lambda_k\pi_{k,\omega}\dfrac{\partial u_{k,\omega}(c_{k,0}, c_{k,\omega})}{\partial c_{k,\omega}}=\phi'_\omega \qquad k=1, 2, \cdots, K; \ \omega\in\Omega\\ \sum_{k=1}^{K}c_{k,0}=C_0,\\ \sum_{i=1}^{K}c_{i\omega}=C_\omega, \quad \omega\in\Omega\end{cases} \tag{11.28}$$

故

$$\frac{\pi_{k,\omega}\dfrac{\partial u_{k,\omega}(c_{k,0}, c_{k,\omega})}{\partial c_{k,\omega}}}{\sum_{\omega\in\Omega}\pi_{k,\omega}\dfrac{\partial u_{k,\omega}(c_{k,0}, c_{k,\omega})}{\partial c_{k,0}}}=\frac{\phi'_\omega}{\phi'_0}, \qquad \omega\in\Omega, \ k=1, 2, \cdots, K \tag{11.29}$$

效用函数严格单调且严格凹的条件下，上述优化问题的一阶条件既是充分条件也是必要条件。我们将一阶条件合并为(11.29)，因此有命题：

定理 11.4：若所有经济人都有严格单调递增、严格凹的效用函数，而且每个经济人都有非零的禀赋(所有经济人的福利权重大于零)，此时资源配置为 Pareto 最优的充分必要条件是所有经济人有相同的跨时边际替代率，即它们满足方程(11.29)。

定理表明，方程(11.29)可以作为判断配置是否 Pareto 最优的充分必要条件，利用这一结论我们可以得到($\boldsymbol{\phi}$, $\boldsymbol{X}^{\text{A-D}}$)框架下的福利经济学第一定理。

定理 11.5：在($\boldsymbol{\phi}$, $\boldsymbol{X}^{\text{A-D}}$)框架下，自由竞争均衡是 Pareto 最优的。换言之，Pareto 最优可以在自由竞争经济下达到。

证明：($\boldsymbol{\phi}$, $\boldsymbol{X}^{\text{A-D}}$)框架下，各自优化问题为：

$$\begin{aligned}&\max_{\{c_{k0}, c_{k,\omega}\}}\sum_{\omega\in\Omega}\pi_{k,\omega}u_{k,\omega}(c_{k,0}, c_{k,\omega})\\ &\text{s.t}\quad c_{k,0}+\sum_{\omega\in\Omega}\phi_\omega c_{k,\omega}=w_k=e_{k,0}+\sum_{\omega\in\Omega}\phi_\omega e_{k,\omega}\end{aligned} \tag{11.P7}$$

令 $L_k = \sum_{\omega \in \Omega} \pi_{k,\omega} u_{k,\omega}(c_{k,0}, c_{k,\omega}) + \theta_k [w_k - c_{k,0} - \sum_{\omega \in \Omega} \phi_\omega c_{k,\omega}]$，其中 θ_k 是拉氏乘子，则一阶条件为：

$$\begin{cases} \dfrac{\partial L_k}{\partial c_{k,0}} = 0, \ k = 1, 2, \cdots, K \\ \dfrac{\partial L_k}{\partial c_{k,\omega}} = 0, \ k = 1, 2, \cdots, K; \ \omega \in \Omega \end{cases}$$

即

$$\begin{cases} \sum_{\omega \in \Omega} \pi_{k,\omega} \dfrac{\partial u_{k,\omega}(c_{k,0}, c_{k,\omega})}{\partial c_{i0}} = \theta_k, \ k = 1, 2, \cdots, K \\ \pi_{k,\omega} \dfrac{\partial u_{k,\omega}(c_{k,0}, c_{k,\omega})}{\partial c_{k,\omega}} = \theta_k \phi_\omega \quad k = 1, 2, \cdots, K; \ \omega \in \Omega \end{cases} \tag{11.30}$$

因为所有经济人都具有严格单调递增的效用函数，因此 $\theta_k>0$，由一阶条件可以得到(11.29)成立，从而该配置为 Pareto 最优的。一方面满足一阶条件的配置是自由竞争的配置，另一方面该配置满足(11.29)，由定理 11.4 可知，它必为 Pareto 最优。所以，Pareto 最优可以由自由竞争均衡达到。证毕■

定理 11.5 还可以推广到一般情形，即只要市场是完全的而且不存在套利机会，自由竞争均衡是 Pareto 最优的。相关证明可见 Chi-fu Huang 和 Litzenberger(1988)，只需要简单的线性代数知识即可证明。

定理 11.5 将自由竞争均衡与中央计划者问题相联系。该定理的本质是福利经济学第一定理。福利经济学定理：

福利经济学第一定理：完全市场下，自由竞争均衡是 Pareto 最优的；

福利经济学第二定理：完全市场下，任何一个 Pareto 最优都可以在自由竞争均衡中达到。

我们比较自由竞争均衡问题(11. P7)在 A-D 框架下的充要条件(11.30)和中央计划者问题(11. P6)中的充要条件(11.28)，如果取 $\phi'_0 = 1$，$\lambda_k = 1/\theta_k$ 时，两问题完全相同，即：取 $\phi'_0 = 1$，$\lambda_k = 1/\theta_k$ 时，$\phi'_\omega = \phi_\omega$，则 $\phi'_0/\lambda_k = \theta_k$，$\phi'_\omega/\lambda_k = \theta_k \phi_\omega$，(11.28)与(11.30)的解相同。换言之：

自由竞争均衡对应于 $\lambda_k = 1/\theta_k$，$\phi'_0 = 1$，$\phi'_\omega = \phi_\omega$ 的 Pareto 最优；

Pareto 最优对应于 $\theta_k = \phi'_0/\lambda_k$，$\theta_k \phi_\omega = \phi'_\omega/\lambda_k$ 的自由竞争均衡。

二、最优分享规则

上面在比较一般性的条件下分析了最优资源配置的初步性质，我们在中央计划者问题与自由竞争均衡之间建立起了联系，从而说明当我们从整体上考察经济系统比较困难时，可以等价地考察相应的自由竞争均衡，因为自由竞争均衡分层次地分析使问题变得略微简单。但有时我们从整个经济系统出发考察整个经济系统的有效性——Pareto 有效。所谓的**一般条件**是指效用函数可以是状态依赖、跨时不可加，同时还包含异质信念。为了进一步分析最优资源配置的性质，我们将效用函数简化，即假设状态独立、跨时可加，以及同质信念，此时效用函数为：

$$U_k = u_{k,0}(c_{k,0}) + \sum_{\omega \in \Omega} \pi_\omega u_{k,\omega}(c_{k,\omega}) \tag{11.31}$$

Pareto 最优的一阶条件简化为：

$$\begin{cases} \lambda_k u'_{k,0}(c_{k,0}) = \phi'_0,\ k = 1,\ 2,\ \cdots,\ K \\ \lambda_k \pi_\omega u'_k(c_{k,\omega}) = \phi'_\omega k = 1,\ 2,\ \cdots,\ K;\ \omega \in \Omega \end{cases} \tag{11.32}$$

(一)风险分担

定理 11.6：$\forall \omega,\ \omega' \in \Omega$，若 $C_\omega > C'_\omega$ 则对所有的 k 都有：$c_{k,\ \omega} > c_{k,\ \omega'}$，即对所有经济人，他们在总禀赋高的状态下的最优消费水平都比总禀赋低的状态下的消费水平高。或者说每个人都最优消费水平关于该时点该状态的总禀赋单调递增。

证明：若 $C_\omega > C'_\omega$，则必定存在一经济人 k 满足 $c_{k,\omega} > c_{k,\omega'}$，否则若所有人 $c_{i,\omega} < c_{i,\omega'}$，则 $C_\omega = \sum_{i=1}^{K} c_{i,\omega} < \sum_{i=1}^{K} c_{i,\omega'} = C'_\omega$，与已知矛盾。下证 $\forall i,\ c_{i,\omega} > c_{i,\omega'}$：

由(11.32)及效用函数为凹函数可知：$u'_k(c_{k,\omega}) < u'_k(c_{k,\omega'})$

故
$$\lambda_k u'_k(c_{k,\omega}) < \lambda_k u'_k(c_{k,\omega'})$$

又因为对任意的 i 有 $\lambda_i u'_i(c_{i,\omega}) = \dfrac{\phi'_\omega}{\pi_\omega} = \lambda_k u'_k(c_{k,\omega}) < \lambda_k u'_k(c_{k,\omega'}) = \dfrac{\phi''_\omega}{\pi'_\omega} = \lambda_i u'_i(c_{i,\omega'})$

所以：
$$c_{i,\omega} > c_{i,\omega'}$$
证毕■

定理 11.6 表明，对任何经济人，他在期末的最优消费水平关于相应状态的总禀赋单调递增，从而个人消费水平与总禀赋之间存在一一对应关系，一一对应关系可以用函数来描述，即对任何经济人 k，都存在一个特定的函数 $f(\cdot)$ 满足：

$$\tilde{c}_k = f_k(\tilde{C}) \tag{11.33}$$

该函数严格单调递增，其中 $\tilde{c}_k$ 表示在 1 期的最优消费水平，$\tilde{C}$ 表示 1 期的总禀赋。用类似的方法我们可以得到期初消费与总禀赋之间的关系：

$$c_{k,0} = f_{k,0}(C_0) \tag{11.34}$$

(11.33)和(11.34)给出了单个经济人最优消费需求与总消费或总禀赋之间的函数关系，由于该需求函数描述的是 Pareto 最优的条件下各经济人从总禀赋中所获得的份额，故通常称之为 **Pareto 最优分享规则**(Pareto optimal sharing)或简称**最优分享规则**。如果将期初或期末的各状态下的总禀赋看作“蛋糕”，(11.33)和(11.34)给出了不同时点、不同状态下每个经济人“分享”的份额。该“规则”及定理 11.6 表明对每个特定的经济人来说，无论期末处于哪个状态，只要总禀赋相同，经济人从总禀赋中所“分享”的份额是相同的，总禀赋越高，分享的份额越多，而且这些份额与相应状态发生的概率无关，所以也可以将该规则称为风险分享规则。

(二)线性分享规则

最优分享规则主要由各个经济人的效用函数确定，一般为非线性函数，特殊情形下可以是线性函数。考虑期末的最优分享规则(11.33)如果满足：

$$\widetilde{c}_k = a_k + b_k \widetilde{C} \tag{11.35}$$

其中 a_i，b_i 为常数，则称该经济人的分享规则为线性分享规则。

定理 11.7：Pareto 最优分享规则是线性分享规则的必要条件是所有经济人的效用函数满足下列微分方程：

$$-\frac{u'_k(z)}{u''_k(z)} = A_k + Bz \tag{11.36}$$

方程(11.36)的左边为绝对风险厌恶系数的倒数，通常称为**绝对风险容忍系数**，记为 $T_k(z)$，其导数称为**谨慎系数**(cautiousness)，记为 $CA_k(z)$，即 $CA_k(z) = T'_k(z)$。因此，上述定理可以描述为：

Pareto 最优分享规则是线性分享规则的必要条件是所有经济人都具有线性风险容忍的偏好，而且具有相同的谨慎系数。

我们在第三章介绍效用函数时曾经给出了风险容忍的定义，并说明了 HARA 效用函数属于双曲的绝对风险厌恶，具有线性风险容忍。为了证明这个定理，我们先证明另外一个定理作为证明该定理的桥梁。

定理 11.8：对于给定的 Pareto 最优配置以及其相应地 k 的分享规则为 f_k，则有：

1)经济人 k 的分享规则函数关于总禀赋的瞬时变化率由其绝对风险容忍决定，等于 k 的风险容忍与所有人风险容忍之和(后面证明代表性经济人的风险容忍等于所有经济人风险容忍之和)之比，即：

$$f'_k(z) = \frac{T_k(f_k(z))}{\sum_{i=1}^{K} T_i(f_i(z))} \tag{11.37}$$

2)当且仅当所有人都具有线性分享规则时，所有人的谨慎系数相等，即：

$$CA_i(f_i(z)) = CA_k(f_k(z)) \tag{11.38}$$

证明：(1)由(11.32)易知：

$$\lambda_i u'_i(c_i) = \lambda_k u'_k(c_k),\quad \forall i,\ k \tag{11.39}$$

其中 λ_i 和 λ_k 为福利权重，该等式还可以表示为：

$$\lambda_i u'_i(f_i(z)) = \lambda_k u'_k(f_k(z)),\quad \forall i,\ k \tag{11.39a}$$

我们用 z 代替自变量是为了描述的方便，(11.39a)两边对 z 求导得：

$$\lambda_i u''_i(f_i(z)) f'_i(z) = \lambda_k u''_k(f_k(z)) f'_k(z) \tag{11.40}$$

(11.40)与(11.39)两边对应相除并整理得：

$$\frac{T_i(f_i(z))}{f'_i(z)} f'_k(z) = T_k(f_k(z)) \tag{11.41}$$

上式两边对 k 求和：

$$\frac{T_i(f_i(z))}{f'_i(z)} \sum_{k=1}^{K} f'_k(z) = \sum_{k=1}^{K} T_k(f_k(z)) \tag{11.42}$$

又因为 $\sum_{k=1}^{I} f_i(z) = z$，所以 $\sum_{k=1}^{I} f'_i(z) = 1$，(11.42)化简得可得(11.37)。

(2)由(11.41)化简：

$$T_i(f_i(z)) \times f'_k(z) = T_k(f_k(z)) \times f'_i(z) \tag{11.43}$$

(11.43)两边对 z 求导：

$$T'_i(f_i(z)) \cdot f'_k(z) + T_i(f_i(z)) \cdot f''_k(z) = T'_k(f_k(z)) \cdot f'_i(z) + T_k(f_k(z)) \cdot f''_i(z)$$

即

$$\mathrm{CA}_i(z) \cdot f'_i(z) f'_k(z) + T_i(f_i(z)) \cdot f''_k(z) = \mathrm{CA}_k \cdot f'_k(z) f'_i(z) + T_k(f_k(z)) \cdot f''_i(z)$$

若分享规则为线性的，则 f_i 的二阶导数均为零，从而(11.36)成立。

由此证明了线性分享规则是(11.38)的充分条件，必要条件留作习题。证毕■

有了上述定理，我们可以证明定理 11.7。

定理 11.7 的证明：由(11.32)易知，每个经济人的最优消费需求即最优分享规则与其 Pareto 福利权重紧密相关，因此，Pareto 最优分享规则为线性规则的必要条件是，对于福利权重 $\{\lambda_k\}_{k=1}^{K}$，各经济人的分享规则可表示为：

$$\tilde{c}_k = a_k(\lambda) + b_k(\lambda)\widetilde{C}, \ \forall k \tag{11.44}$$

其中 $\lambda^{\mathrm{T}} \equiv (\lambda_1, \lambda_2, \cdots, \lambda_K)$，同时还满足一阶必要条件：

$$\lambda_i u'_i(c_i) = \lambda_k u'_k(c_k), \ \forall i, k$$

将(11.44)代入得

$$\lambda_i u'_i(a_i(\lambda) + b_i(\lambda)\widetilde{C}) = \lambda_k u'_k(a_k(\lambda) + b_k(\lambda)\widetilde{C}), \ \forall i, k \tag{11.45}$$

(11.45)两边对 λ_i 求导得：

$$u'_i(\cdot) + \lambda_i u''_i(\cdot)[a_{ii}(\lambda) + b_{ii}(\lambda)\widetilde{C}] = \lambda_k u''_k(.)[a_{ki}(\lambda) + b_{ki}(\lambda)\widetilde{C}] \tag{11.46}$$

其中

$$a_{ii}(\lambda) = \frac{\partial a_i(\lambda)}{\partial \lambda_i};\ a_{ik}(\lambda) = \frac{\partial a_i(\lambda)}{\partial \lambda_k};\ b_{ii}(\lambda) = \frac{\partial b_i(\lambda)}{\partial \lambda_i};\ b_{ik}(\lambda) = \frac{\partial b_i(\lambda)}{\partial \lambda_k}$$

(11.45)两边对 C 求导得：

$$\lambda_i u''_i(\cdot) b_i(\lambda) = \lambda_k u''_k(\cdot) b_k(\lambda) \tag{11.47}$$

(11.45)两边与(11.46)对应相除并整理得：

$$T_i(c_i) = -\frac{u'_i(c_i(\lambda))}{u''_i(c_i(\lambda))} = A_i + B_i c_i(\lambda)$$

由定理 11.8 可知 B_i 对所有经济人都相同，从而定理 11.7 成立。证毕■

事实上，定理 11.7 中的条件不仅仅是必要条件，还是充分条件，因为证明充要条件“任务艰巨”，所以我们对其进行了拆分。我们将定理 11.7 修改为：

定理 11.7′：Pareto 最优分享规则是线性分享规则的充要条件是所有经济人的效用函数满足下列微分方程：

$$-\frac{u'_k(z)}{u''_k(z)} = A_k + Bz \tag{11.36}$$

我们在前面证明了(11.36)是线性分享规则的必要条件，下面只需要证明(11.36)也是线性分享规则的充分条件：

当效用函数满足(11.36)时，适当选择参数使效用函数一阶导数大于零、二阶导数小于零从而得到相应的效用函数。

若 $B=0$，则为 CARA 偏好，此时存在正数 ρ_k 使得效用函数满足：

$$u'_k(z)=\rho_k \exp\left\{-\frac{z}{A_k}\right\} \tag{11.48}$$

将(11.48)代入(11.37)化简、求和得，过程留作习题：

$$\tilde{c}_k = a_k(\lambda)+\frac{T_k}{\sum_{i=1}^{K} T_i}\tilde{C},\quad \forall k \tag{11.49}$$

其中 $a_k(\lambda)$ 为适当常数，$T_k=A_k$，为绝对风险容忍系数。

若 $B\neq 0$，则为 HARA 偏好，此时存在正数使得效用函数满足：

$$u'_k(z)=\rho_k\left[A_k+Bz\right]^{-\frac{1}{B}} \tag{11.48}$$

将(11.48)代入(11.39)化简、求和得，过程留作习题：

$$\tilde{c}_k = a_k(\lambda)+\frac{B}{B(\lambda_k\rho_k)^{-B}\sum_{i=1}^{K}(\lambda_i\rho_i)^{B}}\tilde{C},\quad \forall k \tag{11.49}$$

(11.49)表明，如果所有经济人都具有 CARA 偏好，则所有经济人具有线性分享规则，每个人对总禀赋的敏感性由各自绝对风险容忍来决定，等于各自风险容忍与所有人风险容忍和的比。

第三节　代表性经济人

当市场上有两个或两个以上的经济人参与交换等经济活动时，整个经济系统的资源配置问题可以沿着两种不同的方式进行分析：一是在自由竞争框架下分析一般均衡结果；二是考察中央计划者的最优资源配置问题。前者逐个考察经济人在其自身的预算约束下配置其自身资源，市场出清决定最终的配置结果。后者则假定存在一个中央计划者依据各个经济人的资源禀赋和偏好从整体上进行资源配置，这是一个十分艰巨的任务，因为中央计划者所面临的问题比较复杂。中央计划者的问题究竟是一个什么样的问题，我们希望通过特殊情形对“中央计划者”进行分析了解。所谓特殊情形是指纯交换经济情形，而且所有经济人具有状态独立、跨时可加的偏好，以及所有经济人具有同质信念，此时可以将中央计划者抽象为代表性经济人。

一、代表性经济人

代表性经济人最早是在纯交换经济下定义的，纯交换经济假定经济中所有的产品是容易腐烂的，经济中的禀赋以这些产品而出现。在 Lucas(1979)的文献中，纯交换经济模型被称为“树模型”，Lucas 将经济中的公司比作为树，公司的产出比作树结的果子，可以理解为“苹果”，这些果子可以用于消费，但不能留到下一期，因为期初的果子到了期末会全部烂掉。从期初来看，经济人的禀赋表现为树在期初和期末所产的果子，期初的果子不能储存到下一期，也不能作为种子“培植”新的果树，只能在本期全部消费掉，到期末被动地接受所有树在期末所产的果子，每一期所有树产的果子形成当期的总禀赋，因此纯交换经济也称为禀赋经济。不同的经济人可能有不同的禀赋，他们只能通过彼此交换来改变各自在不同时点所能获得的消费品“果子”数量，但经济系统的总禀赋既不能跨时转移也不能跨状态转移。为了理解这句话的含义我们先看一个例子。

例 11.2：经济系统中有两个参与者 1 和 2，期末有三个状态 a、b 和 c。两个经济人的禀赋如下：

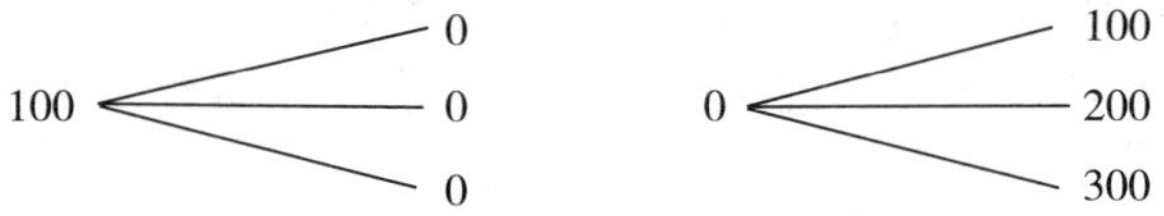

参与者 1 期初禀赋为 100 个果子，期末任何状态下都没有果子用于消费；参与者 2 期初禀赋为 0 个果子，期末三个状态 a、b 和 c 的禀赋分别为 100、200 和 300 个果子。假如任何时点、任何状态下都没有消费的经济人会“死去”从而获得极差的福利，那么参与者 1 可以通过在期初出让一定数量的果子而换取期末各状态下一定数量的果子，最终使两个参与者的福利都提高。但是，无论怎样交换，期初的总禀赋为 100 个果子，期末 a、b 和 c 状态下的总禀赋分别为 100、200 和 300 个果子，既不能在期初到期末之间互相转移，也不能在不同状态之间转移。单个经济人可以通过交换实现“资源”跨时转移或跨状态转移，但整个经济作为一个整体，总禀赋无法转移，无论怎样交换，期初的消费品总数是 100，期末 a、b 和 c 状态下的总消费品的总数分别维持为 100、200 和 300 个果子不变。这就是我们所说的“经济系统的总禀赋既不能跨时转移也不能跨状态转移”。

回到中央计划者问题(11. P8)，在状态独立、跨时可加的偏好和同质信念下假设下，该问题可以化简为：

$$
\begin{aligned}
&\max_{\{c_{i0},c_{i\omega}\}} \sum_{k=1}^{K} \lambda_k u_{k,0}(c_{k,0}) + \sum_{k=1}^{K} \sum_{\omega \in \Omega} \lambda_k \pi_\omega u_k(c_{k,\omega}) \\
&\text{s.t}\quad \sum_{k=1}^{K} c_{k,0} = \sum_{k=1}^{K} e_{k,0} \equiv C_0 \\
&\qquad \sum_{k=1}^{K} c_{k,\omega} = \sum_{k=1}^{K} e_{k,\omega} \equiv C_\omega, \omega \in \Omega
\end{aligned}
\tag{11. P8}
$$

目标函数可以进一步简化为：

$$
\sum_{k=1}^{K} \lambda_k u_{k,0}(c_{k,0}) + \sum_{\omega \in \Omega} \pi_\omega \left[\sum_{k=1}^{K} \lambda_k u_k(c_{k,\omega}) \right]
$$

即问题最后归结为：

$$\max_{\{c_{i0},c_{i\omega}\}} \sum_{k=1}^{K} \lambda_k u_{k,0}(c_{k,0}) + \sum_{\omega\in\Omega} \pi_\omega \left[\sum_{k=1}^{K} \lambda_k u_k(c_{k,\omega}) \right]$$

$$\text{s. t} \quad \sum_{k=1}^{K} c_{k,0} = \sum_{k=1}^{K} e_{k,0} \equiv C_0 \tag{11. P9}$$

$$\sum_{k=1}^{K} c_{k,\omega} = \sum_{k=1}^{K} e_{k,\omega} \equiv C_\omega \quad \omega \in \Omega$$

由于总禀赋不能跨时转移，因此资源在期初的配置方式不影响期末的最优解，即 $c_{1,0},c_{2,0},\cdots,c_{K,0}$ 的取值只影响(11. P9)中目标函数第一项的最终取值，不影响第二项的取值；同理，期末 ω 状态下的资源配置方式不影响其他时点、其他状态的最优解，即 $c_{1,\omega},c_{2,\omega},\cdots,c_{K,\omega}$ 的取值只影响 ω 状态下的效用值，因此问题(11. P9)等价于下列 S+1 个优化问题，当 S+1 个优化问题全部达到最优时(11. P9)达到最优：

$$u_0(C_0) \equiv \max_{\{c_{k,0}\}} \sum_{k=1}^{K} \lambda_k u_{k,0}(c_{k,0})$$

$$\text{s. t} \quad \sum_{k=1}^{K} c_{k,0} = C_0 \tag{11. 50}$$

和

$$u_1(C_\omega) \equiv \max_{\{c_{k,\omega}\}} \sum_{k=1}^{K} \lambda_k u_k(c_{k,\omega})$$

$$\text{s. t} \quad \sum_{k=1}^{K} c_{k,\omega} = C_\omega, \omega \in \Omega \tag{11. 51}$$

此时的中央计划者可以看成单一的、合成的经济人，称为**代表性经济人**(representative agent)，即经济系统中只有一个经济人，该经济人的概率信念为 $\{\pi_\omega;\ \omega \in \Omega\}$，期初和期末的消费为 $\{C_0,\ C_\omega;\ \omega \in \Omega\}$，并具有状态独立、跨时可加的效用函数：

$$u_0(C_0) + \sum_{k=1}^{K} \pi_\omega u_1(C_\omega) \tag{11. 52}$$

其中 u_0 由(11. 50)、u_1 由(11. 51)给出定义，它们分别是代表性经济人在期初和期末的效用函数，本质上是能够达到的最高效用值。

二、代表性经济人的若干性质

代表性经济人是由众多单个的经济人"合成"的，从定义(11. 50)和(11. 52)来看，虽然最后的效用函数从形式上非常简单(见(11. 52))，但在各时点和各状态下的间接效用函数的组成非常复杂，所以我们希望继续了解代表性经济人的效用函数的性质。这里先给出代表性经济人与单个经济人之间存在的一个简单的联系。

定理 11. 9：如果所有经济人的效用函数一阶导数大于零，二阶导数小于零，那么代表性经济人的效用函数也有同样的性质，即：

如果 $\forall k$，$u'_{k,0}(c_{k,0})>0$，$u''_{k,0}(c_{k,0})<0$，那么 $u'_0(C_0)>0$，$u''_0(C_0)<0$。

同样，如果 $\forall k$，$\forall\omega\in\Omega$，$u'_k(c_{k,\omega})>0$，$u''_k(c_{k,\omega})<0$，那么 $u'_0(C_0)>0$，$u''_0(C_0)<0$。

证明：假设(11.50)和(11.51)的最优解为 $\{c^*_{k,0},\ c^*_{k,\omega}:\ \omega\in\Omega,\ k=1,2,\cdots,K\}$，则

$$u_0(C_0)\equiv\sum_{k=1}^{K}\lambda_k u_{k,0}(c^*_{k,0})\tag{11.53}$$

$$u_1(C_\omega)\equiv\sum_{k=1}^{K}\lambda_k u_k(c^*_{k,\omega}),\ \omega\in\Omega\tag{11.54}$$

(11.53)两边对 C_0 求导，(11.54)两边对 C_ω 求导得：

$$u'_0(C_0)\equiv\sum_{k=1}^{K}\lambda_k u'_{k,0}(c^*_{k,0})\times\frac{\mathrm{d}c^*_{k,0}}{\mathrm{d}C_0}\tag{11.55}$$

$$u'_1(C_\omega)\equiv\sum_{k=1}^{K}\lambda_k u'_k(c^*_{k,\omega})\times\frac{\mathrm{d}c^*_{k,\omega}}{\mathrm{d}C_\omega},\ \omega\in\Omega\tag{11.56}$$

$\{c^*_{k,0},c^*_{k,\omega}\}$ 满足一阶条件，所以由(11.32) $\lambda_k u_{k,0}(c^*_{k,0})=\phi'_0,\lambda_k\pi_\omega u_{k,0}(c^*_{k,0})=\phi'_\omega$ 得：

$$u'_0(C_0)=\phi'_0\sum_{k=1}^{K}\frac{dc^*_{k,0}}{dC_0},\ u'_1(C_\omega)=\frac{\phi'_\omega}{\pi_\omega}\sum_{k=1}^{K}\frac{dc^*_{k,\omega}}{dC_\omega},\ \omega\in\Omega$$

又因为：

$$\sum_{k=1}^{K}c_{k,0}=C_0,\ \sum_{k=1}^{K}c_{k,\omega}=C_\omega,\ \omega\in\Omega$$

所以：

$$\sum_{k=1}^{K}\frac{\mathrm{d}c_{k,0}}{\mathrm{d}C_0}=1,\ \sum_{k=1}^{K}\frac{\mathrm{d}c_{k,\omega}}{\mathrm{d}C_\omega}=1,\ \omega\in\Omega$$

$$\sum_{k=1}^{K}\frac{\mathrm{d}^2c_{k,0}}{\mathrm{d}C_\omega^2}=0,\ \sum_{k=1}^{K}\frac{\mathrm{d}^2c_{k,\omega}}{\mathrm{d}C_\omega^2}=0,\ \omega\in\Omega$$

所以：

$$u'_0(C_0)=\phi'_0>0,\ u'_1(C_\omega)=\frac{\phi'_\omega}{\pi_\omega}>0,\ \omega\in\Omega\tag{11.57}$$

(11.55)两边对 C_0 求导，(11.56)两边对 C_ω 求导得：

$$\begin{aligned}u''_0(C_0)&=\sum_{k=1}^{K}\lambda_k u''_{k,0}(c^*_{k,0})\times\left[\frac{\mathrm{d}c^*_{k,0}}{\mathrm{d}C_0}\right]^2+\sum_{k=1}^{K}\lambda_k u'_{k,0}(c^*_{k,0})\times\frac{\mathrm{d}^2c^*_{k,0}}{\mathrm{d}C_0^2}\\&=\sum_{k=1}^{K}\lambda_k u''_{k,0}(c^*_{k,0})\times\left[\frac{\mathrm{d}c^*_{k,0}}{\mathrm{d}C_0}\right]^2+\phi'_0\sum_{k=1}^{K}\frac{\mathrm{d}^2c^*_{k,0}}{\mathrm{d}C_0^2}\\&=\sum_{k=1}^{K}\lambda_k u''_{k,0}(c^*_{k,0})\times\left[\frac{\mathrm{d}c^*_{k,0}}{\mathrm{d}C_0}\right]^2<0\end{aligned}$$

$$\begin{aligned}u_1''(C_\omega) &= \sum_{k=1}^{K}\lambda_k u_k''(c_{k,\omega}^*)\times\left[\frac{\mathrm{d}c_{k,0}^*}{\mathrm{d}C_0}\right]^2+\sum_{k=1}^{K}\lambda_k u_k'(c_{k,\omega}^*)\times\frac{\mathrm{d}^2c_{k,\omega}^*}{\mathrm{d}C_\omega^2}\\ &= \sum_{k=1}^{K}\lambda_k u_k''(c_{k,\omega}^*)\times\left[\frac{\mathrm{d}c_{k,0}^*}{\mathrm{d}C_0}\right]^2+\frac{\phi_\omega'}{\pi_\omega}\sum_{k=1}^{K}\frac{\mathrm{d}^2c_{k,\omega}^*}{\mathrm{d}C_\omega^2}\\ &= \sum_{k=1}^{K}\lambda_k u_k''(c_{k,\omega}^*)\times\left[\frac{\mathrm{d}c_{k,0}^*}{\mathrm{d}C_0}\right]^2<0\end{aligned}$$

证毕■

定理 11.9 表明(11.52)作为代表性经济人的效用函数具备了单个经济人效用函数的性质。如果所有经济人具有单调的、凹的效用函数，则代表性经济人的效用函数也是单调的和凹的，从而具备了一般的经济人效用函数的性质。

(11.53)和(11.54)进一步定义了代表性经济人的效用函数，基于该效用函数我们可以定义代表性经济人的绝对风险厌恶系数和绝对风险容忍系数。

定义 11.1：代表性经济人的绝对风险厌恶系数和绝对风险容忍系数定义为：

$$A(C)=-\frac{\partial^2u_1(C)/\partial C^2}{\partial u_1(C)/\partial C}\text{ 和 }T(C)=\frac{1}{A(C)} \tag{11.58}$$

相对风险厌恶系数和相对风险容忍系数定义为：

$$R(C)=-\frac{\partial^2u_1(C)/\partial C^2}{\partial u_1(C)/\partial C}\times C\text{ 和 }P(C)=\frac{\partial T(C)}{\partial C} \tag{11.59}$$

依据代表性经济人效用函数的定义我们有：

定理 11.10：若 f 为有效的风险分担规则，而且 T 为代表性投资者的风险容忍，则对任意投资者 k 都有：

$$T(C)=\frac{1}{f_k'(C)}T_k(f_k(C)) \tag{11.60}$$

$$T(C)=\sum_{k=1}^{K}T_k(f_k(C)) \tag{11.61}$$

$$T'(C)=\sum_{k=1}^{K}f_k'(C)T_k'(f_k(C)) \tag{11.62}$$

证明：考虑代表性经济人问题的一阶条件(11.32)：

$$\begin{cases}\lambda_k u_k'(c_{k,0})=\phi_0' & k=1,\ 2,\ \cdots,\ K\\ \lambda_k\pi_\omega\rho_k u_k'(c_{k,\omega})=\phi_\omega', & \omega\in\Omega;\ k=1,\ 2,\ \cdots,\ K\end{cases}$$

因此：$\lambda_k\rho_k u_k'(c_{k,\omega})=\phi_\omega'/\pi_\omega$

由于最优解对应的最优风险分担规则 $\tilde{c}_k=f_k(\widetilde{C})$

所以上式可改写为：

$$\lambda_k\rho_k u_k'(c_k(\widetilde{C}))=\frac{\varphi(\widetilde{C})}{\pi}\equiv g(\widetilde{C}) \tag{11.63}$$

两边对 C 求导：$\lambda_k\rho_k u_k''(c_k(\widetilde{C}))\times c_k'(C)=g'(\widetilde{C})$，与上式两边相除得：

$$\frac{u_i'(c_i(\widetilde{C}))}{u_i''(c_i(\widetilde{C}))\times c_i'(C)}=\frac{g(\widetilde{C})}{g'(\widetilde{C})} \tag{11.64}$$

由绝对风险容忍定义可知(11.64)可改写为：$c_k'(C)=T_k(c_k)\times\left[-\frac{g'(\widetilde{C})}{g(\widetilde{C})}\right]$ 即：

$$\frac{g'(\widetilde{C})}{g(\widetilde{C})}=-\frac{f_k'(C)}{T_k(c_k)} \tag{11.65}$$

由代表性经济人的值函数 $u_1(\widetilde{C})=\sum_{i=1}^{N}\lambda_k\rho_k u_k(c_k^*)=\sum_{i=1}^{N}\lambda_k\rho_k u_k(f_k(\widetilde{C}))$ 可知：

$$u_1'(\widetilde{C})=\sum_{k=1}^{K}\lambda_k\rho_k u_k'(f_k(\widetilde{C}))\times f_k'(\widetilde{C})=g(\widetilde{C})\sum_{k=1}^{K}f_k(\widetilde{C})=g(\widetilde{C}) \tag{11.66}$$

$$T(C)=-\frac{u_1'(C)}{u_1''(C)}=-\frac{g(C)}{g'(C)} \tag{11.67}$$

结合(11.65)和(11.67)得(11.60)，(11.60)两边同乘 $f_i'(C)$ 求和即得(11.61)，(11.61)两边求导得(11.62)。证毕■

定理 11.10 表明，代表性经济人的风险容忍与每个经济人的风险容忍之间具有特定的关系：代表性经济人的风险容忍等于每个经济人风险容忍之和；代表性经济人的谨慎系数则等于每个经济人谨慎系数的加权平均或者“平均值”。因为：

$$\sum_{i=1}^{N}f_i'(C)=1$$

又因为：$c_i=f_i(C)$，所以，$f_i'(C)>0$，从而：$0<f_i'(C)<1$，可以将 $f_i'(C)$ 看作概率。

利用定理 11.10 还可以证明：若所有经济人具有 CRAR 偏好，则代表性经济人也具有 CARA 偏好；若所有经济人具有 CRRA 偏好，而且至少有两个人的相对风险厌恶系数不相同，则代表性经济人不再具有 CRRA。此结论的证明留作习题。

三、代表性经济人与资产定价

代表性经济人相当于假设经济系统中只有一个经济人，此时对资产定价将产生何种影响？事实上，如果整个经济系统中只有一个经济人，我们容易得到其状态价格满足：

$$\phi_\omega=\frac{\pi_\omega u_1'(C_\omega)}{u_0'(C_0)},\ \omega\in\Omega \tag{11.68}$$

如果经济中有两个或两个以上的经济人，由(11.57)易证(11.68)依然成立。由此我们设想，是否可以通过构造代表性经济人来确定状态价格，从而完成资产定价的任务，即当资本市场完全而且有多个经济人时，可以通过加权每个经济人的效用函数形成代表性经济人，此时代表性经济人的禀赋等于所有人的禀赋之和，从而是已知的。(11.68)的成立表明单个代表性经济人所得到的状态价格与多个经济人所得到的均衡价格是一致的。多个经济人的均衡定价需要求解多个经济人的优化问题，然后通过市场出清来得到方程组，解方程组才能得到最后的均衡解。因此，代表性经济人的定价问题将大大简化资产定价。然而，事实并非如此，由于在很多情形下代表性经济人的效用函数(11.50)和(11.51)相当复杂，尤其当各个经济人具有异质性偏好时，单个经济人的效用函数各异，按照(11.50)和(11.51)无法得到一个简单的效用函数，从而可能使得仅仅依靠代表性经济人的模式无法求解资产定价，只有在特殊情形下才可以简化资产定价。

例 11.3：与例 11.1 一样有两个经济人，在同样的情形下我们构造代表性经济人，因此，代表性经济人的效用函数为：

$$u_0(C_0) \equiv \max_{c_{10}+c_{20}=C_0}[\lambda_1 \ln c_{10} + 2\lambda_2\sqrt{c_{20}}]$$

$$u_1(C_1) \equiv \max_{c_{1\omega}+c_{2\omega}=C_\omega}[\lambda_1 \ln c_{1\omega} + 2\lambda_2\sqrt{c_{2\omega}}] \quad \omega = a,\ b$$

对福利权重标准化，代表性经济人简化为：

$$u_1(C) \equiv \max_{c_1+c_2=C}[\ln c_1 + 2\lambda\sqrt{c_2}]$$

令 $L \equiv \ln c_1 + 2\lambda\sqrt{C-c_1}$，则一阶条件为：

$$\frac{\mathrm{d}L}{\mathrm{d}c_1} = \frac{1}{c_1} + \frac{\lambda}{\sqrt{C-c_1}}(-1) = 0$$

故：$\lambda^2 c_1^2 + c_1 - C = 0$

解得：

$$c_1 = \frac{-1+\sqrt{1+4\lambda^2 C}}{2\lambda^2};\ c_2 = C - c_1$$

由题意可知，$C_0=100$，$C_a=200$，$C_b=50$，代入上式可得各经济人在各时点各状态的最优消费水平。状态价格满足如下一阶条件：

$$\phi_\omega = \frac{\pi_\omega u_1'(C_\omega)}{u_0'(C_0)} = \frac{\pi_\omega u_1'(c_{1\omega})}{u_0'(c_{10})},\ \omega = a,\ b$$

所以

$$\phi_a = \frac{1}{2}\frac{c_{10}}{c_{1a}};\ \phi_b = \frac{1}{2}\frac{c_{10}}{c_{1b}}$$

而且

$$c_{10} + c_{1a}\phi_a + c_{1b}\phi_b = c_{10} + c_{1a}\times\frac{1}{2}\frac{c_{10}}{c_{1a}} + c_{1b}\times\frac{1}{2}\frac{c_{10}}{c_{1b}} = 2c_{10} = e_{10} + e_{1a}\phi_a + e_{1b}\phi_b = 100$$

故　$c_{10} = 50$

又因为

$$c_{10} = \frac{-1+\sqrt{1+400\lambda^2}}{2\lambda^2} = 50;\ c_2 = C - c_1 = 100 - 50 = 50$$

则 $\lambda^2=1/50$，最终解得状态价格和最优配置，结果与例 11.1 中完全一致，在此不再重复。

值得说明的是，例子中禀赋和效用函数选择得特殊使得问题的求解大大简化，一般情形下可能求解的最终显示解比较复杂，甚至无法得到显示解。

◎ 本章小结

完全市场下经济人的决策问题可以从经济人的禀赋入手进行分析，经济人的禀赋可能会呈多种形式，比如只有实物禀赋、实物加证券禀赋和既有实物又有证券禀赋，实际上三种禀赋都是可以互相转化的，因此可以在最简单的情形下展开分析。进一步，完全市场下，如果市场无摩擦，经济人在含 N 个证券市场下的最优决策与 A-D 框架下的最优决策是等价的。

完全市场下的自由竞争均衡与 A-D 框架下的一般均衡是相同的，包含两个步骤：一是各自优化；二是市场出清。均衡条件下最优消费由各自的效用函数和状态价格确定：最优消费使得任何人的消费水平无论是跨时还是跨状态调整都不能增加个人的总效用。个人在不同状态下的消费水平由相应状态单位概率的状态价格确定，即每个状态下状态价格与该状态的概率之比决定该状态下的消费水平，这种比也称为随机贴现因子或状态价格密度。状态价格密度越高，最优的消费水平越低。

在讨论多人参与的经济环境里，我们关心的主题之一就是资源配置问题，即社会总禀赋在各经济人中的最终分配，或最优消费水平表现出来的一种分布。多人资源配置的好坏标准是 Pareto 有效，如果不存在其他的有效配置使得至少有一个经济人的效用严格增加而其他经济人的效用没有降低，那么这种配置就是 Pareto 有效的或 Pareto 最优的。Pareto 最优配置等价于一个中央计划者的优化问题，从而可以将 Pareto 最优问题转化为一个优化问题。福利经济学第一和第二定理在自由竞争问题和中央计划者问题之间建立起了密切的关系。

在福利经济学定理的基础上，提出了风险分担规则的概念，并且可以证明线性风险容忍是线性分享规则的充要条件。此外，我们还可以建立代表性经济人的框架，代表性经济人将整个经济系统看成一个经济人，在一定条件下可以简化问题的分析。

◎ 重要概念

状态价格密度　资产定价的核　随机贴现因子(SDF)　Parato 最优　福利权重　福利经济学定理　Parato 最优分享规则　谨慎系数　代表性经济人

◎ 思考题

1. 什么是资源配置？什么是可行配置？什么是 Parato 有效配置？

2. 什么是福利经济学第一定理？什么是福利经济学第二定理？

3. 什么是风险分担规则？什么条件下风险分担规则是线性的？

4. 什么是代表性经济人？代表性经济人的效用函数与单个经济人的效用函数之间有什么联系？

5. 如何度量代表性经济人的风险厌恶系数？代表性经济人的风险容忍与单个经济人之间的风险容忍有什么关系？

6. 什么是状态价格密度？

◎ 练习题

1. 假设市场是完全的，在 1 期经济有 3 个等可能的状态 a、b 和 c；经济中有两个参与者，参与者 1 和 2，他们的禀赋分别为：

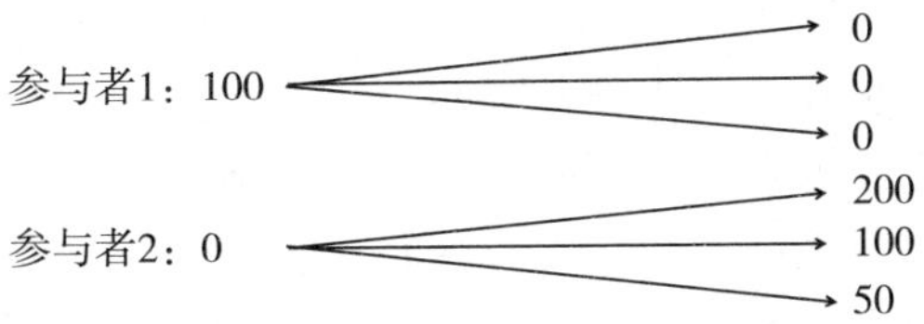

他们的时间偏好都为 1，而且都具有 CRRA 效用函数，参与者 1 的相对风险厌恶系数为 1，参与者的相对风险厌恶系数为 2。

(1) 求解每一参与者的最优消费计划；

(2) 求解均衡状态价格；

(3) 求期末支付向量为(200；100；50)的股票的均衡价格。

2. 给定 Pareto 最优配置及其最优风险分担规则 f_i，令 $T_i(z)=-u_i'(z)/u_i''(z)$ 为经济人 i 的风险容忍函数，他在 z 下的谨慎系数 $T_i'(z)$ 表示为 $\sigma_i(z)$：

(1) 证明：

$$f_i'(z)=\frac{T_i(f_i(z))}{\sum_{k=1}^{K}T_k(f_k(z))}$$

(2) 为线性的充要条件是：

$$\sigma_i(f_i(z))=\sigma_k(f_k(z))\quad \forall i.k,\ \forall z$$

3. 对给定权重 $\boldsymbol{\lambda}$、经济人 i 的 Pareto 最优风险分担规则 f_{i0} 和 f_i，定义 u_0 和 u_1 满足 $u_0'(z)\equiv\lambda_i u_{i0}'(f_{i0}(z))$，和 $u_1'(z)\equiv\lambda_i u_i'(f_i(z))$，证明：

(1) u_0 和 u_1 是严格单调递增和凹的；

(2) $u_0(C_0)+E[u_1(C_1)]$ 是代表性经济人的效用函数。

4. 证明：如果每个经济人是绝对风险厌恶递减的(DRAR)，那么代表性经济人也是绝对风险厌恶递减的。

5. 两时点单期情形下，假设期末有两个状态 a 和 b，它们发生的概率分别为 π 和 $1-\pi$。市场上有两只交易的证券 1 和证券 2，证券 1 是无风险证券，2 是风险证券，支付向量为(uC, dC)，风险证券称为股票，其中 $C>0$, $0<d<u$。经济中有 K 个经济人，经济人 $k(k=1,2,\cdots,K)$ 的禀赋是 0 期 s_k 个单位的消费品和 s_k 单位的证券 2，其中 $s_k>0$，且 $\sum s_k=1$。所有经济人的效用函数为：

$$U_k(c_k)=\ln c_{k,0}+\rho[\pi\ln c_{k,a}+(1-\pi)\ln c_{k,b}],\ \rho>0$$

(1) 证明证券市场是完全的；

(2) 求解每个经济人的最优消费—投资选择；

(3) 求两个证券的均衡解；

(4)将价格过程与期权定价中二叉树模型进行比较，可以得出什么结论？

6. 在第5题的框架下：

(1)构建代表性经济人。

(2)计算代表性经济人的效用函数中每个经济人的权重。它依赖什么？为什么？

(3)证明代表性经济人的偏好与禀赋在各经济人中的分布无关。

(4)用基于消费的CAPM给两证券定价。

(5)计算风险资产的股权溢价。

(6)利率和股票形成的股权风险溢价依赖于什么？解释它们对原生经济变量——当前消费水平、消费增长率的期望值$E[C_1/C_0]$和波动率$\mathrm{var}(C_1/C_0)$以及时间偏好率ρ的依赖性。

(7)求以证券2为标的资产、执行价格为K的看涨期权的价格，并证明基于消费的CAPM也适用于期权。

7. 修改第5题和第6题中的两个条件并再次求解(1)到(7)：

(1)风险资产的支付向量修改为(C_a, C_b)；

(2)效用函数修改为CARA偏好，即：$u(z) = -e^{-az}$

◎ 参考书目与推荐阅读

1. 王江. 金融经济学. 北京：中国人民大学出版社，2007.

2. Debreu. Theory of value. New York：Wiley，1959.

3. Huang Chi-fu，Litzenberger，Robert. Foundations for Financial Economics. Elsevier Science Co，1988.

第十二章 基于消费的资产定价模型

◎ 学习目标

- 掌握 SDF 的定义及简单性质
- 掌握基于 SDF 对经典问题的解释
- 了解基于消费的定价模型的含义
- 了解 SDF 对股权溢价之谜的解释
- 了解基于消费的定价模型的拓展

传统的 CAPM 建立了单个股票或者股票组合与市场投资组合之间期望收益的线性关系，Merton 将 CAPM 推广到 ICAPM，建立了一般情形下单个股票或者股票组合与若干个特定的股票组合之间期望收益的线性关系。这些模型的结果有一个共同的特点：均衡条件下每个资产或每个资产组合的期望收益率与若干个特定资产组合的收益率成线性关系。我们可以称之为“基于组合的资产定价模型”，因为它建立了资产与特定组合之间的关系。当市场环境比较复杂时，需要较多的未知的组合来解释资产的收益，这使得实证困难。Breeden 在 ICAPM 基础上建立了资产与总消费之间的关系，形成了“基于消费的资产定价模型”，而 Cochrane 归纳出一类简单的定价模型——随机贴现因子模型（stochastic discount factor）简称 **SDF 模型**，Cochrane 以一个非常简单的模型导出了与 Breeden 类似的结论，他的定价公式不但简洁而且还能非常直观地描述资产价格与消费之间的关系。Cochrane 将这一简单模型称为 SDF 模型。本章重点介绍 SDF 模型，并从 SDF 模型的角度理解资产与消费之间的关系，然后从 SDF 的角度重新审视经典的金融问题，最后试图从 SDF 的角度介绍和理解股权溢价之谜等定价之谜。

第一节　基于消费的定价模型

我们首先参照 Cochrane 的模式，通过建立一个简单的模型来引入随机贴现因子并得出 SDF 模型定价的核心结论，然后说明 SDF 模型对资产价格的普适性以及该模型的定价含义。

一、随机贴现因子与定价公式

考虑一个简单的模型，该模型同样只涉及两时点单期，为了便于模型的拓展，两时点分别记为 t 和 $t+1$ 时；经济中只有一个资产，它可以是风险资产也可以是无风险资产，该资产在 t 时的价格为 p_t，$t+1$ 时的支付为 x_{t+1}。该支付等于价格与红利之和，即：$x_{t+1}=p_{t+1}+d_{t+1}$，其中 p_{t+1} 为资产在期末的价格，d_{t+1} 为资产在期末支付的红利，这里为简化问题我们假设资产在每期期末支付红利。投资者的优化问题为：

$$\max_{\{\theta_{t+1}\}} u(c_t) + E_t[\beta u(\tilde{c}_{t+1})]$$

$$\text{s.t.} \quad c_t = e_t - \theta_t p_t \tag{12.P1}$$

$$c_{t+1} = \tilde{e}_{t+1} + \theta_t \tilde{x}_{t+1}$$

其中，c_t 和 c_{t+1} 分别为投资者在期初和期末的消费水平；e_t 和 e_{t+1} 分别为投资者在期初和期末的禀赋；θ_t 为期初对资产的投资数量；β 为时间偏好率，满足 $0<\beta\leqslant 1$，$\beta=1$ 时期末一个单位的消费品与期初一个单位的消费品的效用相同，β 越小期末一个单位的消费品的效用折合期初消费品的效用越低。例如 $\beta=0.5$ 时，1 单位期末消费品的效用折合为期初 1 单位消费品效用的一半。因此，β 越低，经济人越是缺乏耐性，反之越有耐性。此外，$E_t(\cdot)=E(\cdot \mid I_t)$ 表示基于 t 时信息 I_t 下的条件期望。为了简化分析，我们舍去了非负假设。问题(12.P1)的一阶条件为：

$$u'(c_t)(-p_t) + E_t[u'_{t+1}(c_{t+1}) \times \tilde{x}_{t+1}] = 0 \tag{12.1}$$

化简为：

$$p_t = E_t\left[\beta \frac{u'(c_{t+1})}{u'(c_t)} x_{t+1}\right] \tag{12.2}$$

记：

$$m_{t+1} = \beta \frac{u'(c_{t+1})}{u'(c_t)} \tag{12.3}$$

称(12.3)式中的 m_{t+1} 为**随机贴现因子**(stochastic discount factor)，也叫**资产定价的核(asset pricing kernel)**、**资产定价密度(asset pricing density)**。这里的 m_{t+1} 与上一章的随机贴现因子 $M_\omega = \phi_\omega/\pi_\omega$ 相同。从表面来看，它是两期边际效用之比，所以也称为边际替代率。定价公式(12.2)可以改写为：

$$p_t = E_t[m_{t+1}x_{t+1}] \tag{12.4}$$

简记为：

$$p_t = E_t[mx]$$

该模型称为**随机贴现因子模型**，简称 **SDF 模型**。该模型可以理解为：

任何一个资产其期末的支付经随机因子贴现后的期望值等于该资产的期初价格。

由于模型中没有给出该资产的任何其他信息，因此，该资产可以是无风险资产、股票甚至期权。

对于无风险资产，期末面值 1 元的零息债券，期初的价格为 B，或者期初投资 1 元到期末支付为 $1+r_f$，两者代入(12.4)有：

$$B = E_t[m_{t+1} \times 1] = E_t[m_{t+1}] = \frac{1}{1+r_f} \tag{12.5a}$$

$$1 = E_t[m_{t+1} \times (1+r_f)] = E_t[m_{t+1}] \times (1+r_f) \tag{12.5b}$$

(12.5)式的含义为：

随机贴现因子的期望值等于无风险贴现因子。

二、资产价格与消费的关系

为了更好地理解定价公式的含义，我们需要对(12.4)的右边进行化简。由概率论中协方差的定义：

$$\mathrm{cov}(X, Y) = E[\widetilde{X} - E(\widetilde{X})][\widetilde{Y} - E(\widetilde{Y})] = E[\widetilde{X}\widetilde{Y}] - E(\widetilde{X})E(\widetilde{Y})$$

可知：

$$E_t[m_{t+1}x_{t+1}] = E_t(m_{t+1})E(x_{t+1}) + \mathrm{cov}(m_{t+1}, x_{t+1}) \tag{12.6}$$

结合(12.3)和(12.5)有：

$$\begin{aligned} p_t &= \frac{E_t(x_{t+1})}{1+r_f} + \mathrm{cov}_t(m_{t+1}, x_{t+1}) \\ &= \frac{E_t(x_{t+1})}{1+r_f} + \frac{\beta\,\mathrm{cov}_t(u'(c_{t+1}), x_{t+1})}{u'(c_t)} \end{aligned} \tag{12.7}$$

下面分析定价公式(12.7)的经济含义：

公式(12.7)中第一项是期末支付用无风险利率贴现，类似于“风险中性定价”；第二项则是风险调节项。由于标准的效用函数是凹函数，即 $u''(\cdot) < 0$，因此，$u'(\cdot) > 0$ 而且为单调递减函数，从而有：

(1)若 $\mathrm{cov}(c_{t+1}, x_{t+1}) > 0$，则 $\mathrm{cov}(u'(c_{t+1}), x_{t+1}) < 0$，则 $p_t < \dfrac{E_t(x_{t+1})}{1+r_f}$；

(2)若 $\mathrm{cov}(c_{t+1}, x_{t+1}) = 0$，则 $\mathrm{cov}(u'(c_{t+1}), x_{t+1}) = 0$，则 $p_t = \dfrac{E_t(x_{t+1})}{1+r_f}$；

(3)若 $\mathrm{cov}(c_{t+1}, x_{t+1}) < 0$，则 $\mathrm{cov}(u'(c_{t+1}), x_{t+1}) > 0$，则 $p_t > \dfrac{E_t(x_{t+1})}{1+r_f}$。

其含义进一步可以理解为：

当资产在期末的支付与期末的消费正相关时，该资产的价格小于风险中性定价；当资产在期末的支付与期末的消费负相关时，该资产的价格大于风险中性定价；当资产在期末的支付与期末的消费无关时，该资产的价格等于风险中性价格。

资产期末支付与消费正相关，意味着该资产的支付与消费同向变化，从而加强了期末消费的波动(或风险)；资产期末支付与消费负相关，意味着该资产的支付与消费反向变化，从而可以对冲消费风险；资产期末支付与消费不相关，则意味着该资产对消费不会产生影响。定价公式(12.7)意味着：

经济人在“对资产进行定价”时，主要依据资产对经济人消费的影响，对能够对冲消费风险的资产愿意出相对高一些的价格，对可能提高消费风险的资产愿意出相对低的价格，对于消费不相关的资产按风险中性规则进行定价。这种定价模式主要是基于资产期末支付对经济人消费的影响而进行的，因此称为“基于消费的资产定价”。由于该模型的核心是随机贴现因子，因此我们也常称之为 SDF 定价模型或 SDF 模型。

总之，基于以上分析，本章的定价模型常称为“**SDF 定价模型**”，或者“**基于消费的资产定价模型**”，有时简称 CCAPM(consumption-based asset pricing models)。

三、定价公式的普适性

定价公式(12.4)是 SDF 模型的核心结论，该模型对单期资产具有普适性，即任何资产的期初价格和期末支付，都满足该公式。为了说明这一点，我们看图 12-1：

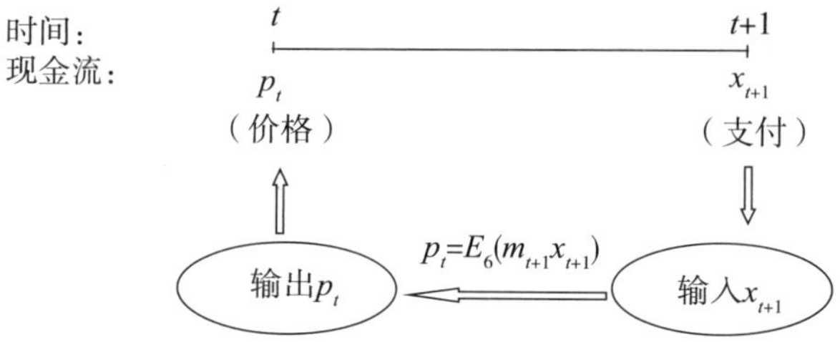

图 12-1 单期的现金流量图

图 12-1 中价格—支付形成变量“数对”，不同资产对应的价格—支付“数对”不同，但是它们都可以作为资产进入模型(12.P1)，因此该“数对”共同满足定价公式(12.4)。我们可以将公式(12.4)比作输入—输出“装置”，在公式右边输入期末的支付，则可以输出公式左边的价格。表 12.1 列举了一些价格—支付对(该表来自 Cochrane (2005) 第 8 页)，它们都满足定价公式(12.4)，这些“输入支付”包括股票、收益、价格红利比、超额收益、管理的组合、债券、无风险利率，甚至是欧式期权等。实际上这种价格—支付还可以继续延伸，只要具有固定的单期和明确的支付就可以形成这种定价关系。

表 12.1　　**不同资产的价格—支付**

	价格 p_t	支付 X_{t+1}
股票	S_t	X_{t+1}
收益	1	R_{t+1}
价格红利比	p_t/d_t	$(p_{t+1}/d_{t+1}+1)\dfrac{d_{t+1}}{d_t}$
超额收益	0	$R^e_{t+1}=R^a_{t+1}-R^b_{t+1}$
管理的组合	z_t	$z_t R_{t+1}$
矩条件	$E[p_t z_t]$	$x_{t+1}z_t$
单期债券	B_t	1
无风险利率	1	R_f
期权	c	$\mathrm{Max}[S_T-K,\ 0]$

表 12.1 的解释如下：

第一行“股票”：股票的价格—支付是公式(12.4)的直接体现，将(12.4)中资产价格用 S_t 表示即为第一行的“股票”。

第二行“收益”：该关系是将公式(12.4)两边同除股票价格而得到的。

第三行“价格红利比”：是在(12.4)两边同除红利并化简得到的，具体地：

$$\begin{aligned}\frac{p_t}{d_t}&=E_t\left[m_{t+1}\frac{x_{t+1}}{d_t}\right]=E_t\left[m_{t+1}\frac{p_{t+1}+d_{t+1}}{d_t}\right]\\&=E_t\left[m_{t+1}\left(\frac{p_{t+1}}{d_{t+1}}+1\right)\frac{d_{t+1}}{d_t}\right]\end{aligned}\tag{12.8}$$

第四行“超额收益”：首先将(12.4)得到的“收益”形式的公司同时用于两种不同的风险资产 a 和 b：

$$1=E_t[m_{t+1}R^a_{t+1}]$$
$$1=E_t[m_{t+1}R^b_{t+1}]$$

两者相减即可得到“超额收益”。

第五行“管理组合”：若某管理的投资组合的收益为 R_{t+1}，则在 t 时投资金额为 z_t 的该项投资，在 $t+1$ 时产生的支付为 $z_t R_{t+1}$。形式上可以通过在第二行的两边同乘常数 z_t 得到。

第六行“矩条件”：在基本定价方程(12.4)两边同乘 z_t 再取无条件期望可以得到该行所对应的方程。

第七行“单期债券”和第八行“无风险利率”：这两行与第一行和第二行对应，当期末支付为固定数额时即为无风险债券或无风险利率。不同的是记号的变化以及习惯于将债券的期末支付(即面值)约定为 1，对应期初的价格 B 也就是无风险贴现因子，无风险收益用角标 f 表示(risk“free”)。

第九行“期权”：这里的期权是指欧式期权，该期权只在两个时点有现金流，期末的现金流为支付，其形式与前述的都不同，但仍然符合定价“规则”。

以上的结论都是在物物交换经济中得出来的，因此定价方程中的价格和收益都是实际的，即以商品计价的。上述关系对于名义的价格和收益也成立，如果 p 和 x 是名义价值，则可以用实际价格和支付表示为：

$$\frac{p_t}{\Pi_t}=E_t\left[\left(\beta\frac{u'(c_{t+1})}{u'(c_t)}\right)\frac{x_{t+1}}{\Pi_{t+1}}\right] \tag{12.9}$$

其中，Π 表示价格水平(CPI)，(12.9)的定价关系可以通过重新定义适用于名义现金流的折现因子来统一定价公式：

$$p_t=E_t\left[\left(\beta\frac{u'(c_{t+1})}{u'(c_t)}\frac{\Pi_t}{\Pi_{t+1}}\right)x_{t+1}\right]\equiv E_t[m_{t+1}^{*}x_{t+1}] \tag{12.10}$$

其中：

$$m_{t+1}^{*}\equiv\beta\frac{u'(c_{t+1})}{u'(c_t)}\frac{\Pi_t}{\Pi_{t+1}}=m_{t+1}\times\frac{\Pi_t}{\Pi_{t+1}}$$

(12.10)表明，在引进货币的经济中，随机折现因子将由名义的折现因子通过物价指数 CPI 的调整而得到。

四、简单模型的一般化

前面的简单模型虽然推导出了具有“普适性”的定价公式，但由于该模型只涉及两时点单期、单资产，因此其代表性令人质疑。实际上，选取单期和单资产只是为了方便，该模型完全可以推广到多资产和多期情形，相应情形下除了形式变得更加复杂，本质上没有变化。下面分别给出多资产—单期和单资产—多期情形，同样是出于论述的简化而没有给出多期—多资产情形下的模型和结果。

(一)单期—多资产模型

在简单模型框架下假设有 N 个资产，在 t 时的价格为 p_{it}，$i=1,2,\cdots,N$。在 $t+1$ 时资产的支付为 $X_{i,t+1}$，$i=1,2,\cdots,N$。同样这些支付等于价格与红利之和，即：$X_{i,t+1}=p_{i,t+1}+d_{i,t+1}$，它们的含义与前面的相同。投资者的优化问题为：

$$\begin{aligned}&\max_{\{\theta_{t+1}\}}u(c_t)+E_t[\beta u(\tilde{c}_{t+1})]\\ &\text{s. t}\quad c_t=e_t-\sum_{i=1}^{N}\theta_{it}p_{it}\\ &\qquad c_{t+1}=\tilde{e}_{t+1}+\sum_{i=1}^{N}\theta_{it}X_{i,\ t+1}\end{aligned} \tag{12.P2}$$

其中，$\theta_{i,t+1}$为期初对第 i 个资产的投资数量，同样略去非负假设，即均假设各时点的消费水平大于零，最优解为内点解。该问题与(12.P1)相比，期初的投资从单一的投资机会变为 N 个投资机会，因此决策变量由单个的 θ 变为 N 个证券对应的 θ 值，优化问题由单变量极值变为多变量极值。相应的一阶条件为：

$$u'(c_t)(-p_{it})+E[\beta u'(c_{t+1})\times\tilde{x}_{i,\ t+1}]=0$$

化简为：

$$p_{it}=\frac{E[\rho u'_{t+1}(c_{t+1})\times\tilde{x}_{i,\ t+1}]}{u'(c_t)} \tag{12.11}$$

$$=E[m_{t+1}\tilde{x}_{i,\ t+1}]$$

(12.11)中的 m_{t+1} 与(12.4)中的 m_{t+1} 完全相同，均为随机贴现因子，定价公式(12.11)为(12.4)的自然推广，即上述过程论证了下述命题：

多资产情形下，每个资产期初的价格与其期末支付都适用于 SDF 定价公式。

下面我们进一步推广到多期情形。

(二)多期—单资产模型

为了方便我们仍然假设只有一个资产，在简单模型框架下假设有 T 期，在 $t+j$ 时的价格为 p_{t+j}，$j=1$，2，…，T。在 $t+j$ 时资产的价格和支付分别为 p_{t+j} 和 X_{t+j}，$j=1$，2，…，T。同样这些支付等于价格与红利之和，即：$X_{t+j}=p_{t+j}+d_{t+j}$，它们的含义与前面的相同。投资者的优化问题为：

$$\begin{aligned}&\max_{\{\theta_{t+j},\ j=0,\ 1,\ 2,\ \cdots T\}} E_t\left[\sum_{j=0}^{T}\beta^j u(\tilde{c}_{t+j})\right]\\ \text{s.t}\quad & c_t=e_t-\theta_t p_t\\ &\cdots\\ &c_{t+j}=\tilde{e}_{t+j}+\theta_{t+j-1}X_{t+j}-\theta_{t+j}p_{t+j}\quad j=1,\ \cdots,\ T-1\\ &\cdots\\ &c_{t+T}=\tilde{e}_{t+T}+\theta_{t+T-1}X_{t+T}\end{aligned} \tag{12.P3}$$

其中，θ_{t+j} 为每期期初对资产的投资数量，同样略去非负假设。该问题与(12.P1)相比，投资者问题由单期的静态优化问题变为多期优化问题，同时，预算约束也发生了相应的变化：从 $t+1$ 期到 $t+T-1$ 期，每一期的消费等于当期禀赋 $\tilde{e}_{t+j}$ 加上一期投资收益 $\theta_{t+j-1}X_{t+j}$ 再减去本期的投资初的投资 $\theta_{t+j}p_{t+j}$。(12.P3)的一阶条件为：

$$u'(c_t)(-p_t)+E[\rho u'(c_{t+1})\times\tilde{x}_{t+1}]=0$$

$$E[\beta^j u'(c_{t+j})(-p_{t+j})+\beta^{j+1}u'(c_{t+j+1})\times\tilde{x}_{t+j+1}]=0$$

化简为：

$$p_t=E_t[\beta\frac{u'(c_{t+1})}{u'(c_t)}\times\tilde{x}_{t+1}]=E_t[\beta\frac{u'(c_{t+1})}{u'(c_t)}\times d_{i,\ t+1}]+\beta\frac{E_t[u'(c_{t+1})p_{t+1}]}{u'(c_t)}$$

$$=E_t[m_{t+1}d_{t+1}]+\beta\frac{E[\beta u'(c_{t+2})(d_{t+2}+p_{t+2})]}{u'(c_t)}$$

$$= E_t[m_{t+1}d_{t+1}] + E_t[\beta^2 \frac{u'(c_{t+2})}{u'(c_t)}d_{t+2}] + \cdots + E_t[\beta^j \frac{u'(c_{t+j})}{u'(c_t)}d_{t+j}] + \cdots + E_t[\beta^T \frac{u'(c_{t+T})}{u'(c_t)}X_{t+T}]$$

$$\equiv E_t[\sum_{j=1}^{T} m_{t+j}d_{t+j}] + E_t[m_{t+T}p_{t+T}]$$

上述运算的结果概括为：

$$p_t = E_t[\sum_{j=1}^{T} m_{t+j}d_{t+j}] + E_t[m_{t+T}p_{t+T}] \tag{12.12}$$

其中，定义：

$$m_{t+j} = \beta^j \frac{u'(c_{t+j})}{u'(c_t)} \tag{12.13}$$

m_{t+j}是 $t+j$ 期到 t 期的随机贴现因子。当 T 趋于无穷大而且收敛时，(12.12)改写为我们熟悉的估值公式：

$$p_t = E_t\left[\sum_{j=1}^{\infty} m_{t+j}d_{t+j}\right] \tag{12.14}$$

这并不是说明定价公式(12.4)不再成立，而是有更深的内涵，从时点 t 到时点 $t+1$ 依然有(12.4)成立，这在(12.12)的第一个等式可以明显地看出来。由此我们得出如下结论：

多期单资产情形下，资产期初的价格与其期末支付都适用于 SDF 定价公式，经过递归可以表示为红利折现和的形式。

模型还可以进一步推广到多资产多期情形，唯一的变化是更加复杂，结果依然不变。此外，我们还可以推广到连续时间情形，由于所涉及的工具超出了范围，我们在此没有给出证明。

第二节　基于消费的定价模型与经典的金融问题

上一节给出了一个简单的模型并得出了一个简洁的定价公式，这一定价公式具有很好的“普适性”，在单期情形下知道期末的支付就能“导出”期初的价格。事实上，利用该模型和定价公式还可以从不同的视角分析一些经典的金融问题。

一、无风险利率的确定

利率水平是资产定价的基础，风险资产的收益率通常依利率为参照而确定，其表现通常是风险资产收益率等于无风险利率加上相应的风险溢价，因此利率是一个非常重要的经济变量。关于利率的决定因素以及利率的变化对经济的作用等形成了利率理论，利率理论内容丰富，包括古典理论、“流动性偏好”理论、可贷资金理论和 IS-LM 利率理论等。这里从另一个角度来考察利率及其决定因素。

在 SDF 模型下有：

$$B = E_t[m_{t+1}] = \frac{1}{R_f} \tag{12.5a}$$

为了得到更具体的信息，我们假设代表性经济人的效用函数为幂函数，即具有CRRA偏好，此时：$u(c_{t+1}) = c_{t+1}^{1-\gamma}/(1-\gamma)$，$u'(c_{t+1}) = c_{t+1}^{-\gamma}$，因此：

$$m_{t+1} = \beta\frac{u'(c_{t+1})}{u'(c_t)} = \beta\left(\frac{c_{t+1}}{c_t}\right)^{-\gamma} \tag{12.15}$$

为了直观，先假定没有不确定性，即 c_{t+1} 取值是确定的，此时：

$$R_f \equiv e^{r_f} = \frac{1}{m_{t+1}} = \frac{1}{\beta}\left(\frac{c_{t+1}}{c_t}\right)^{\gamma} \tag{12.16}$$

假设绝对风险厌恶系数 $\gamma > 0$，从方程(12.16)可以初步得出影响利率的因素：

(1)利率 R_f 与时间偏好率 β 成反比例，时间偏好率表征人的耐性，这种反比例关系表明：β 越低，人们缺乏耐性，无风险利率越高。因为人们更看重当前的消费，只有更高的利率才能"驱使"他们通过当期储蓄并增加投资而延迟消费；反之，β 越高，人们耐性越高，无风险利率越低。

(2)利率 R_f 与消费增长 c_{t+1}/c_t 成正比例，c_{t+1}/c_t 越大即消费的相对增长越高意味着利率越高。因为利率高时，投资者即期减少消费，从而增加即期投资，使未来的消费增加。高利率降低了即期的消费水平并提高了消费的增长水平。

(3)利率 R_f 与 γ 的关系不太直观，在CRRA偏好下风险厌恶系数 γ 是跨时替代率的倒数，γ 越大，利率对消费增长的变化越敏感。

当模型中存在不确定性时，为了更好地确定利率的影响因素，我们假设消费增长呈对数正态分布，因此利用第七章的引理7.1可以计算 $E[m]$ 并得到显示解，在(12.5)两边取对数得：

$$r_f = \ln E_t[m_{t+1}] = E_t[\ln m_{t+1}] + \frac{1}{2}\text{var}_t(\ln m_{t+1})$$

将(12.15)代入并化简得：

$$r_f = \delta + \gamma E_t[\Delta \ln c_{t+1}] - \frac{\gamma^2}{2}\sigma_t^2(\Delta \ln c_{t+1}) \tag{12.17}$$

其中 $r_f = \ln R_f$，$\delta = -\ln\beta$，$\Delta\ln c_{t+1} = \ln c_{t+1} - \ln c_t$，$\sigma_t^2(\Delta\ln c_{t+1}) = \text{var}_t(\Delta\ln c_{t+1})$。由公式(12.17)揭示的利率决定因素与(12.16)基本类似：

首先，利率与时间偏好 β 负相关，时间偏好率越低，利率越高，反之则越低；

其次，消费增长的预期值与利率正相关，消费增长的期望值越高，利率越高；

最后，风险厌恶系数 γ 一方面决定了利率对消费增长的期望值的敏感性，γ 越大，利率对消费的增长越敏感，另一方面(12.17)中多了一项 $\sigma_t^2(\Delta\ln c_{t+1})$，它反映了预防性储蓄。

二、风险资产价格的确定

风险资产的价格确定是金融经济学的核心问题之一，经典的CAPM给出的是风险资产收益率与其贝塔系数之间的关系。从基于消费的定价模型出发给出的定价关系更加丰富。

(一)基于风险调整的定价公式

从定价公式(12.4)出发，我们可以得到“价格型”和“期望收益型率”的定价公式。首先，由协方差公式可以得到“价格型”的定价方程(12.18)：

$$p_t = \frac{E_t(x_{t+1})}{1 + r_f} + \operatorname{cov}_t(m_{t+1},\ x_{t+1}) \tag{12.18a}$$

进一步将随机贴现因子 SDF 代入定价公式，得：

$$p_t = \frac{E_t(x_{t+1})}{1 + r_f} + \frac{\beta \operatorname{cov}_t(u'(c_{t+1}),\ x_{t+1})}{u'(c_t)} \tag{12.18b}$$

定价公式(12.7)属于“价格型”公式，(12.8a)表明风险资产的价格等于其期末支付的现值加上风险调整项，风险调整由期末支付与 SDF 的协方差决定，正相关获得“溢价”使得其价格高于风险中性条件下的价格；负相关获得“折价”使得其价格低于风险中性条件下的价格；不相关时取得风险中性下的价格。进一步的定价公式(12.8b)更加明确了风险调整项：期末支付与消费负相关的风险资产获得“溢价”；期末支付与消费正相关的风险资产获得“折价”；期末支付与消费不相关的风险资产获得风险中性价格。

在定价公式(12.4)两边同除期初价格得收益型的定价公式：

$$1 = E_t[m_{t+1}R_{t+1}^i] \tag{12.19}$$

其中上标 i 表示第 i 个资产，$R_{t+1}^i = x_{t+1}^i / p_t^i$，同样利用协方差的定义将等式右边化简并整理得“期望收益率型”的定价公式：

$$E[R_{t+1}^i] = R_f - R_f \operatorname{cov}_t(m_{t+1},\ R_{t+1}^i) \tag{12.20a}$$

进一步将随机贴现因子 SDF 代入定价公式，得：

$$E[R_{t+1}^i] = R_f - \frac{\operatorname{cov}_t(u'(c_{t+1}),\ R_{t+1}^i)}{E[u'(c_{t+1})]} \tag{12.20b}$$

定价公式的含义类似于“价格型”定价公式：(12.20a)表明风险资产的期望收益或要求的期望收益等于无风险收益加上风险调整项，风险调整由该资产收益期末支付与 SDF 的协方差决定。我们注意到公式中的收益都是“相对收益”，它们等于收益率加 1，因此还是反映了风险资产期望收益率与无风险利率之间的关系：当风险资产收益率与 SDF 负相关时，该风险资产获得“溢价”使得期望收益率高于无风险利率；正相关则获得“折价”使期望收益率低于无风险利率；不相关时期望收益率等于无风险利率。进一步的定价公式(12.20b)更加明确了风险调整项：收益率与消费正相关的风险资产获得“溢价”从而期望收益率高于无风险利率；收益率与消费负相关的风险资产获得“折价”其期望收益率低于无风险利率；收益率与消费不相关的风险资产获得无风险利率。

(二)基于贝塔形式的定价公式

从定价的基本公式出发我们得到了风险调整的定价公式，进一步还可以得到类似于 CAPM 中的证券市场线(SML)。由(12.20a)得：

$$
\begin{aligned}
E[R_{t+1}^{i}] &= R_f - \frac{\operatorname{cov}_t(m_{t+1},\ R_{t+1}^{i})}{E[m_{t+1}]} \\
&= R_f + \frac{\operatorname{cov}_t(m_{t+1},\ R_{t+1}^{i})}{\operatorname{var}[m_{t+1}]} \times \left(-\frac{\operatorname{var}[m_{t+1}]}{E[m_{t+1}]}\right) \\
&\equiv R_f + \beta_{im}\lambda_m
\end{aligned}
$$

概括为:

$$
E[R_{t+1}^{i}] = R_f + \beta_{im}\lambda_m \tag{12.21}
$$

这就是贝塔形式的定价模型，其中:

$$
\beta_{im} = \frac{\operatorname{cov}_t(m_{t+1},\ R_{t+1}^{i})}{\operatorname{var}[m_{t+1}]};\ \lambda_m = \left(-\frac{\operatorname{var}[m_{t+1}]}{E[m_{t+1}]}\right) \tag{12.22}
$$

贝塔系数的定义与 CAPM 中的定义非常类似，唯一不同的是 CAPM 中的贝塔是风险资产收益率对市场投资组合收益率的回归系数，这里是风险资产收益对随机贴现因子 m 的回归系数；λ_m 则完全由随机贴现因子 m 的均值和方差来确定。该方程可以看作一个单因子模型，任何风险资产的收益都由单因子(由随机贴现因子 m 形成的)来决定，贝塔值为风险资产的风险暴露，λ_m 为风险价格，即单位风险所需要的收益补偿。在 CAPM 中市场投资组合很容易找到代理变量，通常可以指数来代替整个市场投资组合。但是这里的随机贴现因子 m 却很难找到代理变量，所以(12.22)虽然从形式上比较简单，但 λ_m 的含义还有待进一步明确。

对(12.20a)继续变形:

$$
\begin{aligned}
E[R_{t+1}^{i}] &= R_f - \frac{\operatorname{cov}_t(m_{t+1},\ R_{t+1}^{i})}{E[m_{t+1}]} \\
&= R_f + (-1)\frac{\rho_{im}\sigma_m}{E[m_{t+1}]}\sigma_i
\end{aligned} \tag{12.23a}
$$

两边同乘组合权重并求和得:

$$
\begin{aligned}
E[R_{p,\ t+1}] &= R_f - \frac{\operatorname{cov}_t(m_{t+1},\ R_{p,\ t+1})}{E[m_{t+1}]} \\
&= R_f + (-1)\frac{\rho_{pm}\sigma_m}{E[m_{t+1}]}\sigma_p
\end{aligned} \tag{12.23b}
$$

其中，$\sigma_m = \sqrt{\operatorname{var}_t(m_{t+1})}$，$\sigma_i = \sqrt{\operatorname{var}_t(R_{t+1}^{i})}$，$\rho_{im} = \dfrac{\operatorname{cov}_t(m_{t+1},\ R_{t+1}^{i})}{\sigma_m\sigma_i}$ 分别为 m 的标准差、风险资产 i 的收益的标准差和两者的相关系数；角标换成 p 后表示投资组合的相应的量，投资组合与资产 i 很多情形下有相同的结果，所以我们在后面不再单列出投资组合的类似结果。公式(12.20)和(12.21)可以理解为单个资产或投资组合的收益与其风险之间的关系，其中风险是用资产或组合的标准差来度量的。由相关系数取值于[-1，1]的性质可知:

$$
\left|E[R_{t+1}^{i}] - R_f\right| \leqslant \frac{\sigma_m}{E[m_{t+1}]}\sigma_i \tag{12.24}
$$

这个方程表明：在均值—标准差平面内存在一个锥形的边界，以折现因子 m 定价的任何资产或投资组合的标准差和均值都对应于该平面内的一个点，而且都位于这个锥形区域之中，如图 12-2 所示。我们称这个边界为组合前沿，其中上半支称为**有效前沿**，有效前沿上的资产或组合只有系统性风险，落在锥形区内的资产的风险等于其系统性风险加上其非系统风险或特质风险。这些性质非常类似于马克维兹的投资组合理论中的相关性质，换言之，新的框架下得出了经典的结论。

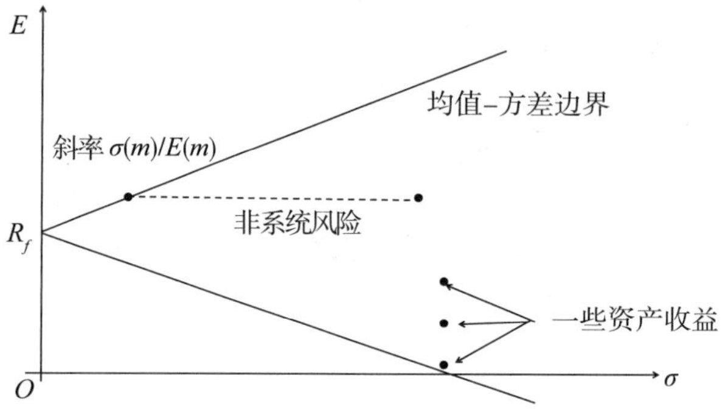

图 12-2　均值—方差边界 σ

由于均值—方差边界对应于与 m 相关系数为正负 1 的证券所在的直线，即 $\rho_{im}=\pm 1$，其具体含义是风险资产 R_i 的收益率与随机贴现因子 m 的相关系数等于 1 或-1，因此 R_i 与 m 线性相关，几何上 m 位于边界上，而且所有边界上的点对应的资产或资产组合都与 m 线性相关。选择边界上的某一点对应的资产或组合收益，记为 R^m，边界上所有点对应的资产或组合收益记为 R^{mv}，则存在常数 α 满足：

$$R^{mv}=\alpha R_f+(1-\alpha)R^m \tag{12.25}$$

同时，由于 m 与边界上的所有点完全相关，因此存在常数 a、b、c、d 使下式成立：

$$m=a+bR^{mv};\ R^{mv}=c+dm \tag{12.26}$$

给定 R^{mv} 则 $bd=1$。(12.26)代入贝塔值：

$$\beta_{im}=\frac{\operatorname{cov}(R^i,\ m)}{\operatorname{var}(m)}=\frac{\operatorname{cov}(R^i,\ a+bR^{mv})}{\operatorname{var}(a+bR^{mv})}=\frac{\operatorname{cov}(R^i,\ R^{mv})}{b\operatorname{var}(R^{mv})}\equiv\frac{1}{b}\beta_{i,\ mv}$$

$$\beta_{mv,\ m}=\frac{\operatorname{cov}(R^{mv},\ m)}{\operatorname{var}(m)}=\frac{\operatorname{cov}(c+dm,\ m)}{\operatorname{var}(m)}=\frac{d\operatorname{var}(m)}{\operatorname{var}(m)}=d$$

(12.26)代入(12.22)：

$$E[R^{mv}]=R_f+\beta_{mv,\ m}\lambda_m=R_f+d\lambda_m$$

因此，对任意的资产 i 有：

$$E[R_{t+1}^i]=R_f+\beta_{i,\ mv}[E[R^{mv}]-R_f] \tag{12.27}$$

上式中的 R 是相对收益，由于 $R=r+1$，所以可以转化为收益率形式的定价公式：

$$E[r_{i,\ t+1}]=r_f+\beta_{i,\ mv}[E[r_{mv}]-r_f] \tag{12.27a}$$

(12.27a)类似于 CAPM 中的证券市场线(SML)，唯一不同的是 SML 描述的是均衡条件下任何证券与市场投资组合之间收益率的关系。这里描述的是任何证券收益率与均值—标准差边界上任何特定组合之间的关系，换言之，若将 R^{mv} 用市场投资组合替换，则在形式上完全相同。当然。(12.27)具有与 SML 不同的含义。

第三节　基于消费的定价模型与股权溢价之谜

基于消费的资产定价模型得出了一个简洁的定价公式，在分析若干经典问题时展现了其特色。该定价公式在分析风险资产和无风险资产的收益中具有其独特的视角，在特定的假设下能够得到比较简洁的显示解，为实证分析提供了便利。回到定价模型，其核心是随机贴现因子 SDF，但随机贴现因子 m_{t+1} 高度依赖效用函数，所以需要对效用函数做出一定的设定。我们依旧在特定的效用函数下结合 m_{t+1} 来分析风险资产和无风险资产收益率，并将结果用于实证。

一、基于 CRRA 偏好的股权溢价

资产定价的目的是确定特定资产的理论价格，但是在经典的资产定价理论如 CAPM 中，定价的核心结论往往是关于风险资产的收益率所满足的等式，如 SML 表明任何风险资产或资产组合的收益率满足：

$$E[R_{t+1}^i] = R_f + \beta_{im}[E[R_m] - R_f]$$

其中，R_m 是市场投资组合的收益率。该定价公式本质上给出了任意资产 i 的收益率与无风险利率之差 $E[R_{t+1}^i] - R_f$ 和市场投资组合收益率与无风险利率之差 $E[R_m] - R_f$ 之间的线性关系。这里我们将前者称为资产 i 的溢价，后者称为整个股票市场的溢价，简称**股权溢价**(equity premium)。股权溢价本质上是给定投资期限内整个股票市场的平均收益率与同期无风险利率之差。狭义的溢价是指股票收益率高于无风险利率，低于无风险利率称为折价。我们这里采用广义的含义，无论溢价还是折价统称为溢价。下面我们首先从理论上分析股权溢价所满足的等量关系，同时也可顺便进一步分析定价公式(12.4)的意义。为了能够得出简洁的定价公式，我们作如下假设：

假设 12.1：投资者具有 CRRA 偏好；

假设 12.2：风险资产的收益和总禀赋或总消费 C_{t+1} 服从对数正态分布。

为了论述的方便，下面用大写的字母表示消费，小写的表示取对数后的值。在 CRRA 偏好下代表性参与者的效用函数为 $u(C_{t+1}) = C_{t+1}^{1-\gamma}/(1-\gamma)$，$u'(C_{t+1}) = C_{t+1}^{-\gamma}$，$\gamma$ 是相对风险厌恶系数。依照前文求代表性经济人的优化问题得到定价公式以及相应的随机贴现因子为：

$$m_{t+1} = \beta \frac{u'(C_{t+1})}{u'(C_t)} = \beta \left(\frac{C_{t+1}}{C_t}\right)^{-\gamma} \tag{12.28}$$

两边取对数得：

$$\ln m_{t+1} = \ln\beta - \gamma\ln\left(\frac{C_{t+1}}{C_t}\right) = \delta - \gamma\Delta c_{t+1} \tag{12.29}$$

其中，$\delta \equiv \ln\beta$。$\ln C_t \equiv c_t$，$\ln\left(\frac{C_{t+1}}{C_t}\right) = \ln c_{t+1} - \ln c_t \equiv \Delta c_{t+1}$。在定价公式(12.19)即 $1 = E_t[m_{t+1}R_{t+1}^i]$ 中，由假设 12.2 可知 m_{t+1} 和 R_{t+1}^i 服从对数正态分布，所以它们的乘积也服从对数正态分布。由引理 7.1 在(12.19)两边取对数得：

$$\begin{aligned}0 = \ln E_t[m_{t+1}R_{t+1}^i] &= E_t\{\ln[m_{t+1}R_{t+1}^i]\} + \frac{1}{2}\text{var}_t\{\ln[m_{t+1}R_{t+1}^i]\}\\ &= E_t[\ln m_{t+1} + \ln R_{t+1}^i] + \frac{1}{2}\text{var}_t[\ln m_{t+1} + \ln R_{t+1}^i]\\ &= E_t r_{i,\ t+1} + \delta + \frac{1}{2}[\sigma_i^2 + \gamma^2\sigma_c^2 - 2\gamma\sigma_{ic}]\end{aligned}$$

概括为：

$$E_t r_{i,\ t+1} + \delta + \frac{1}{2}[\sigma_i^2 + \gamma^2\sigma_c^2 - 2\gamma\sigma_{ic}] = 0 \tag{12.30}$$

其中，$r_{i,\ t+1} \equiv \ln R_{t+1}^i$，$\sigma_i^2 \equiv \text{var}_t(r_{i,\ t+1})$，$\sigma_c^2 \equiv \text{var}_t(c_{t+1})$，$\sigma_{ic} \equiv \text{cov}(r_{i,\ t+1},\ c_{t+1})$。

类似地，在定价公式(12.15)即 $1 = E_t[m_{t+1}(1 + r^f)] = E_t[m_{t+1}R^f]$ 的两边取对数并化简得：

$$E_t r_{f,\ t+1} = -\delta + \gamma E_t\Delta c_{t+1} - \frac{1}{2}\gamma^2\sigma_c^2 \tag{12.31}$$

其中，$r_{f,\ t+1} \equiv \ln R_{t+1}^f$。联立(12.30)、(12.31)得股权溢价公式：

$$E_t[r_{i,\ t+1} - r_{f,\ t+1}] + \frac{\sigma_i^2}{2} = \gamma\sigma_{ic} \tag{12.32}$$

公式(12.32)的左边是取对数之后的股权溢价，而且是单个股票的股权溢价，因为我们前面假设单个股票的期末支付服从对数正态分布，从而收益也服从对数正态分布。多个股票的支付或收益服从对数正态分布时，其投资组合一般不再服从对数正态分布，因此用(12.32)计算的整个股市的股权溢价是一种近似。从公式可以看出，股权溢价由相对风险厌恶系数和协方差共同确定。相对风险厌恶系数越大，投资者越厌恶风险，要求的股权溢价越高；收益与总消费的协方差越大，期末支付与消费的协方差越大，表明该资产与总消费同向变化，从而具有较高的风险，资产价格低，相应的收益率越高，股权溢价越高。

二、理论与实证的冲突：三大谜题

与默顿的跨时定价模型和多因子定价模型相比，基于消费的定价模型将风险资产收益的决定因素再一次归结为单一的消费因子，同时，定价公式(12.32)的简洁性也形成了展开实证分析的动因。由引理(7.1)可知，公式(12.32)的左边等于股权溢价期望值的对数值，等式右边为风险厌恶系数与协方差的乘积，经济人要求的回报率与其自身的风险厌恶程度有关，风险厌恶程度越高，要求的回报率越高；股权溢价可理解为股票收益与无风险利率之差，股票收益与经济人的消费的相关性也与股权溢价有关。定价公式中除了相对风险厌恶系数之外，都可以通过收集历史数据进行实证分析。梅赫拉和普雷斯科特(Mehra & Prescott，1985)首次在对(12.32)进行实证时发现，通过美国的历史数据拟合该方程需要极高的相对风险厌恶系数的值，反之，利用心理学角度认可的相对风险厌恶水平(1到10之间)得到的股权溢价水平远远低于历史数据计算出来的股权溢价，而且无法从理论上解释这一差异，从而将这一现象称为**股权溢价之谜**(equity premium puzzle)。围绕股权溢价之谜放松若干假设后，威尔(Weil，1989)又提出了无风险利率之谜(riskfree puzzle)：若承认投资者具有比我们想象更高的风险厌恶，即具有较高的相对风险厌恶系数，则高的风险厌恶系数从理论上得出的无风险利率根本无法解释历史上的无风险利率水平。除了上述两个谜之外，美国资本市场所表现出来的很多现象也无法解释，从而形成更多的谜，其中消费增长的波动与股权波动的巨大差异形成的谜被坎贝尔称为第三个重要的谜——**股权波动之谜**(equity volatility puzzle)。上述三个谜就是著名的“三大谜题”。

(一)股权溢价之谜

我们首先看第一个谜。梅赫拉和普雷斯科特(Mehra & Prescott，1985)用美国一个多世纪的历史数据发现美国股市平均收益率为7.9%，无风险利率约为1%，股权溢价约为6.9%。通过建模拟合股权溢价，发现所需的绝对风险厌恶系数很高，反之用适度的风险厌恶水平无法解释历史股权溢价，并称之为“股权溢价之谜”。该“谜”一经提出立即引起学术界广泛关注。在坎贝尔(Campbell，2018)的专著中再一次利用多个国家从20世纪70年代或更早一点时期到2011年历史数据进行实证分析，用股权季度对数收益的年化值计算 $E[r_{i,t+1}]$，用短期零息国债对数利率的年化值计算 $r_{f,t+1}$，用人均消费增长的对数值计算 Δc，并用上述数据的时间序列计算股权溢价与消费增长的协方差，上述变量代入(12.32)用两种方法计算相对风险厌恶系数。其一是直接代入方程拟合得到相对风险厌恶系数RRA(1)；其二是股权溢价与消费增长的相关系数为1时拟合得到的相对风险厌恶系数RRA(2)，其结果如表12.2所示。

表12.2　**若干国家历史数据隐含的相对风险厌恶系数**

	瑞士	瑞典	加拿大	美国	荷兰	日本	意大利	澳大利亚	法国	德国	英国
RRA(1)	484	315	167	155	141	118	67	负值	负值	负值	负值
RRA(2)	23	23	15	28	19	6	5	11	18	8	13

资料来源：由Campbell(2018)的 *Financial Decisions and Markets*(有中译本)整理

表12.2中所列的国家相对风险厌恶系数要么为负值，要么大于60甚至达到400以上。另一方面，既然代表性经济人的最优问题是极大化消费的效用，而且总消费变化的重要来源是总禀赋的变化，总禀赋又可以理解为整个股市的红利，因此经济人的消费与

总禀赋或整个股市收益应该高度相关，极端情形下完全正相关而呈线性关系，则相关系数为 1。RRA(2)计算的正是相关系数为 1 时所需要的绝对风险厌恶系数，从表中可以看出所计算的结果为正数时 7 个数据有 5 个超出理想范围。因此，“股权溢价之谜”依然存在。

(二)无风险利率之谜

为了解释股权溢价之谜，人们试图改变对风险厌恶的理解，认为绝风险厌恶系数(RRA)数值可能超越了传统的认知。但由于高水平的风险厌恶对实际利率水平有着特殊的意义，过高的风险厌恶水平所要求的利率可能与实际利率水平相去甚远，从而形成新的无法解释的难题，威尔(Weil，1989)称之为无风险利率之谜。事实上，在 CRRA 偏好下，无风险利率由(12.31)决定，通常消费增长率的方差比较小，因此利率水平主要由(12.31)中的线性部分(即式中的一次项)决定，当相对风险厌恶系数 γ 很高而且时间偏好固定时，要求的平均实际利率很高，或者出现不合理的利率。其背后的直觉是，当经济人具有很高的风险厌恶水平时，该类经济人将倾向于平滑跨期消费并促使消费平稳增长。当风险厌恶达到一定水平时，(12.31)中的负数项将起主导作用。极端的风险厌恶者会促使积极的预防性储蓄来应对未来消费很小的不确定性，从而降低平均实际利率。

从坎贝尔(Campbell，2018)所列举的若干国家的历史数据来看，如果认可表 12-1 中的相对风险厌恶系数所表明的风险厌恶水平，则要么时间偏好为负，要么时间偏好为一个非常高的水平。进一步若认可时间偏好水平，实际利率又将表现为对消费增长(消费波动率)非常敏感。总之，传统的 CRRA 偏好不能很好地解释实际平均利率水平，从而形成无风险利率之谜。

(三)股价波动之谜

纯交换经济框架下，每一期的总消费等于总禀赋，总禀赋被看作公司这棵“树”产出的“果子”，而公司的股票则意味着对公司产出的索偿权或拥有公司产品的“凭证”。换言之，股票成为对总消费的要求权。进一步假设消费增长独立同分布，投资者具有幂效用函数(CRRA 偏好)，则消费—财富比为常数，而且股票收益和消费增长具有相同的波动率。坎贝尔(Campbell，2003)利用历史数据发现股票收益的波动率远远大于消费增长，他将这一现象称为“股价波动之谜”，早期也称为“消费平滑之谜”——相对于股票的波动，消费增长过于平滑。股价波动之谜对基于消费的资产定价模型也形成了一个最基本的挑战。

三、破解谜题与理论拓展

围绕上述三个谜题，尤其是第一个谜题，学术界展开了长时间地、深入地讨论，涌现了大量的文献，也推动了金融经济学的发展。虽然到目前为止还没有彻底破解这些谜题，但破解谜题本身拓展了相关理论。对三大谜题的解释和总结非常多，坎贝尔(Campbell，2003)进行了很好的概括和总结，我们选择部分内容列举如下：

(一)对谜题的解释

大体上可以从两个角度在一定程度上对谜题进行解释：一是实证产生的错误，二是理论不够完善。

实证产生的错误包括：测量和抽样等方面产生的错误。首先是测量或样本误差。从历史数据得到的无法解释的股权溢价，可能是测量误差或样本选取偏倚所致，具体地包括：抽样误差——过高的股权溢价可能是抽样误差所致，同时，通常在度量时没有考虑标准差。在某些情况下，可以选用适度的置信区间，使得合理的相对风险厌恶水平位于置信区间内。第二是收益的误测——在测定收益时一般没有考虑一些特殊因素，比如所得税，考虑了所得税后投资者的收益降低了，也降低了收益的波动率。第三是消费的误测——消费是变化的，但基于消费的资产定价模型的基本假设是在某个时点，消费是静止的。也有学者认为股票的市场风险或许应该通过股票收益和长期消费之间的协方差进行估计，而不是短期消费增长，因此应该考虑长期消费数据。

无法解释的股权溢价还可能产生于特定样本的选取。20 世纪末是经济发展和资产长期投资的黄金时期，这一时期预期的实际股票收益呈下降趋势，这使得股价上涨与事前估计不符，因此，股权溢价过高可能是选取非典型样本所致。

除了实证存在的问题之外，理论模型的不恰当可能是导致三大谜题的重要原因。例如，三个谜题的产生主要是基于 CRRA 偏好而得到的，一个可行的方法是对经济人的效用函数进行拓展，将简单的 CRRA 偏好拓展到一类更加复杂的偏好，并在偏好中加入特定的现象或经济人心理特征，如在偏好中引进罕见灾难、不确定性厌恶、消费习惯等。此外，在原始模型中引进特殊限制如有限参与、组合限制和不可保风险等。有限参与下不是所有经济人都可以参与股市交易，参与股市交易的经济人的总消费不再等于总禀赋，换言之，股票市场收益与非股市参与者的消费不相关。组合限制和不可保风险对股权溢价的影响易于理解。

(二)理论拓展之典型——递归偏好

为了破解这些谜题，人们对梅赫拉和普雷斯科特(Mehra & Prescott，1985)的模型进行了诸多的理论拓展，一个典型的方法是引入递归偏好。以此为基础可以引进诸如罕见灾难、不确定性厌恶、消费习惯等。

爱泼斯坦和齐恩(Epstein & Zin，1989，1991)基于克雷普斯和波帝厄斯(Kreps & Porteus，1978)的研究，提出了递归偏好：

$$U_t = f(c_t,\ \mu(U_{t+1})) \tag{12.33}$$

经济人在 t 期的效用可以表示为当期消费 c_t 和未来效用的函数，未来的效用用确定性等价 $\mu(\cdot)$ 来表示，即未来不确定效用折合的确定性水平。进一步，给出了 f 取常替代弹性(CES，constant elasticity substitution)，$\mu(\cdot)$ 取指数形式的效用函数：

$$\begin{aligned} U_t &= \left\{(1-\delta)c_t^{1-\frac{1}{\psi}} + \delta(E_t U_{t+1}^{1-\gamma})^{\frac{1-1/\psi}{1-\gamma}}\right\}^{\frac{1}{1-1/\psi}} \\ &= \left\{(1-\delta)c_t^{\frac{1-\gamma}{\theta}} + \delta(E_t U_{t+1}^{1-\gamma})^{\frac{1}{\theta}}\right\}^{\frac{\theta}{1-\gamma}} \end{aligned} \tag{12.34}$$

其中，γ 是相对风险厌恶系数，ψ 是跨时替代率。组合参数 $\theta=(1-\gamma)/(1-1/\psi)$。递归偏好的风险厌恶系数与跨时替代率不再是互为倒数，该效用函数包括了一大类效用函数，可以证明：

(1)当 $\gamma=1/\psi$，$\theta=1$ 时，递归效用函数变为线性效用函数，即常见的具有显示解形式的幂效用函数，即 CRRA 偏好；

(2)当 $\psi\to 1$，$\theta\to\infty$ 时，递归效用函数变为：

$$U_t=c_t^{1-\delta}\left(E_t U_{t+1}^{1-\gamma}\right)^{\frac{\delta}{1-\gamma}} \tag{12.35}$$

参数取值不同，递归偏好具有不同的特性，如图 12-3 所示。进一步的研究可以参见爱泼斯坦和齐恩(Epstein & Zin，1989，1991)和马成虎的教材。

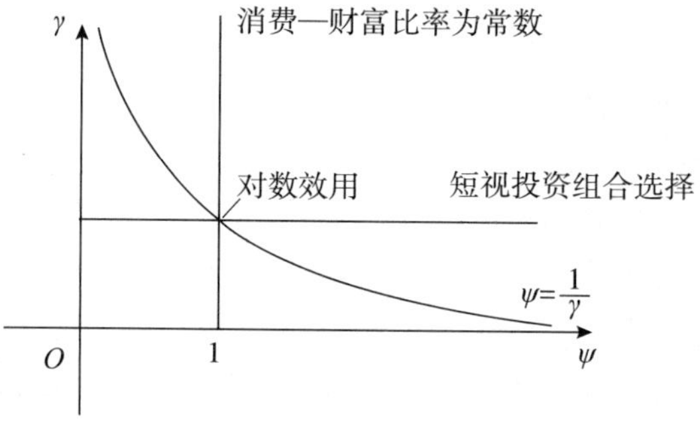

图 12-3　不同参数下的递归偏好

新的偏好下对应的随机贴现因子和股权溢价都发生了很大的变化，可以在一定程度上解释股市之谜。

◎ 本章小结

从单期单资产情形的简单模型可以得到 SDF 定价模型，即资产价格等于期末支付经随机贴现因子贴现后的期望值 $p=E[mX]$。该定价公式简洁优美而且具有普适性，即任何涉及两时点下具有现金流的金融工具，其定价都使用该定价公式，包括股票、收益率甚至是非线性的期权。该定价公式虽然是在一个非常简单的模型下推导而来，但模型扩展为多期多资产情形，结论仍然成立。

随机贴现因子定价模型的核心是随机贴现因子 M，它的本质是跨时边际替代率，对其分解可以发现，每个资产的价格主要由其期末支付与消费的关系来确定，与风险中性定价相比，期末支付与消费正相关的证券被“低”定价、与消费负相关的证券被“高”定价、与期末消费不相关的按风险中性来定价。因此，该定价模型也称为基于消费的资产定价模型。

SDF 定价模型虽然形式上非常简单，但它也可以用来分析一些经典的金融问题，如无风险利率的确定、风险价格的确定，并得到类似于 SML 的定价直线，但其本质是因子定价模型，为因子定价模型的实证在一定程度上提供了理论基础。

利用 SDF 定价模型还可以研究股权溢价，在 CRRA 偏好下可以得到股权溢价、无风险利率等的显示解。然而，这些简洁的定价方程在实证中遇到挑战，形成了股权溢价之谜、无风险利率之谜和消费平滑之谜等。对这些谜题的探索推动了金融经济学的发展。

◎ 重要概念

随机贴现因子(M)　SDF　股权溢价　股权溢价之谜　无风险利率之谜　股价波动之谜　递归偏好　跨时替代弹性

◎ 思考题

1. 随机贴现因子定价模型(SDF)为什么也叫基于消费的资产定价模型？
2. 本章的随机贴现因子与上一章的随机贴现因子是否相同？
3. 为什么说 SDF 模型具有普适性？
4. 基于 SDF 的模型与 CAPM 的联系与区别是什么？
5. 什么是股权溢价之谜？
6. 什么是无风险利率之谜？

◎ 练习题

1. 两时点单期情形下假设期末有 S 种状态，则基于消费的定价模型表明任何资产的价格 P_i 和期末的支付 X_i 满足下列定价公式：

$$P_i = \sum_{\omega=1}^{S} \pi_\omega m_\omega X_{i\omega} = E[mX_i]$$

如果经济中一个投资者的效用函数为 $(c_0^*,\ c_\omega^*)$，$\omega \in \Omega$ 为均衡状态下的消费水平，试用投资者的均衡消费水平表示状态价格。

2. 假设期末有两种状态，市场上有两种证券：一个是无风险证券，其相对收益为 1.05；另一个是风险证券，其期初价格为 6，期末支付向量为(10，5)。

(1)计算两个状态价格和各状态的风险中性概率；

(2)若期末两状态等概率发生，计算两个状态所对应的随机贴现因子。

3. 两时点、两状态单期情形下一份期权合约在期末状态 1 下的支付为 3，状态 2 下的支付为 0，0 期市场价格为 1。一份相同标的资产的远期合约在状态 1 下的支付为 3，状态 2 下的支付为−2。试求无风险利率及两状态的风险中性概率。

4. 假如随机贴现因子定价关系与 CAPM 都成立，其中 CAPM 模型表述为：$E[R_i]=R_f+\beta_i\gamma$；随机贴现因子表述为：$m=a+bR_m$，R_m 是市场投资组合的收益，其方差记为 σ_m^2。

(1)将 γ 表达为 a、b、$E[R_m]$ 和 σ_m^2 的函数(可从 $E[m(R_i-R_f)]=0$ 入手)。

(2)将 a 和 b 表示为 R_f、$E[R_m]$ 和 σ_m^2 的函数形式(可从 $E[mR_i]=1$ 入手)。

(3)利用(2)中的结果证明 $\gamma=E[R_m]-R_f$。

5. 假设存在 N 个风险资产，其期望收益向量为 $\boldsymbol{\mu}$，协方差矩阵为 $\boldsymbol{\Sigma}$。记 $\mu_m=$

$E[m]$和σ_m^2分别为贴现因子的均值和标准差。

(1)定义$m_0=\mu_m+(1_N-\mu_m\mu)'\Sigma^{-1}(R-\mu)$，其中$\mathbf{1}_N$为$N$维单位向量，$R$为$N$个资产的收益向量。请证明：$\mathbf{1}_N=E[m_0\boldsymbol{R}]$。即$m_0$也是一个贴现因子。

(2)利用柯西-施瓦兹不等式证明：

$$\sigma_m^2 \geqslant \text{var}[m_0]=(1_N-\mu_m\mu)'\Sigma^{-1}(1_N-\mu_m\mu)$$

(柯西-施瓦兹不等式：对任意的随机变量X和Y，$[\text{cov}(X, Y)]^2 \leqslant \sigma_X^2\sigma_Y^2$)

◎ 参考书目与推荐阅读

1. Huang Chi-fu, Litzenberger, Robert. Foundations for Financial Economics. Elsevier Science Co, 1988.

2. Campbell John Y. Consumption-based Asset Pricing//Handbook of the Economics, 2003.

3. Cochrane John H. Asset Pricing (Revised Fdition). Princeton University Press, 2005.

4. 约翰 Y. 坎贝尔. 金融决策与市场. 北京：中信出版集团，2021.

5. 马成虎. 高级资产定价理论. 北京：中国人民大学出版社，2010.

6. 乔治·彭纳齐. 资产定价理论. 大连：东北财经大学出版社，2009.

第十三章　基于生产的资产定价模型

◎ 学习目标

- 了解储蓄和生产对投资机会的影响
- 了解 Tobin Q 理论
- 掌握不同投资机会对 SDF 的影响
- 掌握引进生产技术与资源配置的关系

前面的分析基本上都是基于纯交换经济而展开的，纯交换经济一个显著的特点是没有储蓄、没有生产，经济中的总禀赋不能跨时转移，也不能跨状态转移，因此也称为禀赋经济。但是，现实生活中是有生产的，资源一般是可以跨时转移的，即通过生产技术，可以将期初的禀赋转移到下一期。当然这种转移是不可逆的，即我们无法将期末的禀赋转化到期初。纯交换经济的设定主要是因为分析的简洁，这种理想化框架下得到的结论受到来自实证结果的挑战，因此我们尝试放松该假设，探讨涉及生产技术的情形下的资源配置和资产定价问题。生产技术的引进主要是突破了纯交换经济下经济人所面临的投资机会，因此，我们首先从投资机会入手，进而分析拓展了的投资机会下的随机折现因子(SDF)，最后分析相应条件下的资源配置和资产定价。

第一节　资源配置路径的拓展

纯交换经济也叫禀赋经济，该经济的显著特征是资源的配置受到限制。虽然假设金融市场的存在，但只能通过经济人之间的交换改变个人的资源配置，整个经济的总资源无法实现跨时配置，更无法实现跨状态配置。对纯交换经济模型的拓展的核心是对投资机会的拓展。金融市场上通常假设有两种证券：一种是无风险证券，我们可以理解为债券；另一种是风险证券，我们可以理解为股票。纯交换经济下单个经济人之间的资源配置是通过金融市场来实现的。但是，在该模式下假设债券是内生的，即有人购买就有人发行债券，或者说有人借入资金就有人贷出资金，总供给为零。这里我们首先假设债券可以是外生的，即总供给大于零，整个经济的总禀赋可以通过“投资”于无风险债券而实现跨时转移。纯交换经济假设股票数量是外生给定的，即每个股份公司的股票是固定的，我们可以假设股票数量是内生的，经济人可以通过重新投资“创办”新的公司，从而增加公司的股票数量。无论是投资债券还是投资股票，都是通过降低期初的总消费实现的，由此实现总禀赋的跨期转移。当然，我们通常假设这种跨期转移是不可逆的，即总资源禀赋只能从期初往期末转移，不能从期末往期初转移。

无论是无风险资产供给的外生化，还是风险证券供给的内生化，其结果都意味着资源配置路径的拓展，从而使得经济人的消费可行集扩展，进而可能改变最终的资源配置结果和资产的均衡价格。

一、储蓄与消费可行集

为了拓展纯交换经济模型，我们首先引进外生给定的大于零的无风险证券的供给，这一假设的背后含义是存在外生的储存或储蓄。储蓄意味着存在一定的固定的利率，例如我们将期初的 100 个消费品（例如果子）储蓄，利率为 2%，则期末收回 102 个消费品。储存则可能意味着负的利率，例如利率为-2%，则期末收回 98 个消费品。纯交换经济中消费品（果子）是易腐烂的，其含义是将期初的 100 个消费品储存，期末只能收到 0 个消费品——所有的果子都烂掉了。严格来说，对于封闭的经济系统，如果有两个或两个以上的经济人而且禀赋分布不均匀，经济人之间可以通过借贷而改善彼此的福利，此时形成的储蓄利率一般是大于 0 的，经济人之间的借贷不改变总禀赋的分布，即经济人彼此之间的借贷不改变期初的总禀赋。如果经济中只有一个经济人，或者虽然有多个经济人但通过彼此借贷无法提高彼此的福利，则有可能通过“储蓄”利率小于或等于 0 的储存提高福利。例如整个经济期初总禀赋为 10000 个消费品，将所有禀赋“储蓄”或储存到期末，得到的消费品数量必定小于或等于 10000 个。尽管如此，我们还是同时讨论利率大于零和小于零的两种情形。

那么，在纯交换经济中引进储蓄或储存对经济人的消费选择可能产生什么样的影响呢？我们下面讨论两种情况：一种是确定情形，一种是期末存在两种可能状态的情形。两状态情形可以推广到有限状态情形，但无法通过图形表示。

考虑两时点单期情形，当期末只有一种状态时表现为确定情形。经济中只有一个代表性经济人，或者所有经济人都是同质的。总禀赋表示为 $(e_0,\ e_1)$，存在一个无风险证券，其收益率为 r。图 13-1 给出了存在无风险证券的可行消费集的图示。

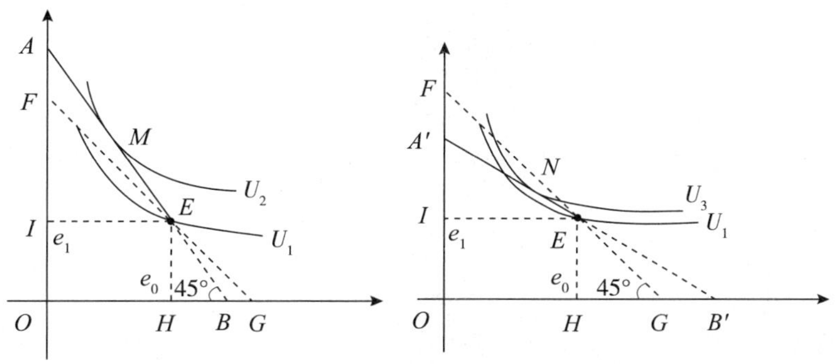

图 13-1　无风险利率为 r 时的消费可行集

从图中可以看出，如果没有储蓄，可行消费为长方形 $EHOI$ 内的任意一点，E 为初始禀赋。左图显示的是利率 $r>0$ 时消费可行集的拓展，可行消费由原来的点 E 拓展到线段 EA，经济人的效用由 U_1 提高到 U_2。虚线 EB 理论上是可行的，但由于期末的禀赋无法转移到期初，因此 EB 上的点都是不可行的，此时的可行消费集对应于直角梯形 $AOHE$。当利率 $r=0$ 时，意味着消费品不会腐烂，从而可行消费集变成与横轴负方向成 45 度的线段 FG 参与围成的直角梯形 $FOHE$，同样线段 EG 是不可行的。由不满足性公理，经济人消费的数量越多，其效用越高，因此线段 AE 上的点比 FE 上相应的点对应的消费水平具有高一些的效用，从而引进储蓄后不仅仅增大了消费可行集，增加了新的资源配置模式，而且还可能提高经济人的效用，从而改变了纯交换经济下的最优资源配置。例如，图中展示的是某经济人的效用从 U_1 提高到 U_2，最优资源配置从 E 点变为 M 点。当然也可能出现 E 的效用高于 AE 上所有点的效用。

右图显示的是利率 $r<0$ 时消费可行集的拓展，可行消费由原来的点 E 拓展到线段 EA'，由于 EA' 位于 FG 的下方，期末消费的增加以消耗总资源为代价，因此 E 点的效用可能高于 EA' 上每一点的效用，当然，也可能存在一点 N 的效用高于 E，如图所示，此时经济人的效用由 U_1 提高到 U_3。无论哪种情形，相应的可行消费边界都满足：

$$c_1 = e_1 + (1 + r)(e_0 - c_0);\ 0 \leqslant c_0 \leqslant e_0 \tag{13.1}$$

由方程(13.1)易知 AB 与横轴正方向的夹角小于 135 度，$A'B'$ 与横轴正方向的夹角大于 135 度。

当期末有两种可能状态 a 和 b 时，总禀赋表示为$(e_0;\ e_{1a},\ e_{1b})$，同样存在一个收益率为 r 的无风险证券，可行消费满足：

$$\begin{cases} c_{1a} = e_{1a} + (1 + r)(e_0 - c_0) \\ c_{1b} = e_{1b} + (1 + r)(e_0 - c_0) \\ 0 \leqslant c_0 \leqslant e_0 \end{cases} \tag{13.2}$$

图 13-2 给出了两状态情形下的可行消费集的图示。

上述情形容易推广到有限状态。通过分析不难发现，引进无风险资产后可以改变经济的消费可行集，从而拓宽了资源配置的路径。至少当无风险利率 $r>0$ 时经济人的效用可以显著地提高。无论哪种情形，都有可能改变经济人的最优资源配置。图中 E 为原

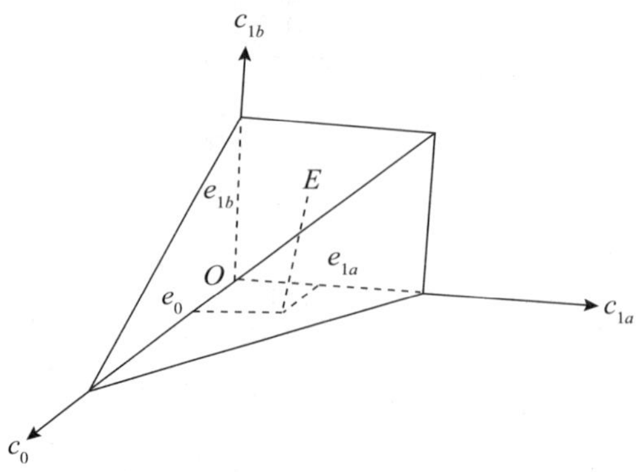

图 13-2　两状态情形下的可行消费集

始禀赋对应的点，阴影部分对应的是引进储蓄之后的消费可行集。CA 和 BA 直线分别与 OC_0 形成夹角的正切值为$-(1+r)$。同样，储蓄率可能改变最优资源配置模式，负的储蓄率可能使得 E 点仍为最优配置。综上所述，引进储蓄或储存扩大可行消费集，并有可能改变最优资源配置。

二、生产技术与投资机会

生产技术的引进意味着消费可行集的进一步扩展。所谓生产技术是指经济人用来将即期可获得的消费品(或商品)转化为更多的商品或者转化为未来的消费品的某种特定的手段或技术。当我们讨论生产技术时，通常涉及一类专门进行生产的经济参与者，我们称之为厂商或公司，我们统一称之为公司。公司的投资决策包括是否生产、生产什么、生产多少和如何融资等，这些决策都是公司金融所关注的问题。我们的重点不在于公司的投资决策问题，而是给定的生产技术对资源配置和资产定价所产生的影响。我们同样在单期框架下讨论两种情形，一是确定性情形，二是期末有两种状态的不确定性情形。

生产技术通常可以用生产函数来描述，一般假设生产函数具有单调、凹等性质，具体的函数形式我们放到下一节介绍，这里我们重点利用图示来展开说明。

(一)确定性情形

确定性情形下，总禀赋表示为$(e_0,\ e_1)$。生产技术可以将期初的资源转化为更多的期末的消费品。在图 13-3 中表现为向东北方向凸的曲线。我们用实线和虚线分别表示可行和不可行的消费。

图中 E 是禀赋对应的点，生产技术对应的曲线为 FEG，直线 AB 是储蓄对应的直线。由于引进了生产技术，消费可行集由原来的集合增加了 $FAEK$ 围成的区域。K 是经济人在引进生产技术后的最优消费计划。经济人的效用从 U_1 提高到 U_4。若同时引进生产技术和储蓄，消费可行集的边缘还可以继续推向 HI 直线，适当情形下可能继续提升经济人的效用，从而改变最优资源配置。

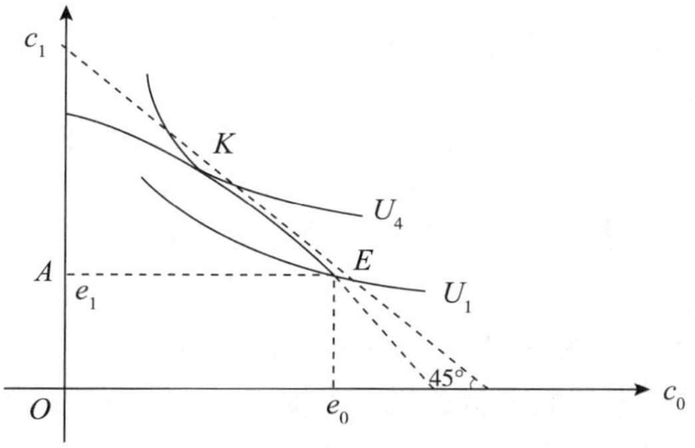

图 13-3　确定性情形下的生产技术与消费可行集

(二)不确定性情形

当期末有两种可能状态 a 和 b 时，总禀赋表示为$(e_0;\ e_{1a},\ e_{1b})$。生产技术可以用生产函数来描述，期初相同的商品投入下，期末商品产出具有不确定性。可描述为：

$$\widetilde{Y}_1 = \begin{cases} f_a(I_0)，\text{状态 } a \\ f_b(I_0)，\text{状态 } b \end{cases} \tag{13.3}$$

其中，Y_1 表示期末的产出水平，$f_a(I_0)$ 和 $f_b(I_0)$ 分别为状态 a 和状态 b 下的产出，通常两者不相等，I_0 为期初的投资。引入生产技术后的消费可行集满足：

$$\begin{cases} c_{1a} = e_{1a} + f_a(e_0 - c_0) \\ c_{1b} = e_{1b} + f_b(e_0 - c_0) \\ 0 \leqslant c_0 \leqslant e_0 \end{cases} \tag{13.4}$$

图 13-4 是两状态不确定情形下的消费可行集。生产技术的引进同样拓展了消费可行集，有可能提高经济人的最优效用，改善其最优资源配置模式。同样还可以分析继续引进一个收益率为 r 的无风险证券时情形。

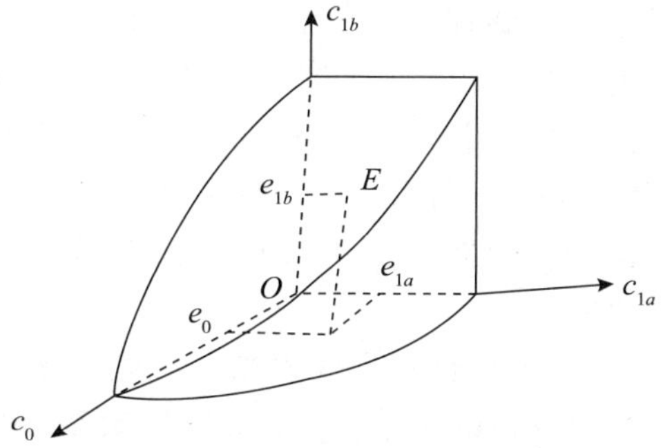

图 13-4　不确定性情形下的生产技术与消费可行集

多状态情形下，参照 Cochrane 提出一种方法描述纯生产性经济下的生产函数，假设期末的状态表示为 ω，上述生产函数(13.3)改写为：

$$\widetilde{Y}_{\omega}=f_{\omega}(I_0),\ \omega\in\Omega \tag{13.5}$$

引进记号 $\theta(\omega)$ 表示状态 ω 下的随机变量：

$$\theta(\omega)=\frac{\widetilde{Y}_{\omega}}{f(I_0)} \tag{13.6}$$

其中 $f(I_0)$ 为常数函数，是投资为 I_0 时的生产函数，满足 $f'(\cdot)>0$；$f''(\cdot)<0$，即：

$$f_{\omega}(I_0)=\theta(\omega)f(I_0) \tag{13.7}$$

上述设定下，$\theta(\omega)$ 是由外界自然决定的随机变量，它是指在自然条件下，期初的资源禀赋通过生产技术转化为期末资源的一种比率，相当于生产函数的收益率((13.6)中分母为 I_0 时的比率才是相对收益))。通过(13.5)或(13.7)生产技术将期初的资源禀赋转移到期末，并且随期末状态的不同而得到不同的产量或支付，从而实现了资源的跨时转移。但是这里不存在跨状态转移，即不能通过减少期末某个状态下的产量或支付而增加其他状态的产量或支付。(13.5)或(13.7)中的期末产量完全是由自然状态和技术本身决定的，比如期初播种一定量的小麦，期末小麦产量由当地的气候等自然条件决定，因此称 $\theta(\omega)$ 为自然的随机变量。在此条件下(13.5)的产出函数用图像描述时呈现非连续的折线。Cochrane 认为人们可以通过科学技术控制期初的生产工艺，从而使期末不同状态之间的产量可以相互转化。比如通过预测未来的天气是偏干旱还是偏雨水多，在栽培小麦时对不同气候的措施给予一定的侧重，从而形成一种随机的“权重”ε 来调节实际的生产率，经过调节的技术所产生的实际产出为：

$$\widetilde{Y}_{\omega}=\varepsilon(\omega)f(I_0),\ \omega\in\Omega \tag{13.8}$$

满足：

$$E\left[\left(\frac{\varepsilon}{\theta}\right)^{1+\alpha}\right]=\sum_{\omega=1}^{S}\pi_{\omega}\left[\frac{\varepsilon(\omega)}{\theta(\omega)}\right]^{1+\alpha}\leqslant 1 \tag{13.9}$$

我们在后面将继续讨论这种技术性处理的含义。

三、Tobin Q 理论

基于前面的分析，当储蓄或储存不可行而且没有使用生产技术时，呈现纯交换经济；当公司利用生产技术进行跨时转移资源时，呈现生产性经济。暂时不考虑储蓄，我们想知道什么条件下促使公司利用生产技术呢？或者说什么条件下公司将利用生产技术投资特定项目进行生产呢？Tobin Q 理论给出了一种合理的解释。Tobin 的原始模型是用来分析货币政策作用的，在分析中提出了“Tobin Q”的概念。所谓 Tobin Q 是公司的市场价值与资本重置成本的比值。

Tobin 的原始模型假设经济中只有一个代表性经济人，该经济人拥有一家公司。市场上有两种资产：一种是政府发行的货币，一种是实物资本，可以理解为资本品，一定量的资本品的投入可以用来组建一个完全相同的公司。由于我们的重点不是考虑货币政策，因此在此无须分析货币资产。假设该公司可以发行股份，一共发行了 N 股股票，每股市场价格为 S，从而总市值为 $V=S\times N$。另一方面，该公司折合资本价值为 K，即价值为 K 的资本品可以重新构建一个完全相同的公司，并发行价值为 V 的股份。这里 V 是公司的市场价值，K 为资本重置成本，因此有：

$$\text{Tobin } Q = \frac{V}{K} \tag{13.10}$$

Tobin Q 也叫 Q 值或 Q 比值，当 Q 值大于 1 时，开办新公司可以获利，或者追加投资可以获得更多的收益；当 Q 值小于或等于 1 时，开办新公司不能获利，或者追加投资将可能产生“亏损”。因此，可以用 Tobin Q 值作为是否引进生产技术的判断标准。

第二节　纯储蓄经济的资源配置与资产定价

在对纯交换经济进行拓展时，一个简单的方法是引进储存，即商品不是容易腐烂的，资源禀赋可以通过储存而实现从期初到期末的跨时转移。更深入的方法是引进生产技术，通过生产技术可以将期初的禀赋转移到期末。储存和生产技术的引进扩大了投资者的投资机会，也扩大了投资者的选择范围——获得更大的消费可行集，最终对资产定价和资源配置产生影响。本节继续在单期完全市场框架下分析新的投资机会所产生的作用。

一、储蓄与最优资源配置

商品的储存也是一种储蓄，当商品不腐烂时，从期初到期末没有损耗，从而可以看作储蓄率为 0 的储蓄；若存在一定的损耗，如 10%的损耗率时，可以看作储蓄率为-10%的储蓄。这些储存本质就是一类外生的储蓄。纯交换经济中的储蓄是经济人之间的储蓄，有借款者就有贷款者，储蓄属于内生性的。不同于纯交换经济，外生储蓄有可能在纯交换经济基础上给投资者带来额外的福利。当经济中只有一个经济人或所有经济人都是完全同质的时候，外生储蓄可能发挥一定的作用；当经济中存在两个或两个以上的经济人时，内生的储蓄可能会替代外生的储蓄。

考虑单期 S 状态情形，经济中的总禀赋为 $\{e_0,\ e_\omega;\ \omega\in\Omega\}$，采用前文的符号。若经济中只有一个经济人，则经济人的最优问题为：

$$\begin{aligned}&\max_{\{c_0,\ c_\omega\}}\left\{u(c_0)+\rho\sum_{\omega\in\Omega}\pi_\omega u(c_\omega)\right\}\\&\text{s.t}\quad c_0+\sum_{\omega\in\Omega}\phi_\omega c_\omega=W\end{aligned} \tag{13.P1}$$

由一阶条件容易得到状态价格密度：

$$m_\omega=\frac{\phi_\omega}{\pi_\omega}=\beta\frac{u'(c_\omega)}{u'(c_0)} \tag{13.11}$$

若储蓄率为 r(外生储蓄本质上是储存，因此小于或等于0)，则均衡条件下满足：

$$\sum_{\omega \in \Omega} \phi_\omega = \sum_{\omega \in \Omega} \pi_\omega \beta \frac{u'(c_\omega)}{u'(c_0)} = \frac{1}{1+r} \tag{13.12}$$

记期初的储蓄为 I_0，则由于 $c_0 = e_0 - I_0$，$c_\omega = e_\omega + (1+r)I_0$；$\omega \in \Omega$，故

$$\frac{\mathrm{d}u(c_0)}{\mathrm{d}I_0} = -u'(c_0) \leqslant 0;\quad \frac{\mathrm{d}u(c_\omega)}{\mathrm{d}I_0} = u'(c_\omega) \geqslant 0 \tag{13.13}$$

$$\frac{\mathrm{d}u'(c_0)}{\mathrm{d}I_0} = -u''(c_0) \geqslant 0;\quad \frac{\mathrm{d}u'(c_\omega)}{\mathrm{d}I_0} = u''(c_\omega) \leqslant 0 \tag{13.14}$$

式(13.12)表明，投资越多，期初效用越低、期末效用越高；同样，投资越多，期初边际效用越高、期末效用越低，由此我们有命题：

定理 13.1：只有一个经济人参与的经济，使用储蓄的充要条件是：

$$\sum_{\omega \in \Omega} \pi_\omega \beta u'(e_\omega) \equiv \beta E[u'(\tilde{e}_1)] \geqslant \frac{u'(e_0)}{1+r} \tag{13.15}$$

期末的期望边际效用高于期初的边际效用，从而将期初的消费通过储存转移到期末消费，总效用将会提高，当且仅当两者相等时达到最优。

当市场上存在两个或两个以上的经济人时，以储存率进行储存可能不再是最优的，经济人之间可以通过交换或者相互借贷使总体福利提高。

总之，当市场上只有一个经济人或所有经济人相同并满足(13.15)时，外生的存储将对经济人的资源配置产生作用。实际上，我们还可以得到两个或两个以上不同经济人情形下，外在储蓄改变资源配置的条件。

二、储蓄与资产定价

当外在储蓄改变经济人的资源配置时，自然就会对资产价格产生影响。完全市场下，资产的价格可以由状态价格或随机贴现因子来描述，即由(13.11)来描述。单个经济人参与的纯交换经济下，由于商品是容易腐烂的，外生的储蓄或储存是不可行的，因此最优消费等于初始禀赋，此时资产价格为：

$$\phi_\omega = \beta \pi_\omega \frac{u'(e_\omega)}{u(e_0)} \text{ 或 } m_\omega = \frac{\phi_\omega}{\pi_\omega} \tag{13.16}$$

引入外生储蓄后，资产价格由(13.11)决定，其中最优投资由(13.12)确定，从而确定最优消费水平，即：

$$\phi'_\omega = \beta \pi_\omega \frac{u'(c_\omega)}{u'(c_0)} \tag{13.17}$$

其中 $c_0 = e_0 - I$；$c_\omega = e_\omega + (1+r)I$，$I$ 为最优投资(储蓄)。$I=0$ 时，$c_0 = e_0$；$c_\omega = e_\omega$，(13.17)与(13.16)完全相同。一般情形下，$I>0$，从而 $c_0 < e_0$；$c_\omega \geqslant e_\omega$，由于边际效用递减，因此 $u'(c_0) \geqslant u'(e_0)$；$u'(c_\omega) \leqslant u'(e_\omega)$，两情形下价格满足 $\phi'_\omega \leqslant \phi_\omega$，其背后的含义是没有储蓄时期末单位消费品的价格更贵。当然，其前提条件是储蓄能够提高总效用，否则，如果禀赋的分布已经使经济人达到最优，比如资源禀赋集中在期末，期

初的资源相对较少时，储蓄只能使总效用降低。(13.17)中状态价格加“′”是为了与(13.16)中的状态价格相区别。

例 13.1：经济中只有一个代表性经济人，他具有对数效用函数，时间偏好率为 1。期末有等概率的两个状态：状态 a 和状态 b。其初始禀赋为期初 200，期末状态 a 为 100，状态 b 为 50，储蓄率为 $r=-20\%$。

解：因为只有一个经济人，要实现跨时资源转移必须将期初的禀赋作为投资 I，可以归结为下列问题，若 $I>0$ 则意味着最优策略在采用储蓄的条件下才能达到。经济人的优化问题为：

$$\max_{\{I\}} \ln c_0 + \frac{1}{2}[\ln c_a + \ln c_b]$$

$$\text{s. t}\quad c_0 = e_0 - I;\ c_a = e_a + (1+r)I;\ c_b = e_b + (1+r)I$$

一阶条件为：

$$-\frac{1}{e_0 - I} + \frac{1}{2}\left[\frac{1+r}{e_a + (1+r)I} + \frac{1+r}{e_b + (1+r)I}\right] = 0$$

即

$$\frac{1}{200 - I} = \frac{1}{2}\left[\frac{1-20\%}{100 + (1-20\%)I} + \frac{1-20\%}{50 + (1-20\%)I}\right]$$

解得最优储蓄水平：

$$I = \frac{-325 + 25\sqrt{2409}}{16} \approx 56.38$$

从而得到最优消费水平或最终资源配置：

$$c_0 = 143.62;\ c_a = 165.38;\ c_b = 106.37$$

此时资产定价可以由下列状态价格描述：

$$\phi_a = 0.43;\ \phi_b = 0.68$$

而实际上，在没有储蓄的条件下，最优消费等于初始禀赋，相应的状态价格为：

$$\phi'_a = 1;\ \phi'_b = 2$$

进一步我们还可以计算采用储蓄和不采用储蓄两种条件下的最终效用水平。显然，有时这种具有损耗的外在性的储蓄可以显著地提高经济人的福利。当然，这种情形属于一种比较特殊的情形，当市场参与者包含两个或两个以上的异质禀赋参与者时，一般无须采用这种具有一定损耗的储蓄，取而代之的是经济人之间达成的储蓄率大于或等于零的内生性储蓄，这种内生性储蓄将带来比外生性储蓄高的总体福利，或者说内生性储蓄可以使经济人之间的福利得到 Pareto 改进。

第三节　生产性经济的资源配置与资产定价

外在性储蓄作用于资源禀赋从总体上具有一定的损耗，但生产技术通常使资源禀赋从总体上增加，即通过生产技术将使禀赋商品从数量上获得增加。虽然生产技术也只能将期初的资源往期末转移，但由于从商品数量上获得了增加，更有可能提高经济人的总福利。

另一方面，生产技术的引进将资产价格与生产部门相关联，给资产定价拓宽了视角。纯交换经济下的资产定价模型也称为基于消费的资产定价模型(consumption-based asset pricing，简称 CBAP)，它与基于生产的资产定价模型(production-based asset pricing，简称 PBAP)是两个相互平行的方法。CBAP 将资产价格(或收益)与总消费(或总禀赋)相联系，独立地研究消费者的偏好、预期和面向消费者的市场结构，由此确定资产价格与消费数据之间的周期性关系。PBAP 则从生产者角度入手，将资产的收益率与生产技术、生产增长率、投资增长、产出等诸多因素相联系，试图将生产数据与 SDF 联系起来。

本节我们从两个角度来展开分析：一是基于自然的随机生产技术(也就是(13.7)的技术)的资源配置与资产定价问题；二是基于有操控的随机生产技术(即(13.8)的技术)的资源配置与资产定价。生产技术的引进从动态的角度对经济和资产定价产生影响，作为引论，我们依然从单期静态的角度展开分析，它们是理解动态的基础。

一、生产技术与生产函数

纯交换经济下没有生产，因此前面没有讨论与生产相关的问题。生产性经济下可以通过生产技术将期初的禀赋向期末转移，因此，生产技术是一个非常重要的内容。在传统的经济增长理论中，通常用生产函数来描述生产技术。依然考虑两时点单期情形，在一个比较简单的框架下，我们假设期末的产出 Y 是由期初的两种投入产生的，两种投入要素分别为资本 K 和劳动力 L，用 t 和 $t+1$ 分别表示期初和期末，则生产函数为：

$$Y_{t+1} = F(K_t, \ L_t) \tag{13.18}$$

满足：

假设 13.1：两种投入要素缺一不可，即 $F(0, L)=0$，$F(K, 0)=0$。

假设 13.2：无论哪种要素，投入越多，产出越多，即生产函数关于两种投入要素单调递增。假若生产函数是可微的，则：

$$\frac{\partial F(K, \ L)}{\partial K} \geqslant 0; \ \frac{\partial F(K, \ L)}{\partial L} \geqslant 0 \tag{13.19}$$

同时，还满足边际产出递减：

$$\frac{\partial^2 F(K, \ L)}{\partial K^2} < 0; \ \frac{\partial^2 F(K, \ L)}{\partial L^2} < 0$$

通常还假设生产技术是严格凹的或是拟凹的，从而满足利润极大化所需要的必要条件，感兴趣的可以参看增长理论的文献。

假设 13.3：生产技术是规模报酬不变的，生产函数一次齐次或常数规模回报，即对任意的正数 λ，都有：

$$F(\lambda K, \ \lambda L) = \lambda F(K, \ L) \tag{13.20}$$

公式(13.20)表明，投入增加 λ 倍则产出也增加 λ 倍。我们对(13.20)进行处理可以得到两个重要的结论：

一是两边对 λ 求导并取 $\lambda=1$ 得到 Euler 方程：

$$F(K,\ L)=\frac{\partial F(K,\ L)}{\partial K}\times K+\frac{\partial F(K,\ L)}{\partial L}\times L \tag{13.21}$$

Euler 方程的含义是，生产的产出等于每个投入要素的边际产出与投入数量的乘积之和。另一个含义是，自由竞争经济下，常规模收益意味着厂商极大化利润为零。

第二个处理是取 $\lambda=1/L$，从而得到：

$$Y/L=F(K/L,\ 1)=F(K,\ L)/L \tag{13.22}$$

记 $y\equiv Y/L$ 为人均产出，$k\equiv K/L$ 为人均资本投入，并且记 $f(x)\equiv F(x,\ 1)$，则生产函数为：

$$y=f(k) \tag{13.23}$$

在上述假设下，生产函数满足：

$$f_{i,\ \omega}(0)=0 \tag{13.24}$$

$$f'_{i,\ \omega}(\cdot)\geqslant 0 \tag{13.25}$$

$$f''_{i,\ \omega}(.\ )<0 \tag{13.26}$$

角标 i 表示第 i 个经济人(此处角标用 i 而不是 k，主要避免与人均资本 k 混淆)的第 m 家公司的生产函数，该类生产函数的形状如图 13-5 所示。

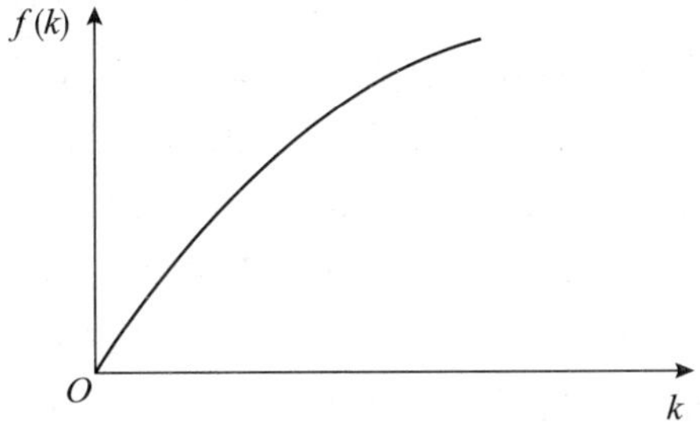

图 13-5　生产技术与生产函数

二、自然的随机生产技术情形

我们考虑一个纯生产性经济，我们首先来描述其框架。其基本的经济框架与前面的纯交换经济的基本相同，即：考虑两时点单期情形，经济的不确定性表示为期末有有限个(S 个)状态；有 K 个经济人。

(一)经济人的禀赋

经济人的禀赋包括两个方面：

禀赋一：商品禀赋(e_{i0}，$\boldsymbol{e}_{i1}$)，$i=1，2，\cdots K$；经济人 k 在 0 期的商品禀赋为 e_{i0}，该禀赋可用于消费 c_{i0}，也可用于投资 I_0，$I_0=e_{i0}-c_{i0}$；期末的商品禀赋为：

$$c_{i,1}=(c_{i,11},\ c_{i,12},\ \cdots,\ c_{i,1\omega}\cdots,\ c_{i,1S})^{\mathrm{T}}$$

禀赋二：生产技术，也就是说他们都各自拥有一家厂商，每个厂商拥有其生产技术，其生产技术可以用(13.18)或(13.23)来描述：

$$Y_{i,\ t+1}=F_i(K_{i,\ t},\quad L_{i,\ t})\tag{13.18a}$$

$$y_i=\tilde{f}_i(k_i)=f_{i,\ \omega}(k_i),\ \omega\in\Omega\tag{13.23a}$$

生产技术作为一种禀赋表明经济人 i 拥有一种按照方程(13.23a)将期初的商品转化为期末商品的技术。公式(13.23a)中的 k 表示人均资本，(13.18a)中的投入要素包括劳动力 L，为了分析的方便，我们将问题简化为只有一个投入要素——期初的消费品，即假设 k 为期初投入的消费品，并用 I_0 表示。对于生产技术而言负的投资是没有经济学意义的，因此 $I_0\geqslant 0$。

当总禀赋只有期初的消费品 e_0 和生产技术时，投资是跨时资源转移的唯一途径，因此整个经济系统必定有投资。当总禀赋包括两个时点的消费品(e_0，$\boldsymbol{e}_1$)和生产技术时，投资不一定是必需的。此时，如果经济系统中包含两个或两个以上的经济人，单个经济人的资源跨时转移可以通过相互交换，也可以通过生产实现。但纯交换不能实现资源跨时转移，只有生产技术才能实现资源的跨时转移。

生产技术的引进如何影响资源配置和资产定价呢？我们首先考虑一类自然的随机生产技术情形。所谓自然的技术是指厂商通过生产函数实现商品的跨时转移，但由于期末状态发生的不确定性，每种状态下的具体产出与状态有关。生产技术无法实现期末产出跨状态的转移。例如，假定期末有两种状态：h 和 l 状态。某公司在期初投入 1 个单位的消费品后，期末 h 状态下产出为 4，l 状态下产出为 1.2，厂商无法通过改进技术使得 h 状态下少产出若干从而在 l 状态下适度增加产出。与之对应的是改进的光滑技术，该技术下可以通过投入的重点不同从而实现期末状态之间产出的跨状态转移。如果 h 表示雨水充足，l 表示天气干燥，农场主按照普通的方式投资种植大米，期末的产出由天气决定，从而表现为自然随机生产技术。农场主也可以将部分资金投资于天气预测，并依据预测结果对种植采用相应的技术，当预测期末干旱的可能性较高时种植耐旱品种，从而提高干旱情形下的收益，该品种在雨水充足时比普通品种收益略低；反之，采取更适合雨水充足的技术使得相应条件下获得更高收益，由此实现了跨状态的转移。这里，我们首先考虑自然随机生产技术下的资源配置。下一节再考虑光滑的随机生产技术。我们假设市场是完全的，由于完全市场与 A-D 证券市场是等价的，为了分析的方便，我们在 A-D 证券框架下展开分析。

(二)经济人的最优决策

纯生产性经济下，每一个经济人既是厂商也是消费者。纯生产性经济的一般均衡分析与纯交换性经济下的分析非常相似，同样遵循：各自优化—市场出清的模式确定市场的一般均衡。不同的是，各自优化需要做出的决策分为两步。

第一步是期初投资决策。在给定经济人 i 的实物禀赋(e_{i0}，$\boldsymbol{e}_{i1}$)和生产技术(13.23a)下，每个经济人作出最优的投资决策。如果利用自己的生产技术可以提高自身的效用水平则该经济人首先作出最优投资选择，否则投资为零，即放弃利用生产技术。这里负的投资是没有经济学意义的，因此对任意投资者利用生产技术的投资水平 $I_{i0}\geqslant 0$。在两时点同时存在消费品禀赋和生产技术禀赋下，我们来讨论最优生产投资决策。假定市场是完全的，在A-D证券框架下假设状态价格 ϕ_ω 是给定的，因此如果经济人 i 使用其生产技术禀赋，则其财富为：

$$w_i=(e_{i0}-I_{i0})+\sum_{\omega=1}^{S}\phi_\omega e_{i\omega}+\sum_{\omega=1}^{S}\phi_\omega f_{i\omega}(I_{i0}) \tag{13.27}$$

同时作为厂商，经济人 i 选择最优投资水平使其财富极大化，即最优决策问题为：

$$\max_{I_{i0}} w_i(I_{i0})=(e_{i0}-I_{i0})+\sum_{\omega=1}^{S}\phi_\omega e_{i\omega}+\sum_{\omega=1}^{S}\phi_\omega f_{i\omega}(I_{i0}) \tag{13.P1}$$

一阶条件为：

$$w_i'(I_{i0})=-1+\sum_{\omega=1}^{S}\phi_\omega f'_{i\omega}(I_{i0})=0$$

$$\sum_{\omega=1}^{S}\phi_\omega f'_{i\omega}(I_{i0})=1 \tag{13.28}$$

(13.28)也是经济人 i 使用生产技术禀赋的必要条件，即最优生产技术使得边际产出的价值等于1，由生产函数的性质可知，生产函数一阶导数大于零、二阶导数小于零，因此一阶导函数关于投资水平递减。如果该等式不成立，即边际产出价值大于1，则表明投资水平不是最优的，可以通过降低投资水平使(13.28)等式左边的值降低直到等于1；若边际产出价值小于1，则可以通过降低投资水平使(13.28)等式左边的值增加直到等于1，如果投资水平无论取何值都无法达到价值等于1则经济人 i 不使用生产技术。由此我们有：

定理13.2：当经济人 i 的生产投资水平使其边际产出价值等于1时，即，其投资的净现值大于或等于零时，经济人使用其生产技术禀赋能提高其福利。

最优生产决策通过对原始资源的总禀赋进行跨状态转移，重新确定了整个经济系统总资源的分布，生产技术的使用必须保证跨时调整后的总资源的价值大于原始禀赋的价值，否则“退化”到纯交换经济情形。假定生产技术禀赋可以提高总资源的价值，则接下来第二步是两期的最优消费决策问题。作为消费者的经济人，在生产的利润极大化条件下“确定了”最优的期初投资水平，从而决定了厂商禀赋能够达到的最高财富水平。当其财富水平确定后，经济人在其资本预算约束条件下对其资源进行配置，从而使其“一生的”效用极大，即：

$$\begin{aligned}&\max_{\{c_{i0},\,c_{i\omega}\}} u_{i0}(c_{i0})+E[u_{i1}(\tilde{c}_{i1})]=u_{i0}(c_{i0})+\sum_{\omega\in\Omega}\pi_\omega u_{i1}(c_{i\omega})\\&\text{s.t}\quad c_{i0}+\sum_{\omega=1}^{\Omega}\phi_\omega c_{i\omega}=w_i\end{aligned} \tag{13.P3}$$

令拉氏函数为：

$$L_i=u_{i0}(c_{i0})+\sum_{\omega\in\Omega}\pi_\omega u_{i1}(c_{i\omega})+\lambda_i\Big(w_i-c_{i0}-\sum_{\omega=1}^{\Omega}\phi_\omega c_{i\omega}\Big) \tag{13.29}$$

类似于纯交换经济情形，由一阶条件可以得到：

$$\begin{cases} u'_{i0}(c_{i0}) = \lambda_i \\ \pi_\omega u'_{i1}(c_{i\omega}) = \lambda_i \phi_\omega, \quad \omega \in \Omega \end{cases} \tag{13.30}$$

(13.20)从形式上与(11.12)完全相同，事实上优化问题(13.P2)与(11.P3)几乎完全相同，唯一不同的是经济人的财富水平 w 不再相同，由(13.27)可知，个人财富水平不仅与均衡价格有关，还与每个经济人的技术禀赋以及由此确定的最优投资水平有关。为了避免与人均投入的财富记号混淆这里用角标 i 代替了十一章中的 k。

结合(13.30)和(13.28)解得每个经济人的最终的最优消费需求 $\{c_{i0}, c_{i\omega}\}$ $(i = 1, 2, \cdots, K;\ \omega \in \Omega)$，完成了分析的第一步——各自优化。

(三)市场出清

类似于纯交换经济情形，为了确定均衡价格我们首先求解经济人的各自优化问题，并由此得到各经济人的最优投资水平 I_{i0} 和最优消费的计划(c_{i0}，$\boldsymbol{c}_{i1}$)，它们都是各资产价格或各个状态价格的函数：

$$\begin{cases} I_{io} = I_{io}(\phi) \\ c_{i0} = c_{i0}(\phi) \\ c_{i\omega} = c_{i\omega}(\phi), \quad \omega \in \Omega \end{cases} \tag{13.31}$$

市场出清时满足：

$$\begin{cases} \sum_{i=1}^{K} c_{i0} = \sum_{i=1}^{K} e_{i0} - \sum_{i=1}^{K} I_{i0} \\ \sum_{i=1}^{K} c_{i\omega} = \sum_{i=1}^{K} e_{i\omega} + \sum_{i=1}^{K} f_{i\omega}(I_{i0}), \quad \omega \in \Omega \end{cases} \tag{13.32}$$

结合(13.27)(13.28)解得均衡价格，再由均衡价格可以得到各经济人的最优消费和最优投资。

例 13.2：依然考虑例 13.1 中的情形，经济中有两个经济人，他们具有对数效用函数，时间偏好率为 1。期末有等概率的两个状态：状态 a 和状态 b。经济人 1 的初始禀赋为期初 200 个消费品和生产技术，经济人 2 的禀赋为期末状态 a 为 100 个消费品，状态 b 为 50 个消费品。由于在一般的生产技术下可能无法得出显示解，我们假设生产技术为：

$$y_1 = f_{1,\omega}(I) = \begin{cases} I, & \omega = a \\ 2I, & \omega = b \end{cases}$$

则最优生产决策为：

$$\max_I w_1(I_1) = (200 - I_1) + (\phi_a I_1 + 2\phi_b I_1)$$

由一阶条件可得：

$$\phi_a + 2\phi_b = 1$$

经济人的最优消费—组合问题为：

$$\max_{\{c_{i0},c_{i\omega}\}} \ln c_{i0}+\frac{1}{2}[\ln c_{ia}+\ln c_{ib}]$$
$$\text{s. t}\quad c_{i0}+\phi_a c_{ia}+\phi_b c_{ib}=w_i$$

由一阶条件可得：

$$\begin{cases} c_{i0}=\dfrac{1}{\lambda_i} \\ c_{ia}=\dfrac{1}{2\lambda_i\phi_a} \quad i=1,\ 2 \\ c_{ib}=\dfrac{1}{2\lambda_i\phi_b} \end{cases}$$

市场出清：

$$\begin{cases} c_{1,0}+c_{2,0}=\dfrac{1}{\lambda_1}+\dfrac{1}{\lambda_2}=200-I_1 \\ c_{1,a}+c_{2,a}=\dfrac{1}{2\lambda_1\phi_a}+\dfrac{1}{2\lambda_2\phi_a}=100+I_1 \\ c_{1,b}+c_{2,b}=\dfrac{1}{2\lambda_1\phi_b}+\dfrac{1}{2\lambda_2\phi_b}=50+I_1 \end{cases}$$

因此：

$$\begin{cases} \phi_a=\dfrac{200-I_1}{2(100+I_1)} \\ \phi_b=\dfrac{200-I_1}{2(50+I_1)} \end{cases}$$

故

$$\frac{200-I_1}{2(100+I_1)}+\frac{200-I_1}{50+I_1}=1$$

解得最优投资为：

$$I_1=\frac{25+75\sqrt{57}}{8}\approx 74$$

最终得最优消费和状态价格：

$$\begin{cases} \phi_a=\dfrac{9-\sqrt{57}}{4}\approx 0.36 \\ \phi_b=\dfrac{15\sqrt{57}-99}{28}\approx 0.51 \end{cases} \text{和} \begin{cases} c_{1,0}=100 \\ c_{1,a}=\dfrac{25(9+\sqrt{57})}{3}\approx 138 \\ c_{1,b}=\dfrac{33+5\sqrt{57}}{36}\approx 98.2 \end{cases};\begin{cases} c_{2,0}\approx 26 \\ c_{2,a}\approx 36 \\ c_{2,b}\approx 25.8 \end{cases}$$

可以计算，没有生产技术的情形下的最优消费和状态价格为：

$$\begin{cases}\phi_a = 1\\ \phi_b = 2\end{cases} \text{和} \begin{cases}c_{1,0} = 100\\ c_{1,a} = 50\\ c_{1,b} = 25\end{cases};\quad \begin{cases}c_{2,0} = 100\\ c_{2,a} = 50\\ c_{2,b} = 25\end{cases}$$

我们选择同质性偏好和线性生产技术是为了求解的方便，事实上，非线性技术下可能得到一元三次方程。此外，约定经济人 1 具有生产技术也是为求解的便利。因此，涉及生产技术通常使得求解优化问题更加复杂。

在这个例子里有两个经济人，其一拥有即期的商品禀赋和生产技术禀赋，而另一个只有期末的商品禀赋。现实情形比这里的例子复杂得多，我们在前面列举了两类禀赋，在一个经济系统里通常有多个经济人参与其中，单个的经济人的禀赋可能不一定同时包括上述两种禀赋，比如某经济人只有商品禀赋，或者某经济人只有生产技术禀赋。在纯交换经济下没有任何商品禀赋的经济人无法存活，其经济行为对资源配置和资产定价不会产生任何影响。但是，在生产性经济下，没有任何商品禀赋的经济人依然有可能存活下来，并影响资源配置和资产定价。比如某经济人拥有(13.23)所示的生产技术禀赋，但没有任何商品禀赋，他可以以利率 r_f 通过市场借入期初的商品，一部分 c_0 用于期初的消费，一部分 I 用于生产，则其最优借贷——生产计划为：

$$\max_I w(I) = \sum_{\omega=1}^{S} f_\omega(I)\phi_\omega - (1 + r_f)I \tag{13. P4}$$

一阶条件为：

$$\sum_{\omega=1}^{S} f'_\omega(I)\phi_\omega = 1 + r_f \tag{13. 33}$$

最优消费问题为：

$$\begin{aligned}&\max_{\{c_0, c_\omega\}} u(c_0) + \rho \sum_{\omega} \pi_\omega u(c_\omega)\\ &\text{s. t}\quad c_0 + \sum_{\omega=1}^{S} \phi_\omega c_\omega = w(I)\end{aligned} \tag{13. P5}$$

因此，技术禀赋给该经济人带来了财富 $w(I)$，并且最终在期初和期末均有消费，从而具备了“存活”的能力。

三、光滑的随机生产技术情形

与自然生产技术情形下类似，我们依然考虑两时点单期情形，经济的不确定性表示为期末有有限个(S 个)状态；有 K 个经济人。

(一)经济人的生产禀赋

经济人的禀赋仍然包括两个方面：其一是商品禀赋，其二是生产技术。前者与自然生产技术情形相同，我们这里重点讨论生产技术禀赋。

如第二节中所述，自然的生产技术下生产技术的产出由自然状态决定，例 11.3 中，状态 a 发生时产出为 I，状态 b 下的产出为 $2I$，产出是状态 a 下的两倍。但另一方面，

状态 a 下的自然禀赋高于状态 b 下的自然禀赋，生产技术使得状态 a 下的资源比 b 下的更多一些。在自然的生产技术下，资源虽然能够跨时转移，但无法跨状态转移。Cochrane 等提出了一种新的思路，构造了一类所谓光滑的生产技术，该技术下引进一种调节技术。如果 $\theta(\omega)$ 是自然生产技术决定的随机变量，Cochrane 等认为人们可以通过科学技术控制初始的生产工艺，从而使期末不同状态之间的产量可以相互转化，从而形成一种随机的"权重"ε 来调节实际的生产率，经过调节的技术所产生的实际产出为：

$$\widetilde{Y}_{\omega} = \varepsilon(\omega)f(I_0),\ \omega \in \Omega \tag{13.8}$$

满足：

$$E\left[\left(\frac{\varepsilon}{\theta}\right)^{1+\alpha}\right] = \sum_{\omega=1}^{S}\pi_{\omega}\left[\frac{\varepsilon(\omega)}{\theta(\omega)}\right]^{1+\alpha} \leqslant 1 \tag{13.9}$$

(13.9)式中，ε 表示调节技术，这种技术在使得某些状态下的收入比自然状态下的收入高的同时必定使得其他某些状态下的产出降低，"平均地"使用调节技术后的收益比资源状态下的收益低。如果使用调节技术后的产出比自然状态下的收入普遍高，这种调节技术属于生产技术，应该包含在生产函数 $f(I_0)$ 中。

(二)经济人的最优决策

同上一节一样，每一个经济人既是厂商也是消费者。下面的分析同样遵循"各自优化—市场出清"的模式确定市场的一般均衡。

第一步期初投资决策。与自然生产技术情形略有不同的是，经济人决策包括两个方面，一是投资决策，二是技术选择。为了分析的方便，我们省去区分不同经济人的角标，则经济人的决策问题为：

$$\max_{\{I_{i0},\ \varepsilon\}} \sum_{\omega=1}^{S}\phi_{\omega}\varepsilon(\omega)f(I_0) - I_0 \tag{13.P6}$$

约束条件为(13.9)。由于 $m=\phi/\pi$，我们统一使用期望形式：

$$\begin{aligned}&\max_{\{I_{i0},\ \varepsilon\}} E[m\varepsilon(\omega)f(I_0)] - I_0\\ &\text{s.t}\quad E\left[\left(\frac{\varepsilon}{\theta}\right)^{1+\alpha}\right] \leqslant 1\end{aligned} \tag{13.P7}$$

令

$$L = E[m\varepsilon(\omega)f(I_0)] - I_0 + \lambda\left(1 - E\left[\left(\frac{\varepsilon}{\theta}\right)^{1+\alpha}\right]\right)$$

F. O. C：

$$\frac{\partial L}{\partial I_0} = E[m\varepsilon(\omega)f'(I_0)] - 1 = 0 \tag{13.34}$$

$$\frac{\partial L}{\partial \varepsilon} = mf(I_0) - \lambda\frac{1+\alpha}{\theta}\left(\frac{\varepsilon}{\theta}\right)^{\alpha} = 0 \tag{13.35}$$

由(13.35)得：

$$m = \lambda\frac{1+\alpha}{\theta f(I_0)}\left(\frac{\varepsilon}{\theta}\right)^{\alpha} \tag{13.36}$$

(13.36)代入(13.34)得：

$$E\left[\lambda \frac{1+\alpha}{\theta f(I_0)}\left(\frac{\varepsilon}{\theta}\right)^{\alpha} \varepsilon f'(I_0)\right] = \lambda \frac{1+\alpha}{f(I_0)} \times f'(I_0) E\left[\left(\frac{\varepsilon}{\theta}\right)^{\alpha+1}\right] = \lambda \frac{1+\alpha}{f(I_0)} \times f'(I_0) = 1$$

$$\lambda = \frac{1+\alpha}{f(I_0)} \times f'(I_0) \tag{13.37}$$

因此有：

$$m = \frac{1}{\theta f'(I_0)}\left(\frac{\varepsilon}{\theta}\right)^{\alpha} \tag{13.38}$$

m 是随机贴现因子，进一步对任意证券，如果其期末支付为 x，则其价格为：

$$p = E[mx] = E\left[\frac{1}{\varepsilon f'(I_0)}\left(\frac{\varepsilon}{\theta}\right)^{1+\alpha} x\right] \tag{13.39}$$

(13.39)是光滑生产技术下的资产定价公式，同时由(13.38)给定的随机折现因子，在 S 各状态下如果已知各状态的概率，则可以很容易地计算各状态对应的状态价格，由最优投资数量 I_0 和各经济人的禀赋很容易求解经济人的最优消费决策，由此得到最优资源配置。

以上是从理论角度的分析，具体结果需要知道随机技术的可行集，即 ε 的可行选择、生产函数 f 的具体形式以及自然生产技术 θ 的形式。

◎ 本章小结

纯交换经济下资源不能跨时转移，当经济系统中只有一个经济人时，经济人的消费等于其禀赋，当经济中有两个以上的经济人时，可以通过经济人的交换实现资源的跨时和跨状态转移。但整个经济系统的总禀赋不能进行跨时和跨状态转移。本章我们试图突破纯交换经济的框架，探讨资源的跨时和跨状态转移。

资源跨时配置路径的拓展意味着经济人消费可行集的变化和福利的增加。最简单的情形是储蓄或储存的引进。我们将正利率的跨时转移称为储蓄，将带有一定程度损耗或腐烂，但不完全腐烂的储藏称为负利率的储存。无论储蓄还是储存都有可能提高整个经济系统的福利，同时也改变了资产定价。我们还可以推导出在具有储蓄或储存技术下，经济人使用该类技术的一般条件。

实现资源跨时和跨状态转移的更高技术在于生产技术的引进。我们将生产技术分为两类：一类是自然的生产技术，即期初投入后，期末的产出随期末的自然状态的不同而不同，在这类技术下，可以在一定程度上实现资源的跨时转移。另一类技术是由 Cochrane 等提出来的光滑的生产技术，该类技术是通过对期初投入的设定，使得期末产出具有“光滑”的产出边界，从而实现跨状态转移。当然，这类技术建立在对期末状态预期的基础之上。

◎ 重要概念

生产技术　生产函数　储蓄与储存　Tobin Q　自然的生产技术　光滑的生产技术　纯生产性资产定价模型

◎ 思考题

1. 在纯交换经济基础上，有哪些资源配置的一般拓展路径？
2. 储蓄或储存一般可以给消费可行集带来怎样的影响？
3. 生产技术通常如何影响资源配置？
4. 简单说明纯交换经济与生产性经济的区别与联系。

◎ 练习题

1. 经济中有1个经济人，他具有对数效用函数。期末有等概率的两个状态：状态 a 和状态 b。经济人的初始禀赋为期初200个消费品，但他可以通过储存将消费品跨时转移。

(1)当利率为1.05%时，分别确定时间偏好率为1和0.5时的最优资源配置；

(2)当利率为-5%时，分别确定时间偏好率为1和0.5时的最优资源配置。

(3)进一步如果该经济人期末也有禀赋，分别为 a 状态下100个消费品，b 状态下50个消费品，分别求解(1)(2)中的问题。

2. 经济中有1个经济人，他具有对数效用函数。期末有等概率的两个状态：状态 a 和状态 b。经济人的初始禀赋为期初200个消费品，他可以如下生产技术进行资源跨时转移：

$$y_1 = f_{1,\omega}(I) = \begin{cases} \sqrt{I}, & \omega = a \\ 2\sqrt{I}, & \omega = b \end{cases}$$

(1)求最优投资数量；

(2)求状态价格和最优消费计划。

3. 经济中有1个经济人，他具有对数效用函数。期末两个状态状态 a 和状态 b 的概率分别为 π_a 和 π_b。经济人的初始禀赋为期初200个消费品，他可以如下生产技术进行资源跨时转移：

$$y_1 = f_{1,\omega}(I) = \begin{cases} \lambda_a I, & \omega = a \\ \lambda_b I, & \omega = b \end{cases}$$

证券市场上存在无风险债券，其利率为 r_f。

(1)给出经济人的最优决策，包括投资决策和最优决策；

(2)求解他的最优投资数量和消费计划；

(3)分析最优投资与利率的关系。

(4)假设该经济人没有任何商品禀赋，回答上述(1)至(3)问。

4. 在第3题的背景下引进经济人2，经济人1只有生产技术禀赋，经济人2的禀赋是期初200个消费品：

(1)求两个人的最优消费计划和状态价格；

(2)求经济人1的最优投资。

◎ 参考书目与推荐阅读

1. 王江. 金融经济学. 北京：中国人民大学出版社，2007.

2. Debreu. Theory of value. New York：Wiley，1959.

3. Huang Chi-fu，Litzenberger，Robert. Foundations for Financial Economics. Elsevier Science Co，1988.

4. Campbell John Y. consumption-based Asset Pricing. Handbook of the Economics，2003.

5. 约翰·Y. 坎贝尔. 金融决策与市场. 北京：中信出版集团，2021.

6. Cochrane John H. Rethinking Production under Uncertainty. The Review of Asset Pricing Studies，2021，11(1)：1-59.

第十四章 异质性框架下的金融决策与行为金融

◎ **学习目标**

- 了解异质性经济人的概念
- 了解异质性经济人的一般处理方法
- 掌握异质性经济人的加总方法
- 掌握简单的异质性经济人的资产定价

传统的研究范式通常在纯交换经济下假设存在一个代表性经济人，代表性经济人意味着所有经济人都是相同的，我们称之为同质的经济人(homogeneous agents)。可以证明，在同质性经济人前提下，用一个代表性经济人代替原始的经济模型，可以得到若干完全相同的结果，尤其是在资产定价方面。但是，现实世界是由多个形形色色彼此不同的经济人组成的，当这些经济人彼此不同时，我们称为异质性经济人(heterogeneous agents)。经济人的差异或异质性可能导致整个市场的资源配置和资产定价呈现出与同质情形下完全不同的结果。本章试图对相关领域的研究进行介绍，由于涉及异质性经济人的问题比较复杂，因此局部领域仍处在探索之中，本章只是一种简要的介绍，相信随着时间的推移将会得到完善。本章我们首先介绍经济人的异质性，利用一些简单的例子说明经济人的异质性对资产定价和资源配置的重要性，然后介绍关于异质性经济人的三大假设，最后重点分析异质性框架下的加总问题。本章仍在一种简单的单期的纯交换经济框架下展开分析。

第一节　经济人的异质性

在纯交换经济下描述经济人时通常从经济人的禀赋、偏好、信念等角度展开，并且反映到效用函数和预算约束中。多期情形下经济人效用函数可以由方程(14.1)和(14.2)来描述经济人福利：

$$U_k = E_0^k\left[\sum_{t=0}^{T_k}\beta_k^t u_{k,t}(c_{k,t})\right] \tag{14.1}$$

$$U_k = E_0^k\left[\int_0^{T_k} e^{-\rho_k t} c_k(t)\,dt\right] \tag{14.2}$$

其中上标或角标 k 表示第 k 个经济人，相应的变量如果随 k 的不同而不同则表明具有异质性。例如时间偏好的异质性分别表示为离散情形下的 β_k 和连续情形下的 ρ_k，期望符号 E 的上标表示不同经济人用不同的概率信念计算期望值；T_k 为第 k 个经济人的寿命。效用函数同样用 $u(\cdot)$ 来表示。对单期情形可以回顾第十一章在单期情形下讨论的经济人的资源配置问题，当时我们将各经济人的优化问题归结如下：

$$\begin{aligned}
&\max_{\theta_{k,i}} u_k(c_{k,0}) + \beta_k\sum_{\omega\in\Omega}\pi_{k,\omega}u_k(c_{k,\omega})\\
&\text{s.t}\quad c_{k,0} = e_{k,0} - \sum_{i=1}^{N}\theta_{k,i}S_i\\
&\qquad c_{k,\omega} = e_{k,\omega} + \sum_{i=1}^{N}\theta_{k,i}X_i\\
&\qquad c_{k,0}\geqslant 0, c_{k,\omega}\geqslant 0
\end{aligned} \tag{14.P1}$$

或

$$\begin{aligned}
&\max_{c_{k,0},c_{k,\omega}} u_k(c_{k,0}) + \beta_k\sum_{\omega\in\Omega}\pi_{k,\omega}u_k(c_{k,\omega})\\
&\text{s.t}\quad c_{k,0} + \sum_{i=1}^{N}c_{k,\omega}\phi_\omega = W_k = e_{k,0} + \sum_{\omega\in\Omega}e_{k,\omega}\phi_\omega\\
&\quad c_{k,0}\geqslant 0, c_{k,\omega}\geqslant 0
\end{aligned} \tag{14.P2}$$

(14.P1)、(14.P2)中都涉及预算约束，预算约束主要由经济人的初始禀赋决定。因此，一个最直接的角度是从上述效用函数和经济人优化问题中提炼出几个主要的异质性：异质禀赋、异质偏好、异质信念和异质投资期限等。

一、异质禀赋

所谓**异质禀赋**是指经济人在资源禀赋上的差异，资源禀赋反映在(14.P1)(14.P2)的预算约束中。两时点单期、期末有有限个状态的情形下的异质禀赋可以表示为 $\{(e_{k,0}, e_{k,\omega}),\ k=1,\ 2,\ \cdots,\ I;\ k=1,\ \omega\in\Omega\}$，这种异质禀赋意味着资源的初始分布的差异，这种差异可能会影响到资产价格和最终的资源配置。我们的目的是讨论异质禀赋对资产定价和资源配置的影响，为此设定总禀赋给定。假设经济的总禀赋为：$\{(E_0, E_\omega), k=1, \omega \in \Omega\}$，这里为了突出总禀赋与个人禀赋的差异，我们使用大写字母表示总禀赋。因此有：

$$\begin{cases} \sum_{k=1}^{K} e_{k,0} = E_0 \\ \sum_{k=1}^{K} e_{k,\omega} = E_\omega \quad \omega \in \Omega \end{cases} \tag{14.3}$$

同质禀赋下所有人都有相同的禀赋，因此满足：

$$e_{k,0} = \frac{E_0}{K}; \quad e_{k,\omega} = \frac{E_\omega}{K} \tag{14.4}$$

当经济人彼此的禀赋不相同时，总禀赋在不同经济人之间的不同分布可能影响状态价格，从而影响最终的资源配置。具体的影响依各经济人的偏好或效用函数的不同而不同，下面给出一个简单的例子，后面的分析将结合这些特定而简单的异质禀赋进行分析。

考虑单期两状态的简单情形，此时总禀赋可以表示为$(E_0; E_a, E_b)$。

例 14.1：假定期初的总禀赋为$E_0=200$，期末 a 状态下的总禀赋为$E_a=100$，期末 b 状态下的总禀赋为$E_b=50$，用树形图将总禀赋表示为：

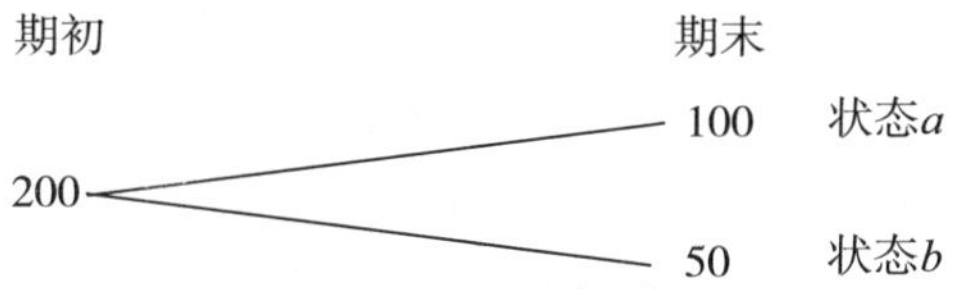

图 14-1 两时点、两状态下的总禀赋

若经济中有两个经济人，分别为经济人 1 和经济人 2，同质情形下他们在每个状态—时点下的禀赋都相同，即$e_{10}=e_{10}=100$；$e_{1a}=e_{2a}=50$；$e_{1b}=e_{2b}=25$，用树形图表示图 15-2。

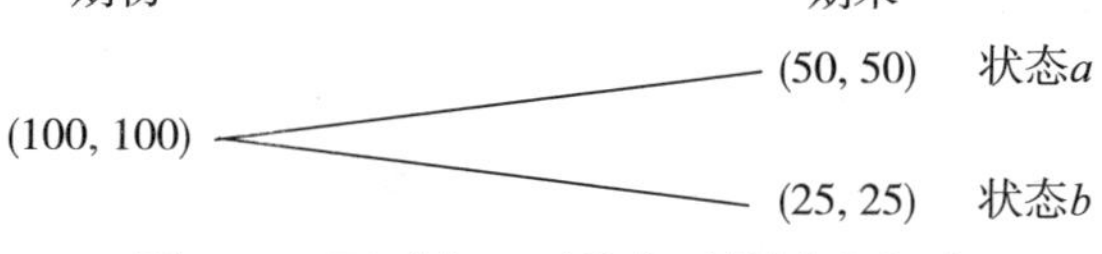

图 14-2 两时点、两状态下的同质禀赋

图中向量(100，100)表示初始禀赋，两个分量分别是经济人 1 和经济人 2 的禀赋，其他时点的向量有类似的含义。从图中可以看出，同质情形下两人的禀赋完全相同。当任何一个相同的时点—状态下彼此禀赋存在差异时就是异质禀赋，例如图 15-3 中的两

个例子：

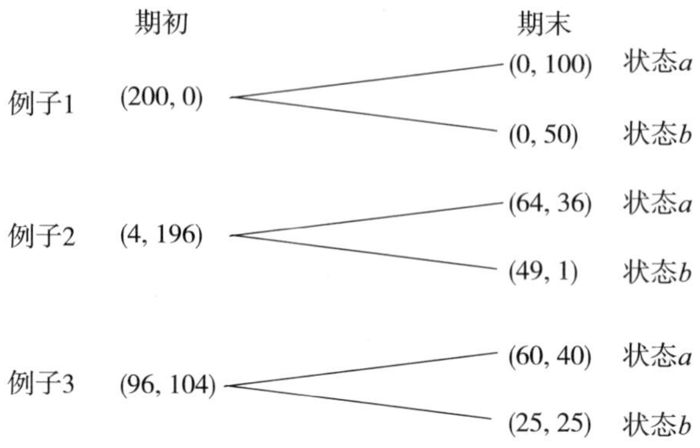

图 14-3　两时点、两状态下的异质禀赋

图中的三个例子都呈现异质禀赋。例子 1 比较极端，经济人 1 拥有全部期初的禀赋，经济人 2 拥有全部期末的禀赋，两人通过交换可以明显提高两人的福利；例子 2 中经济人 1 在期初拥有的禀赋多于经济人 2，但经济人 2 在期末拥有的禀赋多于经济人 1；例子 3 中则在期初期末分布上没有明显的特征。

二、异质偏好

偏好是经济人都最重要的特征之一。异质偏好是指经济人在偏好上存在的差异，这种差异可以分为两种：一种是时间偏好的差异，我们称之为异质时间偏好；一种表现为效用函数的差异，我们习惯将后者称为异质偏好。

(一)异质时间偏好

时间偏好主要用来权衡不同时点消费所产生效用的差异，异质性时间偏好表现为不同经济人的效用函数(14.1)和(14.2)中的 β 和 ρ 取不同的值。离散情形下 $0<\beta\leqslant 1$，连续情形下 $0 < e^{-\rho t} \leqslant 1$。单期情形下 $\beta=1$ 的含义是期末一个单位的消费等于期初一个单位消费的效用；β 越大，1 单位的消费品在两期消费的效用越接近；β 越小，经济人越是倾向于期初消费，经济人缺乏耐性。显然，不同经济人通常呈现不同的时间偏好。从直觉上讲，如果所有人都缺乏耐性，其他条件不变的条件下期初的消费品具有更高的相对价格。即使在单期情形下，时间偏好的差异也将导致均衡条件下的方程组求解变得十分复杂，因此我们通常假设时间偏好相同。当时间偏好不同，即异质性时间偏好将如何影响资源配置和资产定价呢？我们回到完全市场下资源配置中的两时点单期、期末状态有限的情形。

K 个经济人中的第 k 个经济人的优化问题为(为简洁省去角标 k)：

$$\max_{\{c_0,\ c_\omega\}} u(c_0) + \beta \sum_{\omega=1}^{S} \pi_\omega u(c_\omega)$$
$$\text{s.t}\quad c_0 + \sum_{\omega=1}^{S} c_\omega \phi_\omega = W \tag{14.P1}$$

各自优化的一阶条件为：

$$\begin{cases} u'_k(c_{k0}) = \lambda_k \\ \beta_k \pi_\omega u'_k(c_{k\omega}) = \lambda_k \phi_\omega,\ \omega \in \Omega \end{cases} \tag{14.5}$$

因此：

$$\phi_\omega = \frac{\beta_k \pi_\omega u'_k(c_{k\omega})}{u'_k(c_{k0})} \text{或} m_\omega = \frac{\beta_k u'_k(c_{k\omega})}{u'_k(c_{k0})},\ \omega \in \Omega \tag{14.6}$$

假设经济中所有经济人都具有 CRRA 效用函数，他们有相同的相对风险厌恶系数 γ，则状态价格或价格密度分别为：

$$\phi_\omega = \beta_k \pi_\omega \left(\frac{c_{k\omega}}{c_{k0}}\right)^{-\gamma} \text{或} m_\omega = \beta_k \left(\frac{c_{k\omega}}{c_{k0}}\right)^{-\gamma},\ \omega \in \Omega \tag{14.7}$$

换一个角度：

$$\begin{cases} c_{k0} = \left(\dfrac{1}{\lambda_k}\right)\dfrac{1}{\gamma} \\ c_{k\omega} = \left(\dfrac{1}{\lambda_k} \cdot \dfrac{\phi_\omega}{\pi_\omega} \cdot \dfrac{1}{\beta_k}\right)^{\frac{1}{\gamma}},\ \omega \in \Omega \end{cases} \tag{14.8}$$

加总：

$$\begin{cases} C_0 = \displaystyle\sum_{k=0}^{K} c_{k0} = \sum_{k=0}^{K} \left(\frac{1}{\lambda_k}\right)^{\frac{1}{\gamma}} \\ C_\omega = \displaystyle\sum_{k=0}^{K} c_{k\omega} = \sum_{k=0}^{K} \left(\frac{1}{\lambda_k} \cdot \frac{\phi_\omega}{\pi_\omega} \cdot \frac{1}{\beta_k}\right)^{\frac{1}{\gamma}},\ \omega \in \Omega \end{cases} \tag{14.9}$$

同质的时间偏好下有：

$$m_\omega = \frac{\phi_\omega}{\pi_\omega} = \beta \left(\frac{C_\omega}{C_0}\right)^{-\gamma},\ \omega \in \Omega \tag{14.10}$$

异质时间偏好下的资产定价为：

$$m_\omega = \frac{\phi_\omega}{\pi_\omega} = \beta \left(\frac{C_\omega}{C_0}\right)^{-\gamma} \frac{\displaystyle\sum_{k=0}^{K} \left(\frac{1}{\lambda_k}\right)^{\frac{1}{\gamma}}}{\displaystyle\sum_{k=0}^{K} \left(\frac{1}{\lambda_k} \cdot \frac{1}{\beta_k}\right)^{\frac{1}{\gamma}}},\ \omega \in \Omega \tag{14.11}$$

例 14.2：假设经济中两个经济人的时间偏好分别为 0.5 和 1，他们都具有 CRRA 效用函数，他们的相对风险厌恶系数为 $\gamma = 1$ 和 $\gamma = 0.5$，即效用函数分别为：

$$u_1(z) = \ln z;\quad u_2(z) = 2\sqrt{z}$$

通常，时间偏好的异质性比资源禀赋的异质性对状态价格和最优资源配置的影响更大。由于时间偏好的异质性使计算更加复杂，我们选择特殊的效用函数来考察时间偏好对状态价格和最优资源配置的影响。考虑对数效用函数情形，即 $u(z)=\ln z$ 并且两个经济人都有单位的时间偏好时，若 $\beta=1$，同质资源禀赋，相应的状态价格为 $\phi_a=1$ 和 $\phi_b=2$；若 $\beta=1$，取例子 14.1 的异质资源禀赋，相应的状态价格为 $\phi_a=1$ 和 $\varphi_b=2$。

异质时间偏好下，设定 $\beta_1=1$，$\beta_2=0.5$，同质资源禀赋时可以解得相应的状态价格和资源配置为：

$$\begin{cases}\phi_a=3/4\\ \phi_b=3/2\end{cases};\quad (100,\ 100)\ \begin{cases}(200/3,\ 100/3)\\ (100/3,\ 50/3)\end{cases}$$

$\beta_1=1$，$\beta_2=0.5$ 时，异质资源禀赋，相应的状态价格和资源配置为：

$$\begin{cases}\phi_a=5/7\\ \phi_b=10/7\end{cases};\quad (600/7,\ 800/7)\ \begin{cases}(60,\ 40)\\ (30,\ 20)\end{cases}$$

$\beta_1=0.5$，$\beta_2=1$ 时，同质资源禀赋，相应的状态价格和资源配置为：

$$\begin{cases}\phi_a=2/3\\ \phi_b=4/3\end{cases};\quad (400/3,\ 200/3)\ \begin{cases}(50,\ 50)\\ (25,\ 25)\end{cases}$$

$\beta_1=0.5$，$\beta_2=1$ 时，异质资源禀赋，相应的状态价格和资源配置为：

$$\begin{cases}\phi_a=5/7\\ \phi_b=10/7\end{cases};\quad (800/7,\ 600/7)\ \begin{cases}(40,\ 60)\\ (20,\ 30)\end{cases}$$

异质时间偏好不仅对状态价格产生影响，还对资源配置产生影响。上述结论是在特定的效用函数和特定的资源禀赋下的结果，一般情形下非常复杂，甚至无法得出显示解。

由此可见，异质时间偏好确实对资源配置和资产定价——状态价格产生较大的影响，其背后的原理也是显而易见的：时间偏好率越小，期初的资源价值相对更高，状态价格越小。

(二) 异质风险厌恶

异质风险厌恶是指不同经济人具有不同的风险态度。在风险厌恶假设下依据不同的标准来区分风险厌恶的异质性。分析异质风险厌恶对资产定价的影响时通常假设所有经济人具有特定的效用函数：

1. 异质性 CRAR 偏好

假设所有经济人都具有常数绝对风险厌恶的偏好，即都具有 CRAR 偏好，则异质风险厌恶是指所有经济人都具有不变的绝对风险厌恶系数，但彼此风险厌恶水平不同。此时所有经济人都具有指数效用函数，如果进一步假设所有风险资产服从联合正态分布，则风险厌恶的异质性对资产定价的影响容易量化，我们在后面的异质风险偏好的加总中给出具体的等量关系。

2. 异质性 CRRA 偏好

假设所有经济人都具有 CRRA 偏好，即所有经济人的风险偏好都可以用幂效用函数来描述，他们有相同的时间偏好但相对风险厌恶系数彼此不同，异质风险厌恶对资产价格将产生影响。但是，CRRA偏好的复杂性使得异质风险厌恶下经常无法得到显示解。这里我们不加证明地给出王江(1996)的结论：

命题14.1：假设所有经济人都具有CRRA偏好，即具有(14.5)的效用函数，γ_i是经济人i的相对风险厌恶系数，且满足：$0<\gamma_1\leqslant\gamma_2\leqslant\cdots\leqslant\gamma_K$

$$u_i(c)=\frac{c^{1-\gamma_i}}{1-\gamma_i} \tag{14.12}$$

则最优消费函数有显示解的充分条件是：

$$\left\{\frac{\gamma_1}{\gamma_1},\ \frac{\gamma_1}{\gamma_2},\ \cdots,\ \frac{\gamma_1}{\gamma_K}\right\}\subseteq\{1,\ 2,\ 3,\ 4\} \tag{14.13}$$

(14.6)的意思是最小的相对风险厌恶系数与其他经济人的相对风险厌恶系数取值为1，2，3，4等任何一个值即可。由于CRRA偏好可能导致无显示解，我们在这里用例子来说明异质偏好对资产定价的影响。后面的结果将证明CARA偏好下异质风险厌恶对资产定价的影响可以被简化处理，但CRRA偏好下十分复杂，因此我们在前述例子基础上研究CRRA偏好下异质风险厌恶对资产定价的影响。由命题14.1可知：只有特定异质性风险厌恶下才能得到显示解，若加上异质时间偏好，计算将更加复杂或者根本没有显示解。

例14.3：假设两个经济人都具有CRRA偏好，时间偏好均为1，两人的风险厌恶分别为$\gamma_1=1$和$\gamma_2=0.5$，禀赋为例14.1型，则状态价格和最优资源禀赋为：

$$\begin{cases}\phi_a=(1+\sqrt{5})/4\\ \phi_b=(1+\sqrt{3})/2\end{cases}\text{和}\ (100,\ 100)\begin{matrix}\nearrow (50(\sqrt{5}-1),\ 25(6-\sqrt{5}))\\ \searrow (50(\sqrt{3}-1),\ 50(2-\sqrt{3}))\end{matrix}$$

三、异质信念

异质信念主要是经济人关于期末的预期存在差异，单期情形下对未来的预期也包括两个方面：一是关于期末每种状态发生的概率预期；一是关于期末每种状态下所拥有的支付的预期，禀赋经济下可以理解为对期末禀赋的预期，多期情形下的异质信念更加复杂。

(一)单期情形下的异质信念

简单情形下假设所有人都能正确地预知期末有S个互斥的状态发生，他们的异质信念表现在对每个状态发生的概率的不同认知，即异质信念描述为：

$$\{\pi_{k,\ \omega},\ k=1,\ 2,\ \cdots,\ K;\ \omega\in\Omega\}$$

其中，$\pi_{k,\ \omega}$是第k个经济人确信状态ω发生的概率，不同经济人对同一状态发生概率的预期可能是互不相同的。

另一种描述异质信念的方式是假设资本市场上有N个风险资产，单期情形下期末支付计算得到的收益率表示为随机向量$\boldsymbol{y}=(y_1,\ y_2,\ \cdots,\ y_N)^{\mathrm{T}}$，异质信念表现为不同投资者对该向量期望值和协方差的认知互不相同。真实的期望和方差分别为：

$$E[y]=(E[y_1],\ E[y_2],\ \cdots,\ E[y_N])^{\mathrm{T}}$$

$$\Sigma=\begin{bmatrix}\sigma_1^2 & \sigma_{12} & \cdots & \sigma_{1N}\\ \sigma_{12} & \sigma_2^2 & \cdots & \sigma_{2N}\\ \vdots & \vdots & \cdots & \vdots\\ \sigma_{N1} & \sigma_{N2} & \cdots & \sigma_N^2\end{bmatrix} \tag{14.14}$$

异质信念表现为不同经济人的主观信念：

$$E^k[y]=(E^k[y_1],\ E^k[y_2],\ \cdots,\ E^k[y_N])^{\mathrm{T}}$$

$$\Sigma_k=\begin{bmatrix}\sigma_{k,\ 1}^2 & \sigma_{k,\ 12} & \cdots & \sigma_{k,\ 1N}\\ \sigma_{k,\ 12} & \sigma_{k,\ 2}^2 & \cdots & \sigma_{k,\ 2N}\\ \vdots & \vdots & \cdots & \vdots\\ \sigma_{k,\ N1} & \sigma_{k,\ N2} & \cdots & \sigma_{k,\ N}^2\end{bmatrix} \tag{14.15}$$

其中的头标或角标 k 表示基于经济人 k 的概率信念而计算出来的期望值向量和方差-协方差矩阵。

(二) 多期异质信念

多期异质信念可以表示为不同的滤子空间：假设所有经济人的时间期限 T 是相同的，则经济人 k 的信念表示为完备的滤子概率空间 $(\Omega,\ \mathscr{F}^k,\ \{\mathscr{F}_t^k\}_{t=0}^{\mathrm{T}},\ P^k)$，它满足通常条件，其中 Ω 表示所有历史的集合，也叫样本空间，σ-代数 $\mathscr{F}_t^k$ 表示直到时间 t 的所有观测到的事件。在此基础上观察总禀赋过程将形成自己独有的关于总禀赋分布的认知。相关理论超出本书，我们不展开论述。

四、其他异质性

除了上述三种异质性，还有其他的诸多异质性，从某种角度来说行为金融中投资者的各种特定行为或心理的差异都属于异质性，如过度自信、认知偏差等。某些不太具有代表性或者投资之间差异太大的行为差异可列入行为金融。除了行为金融中的行为差异之外，还存在一些没有引起广泛兴趣的异质性，比如投资期限的异质性、市场参与限制的异质性等。

市场参与的异质性的成因可能有多方面，例如资金的不足可能限制部分经济人的参与；或者对资本市场认识的偏差、对风险的高度厌恶使部分经济人不愿参与；也有人认为股票市场风险较高不适合老龄人，因此年龄也是异质性参与的影响因素。

相比于异质性参与，异质性投资期限似乎更好理解。传统投资组合理论要么是研究单期情形，要么是研究多期情形。单期情形下通常假设所有经济人的投资期限是相同的，而且他们在相同的时点投资、在相同的时点获得报酬，由此得到的结论形成经典的理论。离散的多期组合理论中将未来的投资期限划分为长度相同、前后相继的若干单期，同样所有经济人的投资单期完全吻合。显然这种同质性投资期限过于理想。但是，由于异质性投资期限比较复杂，我们在此只是提出问题而没有进行讨论。

第二节 关于异质性的三大假设

虽然经济人具有上述异质性，但很多时候还是假设存在一个代表性经济人，在代表性经济人框架下展开研究，其背后的理论基础可以概括为三大假设：

一、市场平衡(balance)假设

所谓市场平衡假设是指：*市场能平衡具有不同信念和不同偏好的交易者，市场反映“群体智慧”，从而比任何个人强。在此假设下市场通过加总从而形成一个代表性投资者。*

该假设认为，虽然资本市场上的参与者在信念、偏好和禀赋等方面存在一定的差异，但是，在一定的条件下这些差异可以相互抵消，当他们形成一个整体时，整个经济系统等价于一个经济人参与的经济。用一个经济人代替经济系统中所有的经济人即对资本市场进行加总，单个的经济人即是前面所说的代表性经济人。资本市场的加总包括基于时间偏好的加总、基于风险偏好的加总、基于信念的加总等，我们在下一节讨论一些特定情形下的加总。加总也可以分为广义的加总和狭义的加总，狭义的加总是指形成一个具有简单效用函数的代表性经济人，如后面加总定理中的情形；广义的加总也形成一个代表性经济人，但代表性经济人的效用函数具体形式未知，只知道若干简单的性质。

二、市场选择假设

所谓市场选择是指：*市场对异质信念进行选择，市场偏爱那些具有更准确信息的交易者，这些交易者将赢得财富并存活，从而市场最终只有一种占优的投资者。*

市场选择假设是借鉴生物中的进化论思想而形成的假说。在生物里将生物所具备的形态结构特征、生理功能特征和行为方式特征等称为生物的性状态。达尔文的进化论认为生物的性状是多种多样的，不同的性状可能意味着它们来自不同的物种，物种是可以变化的，生物是进化的。自然选择是生物进化的动力，适者生存，不适者被淘汰。

弗里德曼和砝码等是市场选择假说的倡导者，他们将交易者分为两类：理性交易者和噪音交易者。理性交易者具有丰富的专业知识和很强的认知能力，他们能够对资本市场形成正确的预期，并做出正确的投资决策；噪音交易者在认知能力和知识结构上存在偏差，也由于市场的复杂性，他们对资本市场上的投资机会——各证券的未来支付的预期存在偏差，错误的预期导致错误的投资决策，从而在交易中产生亏损。理性交易者由于投资策略正确而盈利，噪音交易者由于错误的交易决策而亏损，最终噪音交易者被理性交易者击败并逐渐被资本市场淘汰，最终剩下那些理性交易者。

市场选择假设从逻辑上似乎有很强的合理性，但是实际的交易非常复杂，噪音交易者在交易中可能创造了一种噪音风险，从而使证券价格长期偏离合理的价格，反而使理性交易者亏损。从市场表现来看，噪音交易者没有在短期内被淘汰，反而长期存活。

市场选择假说是否成立涉及不同交易者在资本市场的长期存活问题，由于长期存活涉及多期动态问题，因此超出了我们的范畴，本书不再讨论。

三、市场学习假设

市场学习假设是指：市场能使交易者之间交换信息，投资者可以向市场价格进行学习，从而最终使投资者都具有正确的、一致的信念。

市场选择假说将投资者分为理性投资者和非理性的噪音投资者，市场学习假说认为投资者可以依据自己在市场交易中的历史表现不断地调整自己对市场的认知，通过不断地修正自己的预期形成新的预期。

投资者如何在市场上进行学习呢？已有的研究包括贝叶斯理性学习理论、适应性学习理论等，前者相对成熟一些。贝叶斯理性学习通常涉及先验信息、贝叶斯学习和后验知识，同样属于多期动态问题。简单描述如下：

经济中核心的不确定参数记为 θ，它一般指经济的总禀赋或其他重要指标。经济人对 θ 有一个初步认知从而形成先验分布：θ 服从均值为 θ_0、方差为 σ_0^2 的正态分布，即 $\theta \sim N(\theta_0,\ \sigma_0^2)$。离散情形下通过观察 T 个关于 θ 的独立信号 s_t 满足：

$$s_t = \theta + \varepsilon_t,\ \varepsilon_t \sim N(0,\ \sigma^2) \tag{14.16}$$

理性的经济人通过该信号形成后验信念，即 θ 服从均值为 $\tilde{\theta}_T$、方差为 $\tilde{\sigma}_T^2$ 的分布，其中：

$$\tilde{\theta}_T = \theta_0 \frac{\frac{1}{\sigma_0^2}}{\frac{1}{\sigma_0^2} + \frac{T}{\sigma^2}} + \bar{s} \frac{\frac{T}{\sigma^2}}{\frac{1}{\sigma_0^2} + \frac{T}{\sigma^2}} \tag{14.17}$$

$$\tilde{\sigma}_T^2 = \frac{1}{\frac{1}{\sigma_0^2} + \frac{T}{\sigma^2}} \tag{14.18}$$

$\bar{s}$ 是信号的平均值，$\bar{s} = (1/T)\sum_{t=1}^{T} s_t$，表明后验均值等于先验均值和信号均值的加权平均，权重与先验方差的精确性相关；而后验方差不依赖信号已实现的数值。随着信号数量 T 的增加，关于不确定性 θ 的后验方差递减，这意味着“学习降低不确定性”。后验方差总是小于先验方差：即 $\tilde{\sigma}_T^2 < \sigma_0^2$。

以上即是理性的学习过程，它是基于贝叶斯的信念更新，该更新可以动态化为信念更新的递归过程：记 $\Delta\tilde{\theta}_t = \tilde{\theta}_t - \tilde{\theta}_{t-1}$，则有：

$$\Delta\tilde{\theta}_t = m_t(s_t - \tilde{\theta}_{t-1}),\qquad m_t = \frac{1}{1 + \sigma^2/\tilde{\sigma}_{t-1}^2} \tag{14.19}$$

连续情形下的信念更新公式为：

$$\mathrm{d}\tilde{\theta}_t = m_t(\mathrm{d}s_t - \tilde{\theta}_t \mathrm{d}t), \qquad m_t = \frac{\tilde{\sigma}_t^2}{\sigma^2}\tilde{\theta}_{t-1} \tag{14.20}$$

上述理性信念更新结论是基于李普斯特和施利亚耶(Liptser，Shiryaev，1978)的滤子理论而得到的，感兴趣的可参见其专著《随机过程统计》(有中译本)。进一步的研究是近期的热点之一：机器学习与资产定价。

第三节　资本市场的加总

异质性经济人与资本市场的研究成果丰富，但很多涉及跨期动态理论，因此本节将内容限定在单期情形就能描述的资本市场的加总理论，包括加总性质和各种异质性的加总。我们在第十一章给出了代表性经济人的定义，从广义上讲，加总就是合成一个代表性经济人；狭义的加总则是讨论特定条件下合成一个简单经济人的条件，并进一步讨论简单经济人模型下的资产定价与资源配置。

一、加总性质

第十一章构造了代表性经济人。由于代表性经济人的效用函数是单个经济人效用函数的加权值，因此这个权重(即 Pareto 权重)$\{\lambda_k\}_{k=1}^K$ 的变化对代表性经济人的效用函数产生影响。由前面的结论可知，Pareto 权重对应于自由竞争下各经济人的拉格朗日乘数的倒数，因此由各自的初始禀赋决定，从而可以推断经济的价格通常受初始禀赋分布的影响。那么，是否价格有可能不受初始禀赋的影响呢？在什么情况下不受影响呢？

在异质性经济人参与的经济里，如果均衡价格不依赖于各经济人的初始禀赋的分布，则称经济满足**加总性质(aggregation property)。关于加总性质我们有：**

定理 14.1：如果所有的经济满足下列三个条件则必定具有加总性质：

(1)都具有线性风险容忍的偏好；

(2)具有相同的谨慎系数；

(3)具有相同的时间偏好。

由于该定理的证明比较繁杂，具体的证明可以参见黄和利曾伯格(Huang&Litzenberger，1988)。所有经济人都具有线性风险容忍，而且具有相同的谨慎系数，则(14.21)成立：

$$-\frac{u'_k(z)}{u''_k(z)} = A_k + Bz \tag{14.21}$$

$B\neq 0$ 时解方程(14.21)得 HARA 效用函数：

$$u_k(z) = \begin{cases} \dfrac{1}{B-1}(A_k + Bz)^{1-1/B} & B \neq 1 \\ \ln(A_k + Bz) & B = 1 \end{cases} \tag{14.22}$$

$B=0$ 时解方程(14.21)得指数效用函数：

$$u_k(z)=-A_k e^{-\frac{z}{A_k}} \tag{14.23}$$

若取 HARA、$B\neq 1$ 且具有同质信念和相同的时间偏好，则状态价格为：

$$\phi_\omega=\frac{\pi_\omega\rho\left(\sum_{k=1}^{K}A_k+BC_\omega\right)^{-1/B}}{\left(\sum_{k=1}^{K}A_k+BC_0\right)^{-1/B}},\quad \forall\omega\in\Omega \tag{14.24}$$

若取指数效用函数，且具有异质信念和异质时间偏好，则状态价格为：

$$\phi_\omega=\left(\prod_{k=1}^{K}(\rho_k)^{\frac{A_k}{\sum_{i=1}^{K}A_i}}\right)\left(\prod_{k=1}^{K}(\pi_{k\omega})^{\frac{A_k}{\sum_{i=1}^{K}A_i}}\right)\exp\left\{-\frac{C_\omega}{\sum_{i=1}^{K}A_i}+\frac{C_0}{\sum_{i=1}^{K}A_i}\right\},\quad\forall\omega\in\Omega \tag{14.25}$$

无论是(14.24)还是(14.25)，定价公式中都不含福利权重，因此价格与初始禀赋分布无关。值得说明的是(14.24)成立的条件是同质信念和同质的时间偏好，而(14.25)在异质信念和异质时间偏好下依然成立。那么，加总性质的含义是什么呢？我们先看看鲁宾斯坦(Rubinstien，1974)的加总定理。

二、加总与 Rubinstien 的加总定理

对多个投资者展开研究的包括威尔逊(Wilson，1968)的研究，Wilson 试图构造一个合成的经济人来替代所有经济人，鲁宾斯坦(Rubinstien，1974)进一步提出了加总定理：

定理 14.2　加总定理(Rubinstien，1974)：考虑下列一致性条件：

(i)所有个人具有相同的初始财富 W_0，信念 $\{\pi_\omega\}$，时间偏好率 ρ 和效用函数 u_0，u_1；

(ii)所有个人具有相同的信念 $\{\pi_\omega\}$，时间偏好率 ρ 和参数 $B\neq 0$；

(iii) 所有个人具有相同的信念 $\{\pi_\omega\}$ 和参数 $B=0$；

(iv)所有个人具有相同的初始财富 W_0，信念 $\{\pi_\omega\}$，参数 $A=0$ 和 $B=1$；

(v)资本市场完全，所有个人具有相同的参数 $B=0$；

(vi)资本市场完全，所有个人具有相同的初始财富 W_0，时间偏好率 ρ，参数 $A=0$ 和 $B=1$

则在条件(i)成立时，均衡收益率可以由一个合成的投资者确定，该投资者的初始财富为 W_0，信念为 $\{\pi_\omega\}$，个人嗜好 ρ，u_0 和 u_1，即此时可以选择一个代表性的投资者来进行定价，因为所有投资者没有质的区别；

在条件(ii)至(vi)成立时均衡的收益率也可以由一种合成的投资者确定，该投资者具有如下特征：

初始财富为：$W_0\equiv\sum_k W_{k0}/K$

信念为：$\pi_\omega\equiv\left[\prod_k\pi_{k,\omega}\right]^{A_k/\sum_j A_j}(A\neq 0)$ 或 $\pi_\omega\equiv\sum_k\pi_{k,\omega}/I\quad(A=0)$

个人嗜好为：$\rho \equiv \left[\prod_k \rho_k\right]^{A_k/\sum_j A_j} (A \neq 0)$ 或 $(1+\rho)^{-1} = \sum_i (1+\rho_i)^{-1}/K \quad (A=0)$

$$A \equiv \sum_i A_i/K, \quad B = 0$$

定理中的参数是指(14.21)中的 A_k 和 B 中；u_0 和 u_1 是指每个经济人在期初和期末的效用函数，效用函数和时间偏好通常被认为可以描述经济人的嗜好。

Rubinstein 加总定理看起来比较繁杂，下面结合定理 14.1 来作经济解读：首先需要明确的是加总的目的。加总定理和定理 14.1 都有一个共同的目标，就是在多个经济人参与的经济中试图寻找一个代表性经济人来替代原始经济，使得只有一个人的经济中的定价与原始多经济人经济的定价完全相同。第二，我们还需要进一步明确加总的含义。这里我们提出两种加总：一是**广义的加总**，我们将凡是能合成一个代表性经济人的都称为加总，如上一章在纯交换经济、有限状态下合成了具有效用函数(11.52)的经济人就是一类广义的加总。由(11.50)和(11.51)可知，通常情况下加总的代表性经济人的效用函数十分复杂，仍然无法简化资产定价。另一种是狭义的加总，我们将那些能合成一个具有非常简单的效用函数的代表性经济人的称为**狭义的加总**。狭义的加总通常能大大简化资产定价理论，后面的加总通常是指狭义的加总。

三、基于偏好的加总

接下来的问题是什么情形下能够狭义地加总呢？结合两者我们有：

(一)同质情形下的加总

加总定理中的(i)属于同质情形，具有相同的初始财富 W_0 对于不满足加总性质的情形等价于要求有相同的禀赋。在同质禀赋、同质偏好、同质信念下，每一个经济人都可以作为代表性经济人，即下列两种情形下的资产价格是完全相同的：

情形一：加总前的经济环境

K 个经济人，$k=1, 2, \cdots, K$；

禀赋为：$\{(e_{k,0}, e_{k,\omega}), \omega \in \Omega, k=1, 2, \cdots, K\}$；

时间偏好为：ρ_k，$k=1, 2, \cdots, K$；

信念为：$\{\pi_{k,\omega} = \pi_\omega, \omega \in \Omega, k=1, 2, \cdots, K\}$；

效用函数为：

$$\begin{aligned} U_k &= u_{k,0}(c_{k,0}) + \sum_{\omega \in \Omega} \pi_{k,\omega} u_{k,\omega}(c_{k,\omega}) \\ &= u(c_{k,0}) + \sum_{\omega \in \Omega} \pi_\omega \rho u(c_{k,\omega}) \end{aligned} \tag{14.26}$$

由于各消费者有相同的初始财富和偏好，从而有相同的福利权重和最优消费水平，因而 Pareto 最优的一阶条件也相同：

$$\begin{cases} \lambda_k u'_{k,0}(c_{k,0}) = \lambda u'(c_0) = \phi'_0, \quad k=1, 2, \cdots, K \\ \lambda_k \pi_\omega u'_k(c_{k,\omega}) = \lambda \rho \pi_\omega u'(c_\omega) = \phi'_\omega, \quad k=1, 2, \cdots, K; \ \omega \in \Omega \end{cases} \tag{14.27}$$

状态价格为：

$$\phi_{\omega}=\frac{\pi_{\omega}u_1'(c_{\omega})}{u_0'(c_0)}=\frac{\pi_{\omega}\rho u'(c_{\omega})}{u'(c_0)},\qquad \omega\in\Omega \tag{14.28}$$

情形二：加总后的经济环境

1 个经济人；

禀赋为：$\{(e_0,\ e_{\omega}),\ \omega\in\Omega\}$；

时间偏好为：ρ；

信念为：$\{\pi_{\omega},\ \omega\in\Omega\}$；

效用函数为：

$$U=u(c_0)+\sum_{\omega\in\Omega}\pi_{\omega}\rho u(c_{\omega}) \tag{14.29}$$

此时状态价格与(14.26)完全相同，情形一与情形二的价格相同。由此可得结论：**当所有经济人都相同时，任何一个单个的经济人都可以作为代表性经济人，经济加总的结果就是用其中的任何一个经济人来代表所有的经济人。**

此时的加总就是用情形二中的 1 个人来代替情形一种的多个经济人，而且情形二中的变量包括时间偏好、信念、效用函数和禀赋都是已知的，定价时直接代入(14.28)即可。如果只知道经济在各时点的总禀赋，则代表性经济人的禀赋等于总禀赋除以经济人的个数。下面的加总中我们将直接给出加总形成的代表性经济人的特征。

(二) CARA 偏好下的加总

当(14.21)中取 $B=0$ 时，效用函数为 CARA 偏好。加总性质定理和加总定理中的(ii)和(V)表明，CARA 偏好下无论是否具备同质信念或同质时间偏好均可以加总：

加总前的经济环境：

K 个经济人，$k=1,\ 2,\ \cdots,\ K$；

禀赋为：$\{(e_{k,0},e_{k,\omega}),\ \omega\in\Omega,\ k=1,\ 2,\ \cdots,\ K\}$；

时间偏好为：$\rho_k,\ k=1,\ 2,\ \cdots,\ K$；

信念为：$\{\pi_{k,\omega},\ \omega\in\Omega,\ k=1,\ 2,\ \cdots,\ K\}$；

效用函数为：

$$u_{k,0}(z)=u_{k,\omega}(z)=A_k e^{-\frac{z}{A_k}} \tag{14.30}$$

由于上述定理可知状态价格为：

$$\phi_{\omega}=\left(\prod_{k=1}^{K}(\rho_k)^{\frac{A_k}{\sum_{i=1}^{K}A_i}}\right)\left(\prod_{k=1}^{K}(\pi_{k\omega})^{\frac{A_k}{\sum_{i=1}^{K}A_i}}\right)\exp\left\{-\frac{C_{\omega}}{\sum_{i=1}^{K}A_i}+\frac{C_0}{\sum_{i=1}^{K}A_i}\right\},\quad \forall\omega\in\Omega \tag{14.31}$$

同质信念、同质时间偏好时，状态价格为：

$$\phi_{\omega}=\rho\pi_{\omega}\exp\left\{-\frac{C_{\omega}}{\sum_{i=1}^{K}A_i}+\frac{C_0}{\sum_{i=1}^{K}A_i}\right\},\quad \forall\omega\in\Omega \tag{14.32}$$

加总后的经济环境：

1 个的经济人；

禀赋为：$\{(e_0, e_\omega), \omega \in \Omega\}$，其中 $e_0 = \frac{1}{K}\sum_k e_{k0}$，$e_\omega = \frac{1}{K}\sum_k e_{k\omega}$，$\omega \in \Omega\}$

时间偏好为：$\rho \equiv \left[\prod_k \rho_k\right]^{A_k/\sum_j A_j}(A \neq 0)$；

信念为：$\pi_\omega \equiv \left[\prod_k \pi_{k,\omega}\right]^{A_k/\sum_j A_j}(A \neq 0)$；

效用函数为：

$$u_0(z) = u_1(z) = Ae^{-\frac{z}{A}} \tag{14.33}$$

同质信念时，代表性经济人的信念为：$\left(\prod_{k=1}^{K}(\pi_\omega)^{\frac{A_k}{\sum_{i=1}^{K}A_i}}\right) = \pi_\omega$

同质的时间偏好下代表性经济人的时间偏好为：$\left(\prod_{k=1}^{K}(\rho)^{\frac{A_k}{\sum_{i=1}^{K}A_i}}\right) = \rho$

当所有经济人具有 CARA 偏好时，可以构造一个代表性经济人来替代多个经济人，经济加总的结果就是用代表性经济人的风险容忍、概率信念、时间偏好率作为相应的风险容忍、概率信念和时间偏好率，用所有人初始财富的算术平均作为代表性经济人的初始财富。

(三) CRRA 偏好下的加总

当(14.14)中取 $B \neq 0$ 且 $B \neq 1$，$A=0$ 时，效用函数为 CRRA 偏好。加总性质定理要求经济人具备同质信念或同质时间偏好方可以加总：

加总前的经济环境：

K 个经济人，$k=1, 2, \cdots, K$；

禀赋为：$\{(e_{k,0}, e_{k,\omega}), \omega \in \Omega, k = 1, 2, \cdots, K\}$；

时间偏好为：$\rho_k = \rho$，$k = 1, 2, \cdots, K$；

信念为：$\{\pi_{k,\omega} = \pi_\omega, \omega \in \Omega, k = 1, 2, \cdots, K\}$；

效用函数为：

$$u_{k,0}(z) = u_{k,\omega}(z) = \frac{1}{B-1}z^{1-\frac{1}{B}} \tag{14.34}$$

加总后的经济环境：

1 个表性经济人；

禀赋为：$\{(e_0, e_\omega), \omega \in \Omega\}$，其中 $e_0 = \frac{1}{K}\sum_k e_{k0}$，$e_\omega = \frac{1}{K}\sum_k e_{k\omega}$，$\omega \in \Omega\}$

时间偏好为：ρ；

信念为：π_ω；

效用函数为：

$$u_0(z) = u_1(z) = \frac{1}{B-1}z^{1-\frac{1}{B}} \tag{14.35}$$

当所有经济人具有 CRRA 偏好但非对数效用函数时，需要同质风险厌恶、同质信念、同质时间偏好才能加总，加总后用所有人初始财富的算术平均作为代表性经济人的初始财富。

当(14.21)中取 $B=1$，$A=0$ 时，效用函数为对数偏好。对数偏好的加总问题留作习题。

(四)HARA($A\neq 0$，$B\neq 0$)偏好下的加总

加总定理中的(ii)是唯一的允许出现 HARAA 偏好的情形，此时加总仍需要同质信念和同质的时间偏好，但可以异质禀赋，或者说定价与禀赋的分布无关。所谓分布无关必须保证每个经济人的初始财富为正，否则取 $K-1$ 个经济人的禀赋为零，则整个资产价格由一个经济人决定。此时的加总结果为，单个的代表性经济人具有的特征为：

禀赋为：$\{(e_0,\ e_\omega),\ \omega\in\Omega\}$，其中 $C_0=\dfrac{1}{K}\sum_k e_{k0}$，$C_\omega=\dfrac{1}{K}\sum_k e_{k\omega}$，$\omega\in\Omega\}$

时间偏好为：ρ；

信念为：π_ω；

效用函数为：

$$u_k(z)=\begin{cases}\dfrac{1}{B-1}(A_k+Bz)^{1-1/B}, & B\neq 1\\ \ln(A_k+Bz), & B=1\end{cases}$$

此时的定价公式为：

$$\phi_\omega=\frac{\pi_\omega\rho\left(\sum_{k=1}^{K}A_k+BC_\omega\right)^{-1/B}}{\left(\sum_{k=1}^{K}A_k+BC_0\right)^{-1/B}},\quad \forall\omega\in\Omega \tag{14.36}$$

在加总的过程中，我们需要明确哪些变量是已知的。加总的结果总是可以用一个具有明确的、简单的效用函数的经济人来代替整个经济中的所有的经济人，同时代表性经济人禀赋或初始财富、信念、时间偏好等都是已知的。从上述的分析可知，通常 CARA 偏好下一般是可以加总的，而具有异质风险厌恶的 CRRA 偏好一般是不可加总的，因此，“假设代表性经济人具有 CRRA 偏好”通常是不成立的，文献中在使用这种假设时仅仅是为了问题的简化。

值得说明的是，异质信念下的加总也有丰富的成果，由于涉及一些概率论知识，我们在此没有列出。

◎ 本章小结

传统的研究范式下通常是在同质性经济人框架下展开分析，由此得出的许多结论受到来自理论和实证的挑战，因此我们不得不放宽假设，考虑异质性经济人问题。

依照效用函数经济人的异质性通常可以分为异质禀赋、异质性时间偏好、异质

性风险偏好、异质信念等。实际上，投资者并非理性，因此在行为金融中所呈现的一些心理特征都可能形成特定的异质性。本章的异质性属于一类最基本的异质性。通过例子很容易发现，即使是上述基本的异质性也会对资产定价和最终的资源配置产生很大的影响。

学术界针对经济人的异质性通常有三大假设：一是市场平衡假设，认为众多的异质性经济人相互作用最终可以将诸多个性“平衡”掉，从而形成貌似只有一个经济人的情形；第二是市场选择假设，借助生物中的“物竞天择、自然选择”思想，认为市场将会淘汰“错误的”经济人，最终使聪明的经济人留下，从而使得资本市场被聪明的经济人所主导；第三是市场学习假设，认为经济人利用可获得的信息更新自己对市场的认知，从而形成正确的预期并最终使市场趋于理想化的市场。三种假设的模型化和实证分析都推动金融经济学理论的发展。

市场平衡假设强调所有经济人的“集体”作用，不同经济人共同作用形成了资本市场的加总理论，异质禀赋下的加总形成加总性质，CRAR 和 CRRA 偏好的加总则形成一类简单的、理性化的情形。

◎ 重要概念

异质性投资者　异质禀赋　异质偏好　异质信念　时间偏好　资本市场加总市场选择　市场平衡　投资者学习　贝叶斯更新　加总性质

◎ 思考题

1. 投资者的异质性一般包括哪几个方面？
2. 什么是投资者的加总性质？
3. 关于异质性经济人有哪三大假设？
4. 加总性质与特定效用函数下的加总有哪些区别与联系？
5. 如何理解理性学习与贝叶斯更新？

◎ 练习题

1. (14.14) 中取 $B=1$，$A=0$ 时，效用函数为对数偏好。请在对数偏好下对经济人进行加总。

2. 假设经济中两个经济人的时间偏好分别为 0.5 和 1，他们都具有 CRRA 效用函数，他们的相对风险厌恶系数为 $\gamma=1$，分别求例 14.1 中三种异质禀赋下的状态价格和资源配置。

3. 在上题的条件下进一步假设两个经济人具有异质性偏好，相对风险厌恶系数分别为 1 和 0.1。在此条件下，分别求例 14.1 中三种异质禀赋下的状态价格和资源配置。

4. 假设经济中两个经济人的时间偏好均为 1，他们都具有 CRRA 效用函数，他们的相对风险厌恶系数为 1 和 0.5，分别求例 14.1 中三种异质禀赋下的状态价格和资源配置。

◎ 参考书目与推荐阅读

1. Huang Chi-fu, Litzenberger, Robert. Foundations for Financial Economics. Elsevier Science Co, 1988.

2. Campbell John Y, consumption-based Asset Pricing. Handbook of the Economics, 2003.

3. 约翰 Y. 坎贝尔. 金融决策与市场. 北京：中信出版集团，2021.

4. 马成虎. 高级资产定价理论. 北京：中国人民大学出版社，2010.

5. 乔治・彭纳齐. 资产定价理论. 北京：东北财经大学出版社，2009.

第十五章　家庭金融理论

◎ 学习目标

- 了解家庭金融的研究对象
- 了解家庭投资决策
- 家庭金融的基本理论

传统的金融经济学包括经典的投资组合理论和资本资产定价模型等，它们都是从微观的角度将金融市场的参与者抽象为经济人或投资者乃至代表性经济人，这种经济人(agent)或个体(individual)的抽象是出于简化分析问题的目的。因此，经济人与现实中的个人是有所不同的。我们通常说经济个体(individual)是指个人或家庭，但实际上随着社会的发展，家庭的金融活动规模和对宏观经济的影响所起的作用越来越大。因此，将家庭(household)从个体(individual)中分离出来越来越显得十分必要。基于这一事实，Campbell(2006)在其就任美国金融协会主席的主席演讲中正式提出家庭金融(household finance)，并将家庭金融概括为实证家庭金融理论和理论家庭金融理论。该理论不仅含大量的实证分析的内容，还在很大程度上依赖于跨期模型，本章适度引入跨时模型，只需了解不要求掌握。本章的主要内容包括家庭金融的概念、家庭面临的经济环境、家庭投资决策理论和家庭投资错误等。家庭融资决策是发达国家非常关注的问题，在我们国家相对简单，因此本章限于篇幅对相关内容略去。此外，我们的重点不在于实证家庭金融，而是一些基本的理论模型，本质上属于家庭金融简介，并大量地参考甚至吸收了Guiso 和 Sodini(2012)对家庭金融的综述成果。

第一节　家庭金融的概念

现代金融理论也称为微观金融或金融经济学，因为大量数理方法的使用也被称为数理金融。一般认为现代金融理论起源于1952年，以马克维兹的投资组合理论的创立为标志，其显著特点是利用大量的数学和计量工具研究金融问题，从而舍弃了此前定性分析为主的研究范式。随着现代金融理论的发展，金融从经济学中分离出来，并且逐渐形成了新的分支，除公司金融之外，近年来金融学家们提出“家庭金融”“消费金融”“宏观金融”等新的分支。作为本书的结尾，我们对家庭金融进行介绍。

一、什么是家庭金融

依照Campbell(2006)的观点，所谓**家庭金融**是指家庭如何利用金融工具来实现其财务目标的一个金融学分支，它以家庭为单位来研究金融活动。由于家庭金融有许多特殊性，这些特性赋予了这一领域新特色。家庭的金融决策问题往往需要在有限长度的长期期限内进行规划，因此它注定是多期问题；家庭拥有非常重要的非交易资本，尤其是人力资本；家庭持有非流动性资产，尤其是房地产；家庭面临借贷限制和复杂的税收政策，因此面临复杂的选择。该分支目前正处在兴旺发达、充满活力的时期，并自成体系。传统的金融理论包括资产定价理论和公司金融理论，在很长时间里家庭金融被归为资产定价的一部分。然而，随着社会的发展，至少在一些发达国家以家庭为服务对象的产业规模不断增加，用于对家庭的金融服务和产品已经成为金融产业的重要组成部分。同时，服务于家庭的金融市场规模甚至超过了公司金融，家庭决策行为对金融市场的影响已经到了不可忽视的程度，因此有必要将家庭从资产定价中分离出来，从而形成一门新的分支。

(一)理论家庭金融

家庭金融分为理论家庭金融(normative household finance)和实证家庭金融(positive household finance)。理论家庭金融从理论上研究家庭的最优金融决策，包括投资决策、融资决策；实证家庭金融则是研究实际的家庭金融决策、家庭在进行金融决策时所呈现的实际状况，包括家庭对金融工具的选择。家庭在许多方面依赖金融工具，比如选择金融工具包括现金、信用卡、支票、微信和支付宝等支付商品和劳务；他们通过投资耐用品包括房地产和人力资源来实现资源的跨时转移。家庭面临与健康和家庭财产有关的各种风险，这些风险需要管理。总之，家庭活动涉及与金融有关的活动包括支付的选择、储蓄的选择、保险的选择，甚至包括债务融资。所有这些都需要一些相关的必备知识和信息，这些知识和信息可以通过私人收集或依赖第三方服务机构，也可以委托外部专家完成他们的金融决策。

顾名思义，理论家庭金融是从理论的角度研究家庭金融的决策。家庭应该如何做出金融决策？什么样的金融决策是最优决策呢？传统的经济理论建立的模型为家庭金融决策提供了理论基础。传统的金融经济学将家庭简单地列入“个体”(individual)，因此金融经济学中的经济人模型可以看作家庭金融的“基准”(benchmark)。理论家庭金融研究家庭的最优金融决策，包括对金融工具的选择、利用投资机会的投资决策、面对风险的保险决策等。家庭金融决策的研究必须研究家庭特征、相关的机构环境、金融的复杂性以及特定的监管等。首先是家庭的特征，包括家庭的风险偏好、信念、家庭的需求。其次是面临的环境，包括面临的时间和风险结构，有太多的支付管理方式(如现金与信用卡)、不同的债务形式(如个人贷款与按揭贷款)以及不同的金融中介(如金融顾问与货币管理者)，家庭为了实现特定的目标从中进行最优选择。第三是家庭投资决策的复杂性，为了实现家庭福利极大化，家庭需要在复杂的情形下进行投资决策。最后，家庭还具有一些有别于其他经济学分支研究对象的特征，例如人力资本，它是大多数家庭所拥有的而且是作为一辈子收入的主要来源，同时该资本又是不可交易的。该资本承载特质的和不可保险的风险，它的积累非常缓慢且难以预测。

理论家庭金融所面临的最大挑战是如何对家庭行为模型化。例如家庭如何投资就是一个具有挑战性的问题，因为家庭投资决策涉及基准情形所忽略的诸多复杂情形。最突出的表现在于，家庭必须在一生中规划他们的金融策略，而不是在一个短期内一次性作出决策，因此家庭作为投资者属于“长期投资者”。长期投资者不仅要考虑财富的风险，还要考虑财富生产率的风险，即财富可以再投资的回报率所具有的风险。这意味着，长期投资者不仅需要对冲财富本身的冲击，还需要对冲任何可以预测财富预期回报的状态变量的冲击。简单地说，要对冲财富的波动性，还有对冲能预测财富回报率的状态变量的波动性。

与传统的投资组合选择均值-方差分析相比，适用于长期投资的多期模型复杂得多。多期模型的一个吸引人的特点是，它们可以解释均值-方差分析的预测与通常提供给家庭的财务规划建议之间的一些明显差异。传统的模型假设所有财富都以流动性强、易于交易的形式持有。然而，对大多数家庭来说，财富的最大组成部分是人力资本，这种资本是不可交易的。换句话说，家庭收到劳动收力入，但不能出售获得劳动力收入的权利。如果劳动力收入与某交易资产完全相关，而且家庭可以做空这些资产，那么家庭就可以对冲劳动力收入风险，消除劳动力收入对总投资组合的影响。然而，在实践中，劳动力收入的大部分风险是特殊的，属于特质风险，因此无法对冲。具有特质风险特性的劳动力风险形成背景风险，这种风险增加了有效的风险规避的难度，并导致家庭更谨慎地投资。另一方面，在某种程度上，一些家庭可以通过增加工作时间或推迟退休来增加劳动力供应并获得劳动力收入，以应对家庭投资回报不佳，这种增加的灵活性增加了家庭承担金融风险的意愿。此外，关于劳动力收入的风险属性存在很多争议。一些研究人员认为劳动力收入类似于隐性持有的安全资产，它刺激了对风险金融资产的投资；还有人认为，劳动力收入和资本收入长期来看是相互影响的，或者说，特殊劳动力收入风险的波动性与股票收益呈负相关，导致劳动力收入排挤了股票市场的投资。

对于中产阶级房主来说，住房是一种占主导地位的重要资产类别。房屋是长期资产，可以为业主提供一系列住房服务，在这个意义上，它们就像长期债券，可以用来对冲住房和非住房消费相对价格的变化。但是房屋也是非流动性资产，因此房屋所有者发现调整他们的住房服务消费以应对经济冲击成本很高。这种流动性不足可能会阻碍购房者自置居所和承担金融风险。

与劳动力收入不同的是，住房提供了可用于借贷的抵押品。家庭融资的另一个重要方面是存在借贷限制。如果家庭借贷受到限制，其未来消费可能不仅取决于其财富和投资机会，而且还取决于其未来净收入。由于这个原因，在收入暂时较低迷时表现不佳的金融投资可能不具有吸引力。借贷限制对年轻家庭可能比对积累了一些退休储蓄的老年家庭更为重要。家庭金融的生命周期方面也使理论复杂化，因为我们不能使用平稳的无限期时域模型，而必须使用更复杂的有限时域模型来捕捉家庭年龄和积累金融资产时金融策略的演变。发达国家的家庭金融决策必须考虑到税法的复杂性和非中立性。相关的复杂因素包括例如税收通常是针对名义利息而非实际利息；为保护家庭而提供税收优惠的退休账户的设置；征税时对抵押贷款利息的税收减免；以及只有当某些特定收益通过资产出售实现时才对资本收益征税，以及在死亡时调整资本收益税基等。由于国内暂时很少涉及这方面的问题，我们不展开说明。

最后，如何确定家庭效用函数是理论家庭金融面临的一个根本问题。通常假设家庭拥有时间可分的幂效用(CRRA)或 Epstein-Zin 效用(递归偏好)，因此他们的相对风险厌恶(RRA)不随财富的变化而变化。具有这一特征的资产定价模型能够捕捉利率和资产估值比率在长期经济增长面前的稳定性。然而，短期资产价格行为和风险承担的横截面变化的实证数据表明，相对风险厌恶随着财富的增加而减少。因此，随着家庭在整个生命周期中财富的积累，财富水平不断提高，从而风险厌恶水平将逐渐下降。习惯形成模型(habit formation)或消费承诺模型(consumption commitments)进一步暗示了风险厌恶随着财富的短期波动而波动。最终，我们应该可以通过这些替代模型与家庭行为的一致性来评估它们，这些家庭的行为看起来更加复杂。在达成某种共识之前，规范性的家庭金融应强调对家庭公用事业的其他规格具有强有力的结果。

(二)实证家庭金融

实证家庭金融是从实证的角度研究家庭金融决策行为，也是通过计量经济学的方法对理论家庭金融进行实证验证的分支。实证家庭金融的目标是探究家庭在金融活动中如何做出决策。家庭的金融决策通常十分复杂，受各种因素的限制，实际决策可能偏离理论上的最优决策。例如当家庭面临各种与健康和个人财产相关的风险时，涉及诸如支付的选择、债务融资方式的选择、储蓄模式的选择和保险协议等的选择，要作出正确选择需要依赖大量的知识储备并收集大量的相关信息。因此，实际的选择可能与理论上的最优选择大相径庭。基于此，实证家庭金融的目的是通过大量数据分析家庭的实际金融决策，包括分析家庭面对各种金融工具时实际是如何进行选择的。

实证家庭金融面临的一个很大的挑战是量化问题。要知道家庭在实际金融活动中的真实状况，必须掌握大量的数据，但数据获得又非常困难。首先，家庭金融数据涉及家庭的财务隐私。许多家庭的财务状况很复杂，他们可能在不同的金融机构拥有多个账户，在发达国家不同的账户涉及不同的税务状况。其次，很多家庭即使愿意提供数据可能难以准确地详细回答问题。Campbell(2006)指出，理想的实证家庭金融数据至少应该具备五个特征。首先，它应该覆盖整个人口的代表性样本。由于金融行为的许多方面随着年龄和财富的不同而不同，因此拥有良好的覆盖面尤其重要。其次，对于每个家庭，数据集应该量化总财富，并将总财富详尽地分为相关类别。第三，这些类别应当充分分类，以便区分不同的资产类别，最好能够捕捉具体的个人资产，以便能够量化资产类别内的家庭多样化程度。第四，数据应该是高度准确的。最后，数据集应该是不同时间不同家庭的数据，也就是说，它应该是一个面板数据集，而不是某个时间点关于不同家庭的截面数据。

大多数关于家庭投资组合选择的研究都依赖调查数据，包括特定机构定期调查数据。例如美国的《消费者金融调查》(Survey of Consumer Finance，简记为 SCF)；再比如《中国家庭金融调查》(CHFS)(西南财经大学“中国家庭金融调查与研究中心”提供)。

家庭金融调查数据构成实证家庭金融的基础，由于本书的重点在于理论，感兴趣的读者可以查阅相关文献。

二、家庭金融与消费者金融

与家庭金融比较类似的是消费金融。所谓消费金融从广义来讲可以理解为与消费相关的所有金融活动，狭义地理解是与消费尤其是短期消费直接相关的融资活动。消费金融中，消费的主体可以是消费者、家庭或个人，因此依具体对象的不同可以是消费者金融(consumer finance，简记为 CF)、个人理财或个人财务规划(personal finance，简记为 PF)、家庭金融等。

所有这些概念中消费者金融与消费金融最为密切相关，这也是文献中出现频率较高的概念。默顿和博迪(1995)在 20 世纪 90 年代提出了金融功能的概念，基于他们提出的金融功能来定义金融环境的思路，图法诺(2009)从消费者所需要的各项金融功能来界定消费者金融的研究范畴。他将这些功能归纳为四个方面：第一个方面是支付，它是指用于购买消费的支付手段，如支票、支付卡、信用卡等，微信和支付宝都属于此类范畴，它们是消费者为了获得当前的消费而采取的必要手段；第二是风险管理，它是指消费者对未来可能面临的不确定性进行管控，其手段包括购买保险、进行预防性储蓄等，其目的是为了降低未来特殊情形下的消费受损；第三是信贷，它是指以偿还和付息为条件的资金运动形式，通常包括银行信用贷款、抵押贷款等信用活动，狭义上仅指银行贷款，如按揭贷款(按揭贷款是一类用固定资产作为抵押而进行的贷款，按揭贷款在房产购买中经常使用)，贷款的目的是将未来的资源转移到当前消费；第四是储蓄和投资，储蓄和投资都是为了未来的消费而牺牲当前的消费。

第二节　家庭的经济环境、资源禀赋与约束条件

作为特殊的经济个体，家庭在所面临的经济环境、资源禀赋和约束条件等方面有其

特殊性。同时，家庭的决策目标也独具特色，而且依不同地域、不同习惯和不同历史时期的不同而不同。

一、家庭的经济环境

第一章认为时间和风险构成经济人所面临的经济环境。由于经济人是高度抽象和简化了的经济活动参与者，因此省略了很多因素。家庭则复杂得多，虽然家庭通常是由若干单个经济人组成的，但并不等于单个经济人的简单相加。尽管如此，我们在研究家庭金融活动时，对其所面临的经济环境还是进行了一定程度的简化。

(一)家庭决策的时间结构

家庭决策面临的时间结构是多期的，0 表示即期，T 表示计划期的长度，因此家庭决策需要涵盖的时间区间为$[0, T]$，我们称之为家庭的**决策时域**。其中，T 可以理解为家庭决策者的寿命，也可以理解为家庭决策者"决策权"交接的时点。为了简化问题，我们假设每个家庭只有一个决策者，该决策者基于家庭所有成员的福利来作出决策，目标是使家庭整体福利极大化。对于家庭而言，每个决策者甚至每个家庭成员通常具有不同的寿命，为了简化问题，我们假设 T 是计划期限的跨度，而且对每个家庭是相同的。即便如此，在$[0, T]$期间的不同时期，决策者所面临的经济环境和需要达到的目标是不相同的，因此需要对其进行划分。由莫迪利安尼等(Modigliani)提出的生命周期(life-cycle)消费理论将家庭或个人划分为若干个生命周期阶段，决策者需要在更长的时间范围内计划他们的生活消费开支，以达到他们在整个生命周期内消费的最佳配置，实现一生消费效用最大化。莫迪利安尼等(1954，1980)最初将生命期划分为两个阶段：收入期(储蓄期)和退休期(消费期)。后续研究更多地将生命周期划分为三个阶段：孩提时代(childhood)、中年期(adulthood before retirement)和老年期(adulthood after retirement)。一个容易被接受的方法是由 Ocampo 和 Yuki(2005)提出的用代际结构对家庭成员的时间划分，如图 15-1 所示。

图 15-1 是 Ocampo 和 Yuki 基于美国经济构建的代际结构，他们将家庭个体分为三个阶段：

$t-6$ 代：称为父辈(parent)，图中 $t-6$ 代处于老龄阶段或退休后成年阶段，正处于退休年龄和退休期；

t 代：实质就是当前辈，图中 t 代正处于工作期、成年前期或退休前成年阶段，代表决策者；

$t+6$ 代：称为孩子辈(child)，图中 $t+6$ 代当前还没有出生。

该模型将个人的一生分为 17 个年龄段(age)，每个年龄段包括 5 年，因此设定人的寿命为 85 岁，在 85 岁是必定去世(dies for certain)。由于决策者大约从 25 岁开始有权力独立自主，因此将每个人独立决策的开始(25～29 岁)设定为 0 年龄段。图 15-1 形成了一种最简单的世代交叠(over lapping generation)结构，该结构主要用于实证分析，因此在设定年龄段和阶段上比较简单，实际的年龄段的跨度、各经济人的工作期、退休期和去世时间因人而异。基于此，家庭决策的时间结构可以 t 代为基准来设定。家庭时间结构可以设定为三个重要时点两阶段的多期模式，如图 15-2 所示。

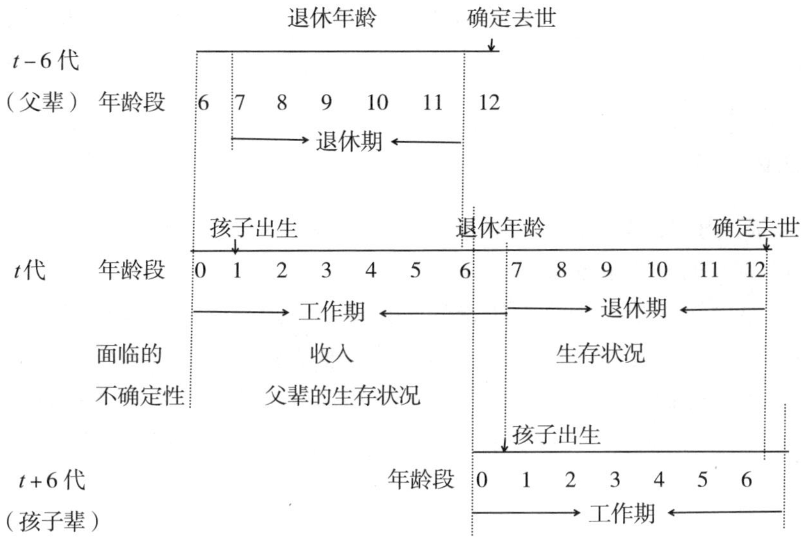

图 15-1　家庭的代际结构

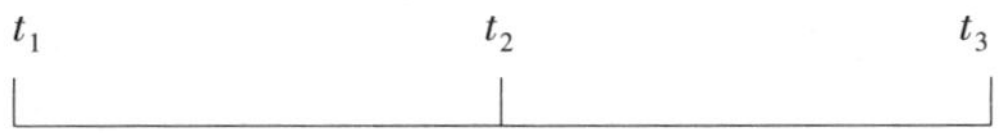

图 15-2　家庭决策的时间结构

t_1：家庭决策的时间起点。当一个新的家庭从父辈家庭独立出来时就要面临自主决策了，t_1 正是这个重要时点，它不限于 Ocampo 和 Yuki(2005)模型中的 25 岁；

$[t_1, t_2]$：家庭决策者处于工作期。其间家庭通常需要面临成家、生孩子、购置房地产等重大决策，同时也可能获得父辈的资助和赡养父辈，投资各种资产和购买各种保险通常发生在此期间，孩子辈也可能在此期间从家庭分离出去成为一个新的家庭，家庭在此期间的决策问题是一个离散的多期或者连续时间的多期。

t_2：家庭决策者的退休时点。该时点大约位于 60 岁左右，但不限于 60 岁。

$[t_2, t_3]$：家庭决策者处于退休期，与$[t_1, t_2]$最大的区别在于期间不再有劳动力收入，通常每一年家庭总收入小于总支付。由于孩子辈的独立，决策者依然需对其退休期的金融问题做出最优决策，其间家庭可能获得孩子辈的经济支持或赡养。该期间依然是离散的多期或连续的多期，决策者在此期间也可能面临去世并终止决策的可能。

t_3：家庭决策者停止决策的时点。一个隐含的假设是，如果决策者活到 80 岁左右，则从 80 岁开始停止决策，涉及决策者的金融决策问题由孩子辈负责或者养老安排由社会保障负责，从而无须自己作决策。如果决策者在 t_3 时去世，则在此时刻自然停止决策。

三个重要时间节点将决策者的决策期分为两个阶段：工作期$[t_1, t_2]$和退休期$[t_2,$

t_3]。第一个阶段作为工作期除了维持本期的生存之外还需要将结余部分投资，为第二个阶段做准备；第二个阶段需要合理安排退休金和第一期投资的收益在整个退休期的合理消费。前面说，单个经济人的一生可以分为三个阶段：孩提时代、中年期和老年期。我们假定孩提时代无须面对家庭金融决策，因此在图 15-2 中省去，它位于 t_1 时点之前；中年时代对应于工作期，老年期对应于退休期。这种划分反映一般情形，特殊情形作为例外可能不符合图 15-2 的设定。

(二)环境的不确定性

家庭决策通常是长期决策，无论是工作期还是退休期，其跨度通常在 30 年及以上，因此家庭面临的不确定性更加复杂。

传统的金融经济学中，经济人投资的目标单一，通常是将可投资资金分配在风险资产和无风险资产上，因此，所面临的不确定性通常表现为未来所有结果已知、发生概率已知的简单情形。即使涉及多期情形，也可以用简单的事件树形图来描述，一个简单的例子是 Huang 和 Lizenberger(1988)的三时点两期树形图，如图 15-3 所示。

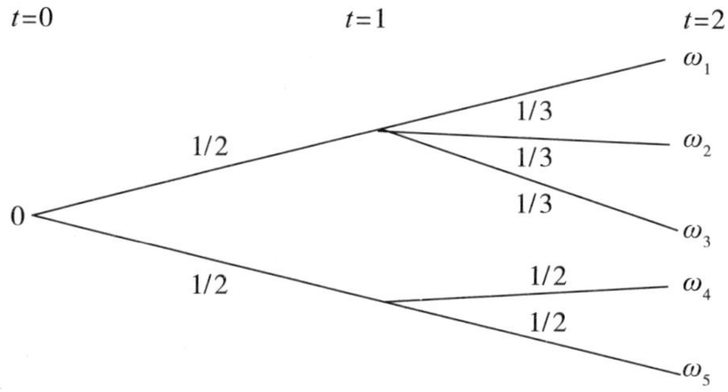

图 15-3　两期情形下的事件树

三时点两期情形可以推广到 T+1 时点 T 期情形，T 为有限正整数。只要每个节点到下一个节点发生的概率已知、每个节点的可能支付已知，依然属于简单的不确定性或风险。但是，由于家庭的决策不仅限于资本市场上风险资产的投资，还包括一些更复杂的投资和决策，如购买各种保险，进行实业投资、教育投资等。长投资期限的不确定性结果增加了预测的难度，同时一些特殊的事件在期末的结果可能非常难以预知，因此，除了简单的不确定性以外，家庭还会面临很多的复杂的不确定性，也称为模糊性(ambiguity)。

从理论的角度看，冯·诺依曼-摩根斯坦的期望效用理论是建立在客观概率基础上的，该理论假设所有决策者对不确定性结果在期末发生的客观概率是知道的，该理论中的不确定事件在期末特定状态下发生的概率都是客观概率。萨维齐(Savage，1954)将期望效用理论推广到主观概率基础上，不确定性事件期末在特定状态下发生的概率是人们的主观概率，是人们主观上形成的事件发生概率的认知或信念。由于真实的世界是非常复杂的，受个人知识、能力和所收集到的信息等因素的限制人们对事件发生概率的信念可能与客观真实的概率不一致。进一步，对于更加复杂的事件，可能根本无法形成概率信念。正是基于这一事实，奈特(Knight，1921)将不确定性分为弱式不确定性(即风险)和强式不确定性(即奈特不确定性)。其后艾尔斯伯格(Ellsberg，1961)提出模糊性的概念，他在其思维实验(thought experiments)中对不确定性和模糊性进行区分。这三者相互联系又有区别。加单地说，从广义角度看它们都属于不确定性，是未来结果的不确定性，但各自具有不同的特点：

风险(risk)："……所有可能性(自然状态)是已知的，而且各状态发生的概率也是可以精确地弄清楚的"(奈特，1921)。因此，风险是可量化的不确定性。无论是基于客观概率还是基于主观概率，期末发生的状态已知，而且每个状态发生的概率已知，都属于此类。比如，抛一枚均匀的硬币，其结果都是确定的。从客观概率的角度，蒲丰(Buffon)等数学家通过抛均匀硬币(4040 次)确认正反面出现的概率近似为 0.5，这里的概率是通过实验验证的，属于客观概率。当被问及"抛一枚均匀的硬币，正反面出现的概率是多少?"时，我们都确信概率是 0.5，这里的概率是主观概率，虽然我们没有亲自验证，但基于我们的常识和经验，我们认为概率 0.5 是正确的。

不确定性(uncertainty)：狭义的不确定性是指强不确定性，是指决策者无法在事前准确地确定概率分布。即便如此，如果决策者的行为在事后符合主观期望效用理论，即萨维齐的期望效用理论成立，满足强独立性公理，我们称之为狭义的不确定性。

模糊(ambiguity)："取决于数量、类型和信息'一致性'的一个特质，会影响人们在评估相对可能性时的'信心程度'"(艾尔斯伯格，1961)。不确定条件下的行动意愿，不仅仅取决于对问题中事件发生的概率的认识，也取决于模糊程度。由于人们对不确定性结果的信息缺乏而无法形成潜在结果的准确概率分布的认知，面对此类不确定性，决策者的(事后)行为违背了主观概率的期望效用，强独立性公理不再成立。

例 15.1：有三个坛子各放有 90 个球，球有三种颜色：红色、蓝色和黑色。

A 坛子：30 个红色球，30 个蓝色球，30 个黑色球；

B 坛子：30 个红色球，其余的要么是蓝色球，要么是黑色球。

C 坛子：总共有 90 个球，三种颜色皆有可能。

这个例子里 A 坛子是典型的风险，后两种均为不确定性，都具有一定的模糊性。经济人面对风险呈现风险厌恶特征；同样，面对模糊也类似地呈现模糊厌恶，即在进行选择时尽量避开模糊性强的选择对象。

二、家庭的资源禀赋与决策条件

家庭金融决策必须考虑其资源禀赋和所受的约束条件。在第一章里我们介绍经济人的禀赋和约束条件时，仅仅从概念和描述方法的角度展开，具体到家庭，其资源禀赋和所受到的约束条件彼此各异，而且呈现丰富多彩的状况。从广义的角度讲，每个时点的决策都需要考虑当时家庭所拥有的资产负债和所面临的复杂环境，因此，家庭资源禀赋与家庭资产和负债紧密相关。

（一）家庭的资源禀赋

由图 15-1 可知家庭从 t_1 时点开始决策，因此家庭的资源禀赋是指从 t_1 到 t_3 之间的禀赋。来自父辈的遗产或捐赠是家庭资源禀赋的一个很重要部分。显然，不同的家庭决策者从父辈那儿所获得的支持是不同的，因此，不同决策者的资源禀赋互不相同。

一般地，资源禀赋表现为自身拥有的资源或继承自父母的资产，包括两类主要资产：人力资本和有形财富。

1. 人力资本

人力资本（human capital）是家庭最重要的资源禀赋，也是家庭最重要的财富，是大多数家庭的主要的终身收入来源。人力资本代表个人某些重要特性的存量，如技能、人格、教育水平和健康状况，体现在赚取劳动收入的能力上。圭索和索迪尼（Guiso & Sodini，2012）将人力资本定义为："个人在剩余生命期间预期赚取的可支配劳动收入流的贴现价值"，t 时点的人力资本 H_t 表示为：

$$H_t = E_t\left[\sum_{\tau=t}^{T}\beta^{\tau-t}y_{t+\tau}\right] \tag{15.1}$$

其中，$y_{t+\tau}$是年龄处于 $t+\tau$ 时（不确定的）的劳动力收入，β 是贴现因子，E_t 基于 t 时点的条件期望算子，T 为生命的期限。人力资本具有许多值得注意的特征，这些特征可能会对家庭投资组合的选择、交易账户的管理、家庭保险的购买以及获得信贷的方式等产生潜在的影响。

圭索和索迪尼（Guiso & Sodini）列举了人力资本的四个重要特点。第一，人力资本是通过正规教育或工作经验慢慢积累起来的。在整个生命周期中，它通常在生命周期的早期达到最高水平，然后随着剩余收入年数和预期收入流量的下降而下降。图 15-2 中时点 t_1 左右达到最高水平，其后逐渐下降。在 t_1 之前个人处于孩提时代，也处于人力资本积累的黄金时代。第二，人力资本的价值很难评估，因为它需要在剩余的整个生命周期内预测收益 $y_{t+\tau}$，显然它受到来自自身和外界的各种因素的影响。考虑到未来职业前景、健康状况、未来个人和整个社会的总生产力、就业状况以及任何可能影响未来收益的其他意外情况的不确定性，预测收益无疑是一项艰巨的任务，而且期限越长预测越困难。第三，人力资本不可交易，也不容易变现。这意味着人力资本很难用作抵押品，在没有其他形式财富的情况下，家庭无法轻易进入信贷市场。因此，对于大多数家庭，特别是穷人，人力资本是他们总财富的主要组成部分。第四，作为未来收益特征的不确定性使得回收人力资本具有风险，即人力资本的未来收益具有不确定性。最重要的是，这种风险因人而异，所以是特质风险，也是背景风险的一个来源，因为它通常不能在公共失业保险计划提供的规定之外得到保险，也不能清偿。所谓**背景风险**是指个人必须承担而且无法避免的风险——背景风险影响投资者的风险承担行为，从而影响家庭的投资组合的选择。

2. 有形财富

有形财富（tangible wealth）是通过储蓄积累或继承而得来的资产，通过继承而得来的有形财富形成了家庭资源禀赋的另一个主要成分，有形财富也是家庭资产中的一个部分。所谓家庭资产是指家庭所拥有的能以货币计量的财产、债权和其他权利。从家庭禀赋资源来看我们最关心的有两类：实物资产和金融资产，因为很多资源禀赋都是以这两种资产形式出现，并且对家庭金融决策产生潜在影响。表 15.1 中列举了一些常见的有形财富。

表 15.1　**有形财富**

实物资产	金融资产
居住性房地产	现金和支票账户
投资性房地产	债券
商业财产或商业股权	股票
私营企业财富(私营企业涉及的资产价值)	共同基金
耐用品(如汽车和车辆)	退休账户
贵重物品(珠宝、黄金、艺术品等)	其他金融资产

两种有形财富各有其特点。首先，实物资产的回报经常是非货币性的。比如，居住性房产和家用小汽车等耐用品除了自身的转售价值之外，更多地提供消费服务。又比如继承自父辈的私人企业，其财富通常涉及大量非货币性私人收益。这些特点增加了估计实物资产的预期收益和风险的难度。

其次，金融资产在诸多方面与实物资产有显著的不同点。实物资产中房屋和私人企业等不动产通常由所有者直接控制，不涉及承诺和索赔，而金融证券是对证券持有人以外的其他人拥有或控制的实物资产所产生的收入的债权。因此，金融资产涉及控制权下放，需要激励合同和监督机制。

再次，在可交易性上金融资产的交易市场通常比实物资产市场更发达、流动性更强。它们的数量非常庞大，并且随着金融创新金融资产种类和规模都不断地增加。由于大多数金融资产是在有组织的市场上交易的，有关其过去业绩的信息是公开的，因此金融资产相对容易获得。

最后，有形资产相对简单，与大多数实物资产相反，很多金融证券显得非常复杂。某些金融证券的特征和收益结构极其复杂，对许多家庭来说难以理解。尤其是在 2008 年的金融危机中扮演特殊角色的金融创新产品，其价值往往需要通过专业人员经过多个复杂的金融模型来确定，普通家庭较少涉及此类证券。

总的来说，家庭资源禀赋通常表现为人力资本和若干有形资产以及一些简单的金融资产。

(二)家庭的约束条件

家庭的决策条件是指家庭在进行金融决策时所需要考虑的前提条件，首先是通常所说的预算约束条件，尤其是家庭投资决策中所需资金必须小于或等于通过各种途径所能融资得到的资金。其次，我们还需要考虑更多的外界制约因素，尤其是那些制度环境的约束。最后还有家庭的异质性，包括异质性资源禀赋(含异质性人力资本、异质性有形财富遗产)，异质偏好(包括异质性时间偏好和异质性风险偏好)，异质性信念等。

1. 制度环境因素

制度环境尤其是金融制度对家庭决策产生影响，不同的体制环境可能导致不同的决策行为和结果。例如，如果不考虑监管、历史和文化方面的原因，就很难解释为什么在美国等一些国家，家庭主要依赖固定利率抵押贷款；而在英国等其他国家，家庭在抵押贷款时主要使用可变利率。同时，家庭使用的金融产品和服务可能需要受到监管，因为这些产品可能有各种的外部性和信息失灵。各地区制定具体的监管框架，以保护家庭不犯错误，不被特定的中介机构利用。

2. 家庭的金融成熟度

所谓家庭的金融成熟度是指家庭对金融工具的理解和做出正确金融决策的能力。随着金融市场的发展，金融工具越来越丰富多彩。家庭生活涉及的金融决策越来越复杂，而许多家庭对各种金融工具的了解不足，他们应付金融市场的能力也十分有限。不同家庭受教育程度等因素的影响，呈现的金融成熟度的差异也非常大，因此，有限的金融知识对家庭金融决策也形成了制约因素。

总而言之，在研究家庭金融决策时，家庭特征的多样性和家庭运作的体制环境的多样性都会形成家庭金融决策的约束因素。在研究家庭投资决策时，需要一个更为均衡的权重视角，不能只关注家庭富有、风险承受能力更强的投资者；在研究家庭消费和投资及融资时，与公司融资不同，它不涉及所有权和控制权的分离，也不涉及公司的资本结构。家庭金融研究更关心中位数家庭的选择，而不是边缘家庭的决策。中位数家庭覆盖绝大多数家庭，边缘家庭是指某些特定的家庭。因为给边缘家庭做代理决策的人(如富有的个人和企业高管)可能在财务上非常精明，能够获得高质量的专业建议，能够优先获得信贷，并依赖人力资本以外的其他收入来源。

第三节　家庭的投资组合决策

人的一生中面临很多金融决策，有的金融决策涉及的时间只有一年甚至更短，因此决策期十分短暂；有的则横跨十几年或几十年，因此家庭金融决策十分复杂。不同的金融决策涉及的目标和约束条件通常存在很大的差异，因此很难用一个统一的模型来概括。本节所说的投资组合决策是指家庭将其可支配财富投资于资本市场，有些家庭可能一辈子不参与资本市场，或者仅仅利用无风险证券市场(包括利用银行储蓄)进行资源的跨时配置，有的家庭则充分地利用资本市场实现家庭福利极大化。金融经济学的理论告诉我们，只要风险资产的预期收益率超过无风险利率一定程度，投资于股票市场等风险资产是一种可以大大提高家庭福利的策略。但是限于家庭对资本市场的认知能力和获得资本市场信息的能力，很多家庭不参与资本市场，尤其是股票市场。即使参与股票市场也面临各种不同的选择，家庭作为经济人真正体现了投资者的异质性。本节我们首先给出一些理想状态下的决策模型，然后结合实际讨论实际决策对理论模型的偏离。由于家庭可能在诸多方面呈现异质性，而且基于异质性的理论模型实证分析正处在完善之中，因此，我们的重点是介绍一些作为基准的理想化的模型。

一、基于生命周期的储蓄假说

生命周期模型(life-cycle model)是由美国经济学家弗朗科·莫迪利安尼(Franco Modigliani)和布伦伯格(Brumberg)于1954年首次提出的，该模型通常称为生命周期假说(life-cycle hypothesis，简称LCH)或生命周期消费理论。该理论将代表性经济人的一生的决策期分为两个不同的阶段，经济人需要在较长时间范围内计划他们的生活消费开支，以达到在整个生命周期内消费的最佳配置。经济人在生命周期的第一阶段参加工作从而处于工作期；在第二阶段纯消费而无劳动力收入从而处于退休期，需要用第一阶段的储蓄来弥补第二阶段的消费。初始模型主要是基于生命周期的储蓄模型，该模型已经被拓展到基于生命周期的投资组合决策模型。莫迪利安尼和布伦伯格在构建储蓄的生命周期假说时引进了如下记号：

c_t：经济人在其一生中第 t 年的消费，t 年表示当前年份，如果是决策的起始时点则对应于图15-2中的 t_1，从动态的角度看，它可对应于 t_1 之后的任意时点；

y_t：经济人在 t 年的非利率收入，当 $\tau>t$ 时，y_τ 和 c_τ 表示经济人在 τ 年的预期收入和计划消费；

s_t：经济人在其一生中第 t 年的储蓄；

a_t：经济人在其一生中第 t 年初的资产；

r：储蓄的利率；

N：从 t 时开始工作期跨度的总年份，若 $t=t_1$，则 $N=t_2-t_1$；

M：退休期跨度的总年份，若 $t<t_2$，则 $N=t_3-t_2$；

L：生命跨度的总年份，这里显然 $L=N+M$，若 $t=t_1$，则 $L=t_3-t_1$。

考虑 t 时点的储蓄决策，家庭的效用函数是关于各期消费和决策者去世时剩余财富或留下的遗产的函数，因此家庭最优储蓄决策可以描述为：

$$\max_{\{c_\tau,\ a_{L+1},\ \tau=t,\ t+1,\ \cdots,\ L\}} U(c_t,\ c_{t+1},\ \cdots,\ c_L,\ a_{L+1})$$
$$\text{s.t}\quad a_t+\sum_{\tau=t}^{N}\frac{y_\tau}{(1+r)^{\tau-t+1}}=\frac{a_{L+1}}{(1+r)^{L-t+1}}+\sum_{\tau=t}^{L}\frac{c_\tau}{(1+r)^{\tau-t+1}} \tag{15. P1}$$

预算约束等式中，左边是家庭决策者一生收益的现值：左边第一项 a_t 是期初时的资产；第二项是从 t 时到退休年份为止每年劳动力收益的折现值。右边第一项是 L 年末决策者去世时资产 a_{L+1} 的现值，注意 a_L 是 L 年初的资产；第二项是从 t 时到去世时为止每年劳动力收益的折现值。这里模型将 L 年末设定为去世的时点，我们可以将其改为去世或停止决策的时点，比如，当决策者达到80岁而仍然健在时，他可能已经不能正常做出决策，相应的决策可以由后辈或社会保障体系代替。总之，预算约束可以理解为决策者或者家庭的预算平衡。(15. P1)的一阶条件为：

$$\begin{cases}\dfrac{\partial U}{\partial c_\tau}=\dfrac{\lambda}{(1+r)^{\tau-t+1}};\ \tau=t,\ t+1,\ \cdots,\ L\\[2ex]\dfrac{\partial U}{\partial a_{L+1}}=\dfrac{\lambda}{(1+r)^{L-t+1}}\end{cases} \tag{15.2}$$

其中，λ 是拉格朗日乘数。一阶条件可以确定不同时点的最优储蓄和消费水平，实际的储蓄和消费行为可以利用一阶条件进行模拟。为了更加直观地理解储蓄行为，我们在例 15.1 中给出一种非常简单的情形。

例 15.1. 某经济人在 25 岁就业开始获得固定的年收益 A 直到 60 岁退休为止，其后直到 80 岁去世，其间的所有消费均需要本人在工作期间储蓄积累，年利率为 r，问该经济人该如何决策？

这里我们假定经济人在作出金融决策时没有债务和遗产，也不准备在去世时留下债务和遗产。不考虑工作期间的税收，同时假定工资和利率水平固定不变。为了得到经济人的最优决策，我们还需要知道经济人的效用函数。为了简单化问题，我们假设：经济人维持消费水平恒定不变时效用极大。在上述严苛的假设下，最优消费水平满足：

$$\sum_{t=0}^{35} \frac{A}{(1+r)^t} = \sum_{t=0}^{80} \frac{c}{(1+r)^t} \tag{15.3}$$

给定具体的数值可以得到经济人的基于生命周期的最优消费计划，进一步考虑工资水平的变化、消费水平的变化和利率水平的波动，能够得到相应情形下的基于生命周期的最优消费计划。

二、基于生命周期的投资组合模型

基于生命周期的投资组合问题必定是多期投资组合问题，经典的马克维兹组合理论只考虑单期的投资问题，它忽视了本期投资结果对下一期的影响，因此也称为短视(myopic)的组合，生命周期的投资组合首先必须是非短视的(nonmyopic)。基于生命周期的模型包括理想状态下的模型及其推广模型。

(一)默顿-默森-萨缪尔森模型

最早将静态投资组合推广到多期的模型是默顿(Merton，1969，1971)、默森(Mossin，1968)和萨缪尔森(Samuelson，1969)，他们分别从离散时间和连续时间两个角度给出动态框架，称为默顿-默森-萨缪尔森模型或简称 MMS 模型。该模型是一类理想化的模型，是生命周期组合模型的基准，限于使用的数学工具超出本书范围，我们简单展开介绍连续时间的模型。

假设市场上有 $N+1$ 个投资机会，其中 N 个为风险资产，1 个无风险资产。第 i($i=1, 2, \cdots, N$)个风险资产在时刻 t 的价格为 $P_i(t)$，价格服从如下的动态方程：

$$\begin{aligned} \frac{\mathrm{d}P_i}{P_i} &= \alpha_i \mathrm{d}t + \sigma_i \mathrm{d}z_i \\ \frac{\mathrm{d}P_0}{P_0} &= r\mathrm{d}t \end{aligned} \tag{15.4}$$

其中，资产 0 为无风险资产，无风险利率为 r，上述方程的左边表示瞬时收益率。无风险资产的瞬时收益率只有一项，r 为常数时无风险利率为确定性的值；风险资产瞬时收益率分解为两项：第一项称为飘移项，如果 α 为常数则漂移项为确定性的值；第二项为波动项，其中 dz_i 为布朗运动，也叫维纳过程，它通常用来描述随机变量变化中的随机部分，其性质见附录。$W_k(t)$ 表示家庭 k 在 t 时的财富水平，$C_k(t)$ 为消费率(单位时间的消费水平)，$y_k(t)$ 为家庭 k 在 t 时的劳动收入率(单位时间的劳动力收益)。家庭 k 选择消费计划 $C_k(t)$ 和投资组合 $\omega_k(t)$，使得家庭一生福利极大化。即：

$$\max_{\{c^k(t),\ \omega^k(t)\}} E_t\left\{\int_t^{T^k} U^k[c^k(s),\ s]ds + B^k[W^k(T^k),\ T^k]\right\} \tag{15. P2}$$

约束条件为家庭的财富动态方程和其他状态方程。财富动态方程为：

$$\mathrm{dvW} = [\sum_{i=1}^{N} \omega_i(\alpha_i - r) + r]Wdt + \sum_{i=1}^{N} W\sigma dz_i + (y - c)dt \tag{15.5}$$

为了简洁，我们在财富动态方程中省去了表示家庭 k 的头标和表示时间的 t。投资组合满足：

$$\sum_{i=0}^{N} \omega_i(t) \equiv 1 \tag{15.6}$$

该等式的含义是：任何时刻投资到所有资产上的资金权重之和为 100%，式中包括无风险资产 0 和 N 个风险资产。

上述问题(15. P2)加上动态约束条件(15.5)、(15.6)以及其他动态的状态方程形成动态随机规划问题，其最优解满足的必要条件是雅克比-哈密尔顿方程，若投资机会持续不变，即(15.4)中的 α_i、σ_i 和 r 都是常数，此时的每个家庭的最优投资组合为：

$$\omega_k = \frac{1}{\gamma_k}\Sigma_k^{-1}E[r_k^e] \tag{15.7}$$

角标 k 表示第 k 个家庭，$\boldsymbol{\omega}_k$ 表示风险资产的投资组合向量，γ_k 是家庭的相对风险厌恶系数，(15.7)是在 CRRA 偏好下得出来的，$\boldsymbol{\Sigma}_k$ 是家庭对方差-协方差矩阵的预期，$\boldsymbol{E}[\boldsymbol{r}^e\} = E[\boldsymbol{\alpha} - r\mathbf{1}]$ 是 N 个风险资产的超额收益率向量。

该模型表明投资机会不变时如果所有家庭具有 CRRA 偏好而且具有同质信念，则所有家庭对风险资产的投资组合完全相同，即分离定理成立。即使家庭具有异质信念，至少风险资产投资不为零，即当预期的超额收益大于零时应该参与股票市场交易。

(二)其他组合模型

由于人力资本属于不可交易和不可保收益的资产，因此非常难以确定人力资本在整个生命周期中对投资组合即组合再平衡的影响。家庭在他们生命周期的早期阶段往往面临信贷市场准入有限的问题，他们几乎没有积累的资产可以提供作为抵押；鉴于工资和就业保险带来的道德风险问题，劳动收入的保险同样存在问题。因此，将人力资本纳入投资决策模型十分困难。近期的一些文献重新考虑了默顿(1971)模型，这些模型放松了完全市场和人力资本可交易性的假设，这些模型大多没有显示解，必须用数值方法求解。一个代表性例子是科科(Cocco 等，2005)建立并用数值模拟的消费和投资组合选择的生命周期模型，该模型考虑了不可交易和不确定的劳动为收入，以及许多其他特征，如遗赠动机、死亡风险、非标准偏好、不确定的退休收入和灾难性的劳动收入冲击等典型家庭环境的特征。他们通过模拟超过 10000 个家庭，估算了家庭的平均消费和资产配置。一个可靠的预测是，投资于股票的投资组合份额具有很强的生命周期特征。

第四节　投资错误与家庭金融工程

我们在本章的开头将家庭金融理论分为理论家庭金融和实证家庭金融，理论家庭金融主要讨论家庭应该如何作出金融决策、如何正确投资，其面临的挑战是家庭金融决策或家庭投资决策难以模型化。实证家庭金融的目标是讨论家庭实际是如何作出金融决策、实际如何投资的，其面临的挑战是数据的可获得性，因此很多时候难以量化。尽管理论模型与实证量化都面临一些挑战，但一些基准模型给出了一些基本正确的结论；同时，许多实证结果也真实地反映了家庭投资决策的实际状况。比照两者经济学家坎贝尔(2006，2007，2009)等总结出了四大投资错误。

一、投资错误的四大表现

各国实证资料表明，实际的家庭投资存在四大错误，这些"错误"与家庭投资决策模型的基本结论相违背。

(一)不参与资本市场

第七章的投资组合理论表明，当风险资产收益率与无风险资产收益率之差大于零时，投资者的最优策略是购买风险资产，这即是投资组合理论中的"最优的风险资产买卖原则"。即使考虑交易成本，当股权溢价达到一定程度时，参与股市交易可以显著地提高家庭福利。Guiso 等(2012)将欧美的几个国家(美国、英国、荷兰、德国和意大利等)家庭依财富水平分成 4 个分位数，表明低财富分位数的家庭通常很少参与股票交易。英国、意大利、西班牙和希腊等国家财富处于最低四分之一的家庭直接参与股票交易的比例为 0，直接或间接持有股票的家庭除了英国为 4.9%之外，其余也为零。

(二)缺乏分散投资

马科维兹投资组合理论确立了金融理论中的一个基本原则——分散化投资，即避免将风险集中在一个或几个(可能相关的)资产上。我们在第八章从数学角度证明了分散投资可以将风险分散，从而降低风险，其背后的机理在于：风险一般可分解为系统性风险和非系统性风险，所谓系统性风险是指对所有资产收益产生影响的部分，是由影响整个市场风险的因素决定的；而非系统性风险是指由资产自身因素决定的风险，该风险也叫特质风险，特质风险对特定资产的收益产生影响。与特质风险紧密相关的因素对不同的资产产生不同的影响，同一因素可能对某资产产生正向的影响，而对另一资产产生负向影响，同时购买这两种资产形成对冲，从而将风险控制在一定的范围内。总之，家庭在投资风险资产时，分散投资可以避免家庭无法承受的极端风险。

但是，现实中家庭并不一定遵循这一简单而基本的金融理论原则。实证经验表明，在参与股票交易的家庭中很多家庭持有的股票的数量较少，许多家庭持有的股票只有两三只股票，根本无法实现分散风险的目标。当然，有些家庭通过持有共同基金或退休金账户来间接地持有股票，这类间接持有通常更加分散投资。除分散化不够之外，很多参与股票交易的家庭还具有本土偏好，即他们往往持有本地的股票或在本地交易所交易的股票。

实证资料还表明，在发达国家拥有高可支配收入、财富、教育、私人养老金储蓄和金融负债的金融成熟家庭倾向于更积极地投资。他们将更高比例的财富投资于风险资产，并且倾向于更有效地投资。

(三)风险分担的方式单调

进一步，在通过分散化投资时，应该及时调整组合。依据默顿的结论(15.7)，投资者获取新闻的频率与交易的频率应该相吻合。其次，影响家庭相对风险厌恶 γ_i 的事件，如财富或背景风险的变化，应促使家庭按比例调整对所有风险资产的投资。因此，默顿的基本模型建议，家庭应该非常频繁地(如果不是持续地)重新平衡和重新配置他们的投资组合。

实证资料表明，即使在美国家庭平均交易频率也不高，但其中少数家庭会改变他们的投资组合。交易业绩存在很大的跨部门差异，普通投资者甚至在扣除交易费用之前就遭受了交易损失。交易量较大的投资者除去费用后蒙受了更大的交易损失，但他们似乎从过去的经验中吸取了教训，随后退出了市场。随着时间的推移，成熟的投资者获得可靠的正异常回报，不太容易受到行为交易模式的影响，比如处置效应。

(四)抵押贷款再融资单调

在欧美发达国家，家庭在购买住房时通常利用特定的金融机构进行按揭贷款，而按揭贷款合同的形式多种多样，令人眼花缭乱，但两种主要类型是固定利率贷款(fixed-rate mortgage, FRM)和浮动利率贷款(adjustable-rate mortgage, ARM)。当利率发生变化时，可以通过再融资决策在两种类型中进行转换，从而降低成本。实证资料表明，家庭在抵押贷款再融资策略的选择上非常单一，而且经常滞后，这使得家庭承担了较高的成本，形成了错误的决策。

二、家庭金融工程

研究发现较贫穷和受教育程度较低的家庭似乎比较富裕和受教育程度较高的家庭更容易犯错误，有些错误可能是为了避免其他错误而犯下的。基于这些错误，坎贝尔等提出“家庭金融工程”的概念。家庭金融工程旨在帮助家庭提高对基本的金融知识的理解，通过金融教育、增加信息披露和特定的产品设计，减少家庭金融决策的错误，提高家庭福利。实际上，从“家庭金融工程”概念的提出到现在，其进展缓慢。

◎ 本章小结

随着经济的发展，家庭金融的规模越来越大。在所有发达国家，家庭使用的金融服务和产品在金融业中占据了相当大的比例。在某种程度上，市场规模是衡量重要性的一个指标，家庭的财务状况至少应该得到与企业财务状况同样多的关注。另一方面，家庭决策及其结果往往取决于作出决策的体制环境，同时还要面临复杂的金融市场和一些具体的监管干预措施。因此，家庭金融有着与传统金融经济学不同的研究目标，家庭金融面临的独特挑战之一是研究金融复杂性及其对家庭决策和福利的影响。

研究家庭金融首先要从家庭的禀赋和约束出发。家庭的资本禀赋包括人力资本和有形财富。人力资本是很多家庭一生中的主要收入来源，它是家庭在剩余生命期中各年份预期的来自劳动力收益的折现值。人力资本是通过正规教育或工作经验慢慢积累起来的，其价值很难评估，而且不可交易，属于家庭的背景风险。有形财富则呈现多样性，不同家庭的有形财富差异巨大。因此，可以说家庭的异质性将使金融经济学从纯理论走到脚踏实地地服务于一个个具体的家庭。

家庭的投资决策从理论上讨论家庭应该如何投资。家庭的生命期长久，而且家庭在不同时期投资的目标有所不同，因此一般将家庭划分为不同的期限，从而形成基于生命周期的模型。家庭处在不同生命周期的储蓄行为形成基于生命周期的储蓄理论；不同时期的投资组合决策则形成基于生命周期的组合理论。莫顿-莫森-萨缪尔森模型是一类关于家庭一生投资组合的基准模型，它是一类基于理想状态的模型。由于家庭异质性显著，家庭的基于生命周期的组合理论不断完善和发展，相应的模型也更加复杂。

比照理论模型的结论，实证家庭金融表明家庭在金融决策中存在一些错误。比如，金融学家们列举了四个投资错误：很多家庭不参与资本市场，从而失去了利用股票市场提高家庭福利的机会；参与股票市场的家庭往往没有对投资资金进行合理分散化投资，在承担相同风险的条件下没有获得最大的收益；风险分担过于简单，使家庭暴露于过多不必要的风险；在购买住房做按揭贷款时，抵押再融资模式不科学。通过家庭金融教育和家庭金融工程可以对这些投资错误在一定程度上进行纠正。

◎ 重要概念

家庭金融　消费金融　生命周期的储蓄模型　家庭生命周期　不确定性　模糊性　MMS 模型　人力资产　有形财富　投资错误　家庭金融工程

◎ 思考题

1. 什么是家庭金融？如何理解家庭金融从金融学中分离出来是必要的？

2. 简述家庭金融理论与异质性投资者理论的关系，家庭作为经济人有哪些异质性？

3. 为什么说家庭资源禀赋和面临的经济环境更加复杂？

4. 什么是模糊性？简述风险、不确定性和模糊性的区别与联系。

5. 家庭投资决策有哪些错误？如何理解这些错误？

6. 什么是基于生命周期的投资模型？

7. 某家庭为了购买住房在银行办理了50万元按揭贷款，贷款利率为6%，同时他们在其他银行拥有50万元定期存款，存款利率为3%。当问及为何购买住房使用贷款时，答曰：他熟悉的朋友在买房时都使用了贷款，何况银行给他们的贷款利率比一般的贷款利率优惠。请分析该家庭该项金融决策的错误。

◎ 参考书目与推荐阅读

1. 王江. 消费金融研究综述. 经济研究，2010年增刊.

2. Debreu. Theory of value. New York：Wiley，1959.

3. Campbell John Y. Household finance. The Journal of Finance，2006，61(4)：1553-1604.

4. 约翰·Y. 坎贝尔. 金融决策与市场. 北京：中信出版集团，2021.

5. Merton R. C. Optimum consumption and portfolio rules in a continuous-time model. Journal of Economic Theory，1971，3：373-413.

6. Merton R. C. Lifetime portfolio selection under uncertainty：The continuous-time case. Review of Economics and Statistics，1969，51：247-257.

7. Mossin J. Optimal multiperiod portfolio policies. Journal of Business，1968，41(2)：205-225.

8. Guiso L. Haliassos M，Jappelli T.，Household portfolios. Boston：MIT Press，2002.

9. Guiso L and Paolo Sodini. Household Finance：An Emerging Field，Handbook of the Economics of Finance，April 2012.

附录：布朗运动及其简单描述

通常假设股票收益率由两部分确定：确定性的部分和随机性的部分，随机性由维纳过程或布朗运动刻画。参照John Hull的描述，称随机过程z服从**维纳过程**，若z具有如下两个性质：

性质1：在很短的时间间隔Δt内的增量Δz可以表示为：

$$\Delta z = \varepsilon \sqrt{\Delta t} \tag{A.1}$$

其中ε服从标准正态分布，即$\varepsilon \sim N(0, 1)$；取$\Delta t \to 0$时(A.1)可记为：

$$dz = \varepsilon \sqrt{dt} \tag{A.2}$$

性质2：z在任何两个不相互重叠的时间区间上的增量相互独立。若四个时间点满

足 $t_1 < t_2 \leqslant t_3 < t_4$，且 $\Delta z_1 = z(t_2) - z(t_1)$；$\Delta z_2 = z(t_4) - z(t_3)$，则 Δz_1 与 Δz_2 独立。

两个假设表明，z 是一个独立增量过程，而且 Δz 本身服从正态分布，并满足：

$$E[\Delta z] = 0$$

$$\mathrm{var}[\Delta z] = \Delta t$$

当我们将时间间隔取长一些，比如从 0 到 T 时点，变量 z 的增量满足：

$$E[z(T) - z(0)] = 0$$

$$\mathrm{var}[z(T) - z(0)] = T$$

(A.1)中定义为 $\varepsilon\sqrt{\Delta t}$ 而不是 $\varepsilon\Delta t$，保证前后相继的增量方差的可加性。维纳过程也称为布朗运动，通常作为描述随机变化的基本元素，形成其他广义的维纳过程。最具代表性的广义维纳过程有算术布朗运动和伊藤过程：

称随机过程 x 服从**算术布朗运动**，若其增量满足：

$$\mathrm{d}x = a\mathrm{d}t + b\mathrm{d}z \tag{A.3}$$

其中 a 和 b 为常数，$\mathrm{d}z$ 由(A.2)定义。对(A.3)离散化有：

$$\Delta x = a\Delta t + b\Delta z$$

由 Δz 的性质可知，Δx 服从正态分布，而且：

$$E[\Delta x] = a\Delta t$$

$$\mathrm{var}[\Delta x] = b^2\Delta t$$

称随机过程 x 服从**伊藤(Ito)过程**，若其增量满足：

$$\mathrm{d}x = a(x, t)\mathrm{d}t + b(x, t)\mathrm{d}z \tag{A.4}$$

此时 a 和 b 不再为常数，它们都是 x 和 t 的函数，因此都是随机的。即伊藤过程的漂移项和波动项都是随机的，虽然也可以对(A.4)进行离散化，但我们已经无法得出类似于 Δx 的关于期望和方差的结论。由(A.5)可知：

$$\mathrm{d}S = \mu S\mathrm{d}t + \sigma S\mathrm{d}z \tag{A.5}$$

所以性质 1 和性质 2 意味着股票价格服从伊藤过程，它的漂移项和波动项均为随机的，但是增量与价格之比的漂移项为常数，波动率也是常数，我们通常称具有(A.5)形式的伊藤过程为几何布朗运动。由于伊藤过程的漂移项和波动项均为随机的，因此，要进一步理解股票的价格行为，还需要其他的工具来分析。